刑事訴訟法

第2版

辻 本 典 央 著

Strafprozessrecht

2. Auflage

TSUJIMOTO Norio

成 文 堂

第２版はしがき

本書の初版刊行から２年半が過ぎた。この間、コロナ禍も徐々に収まり、大学の教室にも学生たちが戻ってきた。自らの授業で、自らが執筆した教科書を手に、学生たちと一緒に刑訴法を学ぶことができることは、法学教師としてこの上ない喜びである。講義を聴く学生にとっては、授業の内容を教科書で反復して学習することができることは、理解を深めるために有益であろう。法学の学習は、一書を通読することが王道である。加えて、授業を行う教師にとっても、授業を行うたびに自らの思索を整理し、深めることができることは、適切かつ分かりやすい説明にとって有益である。

もっとも、教科書は常に成長が求められるものでもある。これは、初版から編集を担当していただいている篠崎雄彦氏から賜った言葉である。私自身も、初版の刊行当初から、常にそのような思いを抱いてきた。初版に対しては、読者の方々から随所についてご意見を賜っていたこともあり、早くも改訂の機会を頂戴したことは幸いであった。

改訂に当たり、まずは、懲役・禁錮が拘禁刑に改められるなどの法改正の動向や、リモートアクセス捜査などの新たな判例を加筆した。また、初版で説明が拙かったり、不十分だった箇所を書き改めた。更に、脚注に引用した重要判例には、可能な限り事件名を付けることにした。刑訴法の学習は、理論と同じ程度に、判例の理解が重要である。そのためには、事例の把握が不可欠であるが、事件名から事案の概要が容易に思い起こすことができると考えた次第である。ただし、事件のネーミングはセンスが問われる作業であり、私の能力を超えるものであることから、三井誠編『判例教材刑事訴訟法』（東京大学出版会、第５版、2015年）を、参照させていただいた。

最後に、本書の刊行に向けて引き続きお世話になった、成文堂の阿部成一社長及びスタッフの方々に、改めて感謝を申し上げる。

2024年１月　宇陀の里に降り続く雪の音を聴きながら

辻　本　典　央

はしがき

2020年初頭、WHOがその発生を報告した新型コロナウイルス感染症(COVID-19)は、世界を震撼させる非常事態を引き起こし、1年半が経過した今も、収束に向けた見通しが立たないままである。社会は閉塞することを余儀なくされたが、それは、大学における学びにおいても同様であった。緊急事態宣言の発出に応じて、大学は門を閉ざし、学びの場は「オンライン授業」によってかろうじて維持されるという状況が続いている。

このような情勢の中で、私が本教科書の執筆を決意したのは、2つの理由による。

第1に、教育者としての立場において、オンライン授業を続けるうちに、言葉を適切に伝えることの重要性を強く意識するようになったことである。私は、2005年に近畿大学で教員としてスタートし、以後毎年、刑事訴訟法の講義を担当してきた。従来、教室で大勢の学生を前にして講義をするときには、学生の表情を伺いながら、自分が話す言葉の一つ一つが適切に伝わっているかを、同じ場にいる空気感をもって確認することができた。今の説明は間違っていなかっただろうか、難しすぎなかっただろうか、といったことが、双方向性をもってすぐに認識することができたのである。しかし、オンライン授業では、オンデマンド型の場合はなおのこと、リアルタイム型で行う場合でさえも、そのような空気感をもって学生の理解度を察知することは難しい。これまでの蓄積から、決して間違ったことは伝えていないはずであると思いながらも、その確信を得ることはとても難しいと感じた。如何なる場合も自分の言葉を正しく伝えるためには、やはり、自分の言葉で書いた教科書の存在が不可欠だと思ったわけである。

第2に、研究者としての立場において、教科書をまとめることの意義を見つめ直す機会を得たことである。これまでは、教科書というものは、当該科目の全体にわたって研究を成し遂げた者が、その集大成という意味でまとめ上げるものであると考えていた。そのため、自分はまだまだその域に達していないということを半ば言い訳にして、教科書の執筆に着手しないままでいた。確かに、論文等の執筆に向けた研究は、基本的に、自分の関心が赴くままに取り組めばよいのであり、とても楽しい仕事である。他方、教科書の執筆は、科目全体の理解と思考が求められる作業であり、敬遠しがちであったことは否めない。しかし、コロナ禍で様々な自粛が求められる中、改めて研究者としての在り方を深く考えてみたとき、個別の問題に対する思索にとどまらず、刑事訴訟法全体を俯瞰した研究の一環として、つまり、研究者としての使命として、教科書をまとめ上げることの意義を意識するようになった。もとより、これまでに教科書を上梓してこられた先人たちに比べて、私は、まだまだ未熟である。しかし、教科書も研究の成果であり、いつまでもその執筆を避けていては、研究者として成長できないはずである。その意味で、本書は、私自身の研究者としてのこれまでの歩みを示すものであるとともに、今後の成長に向けた第１歩であると考えている。本書を手に取っていただいた方々からも、厳しい目で育てていただきたいと願う。

本書を上梓するにあたり、これまでご指導をいただいた多くの先生方に感謝を申し上げたい。

まず初めに、鈴木茂嗣教授には、大学院に入学してから今日まで、厳しくも温かいご指導をいただいた。先生は、研究に向けたご自分の姿勢を惜しむことなくお示しになり、私が研究者として如何に歩むべきかをお教えいただいた。松宮孝明教授には、大学のゼミで、刑事法研究の楽しさを教えていただいた。堀江慎司教授、三井誠教授には、大学院の頃にスクーリングや研究会を通じて、刑事訴訟法理論の奥深さを教えていただいた。加藤克佳教授には、刑法学会で初めてお目にかかって以来、親しくご指導をいただき、特にドイツ留学の際には大変お世話になった。

ドイツ留学の機会には、現地で多くの方々にお世話になった。特に、留学先のホストとして迎えていただいたヘニング・ローゼナウ教授（*Prof. Dr. Henning Rosenau*）と、研究テーマに関して懇切にご指導をいただいたヴェルナー・ボイルケ教授（*Prof. Dr. Dr. h. c. Werner Beulke*）には、ここでお名前を挙げて御礼を申し上げたい。

最後になったが、過去２冊の論文集に引き続いて本書の出版をお引き受けいただいた、株式会社成文堂の阿部成一社長と、同編集部の篠崎雄彦氏に御礼を申し上げたい。お二人からは，早くに本書のご提案をいただいていたが，今日まで温かく励ましていただいた。本書の今後の成長に向けて，引き続きお付き合いをお願いする次第である。

2021年８月　コロナ禍に揺れる２年目の盛夏，宇陀路に響く蝉の声を聴きながら

辻　本　典　央

凡　例

1　法令

・刑事訴訟法は、カッコ内の表記としては基本的に省略し、必要がある場合は「法」と表記する。
・刑事訴訟規則は、「規」と表記する。
・その他の法令は、下記のとおり略記する。

海保	海上保安庁法
刑	刑法
警察	警察法
刑事収容施設	刑事収容施設及び被収容者等の処遇に関する法律
刑補	刑事補償法
憲	日本国憲法
検	検察庁法
検審	検察審査会法
裁	裁判所法
裁判員	裁判員の参加する刑事裁判に関する法律
銃砲	銃砲刀剣類所持等取締法
少年	少年法
通信傍受	犯罪捜査のための通信傍受に関する法律
道交	道路交通法
盗犯	盗犯等ノ防止及処分ニ関スル法律
犯罪被害者保護	犯罪被害者等の権利利益の保護を図るための刑事手続に付随する措置に関する法律
犯捜規	犯罪捜査規範
法廷秩序	法廷等の秩序維持に関する法律
民執	民事執行法
民訴	民事訴訟法
労基	労働基準法
労調	労働関係調整法

2　判例集略称

刑集	最高裁判所刑事判例集
民集	最高裁判所民事判例集
裁判集刑	最高裁判所裁判集（刑事）
裁判集民	最高裁判所裁判集（民事）
裁時	裁判所時報
高刑集	高等裁判所刑事判例集
高刑速	高等裁判所刑事判決速報集
高刑特	高等裁判所刑事裁判特法
下刑集	下級裁判所刑事判例集
家月	家庭裁判所月報
判時	判例時報
判タ	判例タイムズ

3　参考文献

・本書内の文献引用は、基本的に、法律編集者懇話会特定非営利活動法人法教育支援センター『法律文献等の出典の表示方法（2014年版）』に従った。
・単行本は、下記略語を用いて表記した。
・共著書は、書名略語〔執筆者名〕として表記した。

概説書・教科書

青柳 上・下	青柳文雄	刑事訴訟法通論 上巻、下巻	立花書房	1976	5訂版
渥美	渥美東洋	全訂刑事訴訟法	有斐閣	2009	2版
池田＝前田	池田修＝前田雅英	刑事訴訟法講義	東京大学出版会	2022	7版
石川	石川才顕	刑事訴訟法講義	日本評論社	1974	
井戸田	井戸田侃	刑事訴訟法要説	有斐閣	1993	
上口	上口　裕	刑事訴訟法	成文堂	2021	5版
川出・捜査証拠	川出敏裕	判例講義刑事訴訟法 捜査・証拠編	立花書房	2021	2版
川出・公訴公判		公訴提起・公判・裁判編		2023	2版
岸	岸　盛一	刑事訴訟法要義	広文堂書店	1971	新訂5版
基本刑訴（1）（2）	吉開多一他	基本刑事訴訟法 Ⅰ　手続理解編	日本評論社	2020	
		Ⅱ　論点理解編		2021	
小林	小林　充（原著）	刑事訴訟法	立花書房	2015	5訂版
斎藤	斎藤　司	刑事訴訟法の思考プロセス	日本評論社	2019	

酒巻	酒巻匡	刑事訴訟法	有斐閣	2020	2版
白取	白取祐司	刑事訴訟法	日本評論社	2021	10版
鈴木	鈴木茂嗣	刑事訴訟法	青林書院	1990	改訂版
高田	高田卓爾	刑事訴訟法	青林書院新社	1984	2訂版
田口	田口守一	刑事訴訟法	弘文堂	2017	7版
田宮	田宮　裕	刑事訴訟法	有斐閣	1996	新版
団藤	団藤重光	新刑事訴訟法綱要	創文社	1972	7訂版
寺崎	寺崎嘉博	刑事訴訟法	成文堂	2013	3版
中川	中川孝博	刑事訴訟法の基本	法律文化社	2023	2版
平野	平野龍一	刑事訴訟法	有斐閣	1958	法律学全集
平場	平場安治	刑事訴訟法講義		1954	改訂版
平良木（1）（2）	平良木登規男	刑事訴訟法Ⅰ	成文堂	2009	
		刑事訴訟法Ⅱ		2010	
福井	福井　厚	刑事訴訟法講義	法律文化社	2012	5版
福島	福島　至	基本講義刑事訴訟法	新世社	2020	
松尾上・下	松尾浩也	刑事訴訟法・上	弘文堂	1999	新版
		刑事訴訟法・下		1999	新版補正2版
水谷	水谷則男	疑問解消刑事訴訟法	日本評論社	2008	
三井（1）～（3）	三井　誠	刑事手続法(1)	有斐閣	1997	新版
		刑事手続法Ⅱ		2003	
		刑事手続法Ⅲ		2004	
光藤（1）～（3）	光藤景皎	刑事訴訟法Ⅰ	成文堂	2007	
		刑事訴訟法Ⅱ		2013	
		口述刑事訴訟法・下巻		2005	
緑	緑　大輔	刑事訴訟法入門	日本評論社	2017	2版
安富	安富　潔	刑事訴訟法講義	慶應義塾大学出版会	2021	5版
横川	横川敏雄	刑事訴訟法	成文堂	1984	
リークエ	宇藤崇他	刑事訴訟法	有斐閣	2018	リーガル・クエスト、2版
渡辺修	渡辺　修	基本講義刑事訴訟法	法律文化社	2014	
渡辺咲	渡辺咲子	刑事訴訟法講義	不磨書房	2014	7版
渡辺直	渡辺直行	刑事訴訟法	成文堂	2013	2版

注釈書

裁判例コンメ	井上正仁監修	裁判例コンメンタール刑事訴訟法 1,2,4巻	立花書房	2015～	
条解	松尾浩也監修	条解刑事訴訟法	弘文堂	2022	5版
新基本法コンメ	三井誠他編	新基本法コンメンタール刑事訴訟法	日本評論社	2018	3版

新コンメ	後藤昭＝白取祐司編	新・刑事訴訟法コンメンタール	日本評論社	2018	3版
大コンメ（2版）	河上和雄他編	大コンメンタール刑事訴訟法　1～11巻	青林書院	2010～	2版
大コンメ（3版）	中山善房他編	大コンメンタール刑事訴訟法　1, 6, 8, 9巻	青林書院	2021～	3版
注解	平場安治他	注解刑事訴訟法上，中，下巻	青林書院	1982～	全訂新版
注釈	河上和雄他編	注釈刑事訴訟法1, 2, 4, 6, 7巻	立花書房	2011～	3版

演習書等

刑事法講座	日本刑法学会編	刑事法講座　1～7巻	有斐閣	1952～	
刑訴講座	日本刑法学会編	刑事訴訟法講座1～3巻	有斐閣	1953～	
実務講座	団藤重光責任編集	法律実務講座・刑事編　1～12巻	有斐閣	1953～	
捜査法体系	熊谷弘他編	捜査法体系Ⅰ～Ⅲ巻	日本評論社	1972	
公判法体系	熊谷弘他編	公判法体系Ⅰ～Ⅳ巻	日本評論社	1974～	
証拠法体系	熊谷弘他編	証拠法体系Ⅰ～Ⅳ巻	日本評論社	1970	
新実例	平野龍一＝松尾浩也編	新実例刑事訴訟法Ⅰ～Ⅲ巻	青林書院	1998	
新刑事	三井誠他編	新刑事手続Ⅰ～Ⅲ巻	悠々社	2002	
判例教材	三井誠編	判例教材刑事訴訟法	東京大学出版会	2015	5版
判例ノート	前田雅英＝星周一郎	刑事訴訟法判例ノート	弘文堂	2021	3版
演習刑訴	長沼範良他	演習刑事訴訟法	有斐閣	2005	
古江	古江賴隆	事例演習刑事訴訟法	有斐閣	2015	2版
ケースブック	井上正仁他	ケースブック刑事訴訟法	有斐閣	2018	5版
争点		刑事訴訟法の争点	有斐閣		～3版
新争点		刑事訴訟法の争点	有斐閣	2013	新争点シリーズ
百選		刑事訴訟法判例百選	有斐閣		～10版

研究書

鈴木・構造	鈴木茂嗣	刑事訴訟の基本構造	成文堂	1979	
鈴木・続構造・上下	鈴木茂嗣	続・刑事訴訟の基本構造　上巻	成文堂	1996	
		続・刑事訴訟の基本構造　下巻		1997	
辻本・審判対象	辻本典央	刑事手続における審判対象	成文堂	2015	
辻本・刑事弁護	辻本典央	刑事弁護の理論	成文堂	2017	

目　次

第２版はしがき（i）
凡　例（v）

序　編　刑事訴訟法の基礎

第１講　刑事訴訟法学習への導入

第１章　刑事訴訟法学習の入口 …… 3
第１節　刑事訴訟法を学ぶ目的（３）
第２節　刑事訴訟法学習の視点（４）
1　時間的な流れ（４）　2　多様な登場人物（５）
第２章　刑事訴訟法の概要 …… 6
第１節　刑事訴訟法の意義と目的（６）
1　刑事訴訟法の意義（６）　2　刑事訴訟法の目的（７）
第２節　刑事訴訟の構造（８）
第３節　刑事訴訟法の法源と適用範囲（10）
1　刑事訴訟法の法源（10）　2　刑事訴訟法の適用範囲（10）

第２講　刑事手続の配役

第１章　被疑者・被告人 …… 12
第１節　被疑者（12）
1　被疑者の意義（12）　2　被疑者の法的地位（12）
第２節　被告人（14）
1　被告人の意義（14）　2　被告人の法的地位（15）
第２章　弁護人・補佐人 …… 16
第１節　弁護人（16）
1　弁護制度の概要（16）　2　弁護人選任手続（19）

3　弁護人の権限（21）

第2節　補佐人（21）

第3章　警察・検察官 …… 22

第1節　警　察（22）

1　警察の組織と責務（22）　2　警察官の刑事訴訟法上の法的地位（22）

第2節　検察官（23）

1　検察の組織（23）　2　検察官の責務と権限（24）

3　検察事務官（25）

第4章　裁判所・裁判官・裁判員 …… 25

第1節　裁判所（25）

1　裁判所の意義（25）　2　裁判所の種類と構成（26）

3　裁判管轄（26）

第2節　裁判官（28）

1　裁判官の法的地位（28）　2　除斥・忌避・回避（28）

第3節　裁判員（29）

第5章　被害者 …… 31

第1節　被害者保護の要請（31）

第2節　各手続段階における被害者の諸権利（32）

第6章　一般市民 …… 33

第1編　捜　査

第3講　捜査総説

第1章　捜査の意義 …… 37

第1節　捜査とは（37）

第2節　捜査の主体（38）

1　司法警察職員（38）　2　検察官（38）　3　その他（39）

第3節　捜査の構造（39）

第2章　捜査の法的規制 …… 40

第1節　比例性原則（40）

第2節　強制捜査に関する原則（42）
1　強制処分法定主義と令状主義（42）　2　両原則の関係（42）
3　任意捜査と強制捜査の区別（44）
第3節　任意捜査の限界事例（46）
1　任意同行・任意取調べ（46）　2　承諾留置・承諾家宅捜索（47）
3　おとり捜査（48）
第3章　捜査一般に関するその他の諸問題 ……………………… 48
第1節　国際捜査協力（48）
第2節　捜査における被害者の権利・利益保護（49）
第4章　捜査の始まりと終わり ……………………………………… 50
第1節　捜査の始まり（50）
1　総　説（50）　2　警察活動による捜査の端緒（50）
3　警察活動以外による捜査の端緒（57）
第2節　捜査の終わり（58）
1　事件送致（58）　2　微罪処分（59）　3　起訴後の捜査（59）

第4講　被疑者の身体拘束

第1章　総　説 ……………………………………………………… 61
第2章　身体拘束の手続 ……………………………………………… 62
第1節　逮　捕（62）
1　総　説（62）　2　通常逮捕（62）　3　現行犯逮捕（65）
4　緊急逮捕（66）
第2節　勾　留（67）
1　起訴前勾留の意義（67）　2　要　件（68）　3　効　果（68）
4　手　続（69）
第3章　逮捕・勾留に関する諸問題 ………………………………… 70
第1節　事件単位原則に関わる問題（70）
第2節　逮捕・勾留一回原則（72）
第3節　別件逮捕・勾留（73）

第5講　供述証拠の収集

第1章　被疑者の取調べ……………………………………………………………… 76
第1節　被疑者取調べ総説（76）
第2節　被疑者取調べの一般的要件（77）
1　実体的要件（77）　2　手続的要件（78）
第3節　身体不拘束被疑者の取調べ（79）
1　概　要（79）　2　任意出頭・同行（80）　3　任意取調べ（81）
第4節　身体拘束被疑者の取調べ（82）
1　取調べ受忍義務論（82）　2　取調べの可視化（85）
3　余罪の取調べ（87）
第2章　被疑者以外の者の取調べ ……………………………………………… 89
第1節　被疑者以外の者の供述（89）
1　取調べ（89）　2　証人尋問（90）
3　協議・合意手続、刑事免責（90）
第2節　専門家への嘱託（93）

第6講　物的証拠の収集

第1章　総　説 ………………………………………………………………………… 94
第1節　物的証拠の意義（94）
第2節　物的証拠の収集に向けた処分の種類（94）
1　捜索・押収（95）　2　検　証（95）　3　鑑　定（95）
第3節　物的証拠の収集に向けた処分に対する規制（96）
1　令状主義（96）　2　強制処分法定主義（96）
第2章　捜索・押収 ……………………………………………………………… 97
第1節　令状による捜索・差押え（97）
1　実体的要件（97）　2　手続的要件（98）
3　処分対象者の防御権（108）
第2節　逮捕に伴う無令状の捜索・差押え（110）

1　実質的根拠論（111）　2　要　件（112）

第3節　領　置（114）

第3章　検証・鑑定 ………………………………………………… 115

第1節　検　証（115）

1　検証の意義（115）　2　検証の主体（116）　3　検証の客体（116）

4　検証の手続（117）

第2節　鑑　定（118）

1　鑑定の意義（118）　2　鑑定の主体（118）　3　鑑定の客体（119）

4　被疑者の身体への侵襲（120）

第3節　現代型捜査の問題（125）

1　現代型捜査の意義と問題点（125）　2　個別事例（127）

第7講　被疑者の防御

第1章　総　説 ……………………………………………………… 139

第2章　黙秘権 ……………………………………………………… 140

第1節　黙秘権の意義（140）

第2節　黙秘権の内容（141）

1　黙秘できる事項（141）　2　黙秘権行使の効果（142）

第3章　弁護人の援助を受ける権利 ……………………………… 145

第1節　弁護人依頼権（145）

1　弁護人依頼権の意義（145）

2　弁護人依頼権の保障に向けた各機関の役割（146）

第2節　接見交通権（147）

1　接見交通権の意義と内容（147）　2　接見指定制度（149）

3　接見交通に関する諸問題（153）

第2編　公　訴

第8講　公訴総論

第1章　総　説 …… 157

第1節　公訴の意義（157）

第2節　公訴の諸原則（158）

1　国家訴追主義（158）　2　起訴便宜主義（158）

第3節　公訴提起の効果（159）

第2章　検察官の権限 …… 160

第1節　公訴提起に関する権限（160）

第2節　公訴権（161）

1　公訴権の理論（161）　2　公訴権濫用論（163）

第3節　検察官の公訴権行使に対する制御システム（164）

1　事件処理手続の公開性と事件関係者らの関与（165）

2　不当不起訴を抑制するシステム（166）

第9講　公訴提起手続

第1章　起訴状 …… 169

第1節　起訴状の提出（169）

第2節　起訴状記載の問題点（169）

第3節　起訴状一本主義（170）

1　予断排除原則（170）　2　起訴状一本主義（171）

第4節　簡易な裁判についての公訴提起手続（172）

1　略式手続（172）　2　即決裁判手続（174）

3　司法取引的な意義（175）

第2章　訴訟行為 …… 175

第1節　総　説（175）

1　訴訟行為の意義（175）　2　訴訟行為の分類（175）

第2節　訴訟行為の要件（176）

1　訴訟行為適格（176）　2　訴訟行為能力（177）

3　訴訟行為意思（177）　4　訴訟行為の手続的要件（178）

第3節　訴訟行為の評価（179）

1　訴訟行為の段階的評価（179）

2　訴訟行為の瑕疵の治癒／無効な訴訟行為の事後的是正（180）

第3章　訴訟条件 ……………………………………………………… 181

第1節　総　説（181）

1　訴訟条件の意義（181）　2　訴訟条件の種類（182）

3　訴訟条件の判断（184）

第2節　公訴時効（185）

1　概　説（185）　2　公訴時効の法的性質（186）

3　公訴時効の起算点（187）　4　公訴時効の停止（190）

第10講　刑事手続の審判対象

第1章　訴因制度 ……………………………………………………… 193

第1節　訴因制度の意義―審判の対象（193）

1　刑事訴訟の審判対象（193）　2　一罪の一部起訴の問題（195）

第2節　訴因の本質（196）

第3節　訴因の役割(機能)と明示・特定性の要請（197）

1　訴因の役割（機能）（197）　2　訴因の明示性（197）

3　訴因の特定性（198）

第4節　訴因の予備的・択一的記載（201）

第5節　訴因変更（201）

1　訴因変更の意義（201）　2　訴因変更の手続（202）

第2章　訴因変更の必要性 ……………………………………………… 203

第1節　訴因の拘束性（203）

第2節　訴因変更が必要となる場合の基準（205）

1　従来の議論（205）　2　最高裁平成13年決定（206）

3　過失犯と訴因（209）

第3節　訴因変更と関連する手続（210）

1　争点の変更（210）　2　罪数の変化と訴因の関係（211）

第3章　訴因変更の可能性—「公訴事実の同一性」論 …………………… 212

第1節　「公訴事実の同一性」の機能（212）

第2節　「公訴事実の同一性」の判断基準（213）

1　二元的考察法（213）　2　公訴事実の単一性（214）

3　狭義の同一性（215）

第3節　原訴因の拘束力（216）

第4章　訴因変更に関する裁判所の役割 …………………………… 217

第1節　訴因変更の許否（217）

第2節　訴因変更命令（219）

1　訴因変更命令の意義（219）　2　訴因変更命令の義務性（219）

3　訴因変更命令の形成力（220）

第3編　公　判

第11講　公判総説

第1章　公判の諸原則とその構造 ……………………………………… 225

第1節　公判の主体（225）

1　裁判所（225）　2　訴訟当事者（226）

3　その他の訴訟関係人（227）

第2節　公判の諸原則（228）

1　裁判公開原則（228）　2　口頭弁論主義（230）

3　迅速裁判の要請、継続＝集中審理主義（231）　4　当事者主義（232）

第3節　公判の構造（233）

1　二面説と三面説（233）　2　鈴木説（234）

第2章　公判準備手続、公判手続 ……………………………………… 235

第1節　公判準備手続（235）

1　被告人の出頭確保（235）　2　訴訟の進行に向けた準備（239）

第2節　公判手続（245）

1　公判廷（245）　2　公判の手続（247）　3　特殊な公判手続（252）

4　公判調書（252）

第12講　証拠法

第1章　総　説 ……………………………………… 254

第1節　証拠の意義・種類（254）

1　証拠の意義（254）　2　証拠の種類（254）

第2節　証拠裁判主義（256）

1　証拠裁判主義の意義（256）　2　厳格な証明（257）

3　証明の必要性（259）

第3節　証拠調べ手続（261）

1　人　証（261）　2　書　証（264）　3　証拠物（265）

第2章　証拠の許容性（証拠能力総説） ……………… 265

第1節　総　説（265）

1　厳格な証明における証拠能力（265）

2　証拠能力の一般的要件（265）

第2節　証拠の関連性（266）

1　総　説（266）　2　悪性格の立証（267）　3　科学的証拠（269）

第3章　非供述証拠の証拠能力 ……………………… 272

第1節　総　説（272）

1　違法収集証拠排除法則の確立（272）

2　違法収集証拠排除法則の実質的根拠（274）

第2節　判例ルール（275）

1　判例の変遷（275）　2　最高裁昭和53年判決（275）

3　判例ルールの解釈・適用（277）

第3節　派生的な問題（279）

1　派生証拠の証拠能力（279）　2　被告人の処分権（281）

3　量刑への影響（282）

第4章　供述証拠の証拠能力 ……………………………… 283
第1節　供述証拠総説（283）
1　供述証拠の性質（283）　2　供述証拠の該当性（283）
第2節　伝聞法則（286）
1　伝聞法則の意義（286）　2　伝聞証拠の例外的許容（288）
3　弾劾供述（302）
第3節　自白法則（303）
1　総　説（303）　2　自白の証拠能力が問題となる具体例（306）
3　不任意自白の波及効果（309）
第5章　事実認定 ……………………………… 310
第1節　総　説（310）
第2節　心証形成の内在的規制（311）
1　自由心証主義（311）　2　証明の意義（311）
3　合理的な事実認定が行われるための諸制度（312）
4　罪となるべき事実の記載（313）
第3節　心証形成の外在的規制（317）
1　自由心証主義の例外（318）　2　訴因制度による拘束（325）
3　挙証責任と推定（325）

第13講　裁　判

第1章　裁判総説 ……………………………… 330
第1節　裁判の意義（330）
第2節　裁判の種類（330）
1　判決・決定・命令（330）　2　終局裁判と非終局裁判（331）
3　実体裁判と形式裁判（332）
第3節　裁判の成立（332）
第2章　裁判の内容 ……………………………… 334
第1節　総　説（334）
第2節　形式裁判の内容（334）

第3節　実体裁判の内容（335）

1　有罪判決（335）　2　無罪判決（337）

第4節　訴訟費用（338）

第4編　第一審判決以降

第14講　救済手続と裁判の効力

第1章　上　訴 ………… 343

第1節　上訴通則（343）

1　上訴の意義（343）　2　上訴の要件と手続（343）

3　不利益変更禁止の原則（347）　4　破棄判決の拘束力（348）

第2節　控　訴（349）

1　控訴審の意義と構造（349）　2　控訴審の手続（353）

第3節　上　告（355）

1　上告審の意義（355）　2　上告審の手続（355）

第4節　抗　告（357）

1　抗告の意義（357）　2　一般抗告（357）　3　準抗告（359）

4　特別抗告（359）

第2章　裁判の効力 ………… 359

第1節　総　説（359）

1　裁判の効力（359）　2　裁判の確定（360）

第2節　確定力の理論（361）

1　確定力の本質（361）　2　確定力の効果（361）

第3節　一事不再理効（364）

1　一事不再理効の発生（364）　2　一事不再理効の範囲（365）

第4節　裁判の執行（367）

1　総　説（367）　2　刑の執行（367）

3　裁判の執行に対する各種の申立て（369）

第3章　非常救済手続 ………… 369

第1節　再　審（370）

第２節　非常上告（375）

1　非常上告の意義（375）　2　非常上告の手続（375）

資　料 …… 377

①逮捕状（379）　②捜索差押許可状（380）　③起訴状（381）

④供述調書（382）

事項索引 …… 383

判例索引 …… 390

序　編

刑事訴訟法の基礎

第1講　刑事訴訟法学習への導入

第1章　刑事訴訟法学習の入口

第1節　刑事訴訟法を学ぶ目的

刑事訴訟法は、社会で現実に起きた紛争について、実体法である刑法で定められた犯罪の存否を確認し、その事実に適合する刑罰を科することを行う手続法である。刑法の学習は、例えば、殺人罪「人を殺した」（刑199条）、窃盗罪「他人の財物を窃取した」（刑235条）といった具体的な事実を題材とする。これに対して、刑事訴訟法の学習は、現実の司法手続を、それが進行される流れに沿って理解していくことが求められる。もっとも、刑事訴訟法を学ぶ学生にとって、警察の捜査、検察の起訴、裁判所の公判といった手続を実際に目にすることはほとんどなく、それゆえ、諸制度や諸原則の学習も抽象的な理解にとどまりがちである。

このような性質を持つ刑事訴訟法は、多分に実務的な性質を持つ科目である。それゆえ、裁判官、検察官、弁護士といった法曹を始めとして、警察官、検察事務官、裁判所事務官などの司法実務家を目指す者にとっては、必ず学習しておかなければならない。では、刑事訴訟法は、このような実務家、端的にいえば司法試験に挑戦する者だけに向けられた科目なのだろうか。

例えば、満員電車に揺られて通学している最中に、身に覚えのない痴漢行為の疑いをかけられることがあるかもしれない。また、自分がそのような被害に遭うことも考えられる。そのようなとき、自分は現実にどのような地位に置かれているのか、直ちに何をなすべきか、また、誰に対して援助を求めることができるのか。こういった問題は、今日にでも起きるかもしれない。刑事訴訟法の学習は、自分の身に起きた万一のトラブルに適切に対応するための知識を身に付けることができる。また、現在は、市民の司法参加が求められる時代である。かつては、刑事裁判というと、法律の専門家である裁判官を中心に、彼らのみがなし得る国家の作用であった。しかし、現在は、そこに一般市民が裁判員として参加し、目の前に提示された犯罪の疑いについて真実を発見し、適切な処罰を考えることが求められている。自分が裁判員としてそのような任務を負わされたとき、どのような立場で臨み、何に注意してその職務を行うべきかについても、刑事訴訟法の学習が大いに役立つ。このようにして、刑事訴訟法は、私たちが市民生活を送る上で、とても身近な問題に対応するための知識を学ぶ科目なのである。

更に、刑事訴訟法は、法律を学ぶ学生にとって、その学問的関心にも大いに応えるものである。刑事手続は、警察官、検察官、裁判所といった国家機関が、犯罪の疑いをかけられた一市民と正面から対峙する場である。そこでは、社会で発生した犯罪を適切な刑罰をもって処理するという公的利益と、その対象とされるべき市民に保障された基本的人権とが正面から対立することもある。両利益の相克において、どのような形で調整が図られるべきか。刑事訴訟は、本来、真犯人を適切に処罰しなければならず、他方で、無実の者を処罰することがあってはならない。しかし、現実には、真犯人を処罰できなかったり、逆に、無実の者に有罪判決が下されたりすることもある。そのような現実を目の前にして、刑事訴訟法の学習は、正に法的正義の在り方を具体的に問うものである。

このように見ると、刑事訴訟法という学問は、実務的であるが、より身近な社会問題を対象とし、かつ、学問的意欲も大いにそそる科目である。学習の目的はそれぞれ違うだろうが、ぜひ、刑事訴訟法の学習に意欲を燃やして欲しい。

第2節　刑事訴訟法学習の視点

1　時間的な流れ

刑事訴訟法の学習は、その世界をイメージすることがコツである。刑法の世界は、例えば、殺人罪として犯人が被害者の胸部をナイフで刺しその場で出血死させた、といった場面が想像される。もちろん、犯人がそのような行為に至った動機であるとか、犯行現場から逃走するようなシーンも思い浮かぶが、それは刑法の「人を殺した」（刑199条）という規定の対象外である。したがって、刑法の世界は、せいぜいのところ数分で終わってしまう。比ゆ的にいえば、静止画像で足りるのである。

これに対して、刑事訴訟法の世界は、刑法で定められた犯罪が発生したところから始まり、犯人が現場から逃走したり、通行人が被害者の死体を発見するといった場面も既に含まれている。そこを起点に、警察が捜査として容疑者（被疑者）を特定し、逮捕してその身体を拘束して取調べや家宅捜索などの捜査を行い、これを受けて、検察官がその事件について起訴（公訴提起）し、いよいよ裁判所での刑事裁判（公判手続）につながっていく。刑事裁判では多くの証拠が提出され、目撃証人等に対する尋問などを経て、有罪又は無罪の判決をもって終了する。更には、第一審判決に不服があれば、被告人が上訴したり、裁判が終わると（裁判の確定）刑の執行へとつながっていく。また、実はこの裁判は誤りであり、自分は無実であるとしてその雪冤を求めて再審が請求されることもある。

このようにして、刑事訴訟法の世界は、時間的に相当長期に及ぶものであり、それぞれの手続段階に応じて舞台背景も変わってくる。比ゆ的にいえば、ドラマや映画のごとくである。刑事訴訟法学習の第１の視点は、刑事訴訟法のこの世界観をつかむことである。具体的には、手続の順序を追ってそれぞれの場面を想像し、そこに登場する人物の行動を観察しつつ、流れゆく手続の前後関係も意識することが必要である。

2　多様な登場人物

刑事訴訟法の世界は、時間の流れに応じて様々に場面が切り替わる。場面が変わると、自ずと、そこに登場する人物も変化する。刑事訴訟法学習の第２の視点は、各手続場面に応じてどのような人物が登場し、彼らはそれぞれの場面で何をするのかを理解することである（第２講）。

各場面における登場人物は何ができて、何を禁止されるのか。ドラマや映画に例えると、それはシナリオに当たるものであるが、それを定めるのが刑事訴訟法であり、憲法を始めとする諸法令である。刑事訴訟法の学習は、このような世界観をできるだけ具体的に想像し、各場面を正しくつなげて進行させていくことが必要である。

第２章　刑事訴訟法の概要

第１節　刑事訴訟法の意義と目的

1　刑事訴訟法の意義

刑事訴訟法は、刑事手続の進め方を定めた法令であるが、具体的には、社会に発生した犯罪（の疑い）について解明し、犯人として確定された者に対して適正かつ迅速な処罰を実現するための諸制度を定めたものである。社会における紛争は、大きく分けて民事事件と刑事事件とがあるが、民事事件は私的自治の原則に従い、合意による和解など自由な処理が可能である。民事訴訟の場も用意されているが、これはあくまで、私人間での解決が果たされないときに、国家のサービスとして提供されるものである。これに対して、刑事事件は、必ず刑事訴訟法に基づいた手続の場で解決が図られなければならない（憲31条）。それは、刑事事件は民事事件と異なり常に公的な利害が認められるからであり、かつ、刑罰規定の適用は国家権力と一私人とが対峙する場面であることによる。

刑事訴訟法は、実体刑法で定められた犯罪と刑罰に関するルールを適用し、実現するための法令である。そのため、かつては、実体法重視の思想から、刑事訴訟法は刑法に従属するものであり、実体刑法で規律される刑罰権をできる限りスムーズに実現することが求められるとも考えられていた。これに対して、日本国憲法が制定され、現在の刑事訴訟法が誕生したことを背景に、手続法独自の価値が認められるようになってきた。例えば、現実に犯罪を行っている者に対しても黙秘権が保障され（憲38条１項）、警察の取調べにおいて暴行等により自白が強要された場合には、その自白を証拠として使用できないことになっている（憲38条２項）。すなわち、実体刑法によって刑罰権が存在することを前提に、その適用を担う刑事訴訟法独自の公正さも求められるのである[1]。

刑事訴訟法のこのような価値は、日本国憲法を基礎とする。刑法典（明40法45）は1907年に制定され現在に至るが、刑事訴訟法典（昭23法131）は1948年に旧法を廃止し、現行法として制定されたものである。刑事訴訟法のこの歴史は、日本国憲法（昭和21年公布、22年施行）と足並みを揃えるものであり、国家観や人権の位置付けなどの基本的価値の変化によるものである。すなわち、人を殺してはいけない、他人の財物を盗んではならないといった規範的価値は、およそ普遍的に妥当するものであるが、そのようにして社会に顕在化した犯罪事象をどのように処理するかは、その時代、その国や地域によって相対化されるわけである。刑事訴訟法は、このようにして、常に憲法で示された諸価値を実現すべく、解釈・運用されなければならない。

2　刑事訴訟法の目的

刑事訴訟法の目的[2]は、刑事事件について、公共の福祉の維持と個人の基本的人権の保障とを全うしつつ、事案の真相を明らかにし、刑罰法令を適正かつ迅速に適用実現することである（1条）。

第1に、究極には、刑事事件の真相を解明し、その犯人に対する刑罰権行使を適正・迅速に実現することである。刑事事件は、犯罪によって被害者の利益が侵害され、社会的秩序が侵されたものであるが、国家がその犯人を刑罰をもって処罰することにより、法的正義を回復するわけである。そのためには、前提として、刑事事件の真相が解明されなければならない。正しい事実確認（事実認定）がなければ、刑罰権の適正な行使がなし得ないからである。それゆえ、刑事訴訟の場では実体的真実が追求され、双方当事者の妥協による解決は基本的に許されない。もっとも、このような実体的真実の追求も、あくまで刑事訴訟法及び憲法の諸ルールによって規制され得る。犯人の処罰は最大限追求されなければならない正義であるが、それ以上に、無実の者が誤って処罰されることは絶対に防がれなければならない（**消極的実体的真実主義**）。刑事訴訟法は、そのために諸制度を定め、その遵守を求めた範囲内

---

1 田宮5頁は、実体法重視の刑事手続をベルト・コンベヤーに、他方、手続法独自の価値観を認める刑事手続を障害物競走に、それぞれ例えている。

2 田口守一『刑事訴訟の目的』（成文堂、増補版、2010年）。

での真実解明という難題を課している。

第2に、そのような真実の追求も、個人の基本的人権や社会公共の利益を実現しつつ行われなければならない。特に犯罪の疑いをかけられた被疑者・被告人には、憲法上、自己負罪拒否特権（憲38条1項[3]）や弁護人の援助を受ける権利（憲34条1文後段、37条3項）などが保障されているが、そのような基本的人権は、刑事司法の場でも公共の利益に反しない限りで「最大の尊重」が求められる（憲13条）。刑事訴訟で追求される国家刑罰権の実現及びその他の社会公共の利益と、個人の基本的人権との調整は、刑事訴訟法に内在する基本目的である。

第3に、刑事訴訟を通じた刑事事件の解決は、迅速さが求められる。もとより、真実の解明に当たって拙速となってはならないが、いたずらに長期化することも避けられなければならない。犯罪による社会秩序の侵害を回復することは、できるだけ早期に図られなければならない。そうでなければ、市民の刑事司法に対する期待や信頼が動揺させられてしまうからである。他方で、犯罪の疑いをかけられた被疑者・被告人にとっても、その追及を受ける地位が長期化することは、身体的及び精神的に多大な負担を受けることになる。それゆえ、刑事訴訟法は、刑事事件の迅速な解決を要求し、これを被疑者・被告人にとっては**迅速な裁判**を求める権利として保障しているのである（憲37条1項）[4]。

第2節　刑事訴訟の構造

刑事訴訟の構造とは、刑事訴訟の現実における登場人物相互の関係の問題だと理解できる。

具体的には、第1に、刑事訴訟の場において訴追を担当する検察官と、審判を担当する裁判所との関係である。かつては、両者はいわば一体の関係に

---

[3] 刑事訴訟法では、被疑者・被告人に包括的な黙秘権が保障されている（198条2項、311条1項）。これは憲法上の保障であると理解するのが通説である。

[4] 最大判昭47・12・20刑集26巻10号631頁「高田事件」、荒木伸怡『迅速な裁判を受ける権利』（成文堂、1993年）。

あり、一致協力して犯罪者の処罰に立ち向かう構造が採られていた。このような、訴追者と判断者とが一体共同の関係にある訴訟構造を**糾問主義**という。これに対して、判断者の中立性を確保し、客観的な意味での裁判の公正さを追求すべく、訴追者と判断者との関係を厳格に分離すべきだという考え方が広まった。このような、訴追者と判断者との形式的かつ厳格な分離を図る訴訟構造を**弾劾主義**という。弾劾主義は、現在多くの国家・法域で採用されている訴訟構造であり、日本も同様である。弾劾主義は、権力分立の思想にもなじむ訴訟構造である。

第２に、弾劾主義を前提にしても、訴訟の追行について、当事者と判断者である裁判所との役割関係は問題として残される。具体的には、訴訟追行の主導をいずれに行わせるかという問題である。ドイツを始めとするヨーロッパ大陸法系の諸国は、裁判所（特に裁判長）に主導を委ねる**職権主義**を採用しているのに対して、アメリカを始めとする英米法系の諸国は、当事者（検察官と被告人）に委ねる**当事者主義**を採用している。この両主義は、いずれか一方が正しいというものではなく、制度選択の結果にすぎない。ただし、その前提として、特に訴訟追行の場面で裁判所と検察官のいずれに重責を担わせるべきか、より端的には、検察官に対する信頼の基礎がどの程度のものかによって違いが生ずる。日本の刑事訴訟法は、基本的に当事者主義の訴訟構造を採用しており、検察官に重責を担わせていることから、職権主義を採用する諸国に比べて厚い信頼を置いている。当事者主義は、刑事訴訟の進行に関する主導の配分の問題であるが、現在では、一方当事者である被告人にも主体的に関与させることを保障し、その結果として、判決に対する納得を得させるといった役割も持たされている[5]。この点は、現在の刑事訴訟における当事者主義を実現するための課題である[6]。

---

[5] 平野龍一『刑事訴訟法の基礎理論』（日本評論社、1964年）８頁は、「広義の当事者主義とは、民主主義の精神そのもの」だという。

[6] 田宮裕『刑事訴訟とデュー・プロセス』（有斐閣、1972年）、同『刑事手続とその運用』（有斐閣、1990年）、同『変革のなかの刑事法』（有斐閣、2000年）。

第3節　刑事訴訟法の法源と適用範囲

1　刑事訴訟法の法源

刑事訴訟法は、形式的には刑事訴訟法典（昭23法131）を指すが、実質的には刑事手続を構成する法規範全てを指す。そこには、刑事訴訟法典を中核として、その上位規範である日本国憲法と、下位規範である刑事訴訟規則（昭23最高裁規則32号）が含まれる。刑事訴訟法の学習も、その大半は、これらの法令に定められた諸制度と、それを実際に運用する判例・裁判例[7]の理解に努めることになる。

これに加えて、国際法の次元では、市民的及び政治的権利に関する国際規約（人権Ｂ規約）[8]が諸法令の解釈指針となるだけでなく、実際の裁判でもその適用が問題とされることがある。国内法の次元では、刑事訴訟法の特別法の領域を構成する諸法令（犯罪捜査のための通信傍受に関する法律、少年法など）や、関連法令（裁判所法、裁判員の参加する刑事裁判に関する法律、警察官職務執行法、犯罪捜査規範など）も検討対象となる。また、実体刑法も、様々な場面で理解が問われることになる。これらの諸法令は、随時改正も行われ、そのフォローは実務の状況を理解する上で重要な課題である。

2　刑事訴訟法の適用範囲

刑事訴訟法は、日本の刑法が適用される全ての刑事事件を対象とする。それゆえ、国内犯（刑１条）だけでなく、国外犯（刑２条～４条の２）も、刑事訴訟法の適用範囲に含まれる。例えば、外国で日本国籍者が殺人事件を犯した場合も、日本の刑法が適用されるため（刑３条７号）、その被疑者・被告人を、刑事訴訟法に基づいた捜査、公訴提起、判決を通じて処罰することが可能である。ただし、現実的には、日本の捜査官が当該国に乗り込んで逮捕や家宅捜索といった強制捜査を行うことは、その国の主権を犯すことになるため許されない。このような場合には、刑事司法上の国際協力が必要となる（第３講第３章

---

[7] 本書では、最高裁の裁判例を「判例」、下級審の裁判例を「裁判例」として使い分けることにする。

[8] 芝原邦爾『刑事司法と国際準則』（東京大学出版会、1985年）。

第１節）。

刑事訴訟法は手続法であるため、時間的には、当該訴訟行為を行う時点の法令が適用される。実体刑法は罪刑法定主義に基づく遡及処罰禁止原則（憲39条１文前段）が妥当するが、刑事手続法は、法の一般原則に戻るわけである。この点は、例えば、公訴時効の法定期間が被告人に不利な方向で変更・廃止されたような場合に、問題となって表れる（第９講第３章第２節）。

人的対象としては、日本の刑法が適用される全ての人を対象とする。また、刑事手続は被疑者・被告人だけでなく、被害者や第三者も対象とするため、少なくとも日本国内に所在する全ての人（法人を含む）を対象とする。ただし、天皇や摂政には裁判権が及ばない（皇室典範21条）、国務大臣や国会議員の逮捕・訴追には一定の条件が付されている（憲75条、50条）、外国元首や在日大公使及びその家族や日本国内に駐留する外国軍隊員には治外法権が適用される（外交関係に関するウイーン条約）、といった制限もある。

第 2 講　刑事手続の配役

刑事手続には様々な人又は機関が登場する。本講では、これらを概括的に講じておく。

第1章　被疑者・被告人

第1節　被疑者

1　被疑者の意義

被疑者とは、特定の刑事事件において、その公訴が提起される前に嫌疑を受けて捜査の対象とされる者をいう。報道等では「容疑者」と表記されることがあるが、刑事訴訟法上は「被疑者」と表記される。公訴が提起された後は被告人となるが、これは、単に呼称が異なるだけではなく、刑事手続におけるその法的地位が変化することを意味する。すなわち、刑事手続の進展に伴い、相対する機関との権利・義務といった法的関係も変化するのである。

被疑者は、刑事手続において、如何なる条件の下で被疑者として扱われるべきことになるか。この問題は、例えば取調べに際して捜査機関に黙秘権の告知が義務付けられるか（198条2項、223条2項参照）といった点で、実践的にも意味がある。具体的には、捜査機関が主観的に対象者を被疑者だと認めているかどうかや、嫌疑の客観的状況（証拠状況）などから判断されるべきであるが、捜査機関が右権利告知を潜脱すべく恣意的に扱うようなことは許されない。

2　被疑者の法的地位

被疑者は、捜査機関が行う捜査手続において、その客体としての地位に置かれる。特に、逮捕（199条、212条、210条）及び勾留（207条・60条）は、被疑者の意思に反してその身体を拘束する強制処分であり、被疑者が捜査の客体としての地位に置かれることの顕著な例である。では、取調べ（198条1項）の場合はどうか。特に、逮捕・勾留が行われている状況下での取調べに関しては、いわゆる取調べ受忍義務の肯否をめぐる争いがある。その検討に当たっては、逮捕・勾留の意義（198条1項但書の解釈論）や、被疑者以外の取調べとの比較（被疑者取調べと異なり、黙秘権告知が義務付けられていない）などの点が考慮されなければならない。被疑者は、捜索・差押え（218条）、検証（218条）、鑑定（223条・鑑定留置224条・167条）や、任意処分の諸類型においても、手続の客体とされている。

被疑者は、これら諸手続においてその客体としての地位に置かれるのであるが、その際、自身の正当な利益を守るべく、一定の防御権も保障されている。例えば、取調べに対しては黙秘権（198条2項、憲38条1項）が、勾留裁判に対しては準抗告（429条1項）が、それぞれ用意されている。また、自身の防御に向けた援助を得るべく、弁護人の援助を受ける権利（30条1項、憲34条1文後段）も保障されている。

被疑者は、手続の客体としての地位にとどまらず、その主体としての地位にも置かれている。捜査手続において、被疑者と捜査機関との関係を如何に理解すべきかは、捜査の構造をめぐる論争において盛んに論じられてきた。その中核的な問題は、身体拘束下での取調べの法的効果であり、そこでは見解の対立がある（第5講第4節）。もっとも、被疑者が客体としての地位に置かれるべき場合においても、彼らの正当な利益が害されてはならず、そのための防御権が保障されている。

被疑者には、消極的な意味の防御権だけでなく、刑事手続に積極的に関与すべき意味での防御権も保障されている。その顕著な例が証拠保全請求権（179条1項）である。被疑者（及び弁護人）には捜査権限がないが、既にこの段階で自身に有利となる証拠や情報を収集しておくことの必要性は明らかである。そこで、刑事訴訟法は、裁判官にその権限行使を求める請求権という間接的な形で、被疑者側において主体的に手続に関与することを許す権利を保障しているのである。

そして、そのような積極・消極を問わず、弁護人により包括的に援助を受ける権利が、被疑者の防御の中核となる（第7講第3章）。

第2節　被告人

1　被告人の意義

特定の刑事事件について捜査が終了し、検察官が公訴を提起すると（247条）、被疑者から被告人へと法的地位が変更される。以後、当該事件について裁判が確定するまでは、手続の対象者は**被告人**と呼称される。報道等では「被告」と表記されているが、刑事訴訟法上は「被告人」である。

通常の場合、捜査の対象であった被疑者に対して、証拠が固められて公訴提起されるという手続の発展に伴って、被疑者から被告人へと変化するのであり、検察官の意思が起訴状に示されることでその地位が明らかにされる。しかし、事案によっては、検察官が本来起訴しようとした人物と、手続上「被告人」として表に出てくる人物とで齟齬が生じる場合がある。具体的には、①検察官が「A」を起訴しようとしたところ、誤って「X」と記載してしまった場合や、②裁判所は起訴状の記載に従って「A」を召喚したが、公判期日にその身代わりとして「X」が出頭してきた場合に、被告人はAとXのいずれであるか、という問題が生ずる（**被告人の特定**）。これらの事例で、検察官の訴追意思は被告人をAとするものであるが、手続上はXが表に出てきていることを、どのように考慮すべきか。

この問題について、検察官の意思を尊重すべきとする見解（意思説＝動機説）と、手続の形式性を重視すべきとする見解（表示説）とが対立してきた（更に被告人として振舞った者が被告人だとする挙動説＝行動説）。そして、表示説を基礎としつつ、検察官の訴追意思を加味して考慮すべきとする見解（実質的表示説）が通説となった。公訴提起は検察官の訴追意思が表された訴訟行為であるが、訴訟手続は、多くの人々がそこに関わるものであり、その表面にあらわされた現象を基礎として諸効果が決定されるべきである。したがって、通説が妥当である[1]。

1　最決昭50・5・30刑集29巻5号360頁は、三者即日処理方式（被疑者の身体拘束を行わ

ただし、刑事手続は発展性を持つものであるから、その諸効果も、手続の発展に伴って決定されるべきである。例えば、前述の例で、公判開始前に裁判所や弁護人が検察官の誤記に気付いた場合や、冒頭手続における人定質問で本来起訴すべきであったAではなくXが出廷していることが判明した場合には、起訴状の補正や、Aを再度召喚して冒頭手続からやり直すなどすればよい。他方、検察官の誤記や身代わりであることに気付かず、公判手続が一定程度進行してしまった場合は、Xを被告人として進められた手続の存在を考慮に入れなければならない。この場合、検察官が公訴を取り消して（257条）、Xを被告人として進められた手続については公訴棄却による打ち切り（339条1項3号）が必要である。また、裁判が確定してしまった場合には、再審手続（435条以下）が行われるべきこととなる。その上で、Aに対して改めて公訴提起の手続からやり直さなければならない。

2　被告人の法的地位

被告人の法的地位は、基本的に被疑者の場合と共通するが、手続が進展し公判手続の段階に入ると、他の手続関係人（特に訴訟の相手方である検察官）との対等性や、手続への主体的関与が求められる。

まず、被告人となっても、手続の客体としての地位が一切なくなるわけではない。被告人の公判手続への関与は、訴訟当事者としてのその権利であるが、その出廷は原則として開廷の条件でもあり（286条）、被告人の義務でもある。したがって、被告人の出廷を確保するために、召喚（57条）、勾引（58条）、勾留（60条）という一定の強制権限が定められている。また、被告人に対しても、裁判所の権限として捜査段階と同様の物的証拠を収集するための強制処分が定められている（128条、165条）。公判における被告人質問（311条

ない方式）による略式手続の事案において、甲が乙の氏名を冒用し、捜査機関に対し被疑者として行動し、かつ、裁判所で被告人として乙名義の略式命令の謄本の交付を受けて即日罰金を仮納付するなどの事実があったからといって、右略式命令の効力が冒用者である甲に生じたものとすることはできないとして、この場合は氏名を冒用された乙が被告人と扱われるべきであるとしている。本方式は全て書面審理で処理されるものであり、この場合は、検察官の訴追意思も被冒用者である乙を対象としている。乙に対する判決の効果は、再審によって是正されるべきことになる。

2項）は、証人尋問とは異なり供述が義務的ではないが、証拠方法（第12講第1章第1節）であることに変わりはなく、その意味で、被告人は手続の客体としての地位に置かれている。

第2章　弁護人・補佐人

第1節　弁護人

1　弁護制度の概要

(1) 弁護制度の意義と歴史

弁護人は、被疑者・被告人の補助者であり、彼らの能力を補い、その正当な利益を擁護することを任務とする[2]。被疑者・被告人は、前述のとおり、刑事手続の客体でありまた主体でもあるが、彼らがそこで不当に扱われてはならないのは当然であり、かつ、より積極的な関与をなすべきことが保障されている。そのような権利・利益は、被疑者・被告人が単独で実現し享受できるものではなく、法的専門家による援助を必要とする。刑事弁護は、そのような被疑者・被告人の正当な権利・利益の実現に向けて保障された制度であり、弁護人は、被疑者・被告人の弁護を受ける権利に資するべき者である。その意味で、弁護人は、被疑者・被告人の有効な弁護を受けるべき権利を現実に保障すべき地位にある[3]。

「刑事訴訟の歴史は、弁護制度拡充の歴史である。」[4]これは、19世紀末頃に唱えられた標語であるが、この言葉が表すように、刑事弁護の制度は、歴史的に一様ではなく、その歴史的発展につれて変化し拡充されてきたものである。日本では、治罪法（1880年）において既に弁護人の制度が法定されていたが、公判段階での関与に限定されていた。その後、大正刑事訴訟法（1922

[2] 弁護人制度に関する研究として、椎橋隆幸『刑事弁護・捜査の理論』（信山社、1993年）、岡田悦典『被疑者弁護権の研究』（日本評論社、2001年）、高田昭正『被疑者の自己決定と弁護』（現代人文社、2003年）、大出良知『刑事弁護の展開と刑事訴訟』（現代人文社、2019年）、辻本典央『刑事弁護の理論』（成文堂、2017年）。

[3] 最大判平11・3・24民集53巻3号514頁。

[4] *Glaser*, Handbuch des Strafprozesses Bd. 2, S. 223, 1885.

年）では、予審段階でも弁護人依頼権が認められるようになった。憲法が改正され、日本国憲法に「弁護人」の援助を受ける権利が定められ（憲34条１文後段、37条３項）、憲法上の保障が与えられることになったが、それに伴って改正された現行刑事訴訟法では、弁護人は「何時でも」選任することが可能となり（30条）、また、国選弁護も制度化された（36条以下）。そして、2004年法改正（平16法62）により、国選弁護は被疑者段階でも法制度化されることとなった（37条の２以下）。現在は、全ての勾留事件が被疑者国選弁護の対象とされている（37条の２第１項本文）。

(2) 弁護制度の種類

弁護制度には、幾つかの区別がある。

第１に、**実質的弁護**と**形式的弁護**という区別がある。前者は、刑事弁護は弁護人に限らず、裁判所や検察官（更に警察）も、国家の司法機関として、刑事手続の遂行に当たっては法令を遵守し、一市民である被疑者・被告人の正当な利益を擁護すべきものである、とする考え方である。古くは、刑事弁護の本質をこのように捉えて、必ずしも弁護人が刑事手続に関与する必要はないとされてきた。確かに、国家の司法機関がそのようにして被疑者・被告人の正当な利益を擁護すべき立場にあることは間違いがない。しかし、刑事手続において被疑者・被告人の利益が国家の司法機関によって脅かされてきた歴史を否定することはできない。このような歴史を打破するためには、むしろ、被疑者・被告人のために片面的に彼らの権利利益を擁護すべき機関が必要となる。形式的弁護とは、正にそのような歴史からの反省を踏まえて、弁護人の関与を要請すべき考え方であり、現在の刑事手続は、この形式的弁護の保障に基づいているのである。

第２に、**必要的弁護**と**任意的弁護**という区別がある。刑事弁護は、本質的に、被疑者・被告人の権利・利益の実現に向けられた制度的保障であり、被疑者・被告人にとっての主観的権利である。それゆえ、被疑者・被告人が自身の刑事手続において弁護人の援助を受けるかどうかは、基本的に彼らの意思に委ねられるべきことである。しかし、他方で、刑事手続は、刑事事件の真相を解明し、適切な処罰を確保するという公的利益に資するべきものである（１条）。そのためには、被疑者・被告人が単独で手続に関与するのではなく、弁護人が関与すべき必要が生ずる。そこで、刑事訴訟法は、一定程度の事案の重大性を基準に、弁護人の関与が必要的となる場合を定めた（289条）。この基準に該当する事件では、弁護人の要否について被疑者・被告人の意思を尊重しつつ、場合によっては、彼らが意図しないでも弁護人が付されることになっている。

第3に、**私選弁護**と**国選弁護**の区別がある。これは、選任過程による区別であり、前者が被疑者・被告人（及びその家族ら）により弁護人が選任されるのに対して、後者は国（具体的には裁判所）がこれを行うというものである。ただし、一旦選任されると、以後は刑事手続内における弁護人の権限に違いはなく、その任務においても同様である。

(3) 弁護人の法的地位

弁護人が提案する弁護方針と、被疑者・被告人の希望とに違いが生じた場合、弁護人はどのような方針で弁護に臨むべきか。具体的には、①被疑者・被告人は無罪（無実）を主張しているが、既存の証拠関係から弁護人は有罪であることを確信しており、否認又は黙秘を続けると量刑等において被疑者・被告人に不利になると判断している場合や、②被疑者・被告人は自身の犯行であることを認めているが、弁護人に対して、実は自身は真犯人の身代わりであることを告げた場合などに、弁護人は如何なる弁護をなすべきか。この点は、弁護人の法的地位を如何に理解するかで、結論が異なる。

この問題について、弁護人を被疑者・被告人の純粋な代理人と見るか（代理人説）、又は裁判所や検察官と同様に公的利益にも資するべき者と見るか（機関説）で、見解の対立がある[5]。代理人説は、民事訴訟の訴訟代理人と同じく、刑事弁護人も被疑者・被告人の意思に完全に拘束されるのであり、弁護方針の決定権限はあくまで訴訟の主体である被疑者・被告人にあるとする。これに対して、機関説は、弁護人は司法の独立した機関であり、被疑者・被告人の意思に拘束されることなく、自らの判断で弁護方針を決定すべきとする。

弁護人の法的地位の問題は、弁護人の一般的責務にも関わる。弁護人は、

---

[5] 辻本・刑事弁護5頁。

基本的に被疑者・被告人の正当な利益を追求すべき**誠実義務**を負うが、これに加えて、刑事手続において一定の**真実義務**をも負うかという問題である。代理人説は、誠実義務に尽きると理解するのに対して、機関説は、一定の真実義務を負うと理解するわけである。もっとも、機関説の立場からも、現在では、積極的な真実追求は裁判所及び検察官の責務であり、弁護人はただ証拠偽造等による自身の能動的な活動によって真実を歪曲することを禁止されるにとどまると理解されている（限定的機関説）[6]。

この問題について、判例は、必ずしも明確な見解を示しているわけではない。もっとも、弁護人は証拠偽造等によって真実を歪曲してはならず[7]、身代わり犯人であることを秘匿して被告人が有罪であることを前提とする弁護を違法とする[8]など、弁護人に対して一定の真実義務を課している。また、被告人が公訴事実を否認しているときに、弁護人が有罪を前提とする弁論をした事例では、弁護方針の最終決定権は弁護人にあるとする見解も示されている[9]。ただし、弁護人の責務はあくまで、一次的には被疑者・被告人の正当な利益を追求・実現すべき点にあり[10]、かつ、弁護方針の決定に当たり被疑者・被告人との間で齟齬が生じた場合には、弁護人自身の考えを懇切丁寧に説明し、説得に努めなければならない。

2　弁護人選任手続

弁護人の選任手続は、私選の場合と、国選の場合とで異なる。この違いは、弁護人の解任にも関わる。

まず、**私選弁護**の場合、被疑者・被告人本人やその家族などの第三者が、弁護士と費用や報酬等の条件を交渉し、弁護人として活動することについて契約（委任契約又は非典型の弁護契約）を結ぶ。その上で、被疑者・被告人と弁護人が弁護人選任届に連署して、これを捜査段階では検察官又は司法警察員

---

[6] *Beulke/Swoboda*, Strafprozessrecht 16 Aufl., Rn 227.
[7] 京都地判平17・3・8（LEX/DB 文献番号28105138）。
[8] 大判昭5・2・7大刑集9巻51頁。
[9] 最決平17・11・29刑集59巻9号1847頁「栃木県鹿沼市職員殺害事件」の上田補足意見。
[10] 東京高判平23・4・12判タ1399号375頁。

に（規17条）、公訴提起後は受訴裁判所に（規18条）に提出し、受理された段階で、当該刑事事件の弁護人としての地位が与えられる。なお、捜査段階で弁護人が選任された場合、公訴提起後に改めて手続を行う必要はなく、自動的に起訴後の手続においても弁護人となる。なお、弁護人の数については、捜査段階では原則として３人に制限されており、「特別の事情」が認められる限りでこれを超えることができる（規27条１項）[11]。他方、公訴提起後は原則として制限がなく、「特別の事情」がある場合に限り、３人までに制限することができる（規26条１項）。

国選弁護の場合、裁判所（捜査段階は裁判官）が被疑者・被告人からの請求（36条、37条の２）又は職権（37条、37条の４）によって弁護人を選任する。請求による場合は、被疑者・被告人の資力が（36条の２、37条３の）、また、職権による場合は、その要保護性が（37条、37条の４）、国選弁護人の選任に当たって考慮される。国選弁護人選任の法的性質について、見解の対立がある。この問題は、例えば、被疑者・被告人と国選弁護人との間に弁護方針をめぐる深刻な対立が生じた場合、私選弁護の場合と同様、被疑者・被告人の意思によって弁護人の解任を求めることができるかという点で結論が分かれる。国選弁護の選任も、私選弁護と同様に契約（公法上の第三者のためにする契約）であるとする立場からは、被疑者・被告人側に解任を求める権利があると理解される。他方、国選弁護の選任は裁判所（裁判官）の行う裁判であるとする立場からは、裁判所において正当理由を認めない限り解任を求めることができないと理解される。判例[12]は、後者の立場に立ち、被告人側の解任請求権を認めていない。

弁護人選任の効力は、当該審級限りとされる（32条２項＝**審級代理原則**）。それゆえ、基本的に第一審判決が宣告された時点で選任の効力は消滅する。ただし、弁護人自身が被告人のために上訴した場合は、上訴趣意書が提出されるまでその効力は存続する。

---

[11] 最決平24・５・10刑集66巻７号663頁。
[12] 最判昭54・７・24刑集33巻５号416頁「４・28沖縄デー事件」。

3　弁護人の権限

弁護人は、被疑者・被告人との秘密接見を行う権利（39条1項）を始めとして、選任された刑事手続において様々な権限を与えられる。詳細は個別の箇所で扱うが、その性質に応じて、概要以下のとおりに分けられる。

まず、弁護人には、被疑者・被告人から独立した地位において固有の権限（固有権）が与えられる。これは、代理としての性質に親しまないものであり、被疑者・被告人が当該権利を喪失してもなお、弁護人はその権限を行使できるとするものである。これには、更に被疑者・被告人と重複して与えられるもの（各種立会権（113条、142条、157条1項等）、証人尋問権（157条3項、304条2項）、弁論権（293条2項）など）と、弁護人のみが有するもの（書類の閲覧謄写権（40条、180条）、鑑定立会権（170条）、上訴審での弁論権（388条、414条）など）とに分けられる。

他方、弁護人は、被疑者・被告人を代理してその諸権利を行使することもできる（代理権）。代理権には、代理としての性質に親しむものが全て含まれる。この代理権は、更に被疑者・被告人の意思に反してでも行使できるもの（独立代理権＝勾留理由開示請求権（82条2項）、勾留取消・保釈請求権（87条、88条、91条）、証拠保全請求権（179条）、期日変更請求権（276条）、証拠調請求権（298条）、裁判長の処分に対する異議申立権（309条）など）と、弁護人の包括代理人としての地位に基づき本人からの授権によって行使できるもの（従属代理権＝移送請求（19条）など）とに分けられる。

第2節　補佐人

被告人の法定代理人、保佐人、配偶者、直系親族及び兄弟姉妹は、**補佐人**になることができる（42条）。補佐人は、専門的能力を備えた弁護人とは異なり、被告人との近親関係によってその防御能力を補助する者であり、被告人の明示の意思に反しない限り被告人ができる訴訟行為を行うことができる（42条3項）。

補佐人の選任は起訴後に限られ、書面を提出して届け出なければならない（規32条）。

第3章　警察・検察官

第1節　警　察

1　警察の組織と責務

日本の警察は、各都道府県に設置され（警察36条1項）、これを各都道府県公安委員会が管理する体制になっている（警察38条3項）。警察は、犯罪の予防・鎮圧などの行政警察活動に加えて、刑事手続においては「捜査」や「被疑者の逮捕」といった司法警察活動をも責務とする（警察2条、36条2項）[13]。個々の警察官は、上官の指揮監督を受けて職務を遂行し（警察63条）、当該都道府県警察の管轄区域内において職権を行使することができる（警察64条）。

2　警察官の刑事訴訟法上の法的地位

警察官は、刑事訴訟法上、**司法警察職員**として犯罪の捜査を行う（189条1項）。司法警察職員としての地位は、刑事訴訟法上の捜査権限を行使する主体という意味である。個々の警察官が「犯罪があると思料するとき」に直ちに捜査権限を行使することができるのであり（189条2項）、別途任命の手続を必要とするものではない。司法警察職員は、検察官との関係において、第一次的捜査機関である（189条2項、191条1項）。

司法警察職員は、更にその権限に応じて**司法警察員**と**司法巡査**とに区別される。都道府県警察においては、各都道府県公安委員会規則によって指定されており、原則として「巡査部長」以上の階級の者が司法警察員と定められている（例えば、昭和29年大阪府公安委員会規則「司法警察員等の指定に関する規則」2条）。司法警察員は、個別事件の捜査の中心となり、その統括を任務とする（199条2項（特に「警部以上の者」に限定）、218条3項、224条1項、225条2項、203条1項、241条、242条、246条）。他方、司法巡査は、司法警察員の下にあって、

13　島田茂『警察法の理論と法治主義』（信山社、2017年）、米田雅宏『「警察権の限界」論の再定位』（有斐閣、2019年）。

捜査活動に当たっては個々の事実的行為（逮捕や捜索・差押え行為など）を行う。

警察官以外の公務員も、「特別の事項」について法律の規定に基づき司法警察職員としての職務を行う（190条）。これを**特別司法警察職員**と呼ぶ（便宜上、警察官は**一般司法警察職員**と呼ばれる）。例えば、厚生労働省の麻薬取締官（麻薬54条3項）、労働基準監督官（労基102条）、法務省矯正局の刑務官（刑事収容施設290条）などが挙げられる。これらの者は、本来警察活動とは別の職務を持つ者らが、それらの職務との関連性や職務上の知識を利用することが便宜であることに鑑みて、一定の範囲で捜査権限を与えられるものである。その権限において、特別の定めがない限り、一般司法警察職員と比較して違いはない。

第2節　検察官

1　検察の組織

検察官は、「公益の代表者」として刑事手続に関与すべき国家機関である（検4条）。検察官は、検察の職務を遂行する職名又は刑事訴訟法上の法的地位であり、検察庁に所属する検事総長、次長検事、検事長、検事、副検事（以上は官名）がその任務に当たる（検察3条）。

検察官は、単独で検察権限を行使する**独任制の官庁**である。それゆえ、組織ではなく、検察官個人が権限主体となる。ただし、一人の検察官が行った行為は他の検察官との関係でもその効力を生ずる。例えば、A検察官が特定の事件について公訴を提起した場合、当該事件について訴訟係属の状態が発生し、他の検察官は同一事件について重ねて公訴提起をすることができない。これを、**検察官一体の原則**という。このようにして、一人の検察官の職権行使に当たっては、その効力が検察組織全体に及ぶことから、公訴提起などの重要な訴訟行為に当たっては、検察内部での指揮・命令系統に服する（検7条～10条）。上級職は、個別事件を自ら担当し、又は他の検察官に移転させるなどの権限を通じて、具体的な事件の処理について指揮・命令をすることができる（検12条、13条）。

もっとも、検察権限は刑事手続を通じて個人の諸利益に重大な制限を課すものであり、これが不当に行使されてはならないのは当然である。特にその時々の政治的影響を受けることになれば、検察の公正さに向けた国民の信頼も失墜してしまう[14]。そこで、検察権行使に対する政治的影響を排除するために、法務大臣の指揮監督権は一般的なものにとどまり、個別事件に関する処分については、検事総長を指揮することができるにとどめられている（検14条）。

2　検察官の責務と権限

検察官は、刑事事件に際して、「公訴を行い、裁判所に法の正当な適用を請求し、且つ、裁判の執行を監督」する権限と責務を負う（検４条）。また、既に捜査段階においても、「必要と認めるとき」には、自ら捜査を行うこともできる（191条２項）。検察官は、法務省＝検察庁に所属する行政官であるが、これにとどまらず、司法官としての機能や捜査機関としての機能も持つことになる。

検察官は、刑事手続において、個別の処分によって事件の処理を行う。検察官の事件処理には、①終局処分と、②中間（非終局）処分がある。**終局処分**は、起訴又は不起訴の処分である。前者には、通常の公判請求と略式命令請求が、後者には、狭義の不起訴処分（嫌疑不十分又は訴訟条件不備の場合）と起訴猶予処分がある。また、少年事件についての家裁送致（少年42条）も、終局処分の一種である。検察官の不起訴処分には一事不再理効が生じない[15]。他方、**中間処分**には、他の管轄への移送や、犯人不明等による手続中止処分が含まれる。

このような中で、検察官の主たる役割は、やはり公訴提起とそれによる刑事訴訟の原告としての関与である。刑事訴訟の原告としての地位において、被告人と相対してその刑事責任を追及すべき立場にある。それゆえ、必然的に、有罪を主張しその立証が任務となる。もっとも、検察官は、あくまで公益の代表者として刑事訴訟に関与し、真実を追求する司法官としての地位に

14　1954年の造船疑獄事件では、第５次吉田内閣が総辞職する事態に発展した。
15　最判昭32・５・24刑集11巻５号1540頁。

ある。それゆえ、純粋に有罪方向のみに目を向けるのではなく、無罪の可能性も含めて真実の発見に寄与しなければならない。その意味で、訴訟追行に当たって、検察官は客観義務を負うとされるのである[16]。

3　検察事務官

検察事務官は、検察庁に所属する国家公務員であり、「検察庁の事務」を行い、また、検察官の補佐をするとともに、その指揮を受けて犯罪の捜査を行う（191条2項、検27条）。経験を積んで選考試験に合格すれば、副検事に任命される（検18条2項）。

第4章　裁判所・裁判官・裁判員

第1節　裁判所

1　裁判所の意義

裁判所は、司法権の担い手であり、最高裁判所と下級裁判所がこれに当たる（憲76条1項、裁1条）。そこには、「裁判官」及びその他の「職員」（事務官、書記官、速記官など）らの公務員が所属し、執務に当たっている（裁判所法第4編）。このように、一般には、裁判所という用語は司法行政を執り行う官庁や官署としての機関を指しており、これを**国法上の意義における裁判所**という。

他方、刑事訴訟法上は、具体的な法律上の争訟を裁判し、またこれに付随する権限を行使する主体（機関）を指して「裁判所」という用語が当てられている。これを**訴訟法上の意義における裁判所**という。例えば、検察官が公訴を提起すると、事件が裁判所に係属し、当該受訴裁判所がこれを審判することになるが、その場合の裁判体を指すときがこれに当たる。それゆえ、訴訟法上は、捜査段階ではまだこの意味での裁判所は存在せず、検察官の公訴

---

[16] 検察官の客観義務について、岡部泰昌「刑事手続における検察官の客観義務（1）～（6・完）」金法11巻2号以下。

提起によって初めて登場することになる。

2　裁判所の種類と構成

裁判所は、最高裁判所と下級裁判所とからなるが（憲76条、裁1条以下）、後者は、更に高等裁判所、地方裁判所、家庭裁判所、簡易裁判所の区別がある（裁2条）。

最高裁判所は、大法廷と小法廷に区別される（裁9条1項）。小法廷は3つに分けられ、それぞれ5名の定員で構成される。通常の審理は小法廷で行うが、当該問題について初めて憲法判断を行うときや、判例変更を行うときなどは、全裁判官で構成する大法廷で審理する（裁10条）。最高裁の審理に当たっては、通例、調査官による調査が行われる（裁57条）。

下級裁判所の構成は、合議体（3名）によるか又は単独体（1名）によるかについて、裁判所ごとに異なる。高等裁判所は特段の定めがない限り合議体で（裁18条）、地方裁判所及び家庭裁判所（少年審判）は合議体又は単独体で（裁26条、31条の4）、簡易裁判所は単独体（35条）で、それぞれ裁判体が構成される。なお、地方裁判所の裁判員裁判によるときは、裁判官3名と裁判員6名（例外的に1名と4名）で構成される（裁判員2条2項）。

3　裁判管轄

管轄とは、どの裁判所（国法上の意義）が当該裁判を担当するかについての、裁判所内での職務分担である。これには①法定管轄と、②裁定管轄がある。裁判所は公平な機関であることが要請されるが（憲37条1項）、検察官が恣意的に随意の裁判所に公訴提起できるようなことになれば、この要請が満たされない。それゆえ、管轄はあらかじめ詳細に法定されており、その意味で法定管轄が原則であり、裁定管轄が補充的なものとして用意されている。

法定管轄には、土地管轄、事物管轄、審級管轄の3種類がある。第1に、**土地管轄**とは、犯罪地や被告人の住所、居所、現在地[17]など、犯罪と特別の

---

[17] 最判昭33・5・24刑集12巻8号1535頁によると、被疑者が違法に身体を拘束されている場合には、「現在地」には該当しない。

関係にある土地を管轄する裁判所に裁判権を定めるものである（2条）。ただし、犯罪地が大阪府、被告人の住所が京都府といった場合、土地管轄が競合することもある。この場合、検察官は、合理的に判断して適当と認める裁判所に公訴提起することができる。第2に、**事物管轄**とは、犯罪類型を基準として、どの種類の下級裁判所が第一審を担当するかを定めるものである。刑事裁判では、地方裁判所が基本的に第一審の事物管轄を有する（裁24条2号）。これに対して、簡易裁判所は比較的軽微な事案（裁33条1項2号）、高等裁判所は内乱罪等（裁16条4号）に事物管轄を有する。家庭裁判所も、かつては少年の福祉を害する事案について事物管轄を与えられていたが（少年（旧）37条）、この規定は2008年に削除された。第3に、**審級管轄**は、上訴審において、第一審裁判所以外のどの裁判所が担当するかを定めるものである。例えば、地方裁判所で第一審の判決が下された場合、控訴審は高等裁判所が（裁16条1号）、上告審は最高裁判所が（裁7条1号）が、それぞれ担当する。なお、一人の被告人が複数の罪を犯したとの嫌疑について、これらが複数の裁判所に係属しているような場合には、これらを関連事件として（9条）、一つの裁判所に併合[18]することができる（8条）。法定管轄は訴訟が有効に行われるための訴訟条件であるが、他の訴訟条件の場合と異なり、管轄違いが判明した場合も公訴棄却ではなく、管轄違いを言い渡すことになっている（329条）。管轄違いで手続が打ち切られた場合も、証拠調べなどそれまでに行われた訴訟手続の効力は失われず（13条）、起訴し直した後の訴訟で引き継がれる。

裁定管轄は、裁判所の管轄区域が不分明のため管轄裁判所が定まらないとき（15条）や、特別の事情があるとき（17条）などに、検察官の請求により、直近の上級裁判所などがその裁定によって管轄を指定するものである。

---

[18] ここでいう審判の併合・分離は、国法上別個の裁判所に係属する事件間で行われるものであり、既に一つの（国法上同一の）裁判所に係属している事件について、共犯者同士の利益相反等を理由として行われる弁論の併合・分離とは異なる。

第2節　裁判官

1　裁判官の法的地位

日本では職業裁判官制がとられており（憲78条〜80条）、最高裁判所長官、最高裁判所判事、高等裁判所長官、判事、判事補、簡易裁判所判事が裁判官として定められている（裁5条）。裁判官は、司法権を担う裁判所を構成する者として、その独立性を確保すべく、強い身分保障が認められている（憲76条3項）。

裁判官の地位について、訴訟法上、次のような区別がある。裁判官は、裁判体の構成員となるが、合議体の場合は、裁判長と陪席裁判官に分けられる。単独体の場合も、裁判官はその構成員である。裁判長には、訴訟指揮権（294条）に基づいて訴訟関係人に指揮・命令を行うなど、強い権限が与えられる。裁判長が陪席裁判官に期日外尋問など一定の訴訟行為を行うよう命じた場合、これを受けた陪席裁判官を**受命裁判官**という。他方、ある地裁に係属している事件について、証人が遠隔地に居るため他の地裁の裁判官に証人尋問を嘱託することがある。この嘱託を受けた裁判官を**受託裁判官**という。また、主に捜査段階において勾留の請求などを受けた裁判官を、**請求を受けた裁判官**という（179条、207条など）。

2　除斥・忌避・回避

裁判官は、司法権の担い手として、公正な裁判の実現に努めなければならない（憲37条1項）。もっとも、事件への関与や個別具体的な手続運営において、当該裁判官の公正さに疑いが生ずる場合がある。このような場合に、当該裁判官を手続から外す制度として、①除斥、②忌避、③回避がある。

除斥は、一定の事由が認められるときに、法律上当然に（職権で）裁判官としての職務から除外するものである（20条）。除斥事由には、事件当事者との関係（20条1号〜3号）と、手続への関与（4号〜7号）とがある。前者は裁判官の中立性が、後者は事件への予断が[19]、手続からの除外を要請するもの

[19] 最決平17・8・30刑集59巻6号726頁「山形羽黒町強盗殺人事件」によると、先の公訴

である。

忌避は、訴訟の当事者である検察官及び被告人（弁護人）の申立てにより、裁判官が除外されるものである（21条）。忌避事由は、裁判官に除斥事由があるにも関わらず除斥されていないこと、又は不公平な裁判をする虞があると認められることである。忌避の申立てがなされると、原則として、当該裁判官が所属する、又は簡易裁判所の裁判官の場合はこれを管轄する地方裁判所の合議体で、忌避事由の有無について審理される（23条１項、２項）。忌避に関する審理には、忌避の対象となった裁判官は関与できない（23条３項）。ただし、忌避申立てが専ら訴訟遅延を目的とした濫用的なものと認められる場合には、簡易却下することもできる（24条１項）。この場合には、忌避の対象となった裁判官が関与することもできる。例えば、単独体の裁判官について忌避申立てがなされた場合、簡易却下によれば、即時に当該裁判官が却下を言い渡すことができる（24条２項）。忌避制度の趣旨は、事件との特別な関係など「当該事件の手続外の要因」によって公平かつ客観的な審判を期待できないときに手続から除外するものである。それゆえ、手続内での審理方法や態度などをもって、それだけで直ちに忌避理由と認めることはできない[20]。

回避は、裁判官が自らに忌避事由があると認めるときに、自発的に職務からの除外を求めるものである（規13条）。

第３節　裁判員

裁判員裁判は、国民の中から選任された一般市民が刑事裁判に参加し、職業裁判官と協働して審判を行う制度である[21]。この制度は、「司法に対する

棄却の判決をした裁判所と裁判官の構成を同じくする裁判所が再起訴後の審判をすることになったとしても、事件について前審の裁判又はその基礎となった取調べに関与したものとはいえないから、除斥事由に該当しない。

20　最決昭48・10・８刑集27巻９号1415頁「チッソ水俣病被害補償傷害事件」。

21　庭山英雄『民衆刑事司法の動態』（成文堂、1978年）、丸田隆『アメリカ陪審制度研究』（法律文化社、1988年）、岩田太「合衆国における刑事陪審の現代的役割（１）～（６・完）」法協118巻７号以下、藤田政博『司法への市民参加の可能性』（有斐閣、

国民の理解の増進とその信頼の向上」を目的として（裁判員1条）、2004年に導入され、2009年より施行されている。裁判員裁判の対象事件は、殺人罪等の重大事件である（裁判員2条1項）。対象事件に該当する場合、所定の除外事由（裁判員3条）がある場合を除いて、全て裁判員裁判の形式で行われる。それゆえ、被告人に選択権はない[22]。

裁判員裁判では、基本的に裁判官3名と裁判員6名（例外的に裁判官1名と裁判員4名）で合議体を構成し（裁判員2条2項、3項）、事実認定、法令適用、刑の量定に当たり、その評議・評決を持って審判される（裁判員6条1項。法令解釈や訴訟手続上の判断は裁判官の専権である＝同条2項）。評決は基本的に多数決で行われるが、被告人に不利な判断を行う場合には、裁判官及び裁判員の双方からそれに賛成する意見が含まれていなければならない。例えば、裁判員6名が有罪、裁判官3名が無罪の意見を示したときは、無罪になる。実質的には、裁判員だけの判断で被告人に不利な結論を出すことができないような仕組みになっている。裁判員裁判の判決に対して、被告人及び検察官は控訴することができる。控訴審は、裁判員の関与がなく、職業裁判官のみで審判する[23]。

裁判員の選任に当たっては、次のような手続が採られる。年度ごとに、地方裁判所から裁判員候補者の数が割り当てられ、自治体の選挙管理委員会が選挙人名簿に登載されている者の中から無作為で裁判員候補者を選出する（裁判員20条～25条）。地方裁判所は、対象事件が公訴提起され、第1回公判期日が定まったとき、裁判員を選任する手続に向けて、裁判員候補者の中から

2008年）、後藤昭編『東アジアにおける市民の刑事司法参加』（国際書院、2011年）、青木孝之『刑事司法改革と裁判員制度』（日本評論社、2013年）、特集「裁判員制度・制度設計の経過と概要」自正55巻2号、特集「裁判員制度のゆくえ」現刑6巻5号、特集「裁判員制度の導入」ジュリ1268号、特集「姿を見せた刑事司法改革：刑事司法はどう変わるのか」法時76巻10号、特集「刑事裁判における裁判員制度の導入」ひろば57巻9号、特集「刑事司法制度改革関連法の成立」現刑6巻11号、特集「刑事司法改革とこれからの刑事弁護」刑弁40号、辻本典央「裁判員制度—刑事司法にみる『この国のかたち』」近法54巻4号291頁。

22 アメリカの陪審制は、被告人の権利として構成されているため、基本的にその放棄も可能である。韓国の国民参与裁判も、被告人に選択権が与えられている。

23 特集「裁判員裁判と控訴審」刑ジャ65号。

一定数を呼び出す（裁判員27条）。選任手続では、除外事由（裁判員15条）や辞退事由（裁判員16条）などを審査して、裁判員及び必要に応じて補充裁判員を選任する（裁判員37条）。なお、検察官及び被告人は、理由を示さずに4名を限度として不選任の請求をすることもできる（裁判員36条）。また、裁判員が公平誠実な職務遂行の宣誓を行わないときや、不公平な裁判をする虞があるなどの場合には、その解任を請求することもできる（裁判員41条）[24]。

裁判員は、休暇取得に際して不利益取扱いが禁止されること、個人情報の保護、事件関係者らによる接触禁止といった保護を受ける（裁判員100条～102条）。他方、裁判員は、評議等で知り得た秘密を秘匿すべき義務を負い、これに違反した場合には処罰される（裁判員108条）などの義務を負う。

第5章　被害者

第1節　被害者保護の要請

被害者は、狭義では「犯罪により害を被った者」（230条）であるが、広義では遺族などの近親者も含む（231条、犯罪被害者等基本法2条2項）。刑事手続は、犯罪の真相解明と、犯罪者の適切な処罰を目的とするが（1条）、国家刑罰権の実現は社会全体の利益であり、被害者個人の保護を目的とするものではなく[25]、それゆえ、被害者は、刑事司法の主体ではない。刑事手続は、基本的に犯罪の処罰に向けた国家と犯罪の嫌疑をかけられた被疑者・被告人との間で行われるものであり、その限りで、被害者は、第三者の立場にあるにすぎない。

もっとも、被害者は、犯罪（事件）の当事者である。自身が被害を受けた事件について、民事訴訟における賠償責任の追及にとどまらず、刑事訴訟に

---

[24] 東京高判令2・4・22判タ1479号66頁は、裁判所が裁判員について不公平な裁判を行う虞があると認めたときは、裁判所として必要な範囲で事情を確認した上で、職権での解任手続を採るかどうかを判断すれば足り、被告人・弁護人に対して当該事情についての情報提供をすべき義務はないとした。

[25] 最判平2・2・20裁判集民159号161頁、最判平17・4・21裁判集民216号579頁。

おけるその処遇にも関心を持つ存在である。刑事手続がこのような被害者の存在をないがしろにしたままでは、刑事司法に対する国民の信頼を維持することはできない。そのようにして、以前から、刑事手続における被害者保護は、刑事司法全体の課題として検討されてきた。日本では、従来、個別の規定で被害者保護が図られてきたが、これを総合する形で、2004年に犯罪被害者等基本法（平16法161）が定められた。この法律により、犯罪被害者等の保護に向けた施策を行うべく、国や自治体の責務が定められるに至った。

被害者保護は、刑事手続において、犯罪の真相解明や被疑者・被告人の権利保障と調和が求められる問題である。

第２節　各手続段階における被害者の諸権利

捜査段階では、第二次被害の防止やプライバシーの保護などが課題となる。被害者に対する情報提供に向けて、警察による**被害者連絡制度**が用意されている。また、捜査に当たっては、被害者の心情や人格への配慮が要請されている（犯捜規10条の２）。

公訴提起段階では、国家訴追主義を前提にして（247条）、なお被害者保護の在り方が課題となる。日本では、検察官の訴追裁量が広く認められており（248条）、その中で、被害者の意思が一定程度考慮されることになっている。その過程で、被害者には検察官の事件処理に関する諸情報が与えられ、検察官の不起訴処分に対する不服申立ての制度も用意されている（第８講第２章第３節）。また、親告罪の制度（刑232条１項、264条等）は、例外的に、公訴提起の有効性において被害者の意思を強く考慮するものである。従来、特に性犯罪に関して、被害者のプライバシーや訴追意思が直接反映されることとなっていた。ただ、そのための心理的重圧も大きく、性犯罪に関しては、告訴期間の規定（235条）は適用されないこととなっていた。この特例は、2017年刑法改正により強姦罪等の親告罪規定が削除されたことと同時に廃止された[26]。

---

[26] 黒澤睦「ドイツの性犯罪における条件付親告罪規定―わが国の性犯罪は非親告罪化するしか道はないのか―」法論88巻６号51頁、中根倫拓『親告罪の現代的意義―その多様化と非刑罰的紛争解決の促進』（現代人文社、2023年）、辻本典央「強姦罪等の非親

公判段階では、従来、被害者保護は優先傍聴や裁判記録の公開、証人保護の観点が中心であった。2000年改正の犯罪被害者保護二法は、被害者保護を大きく進めたものである。このうち、公判手続に関しては、証人尋問に際しての遮蔽措置、ビデオリンク方式などが導入され、被害事件に対する心情等の意見陳述権（292条の2）も与えられることになった。また、2000年に制定された犯罪被害者等保護法（平12法75）は、被害者の身体的、財産的被害の回復に向けて、公判記録の閲覧・謄写権（犯罪被害者保護3条）などを付与するものである。その後、犯罪被害者基本法の要請を受けて、2007年（平19法95）には、被害者参加制度（316条の33以下）及び刑事裁判内での民事損害賠償請求の制度（犯罪被害者保護23条以下）が導入された。これによって、被害者は、被告人の民事上及び刑事上の責任を直接追及できる地位を得たことになる[27]。

第6章　一般市民

手続関係人や被害者以外に、一般市民も、刑事手続の遂行及び結果に関心と利害を持ち得る。

市民は、日常、裁判傍聴や報道を通じて刑事司法を監視し、抑制すべき立場にある。裁判員や検察審査会の構成員に選任された場合には直接に、また、告発や検察審査会への申立てを通じて間接に、刑事手続の遂行に関与することもある。また、最高裁判所裁判官の国民審査制度（憲79条2項）は、主権者である国民において司法権の監視と抑制の権限が与えられたものである。

このような観点から、今後一層、一般市民への法教育が充実されることが求められる。

告罪化」犯刑26号81頁。

27 吉村真性『刑事手続における被害者参加論』（日本評論社、2020年）。

第 1 編

捜　査

第3講　捜査総説

第1章　捜査の意義

第1節　捜査とは

刑事訴訟法は、その第二編に「第一審」の手続として「捜査」（第一章）、「公訴」（第二章）、「公判」（第三章）に関する手続を定めている（加えて、特別の手続として第四章に「証拠収集等への協力及び訴追に関する合意」、第五章に「即決裁判手続」の規定が置かれている）。**捜査**とは、捜査機関がある犯罪に関して「犯人」及び「証拠」を発見し、確保・収集する活動のことである（189条2項）。

捜査の目的に関して、見解の対立がある。捜査は公訴提起・追行の準備活動であるとするのが通説である。しかし、不起訴処分で終了する事件を考えると、この見解は、全ての場合に適合するわけではない。他方、捜査は起訴・不起訴の決定を目的として行われる、公判とは独立の活動であるとする見解がある[1]。しかし、起訴後の捜査も許される（通説）とすると、この見解も貫徹し得ない。むしろ、刑事訴訟法上、公訴、公判と並ぶ独立の一章が割かれており、それ自体が犯罪解明に向けられた重要な手続であることが示されていること、そして、起訴後の手続と様々な場面で密接な関連性を有することを考えると、起訴・不起訴の決定と、起訴後の公判に向けた準備という、双方の目的を併せ有するものと解するべきである[2]。

---

1 井戸田25頁、石川91頁。
2 鈴木59頁。

第2節　捜査の主体

刑事訴訟法上、捜査を行う主体として、「司法警察職員」、「検察官」、「検察事務官」の三者が規定されている。このうち、第一義的に捜査を行うのは司法警察職員である（189条2項）。

1　司法警察職員

司法警察職員は、捜査活動を行う場合の刑事訴訟法上の法的地位を意味する。一般に、警察官がこれに該当する（189条1項）。これに加えて、専門分野に関しては、労働基準監督官（労基102条）、麻薬取締官（麻薬54条）、海上保安官（海保31条）、特定の自衛官（自衛96条）などの公務員も、同じく司法警察職員として捜査権限を与えられている。一般に、前者を一般司法警察職員、後者を特別司法警察職員と呼ぶ（第2講第3章第1節）。

司法警察職員は、刑事訴訟法上の権限に応じて、更に司法警察員と司法巡査とに区別される（39条3項、199条2項等参照）。この区別は、一般司法警察職員については、国家公安委員会規則又は各都道府県公安委員会規則によって決せられる。現行は、警察官の階級として巡査部長以上の者が司法警察員、巡査の者が司法巡査と指定されている（特別司法警察職員にも同様の区別がある）。

2　検察官

検察官も、必要と認めるときには自ら、又は検察事務官を指揮して、捜査を行う（191条）。検察官と司法警察職員とは、捜査に関して互いに協力する関係にある（192条）。また、検察官は、司法警察職員に対して一般的指示、一般的指揮、具体的指揮を行うことができ、司法警察職員は、その指示・指揮に従わなければならない（193条）。検察官は、独任制の官庁として独自の責任においてその権限を行使するが（第2講第3章第2節）、いわゆる地検特捜部の捜査にその特徴が見られるように、実際には組織的な捜査活動が行われている。かつて、検察官の捜査に対してその客観義務に抵触するとの理由で検察官公判専従論が説かれたことがあるが、近時も、一連の不祥事（証拠偽造、違法取調べなど）を契機に、検察捜査のあり方について、再びその見直しが提言されている。

3　その他

一般市民は、現行犯逮捕を除いて（213条）、捜査に関する法的権限を持たない。被疑者や弁護人も同様である。もっとも、捜査段階におけるその防御の必要性はいうまでもない。それゆえ、弁護人が独自に証人に質問を行う、探偵に調査を依頼するといったことは禁止されない。また、強制処分について、裁判官に証拠保全を請求することができる（179条）。

第3節　捜査の構造

捜査の構造は、捜査の本質を問うべき問題である。これを分析的に見ると、捜査段階における各主体、すなわち捜査機関と被疑者との関係を問うものである。

捜査の構造をモデル化し、議論の俎上に乗せたのは、平野龍一[3]である。平野は、我が国における従前の捜査は、捜査機関が被疑者を取り調べるための手続であり、強制処分も被疑者を取り調べるための手段であるとして理解されてきたと分析し、これを**糾問的捜査モデル**（糾問的捜査観）と呼んだ。そして、平野は、このような捜査の構造を批判し、現行憲法及び刑事訴訟法を前提にすると、基本的には（部分的には混合的であるが）**弾劾的捜査モデル**（弾劾的捜査観）、すなわち、捜査は捜査機関が単独で行う公判の準備活動であるにすぎず、被疑者側もこれと並んで独立に準備を行う手続段階であるとの考え方に立脚すべきであると主張したのである。

両モデルの対立は、個別規定の解釈に当たり、結論を導くための方向性として反映される。例えば、逮捕・勾留の本質について、糾問的捜査モデルによると、これは被疑者の身体を拘束し、強制的に取調べを実施するための手段であって、本来的に捜査機関に付与された権限である（それゆえ、逮捕状は許可状である）と理解することになる。この見解を前提にすると、被疑者は、

---

[3] 平野83頁。

少なくとも逮捕・勾留されているときは、取調べを受けるべき義務を負うことになる（第5講第1章第4節）。これに対し、弾劾的捜査モデルによると、逮捕・勾留は、あくまで将来の公判廷への出頭を確保するために（又は罪証隠滅行為を防止するために）行われるものであるにすぎず、捜査機関の取調べに便宜となるものではない。その権限は、本来的に裁判官に属するものであり（この場合、逮捕状は命令状であると理解される）、被疑者に取調べを受忍させるべき効果を持たない。

両モデルはあくまで理念型であり、憲法及び刑事訴訟法の諸規定から一義的に導き出されるものではない。この理念型を手がかりとして、捜査の各場面において憲法及び刑事訴訟法の適切な解釈を行うことが求められる。

第2章　捜査の法的規制

第1節　比例性原則

捜査は、その対象者との関係において、国家機関が私人の何らかの権利・利益を制約するという性質を有する。それゆえ、あらゆる捜査活動に際して、憲法上の人権制約に関する一般原理である**比例性原則**（Verhältnismäßigkeitsgrundsatz）が妥当する。比例性原則とは、国家による私人の権利・利益を制約する活動は適格性・必要性・相当性の要素を備えていなければならない、とするものである。捜査に関しては、**捜査比例原則**とも呼ばれる。捜査比例原則は、具体的に次の内容を持つ。

第1に、ある捜査活動は、その目的を達成するために適格なものでなければならない。個人の権利・利益を制約して行う活動が捜査遂行上何らの利益ももたらさない場合には、それが許されないことは当然である。例えば、窃盗罪の被疑事実で逮捕した被疑者に対して合理的な根拠もなく覚醒剤の使用を疑って尿の提出を求めることは、窃盗罪の捜査との関係で適格性が否定される。

第2に、当該措置を行うことが必要といえるものでなければならない。ここで必要とは、ある捜査目的を達成するために複数の手段が考えられるとき、対象者の権利・利益制約が最も緩やかなものに限られる、という意味である[4]。個人の基本的人権は公共の福祉に反しない限り「最大の尊重」がなされるべきであるから（憲13条）、その制約に当たっては必要最小限度性が要求される。例えば、被疑者が在宅のままでも十分捜査の成果が得られる場合であるにも関わらず、なおも被疑者を逮捕・勾留することは、必要性の観点から許されない。

第3に、その措置を行うことが必要というだけでなく、更に相当と評価されるものでなければならない。この相当性要件は、一般に、問題となる捜査活動が社会的に相当なものといえるかという観点から判断される。ただし、単に社会的に相当というだけでは、判断者の主観的な評価にとどまるため、客観的に明確な基準が要求される。ここでは、狭義の利益衡量、すなわち捜査活動により得られる利益と、他方で対象者において制約される利益との間で均衡が取れていることが要求される。後者の利益の犠牲において前者の利益を得ることが両者の利益衡量から不均衡とはいえない場合、そのような捜査活動が正に社会的にみて相当であると評価されるのである。例えば、軽微な事件の証拠を得るために被疑者の自宅に器具を仕掛けてその会話を盗聴することは、利益衡量の観点から相当性が否定される。

比例性原則（捜査比例原則）は、具体的事案において、特に任意捜査の限界を問う場面で検討されることが多い。確かに、強制捜査に関しては、強制処分法定主義が妥当し、事前の立法が必要であることから、比例性原則は既に立法段階で考慮されている。また、令状主義によって司法審査も受けることから、捜査の適法性を判断する場面で比例性原則との関係が顕在化することは少ない。しかし、強制捜査も対象者の権利・利益を制約するものであることから、当然ながら比例性原則により許容される範囲にとどめられなければならない。それゆえ、比例性原則は、任意捜査及び強制捜査に共通の、捜査一般に関する原則である。

---

[4] したがって、対象者の権利・利益を制約する場合には、必要最小限度に留められるべきことが要請される。

第2節　強制捜査に関する原則

1　強制処分法定主義と令状主義

強制捜査には、任意捜査にはない法的規制として、２つの重要な原則が妥当する。

第１に、捜査において「強制の処分」を行うためには、「この法律」(刑事訴訟法）に「特別の定のある」ことが要求される（197条１項但書)。すなわち、強制処分を用いて行う強制捜査については、刑事訴訟法に個別具体の根拠規定が必要とされる。これを、**強制処分法定主義**という。立法府による、事前の規制である。強制処分法定主義は、強制処分を行うための具体的な根拠規定を要するとともに、立法で定められた手続の遵守を求めるものでもある。この強制処分法定主義の裏返しとして、捜査に際しては任意捜査が優先されるべきとの原則（任意捜査優先の原則）も導き出される。任意捜査優先の原則は、実質的には、比例性原則から派生する原則である。

第２に、「逮捕」や「捜索及び押収」といった強制処分を行うためには、一部の例外的な場合を除いて、原則として裁判官がその処分の合理性を示して発付する「令状」が要求される（憲33条、35条)。これを**令状主義**という。司法府による、個別事案ごとの規制である。令状主義は、強制処分が行われる場合に、単に令状が存在することだけでなく、具体的な捜査活動がその令状によって許された範囲内で行われるべきことも要請する（第６講第２章第１節)。

この２つの原則により、ある強制処分に関して、それが刑事訴訟法に具体的根拠規定がない場合、又は本来必要とされる令状が得られていない場合、その処分を実行することはできない。

2　両原則の関係

強制処分法定主義と令状主義との関係について、両原則は従属的であるか又は独立的であるかという点で、見解の対立がある。

第１の見解は、強制処分に対する法的規制としては令状主義が第一義的であり、強制処分法定主義は令状主義に資するべきもの、つまり令状に関する手続を法的に明確にすべき限りで妥当すると理解する[5]。これに対して、第２の見解は、両原則は各々が個別の目的をもって独立に強制処分を規制するものであると理解する（通説）。

この対立は、特に刑事訴訟法に具体的な根拠規定がない、いわゆる新しい強制処分の適法性をめぐって顕在化する。第１の見解からは、刑事訴訟法にそれを許可する明文の根拠規定がなくても、具体的事案において裁判官の事前審査を経た令状が発付されていれば、当該処分は適法となり得る。他方、第２の見解からは、仮に令状が発付されていたとしても、刑事訴訟法に根拠規定がない性質の処分であると評価される場合、強制処分法定主義の観点から当該処分は許されない。

かつて、写真撮影の適法性（第６講第３章第３節）をめぐって、この問題が活発に議論された。判例[6]は、公道上で違法なデモ行進が行われた際に警察官が無令状でその様子を写真撮影した行為について、個人はみだりに容貌等を撮影されないことを憲法上保障されるとしつつ、証拠保全の必要性及び緊急性、撮影手段の相当性など一定の条件の下では、警察官が対象者の同意を得ることなく無令状で撮影することも許容されると判断した。特にこの判決の理解をめぐって、学理上、両原則の関係を如何に理解すべきかが議論されたのである。

立法が停滞していた時代には、これを司法機関の積極的な活動によって補うことを主眼とする第１説にも、相当の合理性はあった。しかし、現在では、第２説が支配的である。令状主義が司法機関によるコントロールであるのに対して、強制処分法定主義は立法機関によるコントロールであり、両者は異なる観点から規制を加えるものである。強制処分法定主義は、令状手続だけでなく、その他の手続も含めて（例えば、逮捕・勾留に際しての一連の手続など）当該処分が適正な手続であることを担保するものである。更に、令状主義は、刑事訴訟法上の強制処分だけでなく、行政手続にも妥当する原則である。第２説を前提に、両原則が具体的事案において実質的に遵守されている

5　田宮72頁。

6　最大判昭44・12・24刑集23巻12号1625頁「京都府学連事件」。

かの判断が重要である。

3　任意捜査と強制捜査の区別

捜査は、強制処分をもって行う強制捜査と、任意処分のみによる任意捜査とに分けられる。両者の区別は、前述のとおり、強制捜査に関してのみ強制処分法定主義と令状主義の法的規制が妥当することから、具体的事案における捜査活動の適法性を判断する上で重要である。

この問題に関して、かつては、有形力を行使するもの（又はこれに加えて間接強制を用いるもの）を強制処分とし、それに当たらないものは全て任意処分であるとする見解が支配的であった。しかし、この基準によると、わずかでも有形力が行使された場合（例えば、警察官が被疑者の肩に軽く手をかける行為）には、全て強制処分として厳格な規制に服することになってしまう。また、逆に、盗聴のような対象者に密かに行われる行為は強制処分には当たらず、任意処分として、個別の根拠規定や令状がなくても実施することができるようになってしまう。

判例[7]は、任意同行した被疑者を取調べ中、捜査官が退去しようとした被疑者の片手首を両手でつかんで制止しようとした行為について、「ここにいう強制手段とは、有形力の行使を伴う手段を意味するものではな〔い〕」として、かつての通説を明確に否定した。本判例は、その上で、更に具体的判断基準として、「個人の意思を制圧し、身体、住居、財産等に制約を加えて強制的に捜査目的を実現する行為など」と判示した（具体的事件の判断において、強制処分該当性を否定した）。すなわち、問題となる処分について、これを、①手段として個人の意思を制圧するという要素と、②その結果として身体・住居・財産といった重要な権利・利益に制約を加えるという要素とに分析し、双方の要素が満たされる場合に初めて、それが強制処分になるというわけである。

この見解は、主として制約される権利利益の性質や程度に着目したものであることから**重要権利利益制約説**[8]と呼ばれ、学理上も支配的見解となってい

---

[7] 最決昭51・3・16刑集30巻2号187頁「岐阜呼気検査拒否事件」。

る。この見解によると、仮に有形力が行使されたとしても、それが個人の意思を制圧する程度に至らない場合には、任意処分として、刑事訴訟法上の具体的根拠規定や、裁判官による令状を必要とすることなく実行することができる。また、意思を制圧したとしても、制約される権利・利益が軽微なものである場合も、同様に任意処分と位置付けられる。逆に、対象者に密かに盗聴を行う行為は、個人の意思に反して権利利益を制約するものであるから、強制処分である[9]。また、捜査官が同意を得ることなく私人の容貌等を写真・ビデオ撮影する行為は、対象者において侵害される利益の程度により区別され、公道上を歩行中の者については令状なくこれを行うことができるが、望遠レンズやマイクロスコープなどを使用して室内の挙動を撮影する場合には強制処分となる。

この重要権利利益制約説に対して、①制約を受ける権利利益は、対象者の同意の有無によって本質的に異なるものではなく、むしろ、そのような不利益な処分を受けることに対する対象者の意思決定の自由如何に着目する見解（捜査協力強制説[10]）、②判例の分析として、捜査機関側の行為態様により意思制圧型（任意同行や職務質問・所持品検査など）と処分秘匿型（通信傍受など）とに二分されており、前者の場合は権利利益侵害の態様が対象者の意思を制圧する程度のものであるかが基準とされているのに対して、後者の場合は意思に反した重要な権利利益の制約であるかという基準が用いられているとする見解[11]、③強制処分法定主義は立法府において強制処分に対する「意識的・自覚的な決断」をすべき義務を定めたものとし、強制処分とは「捜査機関の裁量にゆだねるべきではない処分」であり、「立法府がその内容・要件・手続

---

8 井上正仁『強制捜査と任意捜査』（有斐閣、新版、2014年）12頁。

9 最決平11・12・16刑集53巻9号1327頁「旭川覚醒剤事件」。「個人の意思を制圧」するという状態は、基本的に対象者と対面で有形力又は威力を用いて処分の受忍を強制する事例を対象とするものである。しかし、これに限らず、重要な権利利益の侵害を伴う処分が対象者に秘して行われる場合（最大判平29・3・15刑集71巻3号13頁「連続窃盗等GPS捜査事件」）や、対象者の不知に乗じて行われる場合（東京高判平28・8・23高刑集69巻1号16頁）など、「合理的に推認される個人の意思に反して」行われたと認められるときは、この要素を満たす強制処分と認められる。

10 松田岳士『刑事手続の基本問題』（成文堂、2010年）242頁。

11 川出・捜査公判6頁。

を法定すべき処分」であるとする見解[12]、④民主主義的熟議に基づく適正手続の実現という観点からは、「その実施を特別の法的統制の下に置き、危険発生の蓋然性を合理的に低下させなければならない捜査手法」であるとする見解[13]、⑤法規定が要求される基礎は法律の留保原則であり、強制処分法定主義は「明文規定による規律の密度について、立法一般のレベルで比例原則に類する発想が採用されたもの」とする見解[14]、なども主張されている。

第3節　任意捜査の限界事例

強制捜査については、強制処分法定主義により、刑事訴訟法に根拠規定がある場合に限り許容される。これに対し、任意捜査は、個別の規定を要しないことから、その態様は無限にあり得る。その全てを網羅的に記述することはおよそ困難であるが、これまで特に議論のあった類型について、ここで若干の考察を行う。

1　任意同行・任意取調べ

捜査機関は、捜査に必要である場合、被疑者に出頭を求めて取調べを行うことができる（198条1項本文、参考人取調べは223条1項)。ただし、被疑者は、逮捕・勾留されている場合を除いて、捜査機関の出頭要請を拒否し、又は出頭後は何時でも退去することができる（198条1項但書)。すなわち、被疑者が逮捕・勾留されている場合に取調べを拒否することができるかという問題はあるが、逮捕・勾留されていない場合には、捜査機関の出頭要請、特に捜査官による取調べ目的での同行要請、及び取調べ開始後のその継続は、あくまで任意処分としてのみ行い得る。これを、**任意同行**及び**任意取調べ**という。

判例・裁判例では、例えば、早朝7時過ぎに任意同行を求め適宜休憩を挟みながら深夜0時過ぎまで断続的に取調べを行い、その間被疑者に退去の意

---

12 斎藤30頁。
13 稲谷龍彦『刑事手続におけるプライバシー保護―熟議による適正手続の実現を目指して』（弘文堂、2017年）282頁。
14 緑大輔『刑事捜査法の研究』（日本評論社、2022年） 5頁。

思を確認することなく、自由に退出し又は外部に連絡をとるなどの機会が与えられなかった事例[15]、被疑者の同意を得て９泊の宿泊を伴って継続的に取調べが行われた事例[16]では、任意捜査としての限界を逸脱するものとして違法とされている。他方、深夜11時過ぎに任意同行し、翌日に逮捕するまで20時間取調べが継続された事例[17]、被疑者の同意を得て４泊の宿泊を伴って連日取調べが行われた事例[18]では、任意捜査として許容される限界を超えたものではないとされている（第５講第１章第３節）。

2　承諾留置・承諾家宅捜索

被疑者の逮捕又はその住居内の捜索は、典型的な強制処分であり、一部の例外を除いて令状を必要とする（憲33条、35条）。もっとも、それが被疑者の同意・承諾を得て行われる場合、被侵害利益の点はともかく、意思の制圧の要素が欠けるため、強制処分の範囲から除外される。このように、被疑者の同意・承諾により逮捕又は家宅捜索の結果を得る捜査行為を、**承諾留置**及び**承諾家宅捜索**という。

このような処分に対する被疑者の承諾が任意の意思に基づいている限り、理論的には、これを任意処分として完全に排斥することはできないとしても、実質的には、捜査機関の同意・承諾要請が被疑者の自由意思を拘束する事例が大半である。それゆえ、具体的事案において被疑者の同意・承諾の任意性が慎重に判断されなければならない。また、任意性が肯定される場合も、具体的事情によっては、必要性・相当性の観点から、任意捜査としても許容されない場合がある。警察の内部的行動規範である犯罪捜査規範は、108条において承諾家宅捜索を禁止しているが、承諾留置も同様に禁止されていると解するべきである。

---

15 富山地決昭54・７・26判時946号137頁「富山任意同行事件」。
16 東京高判平14・９・４判時1808号144頁「松戸市殺人事件（ロザール事件）」。
17 最決平元・７・４刑集43巻７号581頁「平塚ウェイトレス殺人事件」。
18 最決昭59・２・29刑集38巻３号479頁「高輪グリーンマンション殺人事件」。

3　おとり捜査

おとり捜査とは、捜査官又はその協力者がおとりとなって対象者に犯罪を行わせ、その実行を待って逮捕又は証拠の差押え等を行う捜査方法である。特に組織的・密行的に実行される覚醒剤等の違法薬物取引や管理売春等の犯罪に関して、犯罪の全容解明と末端実行者の背後に居る黒幕の検挙に有効な手段である。国家機関がこれから行われる犯罪を誘引する点で、既に発生した犯罪の解明に向けて犯人及び証拠の確保を留保するような捜査方法（コントロールド・デリバリーもその一種）とは、本質的に問題性が異なる。

おとり捜査の適法性に関して、従来、既に行為者はその犯行の意思を形成しており、捜査官は単にその機会を提供したにすぎなかったという場合（機会提供型）には適法であるが、それを超えて、捜査官の働きかけにより初めて犯行の意思が形成された場合（犯意誘発型）には違法であるとする見解（二分説[19]）が有力であった。判例[20]は、おとり捜査の適法性に関して、①直接の被害者がいない薬物犯罪などの捜査であること、②通常の捜査方法では当該犯罪の摘発が困難な場合であること、③機会があれば犯罪を行う意思があると疑われる者を対象とすることを条件に、「任意捜査として許容される」と判示している。これは、機会提供型であることを前提に、他の利益侵害がないこと及び捜査の補充性を要求したものであり、任意捜査の限界について、すなわち捜査比例原則に基づいて実質的な判断を加えたものと評価することができる。

第3章　捜査一般に関するその他の諸問題

第1節　国際捜査協力

犯罪組織による薬物・人身売買等の犯罪や、インターネット上の各種犯罪の存在は、捜査を含む刑事手続が国内にとどまるものではなく、国際的な相

[19] 東京高判昭62・12・16判タ667号269頁。
[20] 最決平16・7・12刑集58巻5号333頁「大阪大麻所持おとり捜査事件」。

互協力が必要であることを示す。刑事訴訟法の場所的適用範囲の問題[21]に関わらず、事実上、日本の捜査官が外国領土内において単独で捜査を行うことが困難であることから、様々な方法で捜査協力が行われている。

従来、一般的な形で、外交ルートや国際刑事警察機構（ICPO）を通じた捜査協力が行われてきた。更に、近時は、条約に基づいて、捜査協力の対象となる範囲や手続が明確に規定されている。日本は、2023年末現在、アメリカ、韓国、中国、香港、ロシア、欧州連合（EU）、ベトナムとの間で**刑事共助条約**を締結している。また、**逃亡犯罪人引渡条約**も、アメリカ及び韓国との間で締結されている。

なお、外国からの要請に基づいて日本の捜査機関が捜査を行う場合には、国際捜査共助等に関する法律（昭55法69）に基づいて、その対象となる範囲や実施する際の手続が定められている。同法は、手続の詳細に関して刑事訴訟法を準用している。

第2節　捜査における被害者の権利・利益保護

刑事手続は、犯罪の解明と国家の刑罰権実現を目的とし、理念的には、被害者の権利・利益を保護するためのものではない[22]。もっとも、大半の事件は加害者と被害者とが存在し、被害者が事件の当事者であることは間違いない。

近時の被害者保護の動き（第2講第5章）は、捜査段階における被害者の権利・利益への配慮も要請する（犯罪被害者等基本法19条）。具体的には、捜査を行うに当たり、被害者等の心情を理解してその人格を尊重しなければならず（犯捜規10条の2第1項）、被害者からの事情聴取等に当たっては、その場所等に配慮して不安や迷惑を覚えさせないような措置を講じなければならない

---

21 日本の刑訴法は、日本の裁判所で刑事事件として取り扱われる全ての事件（刑1条以下）に適用されるが（鈴木5頁）、日本の捜査・司法機関が外国で活動することは当該国の主権を侵害することになるため、現実には、その国の承認が必要である（田宮8頁）。

22 最判平2・2・20裁判集民159号161頁、最判平17・4・21裁判集民216号579頁。

（犯捜規10条の2第2項）。また、被害者等に対して、適宜刑事手続の概要を説明し、捜査の経過などに関する情報を提供することによって、被害の救済及び不安の解消となるよう努めなければならない（犯捜規10条の3）。

第4章　捜査の始まりと終わり

第1節　捜査の始まり

1　総　説

捜査は、捜査機関が「犯罪があると思料するとき」、つまり犯罪の発生を認知した時点で開始される。捜査機関が犯罪発生を認知するためのきっかけを、**捜査の端緒**という。警察は、日常的に、犯罪の予防・鎮圧に向けた情報収集を行う（警察2条1項）。これを、**行政警察活動**という。捜査の端緒は、強制処分を含めて刑事訴訟法上認められた権限を行使するための条件であるが、これによって、行政法（行政警察活動）と刑事訴訟法（捜査活動）との適用範囲を区別する機能も持つことになる。

捜査の端緒は、警察活動によるものと、それ以外のものとに大別される。統計上、数的には、被害者（及びその関係者）による届出が90%近くを占めるが[23]、対象者に対する権利・利益の制約という観点から法的問題を提起するのは警察活動によるものである。

2　警察活動による捜査の端緒

(1)　概　観

警察活動による捜査の端緒として、職務質問、他罪の取調べ、パトロール中の犯罪現認又は犯跡発見、聞き込み、変死体の検視などが挙げられる。警察活動は、場面に応じて、その法的根拠が異なる。

---

[23] 刑法犯のうち交通業過事件を除く（警察庁「犯罪統計書・令和4年の犯罪」）。

(2) 行政関連法令に根拠を持つもの

(a) 職務質問

警察官は、路上などで挙動不審により犯罪に関係していると思われる者などに対し、「停止させて質問することができる」(警職2条1項)。これを**職務質問**という。職務質問は、その実施に際して犯罪に関係する抽象的な嫌疑が要求されるが、これはまだ特定の犯罪に対する捜査ではなく、あくまで一般的な情報収集であり、行政警察活動として行われるものである。それゆえ、この段階ではまだ、刑事訴訟法を根拠にして行い得る逮捕や捜索・差押えといった強制処分を行うことができない。もっとも、停止させて質問するという点で、国民の行動の自由に一定の制約を加える処分であることから、**法律の留保原則**に基づき、具体的な根拠規定が必要となる。その意味で、警察官職務執行法に規定された要件・効果は、厳格に遵守されなければならない[24]。

まず、職務質問の対象となるのは、「異常な挙動その他周囲の事情から合理的に判断」した上で、①自身が「何らかの犯罪を犯し、若しくは犯そうとしていると疑うに足りる相当な理由のある者」、②「既に行われた犯罪について、若しくは犯罪が行われようとしていることについて知っていると認められる者」である。両類型は、具体的事情において相対的であるが、大別して①が容疑者類型、②が参考人類型ということができる。

この要件を満たす場合、警察官は、対象者を停止させて質問することができる。また、その場で質問することが本人のプライバシーなどにおいて不利となる場合や、交通の妨害になると認められる場合には、質問を行うために、付近の警察署などへの同行を求めることができる(警職2条2項)。この場合、刑事訴訟法によってのみ可能となる逮捕や、それに伴う警察署等への連行は許されない(警職2条3項)。

もっとも、対象者が積極的に応じる限りでのみ質問が可能となるというのでは、職務質問としての効果はあまり期待できない。職務質問で許される態様がそのようなものに限られるならば、あえて法律の留保に基づく根拠規定

---

[24] 東京地判平31・3・13判タ1481号145頁は、警職法上の要件が充足される前の段階でも、警察法上の活動として一定の質問行為を適法とする。

も必要ではない。それゆえ、警察官が質問に応じるよう対象者に働きかけることが一定程度許容されるべきであるが、それは如何なる程度・範囲において許容されるものかが問題となる。この点について、学理上、実力行使は一切不可とする見解、犯罪の重大性と嫌疑の濃厚性を条件に例外的に実力行使を認める見解、執拗な説得の続行を認める見解、強制に至らない実力行使を認める見解、身柄拘束に至らない自由制限を認める見解など、多様である[25]。

判例において、職務質問のため駐在所に同行した後、対象者が逃走したため、これを追跡して背後から手をかけて停止させた事例[26]、交通違反の取締中に信号無視の車両を現認し、運転者に酒臭がしたため酒気の検知をする旨を告げたところ、対象者が車両を発進させようとしたため、エンジンキーを回転してスイッチを切り運転を制止した事例[27]、ホテルのチェックアウト時間になっても退出しない客がいるとの通報を受け、質問を始めようとしたところ、対象者が客室ドアを閉めようとしたので、ドアを押し開けてその敷居に足を踏み入れて閉められるのを防止した事例[28]において、いずれも、警察官の行為が適法であると判断されている。これに対して、覚醒剤使用の疑いがある対象者に対し、車両のエンジンキーを取り上げて運転を阻止した上で、任意同行を求めて現場で6時間半以上にわたり留め置いた事例[29]では、許容される範囲を逸脱して違法であると判断されている。

この問題の検討に当たっては、改めて、刑事訴訟法上の強制処分が許されないことを想起しなければならない。具体的事案において、仮に捜査として行われたのであればもはや強制処分に該当する行為は、既にそれのみをもって直ちに違法である。

そして、強制処分に該当しない態様のものについても、捜査一般に妥当する比例性原則が、この行政警察活動についても妥当する。この点について、職務質問に関しては、行政警察活動と捜査の二元的構造を前提に、刑事訴訟

---

25 田宮裕＝河上和雄編〔渡辺咲子〕『大コンメンタール警察官職務執行法』（青林書院、1993年）108頁以下。

26 最決昭29・7・15刑集8巻7号1137頁。

27 最決昭53・9・22刑集32巻6号1774頁「鯖江エンジンスイッチ切り事件」。

28 最決平15・5・26刑集57巻5号620頁「瑞穂町ラブホテル覚醒剤所持事件」。

29 最決平6・9・16刑集48巻6号420頁「会津若松採尿事件」。

法上の法的規制として任意捜査の限界に関する基準がここでも妥当するとする見解[30]がある。しかし、あえてそのような論理を用いる必要はない。比例性原則は、捜査活動だけでなく、あらゆる国家機関の行為に妥当するものであり、行政警察活動にも当然に適用されるものだからである。それゆえ、具体的事案における警察官の対象者に対する停止質問行為が、適格性、必要性、相当性の観点からなお許容される範囲にある場合に、職務質問としての適法性が認められることになる[31]。

(b) 所持品検査

職務質問に際して、しばしば、質問が対象者の所持品にまで及ぶこともある。その際、所持品の内容に関して専ら口頭で質問を行うことは、職務質問の一環として許容される。逆に、対象者の意思に反して、着衣や車両を捜索して差し押さえるといった形の強制処分を行うことは、当然に許されない。実際には、両者の中間的な態様として、着衣やバッグ等を外部から観察する、手を触れるなどして、その内容物を確認することが行われる。これらの行為を、**所持品検査**という。所持品検査について、被逮捕者に対する凶器所持に関する検査（警職２条４項）や、銃砲刀剣に関する一時保管（銃砲24条の２）といった規定があるが、これ以外に一般的な根拠規定はない。そこで、その許容性及び限界が問題となる。

この点に関して、学理上、所持品を外部から観察して質問する、対象者に所持品の開示を要求してこれを検査するといった行為は許されるという点では、見解が一致している。しかし、所持人の承諾を得ることなく、所持品の外部（例えば、着衣の上）から手を触れる行為、更には内容物を取り出して検査する行為まで許容されるかについては、見解が分かれる。

判例上、次の２件が、所持品検査の許容性を考察する上で重要となっている。第１に、銀行強盗の発生により幹線道路を検問中、犯人ではないかと疑われる対象者が携行していた無施錠のバッグについて、その承諾を得ることなくチャックを開け、内部を一瞥したという事例[32]と、第２に、夜間に職務

30　渡辺修『職務質問の研究』（成文堂、1985年）341頁。
31　辻本典央「職務質問の類型化と理論的考察」立命405＝406号417頁。
32　最判昭53・６・20刑集32巻４号670頁「米子銀行強盗事件」。

質問を実施したところ、覚醒剤使用の嫌疑が認められたため、やはり対象者の承諾を得ることなくその上衣内ポケットに手を差し入れ、粉末状で袋詰めされた覚醒剤を取り出したという事例[33]である。判例は、第1の事例では所持品検査を適法であるとしたが、第2の事例では違法とした。それゆえ、所持品検査に関して、両者の比較から一定の許容範囲が導き出され得る。判例は、第1の事件に際して、所持品検査は職務質問に付随する行為として許容されるとして、その根拠規定を警職法2条1項に求めた上で、これも所持人の承諾を得た上で行うのが原則であるとしつつ、捜索に至らない程度の行為は、それが強制にわたらない限りで、所持品検査の必要性・緊急性の存在を前提に、検査により侵害される個人の利益と公共の利益との衡量から、その許容性が導かれると判示した。これを基準に、両事案で結論が異なったわけである。比例性原則に照らした判断である。

所持品検査の根拠規定を職務質問実施の規定に求めるという場合、「検査」が「質問」の程度を超えてはならない。それゆえ、職務質問を行うための状況を保全するための検査は許されるが、検査それ自体が犯罪の嫌疑を解明するために行われる場合は許されないとする見解[34]もある。この見解によるならば、例えば、覚醒剤所持が疑われる対象者に対して、所持の事実を解明する行為はあくまで質問でなければならず、所持自体に全く嫌疑がないような状況で所持品検査を行うことは許されないことになる。

(c)　自動車検問

警察が、犯罪の予防・検挙を目的に、路上を進行中の自動車に停止を求めて、車両の運転者に対して必要な質問を行うことがある。これを**自動車検問**という。

自動車検問は、その目的に応じて、特定車両に対して行われる場合と、車両を特定しないで一斉に停止を求める形で行われる場合とに区別される。前者は、外観上から不審事由が認められる場合の職務質問や、逃走中の被疑者を逮捕することなどを目的とした捜査の過程で行われる。他方、後者に関し

---

[33] 最判昭53・9・7刑集32巻6号1672頁「大阪生玉覚醒剤事件」。
[34] 鈴木71頁。

ては、更に特定の犯罪について犯人を検挙するために行われる緊急配備[35]、不特定の犯罪に関する情報収集等を目的として行われる警戒検問、不特定の交通違反に関する検挙を目的として行われる交通検問に区別される。このうち、緊急配備については、既に捜査の段階にあり、刑事訴訟法に基づいて任意捜査として許容されることに問題はない。他方、後二者（特に交通検問）については、その根拠規定や許容性について問題がある。

この点に関して、学理上、警察官職務執行法2条1項を根拠に職務質問の一態様として行い得るという見解が通説であった。確かに、走行中の車両において、その外観上から交通違反の疑いが認められる場合には、「停止させて質問することができる」。また、この場合には、警察官は、危険防止の措置としても当該車両を停止させ、運転免許証の提示等を求めることができる（道交67条1項）。もっとも、交通検問が問題となるのは、むしろ外観上からは必ずしも不審な点が認められない場面であり、違反に関する嫌疑の有無を確認することなく全ての車両を一斉に停止させて質問する点に問題性がある。それゆえ、警職法の職務質問の規定を根拠にして、警察官の全車両に対する停止・質問権限を導き出すことは無理である。判例[36]は、警察法2条1項が「交通の取締」を警察の責務として定めていることを強調して、交通検問の法的許容性を導いている。しかし、これに対しては、警察法は警察官職務執行法とは異なり警察組織の構成と権限分配の観点からその一般的責務を定めた組織法であり、そこから国民の権利・利益に制約を加える権限が付与されたと認めることは困難であるとの批判が向けられている[37]。

むしろ、この問題は、交通検問の実質的な許容範囲から帰納して、そのような措置がそもそも法律の留保原則に基づく具体的な根拠規定を要するものであるかが問われなければならない。すなわち、判例は、交通検問が許容されるための条件として、交通違反が多発する地域などの適当な場所において、交通違反の予防・検挙を目的として、同所を通過する自動車について外観上の不審性を問わず一斉に短時分の停車を求めて、運転者等に質問を求め

---

[35] 最判昭53・6・20刑集32巻4号670頁「米子銀行強盗事件」。
[36] 最決昭55・9・22刑集34巻5号272頁「宮崎交通検問事件」。
[37] 白井駿・百選5版23頁。

る場合であることを挙げている。そして、運転者に対しそのような負担を負わせることの実質的根拠として、自動車運転者において公道上で自動車を利用することが許されていることに伴う「当然の負担」として、合理的かつ必要な限度で行われる交通取締に協力すべき義務が挙げられている。すなわち、対象者に対する負担は、職務質問等と比較しても非常に軽微なものであり、その負担は公道上の車両運転という利益付与に伴う当然の義務という限りで、交通検問が許容されるというわけである[38]。

これを前提にすると、行政機関の権限行使に伴う国民の負担という観点から、法律によりその要件・手続等が厳格に規定されるべき法律の留保原則は、交通検問の場面では妥当しない。逆にいえば、現行法においては、交通検問は、前述のとおり非常に限定された範囲でのみ許容され、これを超えた負担を求める場合には新たな立法が必要ということになる。

(3) 刑事訴訟法に根拠を持つもの

刑事訴訟法に根拠を持つ捜査の端緒として、**検視**（229条）が挙げられる。検視とは、変死者（又はその疑いのある死体）が発見された場合に行われる、検察官（通常はその命を受けた警察の検視官）が外部から犯罪性を確認する措置である。一種の検証であり、一定の強制的な措置も可能であるが、令状は要求されていない。刑事訴訟法に根拠を持つものであるが、これはまだ犯罪性を確認する段階で行われるものであるから、捜査の端緒と位置付けられる。検視により外傷等の犯罪性が確認されると、より詳細に死因等を解明するため鑑定（司法解剖）に移行し、捜査が開始される[39]。

検視が行われる段階では、死体が発見された現場の状況と相まって、犯罪に関する多くの貴重な情報が得られる。それゆえ、その技術も多くの研究によって進歩している。しかし、それでもなお、検視官が犯罪の痕跡を見落とすといった事案が少なからず存在することも報告されている。現在、東京、大阪、神戸などの大都市では、監察医制度が充実され、検視で事件性なしと

38　酒巻50頁。この理解からは、緊急配備や警戒検問にも同じく「当然の負担」として、短時分の停車を求めることができると解するべきである。

39　吉田謙一『ケースから読み解く法医学—正しい死因究明のために』（日本評論社、2023年）。

判断された死体についても、死因解明のための行政解剖が行われている。今後は、死因解明に関して、人的及び技術的な発展が望まれる。

3　警察活動以外による捜査の端緒

(1) 犯罪被害の届出

警察活動以外による捜査の端緒としては、私人からの犯罪被害の届出が多い。数的には、被害者（又はその関係者）からの届出が多い。また、被害者以外の者からのものとしては、警備会社からの届出も挙げられる。

(2) 告訴・告発・請求

(a) 総　論

犯罪被害の届出と区別しなければならないのは、**告訴**又は**告発**である。いずれも、犯人の処罰を求める意思表示である点で共通し、単なる犯罪被害の届出とは異なる。両者の区別として、告訴は被害者（又はその法定代理人等の近親者）が行うものであるのに対して（230条以下）、告発はそれ以外の者が行うものである（239条）。告訴・告発は、あくまで任意で行われるものであり、告訴をした後でも公訴提起前であれば何時でも取り消すことができるが（237条１項）、公務員には、職務上犯罪を認知したときには告発義務がある（239条２項）。告訴・告発の効果は、不起訴処分に関する通知・理由告知義務が生じることであり（260条、261条）、付審判請求の条件でもある（262条）。

告訴は、１個の意思表示で一罪性が認められる全体に及ぶ。これを**告訴不可分の原則**という。本原則は、客観的には、対象犯罪の一罪性が認められる範囲全体に及ぶという意味と（例えば、住居侵入窃盗について、窃盗罪の告訴は住居侵入罪にも及ぶ）、主観的には、共犯事件における一人に対する告訴は共犯者全員に及ぶという意味がある。告訴は、要式性を持つ（241条）。

(b) 親告罪と告訴

更に、親告罪に関する告訴規定が詳細に定められている。**親告罪**は、被害者の告訴が公訴提起の条件とされている犯罪類型である（刑232条、264条等）。告訴は捜査を行うための条件であるかについては見解が分かれるが、犯罪類型ごとに親告罪とされる趣旨に反しない限りで、後の手続の進展に備えて捜査を行うことは否定されるべきではない。親告罪に関して、告訴は、告訴権者が犯人を知った日から6ヶ月以内に行われなければならない（235条1項本文）。これは、親告罪に関して、法的安定性を図ることを目的とする規定である[40]。

告訴と似たものとして、**請求**がある。これは、一定の犯罪（刑92条2項、労調42条など）について、諸機関からの犯人処罰を求める意思表示である。告訴権者以外の者が行うものである点で告発と共通するが、請求が公訴提起の条件とされる点では告訴に近い。

(3) 自　首

犯人自身の自首は、実体法上は減刑事由として規定されているが（刑42条1項）、刑事手続上は捜査の端緒となり得る（245条）[41]。

第2節　捜査の終わり

1　事件送致

日本では、基本的に警察が捜査を行う（189条2項）。司法警察員は、特別の規定がある場合を除いて、捜査を終えると、書類及び証拠物を添えて速やかに事件を検察官に送致しなければならない（246条本文）。公訴提起の権限は検察官に委ねられており（247条）、捜査が終結すると全ての事件が検察官に送致されることになっている。これを**全件送致主義**という[42]。

特別の規定がある場合、検察官への事件送致は、捜査が終結する前に行われる。これに該当するものとして、特に被疑者を逮捕（199条、210条、213条）した場合が挙げられる。警察が逮捕した事件では、釈放する場合を除いて、

---

40 特に性犯罪被害者は、後の訴訟への関与が相当な負担となり、かかる期間内に告訴を行うことを決断することが非常に困難である。そのような配慮から、2000年改正（平12法74）により、所定の犯罪に関して告訴期間が撤廃されていた（旧235条1項但書）。2017年刑法改正（平29法72）により、性犯罪に関する親告罪規定が削除されたことに伴い、性犯罪被害者に関する特別措置も廃止された。

41 自首に際して捜査機関に虚偽の申告を行った場合は、自首は成立しないが（最決令2・12・7刑集74巻9号757頁）、虚偽申告により秘匿された事件が発覚する前に自ら申告したときは、自首が成立する（最決昭60・2・8刑集39巻1号1頁）。

42 捜査の結果、嫌疑が不十分とされた場合も、検察官に送致されなければならない。検察官には、警察の捜査が適法・適切に行われたことを事後点検すべき責務もある。

身体を拘束した時点から48時間以内に検察官に送致しなければならない（203条1項）。逮捕に続く勾留の請求（204条〜206条）は、検察官に委ねられているからである。被害者等から告訴・告発・請求を受けた場合や、犯人が自首した場合も、速やかに検察官に送付されなければならない（242条、245条）。これらの場合には、検察官に事件が送致された後も、通常は引き続き警察による捜査が行われる。また、被疑者が少年の場合、特に軽微な事案では、司法警察員が家庭裁判所に直接送致することになっている（少年41条）。

2　微罪処分

全件送致主義に対して、例外的に、検察官が指定した事件に限り個別的には送致されず、警察限りで処理される場合がある。基本的に軽微な事案を対象とすることから、これを**微罪処分**という（246条但書）。通常、各地検の長である検事正が管轄地区の警察に対して、その一般的指示権（193条1項）に基づき、窃盗、詐欺、横領等の軽微な事案を指定する。これらの条件に該当する事件については、1ヶ月ごとに一括して処理年月日、被疑者の氏名、年齢、職業、住居、罪名、犯罪事実の要旨等が報告されることになっている。

微罪処分は、ディバージョンの一種であり、訴訟経済に資するのみならず、犯罪者の社会復帰政策にかなうものでもある（第8講第2章第1節）。

3　起訴後の捜査

検察官が公訴提起をした後も、その指示（193条3項）に基づいて補充的に捜査を行うことがある。起訴後の捜査を禁止する規定はなく、比例性原則を遵守する限りで任意捜査として行うことについては、特段の問題はない。ただし、それを超えて強制捜査までなし得るか、また、被告人の取調べは可能かという点については問題がある。

まず、強制捜査の可否については、消極的又は制限的に理解する見解が通説である。すなわち、検察官が公訴提起した後は、受訴裁判所が強制処分の権限を持つのであり、公判中心主義の観点からは、任意捜査も含めて必要最小限度にとどめられるべきというわけである。それゆえ、強制捜査に関しては、仮に許されるとしても、捜査段階の証人尋問の規定（226条）に準じて、

第１回公判期日までに限られるべきである[43]。

他方、被告人の取調べについては、見解が分かれる。特に起訴された被告事件に関しては、捜査機関による取調べの規定は「被疑者」に限定しており（198条１項）、また、起訴後においては訴訟当事者となる被告人の地位に鑑みて他方当事者である検察官の取調べは否定すべきとする見解がある[44]。判例[45]は、刑事訴訟法上、捜査目的を達成するため必要な取調べをすることができるのであり、起訴後の捜査に関して特段の制限がないことからも、公訴を維持するため必要な取調べを行うことができるとしている。被告人が勾留中の場合、被疑者段階の取調べと同様に取調べ受忍義務の有無が問題となり得るが（第５講第１章第４節）、これが否定されるような純粋に任意の取調べと認められるような場合には、起訴後の取調べも可能と解すべきである。被告人が複数の事件について追及を受けていて、被告事件以外の事件がまだ起訴されていない捜査段階にある場合の取調べについては、別件起訴や接見交通権の問題（第７講第３章第２節）が関係する。

43　松尾・上187頁、鈴木95頁。これに対して、最決平14・12・17裁判集刑282号1041頁は、公判で証拠調べ手続が開始された後の捜索・差押を適法としている。

44　団藤326頁、鈴木95頁。

45　最決昭36・11・21刑集15巻10号1764頁「秋田スリ事件」。

第4講　被疑者の身体拘束

第1章　総　説

刑事訴訟法は、被疑者の身体を拘束する手段として、逮捕と勾留という2つの手続を用意している。いずれも、被疑者の意思に関わらずその身体を拘束し、行動の自由を制約するものであるから、強制処分である。**逮捕**とは、被疑者を勾留する前の段階として行われる、比較的短時間の身体拘束である（199条、210条、213条）。**勾留**とは、逮捕に続いて行われる、その身体を拘束する裁判及びその執行である（207条・60条）。逮捕と勾留は、別個の手続であるが、時間的に前後して行われ、両手続の間には密接な関係がある。逮捕は起訴前に限られるが、勾留は起訴後も行われ得る。

逮捕と勾留は、憲法33条、34条において所定の手続と権利付与を条件に認められており、刑事訴訟法上もこれを具体化する規定が定められている。このような被疑者の身体を拘束する捜査手段は、被疑者の逃亡及び罪証隠滅を防止することを目的とする（199条2項、207条1項・60条1項、規143条の3）。すなわち、罪を犯したことを疑うに足りる相当な理由がある者について逃亡又は罪証隠滅行為を防止することで、その者の負担において適切な刑罰権行使に向けた捜査の実効性が図られ得るわけである。

これに加えて、被疑者の取調べを実効的に行うことが、逮捕・勾留の目的とされるべきかについては見解が分かれる。この問題は、捜査の構造を如何に解するかという点に密接に関係する（第3講第1章第3節）。糾問的捜査モデルによると、逮捕・勾留は被疑者を強制的に取り調べるための手段であり、それゆえ効果的に取調べを行うことは逮捕・勾留の目的になると理解するのに対し、弾劾的捜査モデルからは、逮捕・勾留は取調べとは無関係の手続であり、それゆえ取調べを目的として逮捕・勾留することはできないと理解することになる。この見解の対立は、逮捕・勾留の様々な問題にも波及する。

強制処分としての逮捕・勾留以外に、取調べを目的とした任意同行・任意出頭も、被疑者の身体を利用した捜査手段として行われる。

第2章　身体拘束の手続

第1節　逮　捕

1　総　説

逮捕には3種類のものがある。憲法は、令状による逮捕（通常逮捕）を原則とし、例外として現行犯逮捕を認めている（憲33条）。刑事訴訟法は、これに加えて緊急逮捕も許している。これらは、要件効果・手続に関して多くの共通点がある。本節では、逮捕に共通する要素について通常逮捕の箇所で説明し、現行犯逮捕・緊急逮捕の個別の問題についてそれぞれの箇所で詳論する。

2　通常逮捕

令状主義によると、事前に裁判官が発する令状を得て行う逮捕が原則となる。これを**通常逮捕**という（199条）。通常逮捕に関する要件効果・手続に関する規定は、他の逮捕類型にも準用されている（211条、216条）。

(1) 要　件

逮捕に際しては、手続の具体的状況において、逮捕の理由とその必要性が認められなければならない。これを逮捕の**実体的要件**という。逮捕の理由とは、「被疑者が罪を犯したことを疑うに足りる相当な理由」（相当な嫌疑）であり（199条1項）、逮捕の必要性とは、罪証隠滅又は逃亡の虞である（規143条の3）。これに加えて、一定の軽微な犯罪に関しては、被疑者が住居不定であること又は捜査機関からの出頭要請に応じない場合であることも必要である（199条1項但書）。

逮捕の理由としての相当な嫌疑が認められるためには、有罪判決が得られることの確実性までは必要ではないが、被逮捕者が対象事件の犯人であることの相当程度の蓋然性が認められることは必要である。この要件は、捜査官の単なる主観的な確信では足りず、客観的な資料・証拠に基づいたものでなければならない。捜査機関は、被疑者に対する嫌疑が相当なものであることを、令状請求時に資料等を提出して疎明しなければならない（規143条）。この資料を**疎明資料**という。

逮捕の必要性も、逮捕の理由と同様に、客観的な根拠に基づくものであることを要する。特に罪証隠滅防止目的との関連で、被疑者を取り調べる必要性が逮捕の必要性を基礎付けるかが問題となる。この点は、捜査の構造に遡って議論がある。特に被疑者が捜査機関からの任意出頭の要請に対し数回にわたりこれに応じなかった場合には、出頭拒否の事実だけでなく、具体的事件における他の事情とも相まって、罪証隠滅の虞が認められることは否定できない。被疑者が自傷又は他害行為を行う虞が逮捕の必要性を基礎付けるかも問題である。この点は、警察官職務執行法３条の保護規定によるべきであり、逮捕の必要性を基礎付ける要素にはならないと解するべきである。

(2) 効　果

逮捕が行われると、その手続が適法である限り、被逮捕者は、以後継続して身体の拘束を受ける。その留置場所は、原則は「刑事施設」（拘置所）であるが（209条・75条）、例外的に警察署付設の留置施設に留置することもできる（刑事収容施設14条、15条）。この代用刑事施設（かつては代用監獄と呼ばれた）規定は、逮捕後の勾留に関しても適用され、このことが捜査機関の取調べに便宜となって、日本に特有の取調べ偏重型の捜査を導いているのではないかとの問題提起がなされてきた[1]。

(3) 手　続

(a) 逮捕状の請求と発付

逮捕を行うに当たり、捜査機関はまず令状（**逮捕状**＝資料①）を請求しなければならない。逮捕状を請求できるのは、検察官と警部以上の司法警察員に限定されている（199条２項）。これは、令状請求の段階で法定の条件が満たされているかを慎重に判断させ、一定の資格を要求することによって公正な

1　鈴木80頁、田宮86頁。

手続が行われるよう、捜査機関の自律を期待したものである。令状請求者は、逮捕状請求書に所定の事項を記載し（規142条）、逮捕の理由及び必要性を基礎付ける疎明資料を添付して、裁判官（原則として、請求者が所属する官公署の所在地を管轄する地裁又は簡裁に所属する裁判官＝規299条1項）に提出する。

裁判官は、逮捕状の請求を受けると、逮捕状請求書及び添付資料から逮捕の要件が具備されているかを検討し、これが認められる場合には逮捕状を発付する。この手続を**令状審査**という。裁判官は、令状審査に際して、必要とあれば逮捕状請求者の出頭を求めて陳述を聴くことや、追加資料等の提出を求めることができる（規143条の2）。裁判官は、逮捕の要件が具備されている場合、法定の事項を記載し、自身が記名押印して逮捕状を発付する（200条）。

(b) 逮捕状の執行

逮捕状が発付されると、捜査機関は、逮捕手続を執行する。逮捕を行う者（逮捕権者）は、請求権者と異なり、捜査機関に関して制限はない。逮捕を行う場合、逮捕状を携行し、逮捕の現場で被疑者に提示しなければならない（201条1項）。ただし、緊急等で逮捕状を提示できないことに合理的な理由があれば、被疑者に被疑事実の要旨と逮捕状が発行されている旨を告げた上で逮捕し、その後できるだけ速やかな時点で提示することもできる（201条2項・73条3項）。これを**逮捕状の緊急執行**という。

(c) 逮捕後の手続

司法巡査が逮捕したときは、直ちに司法警察員の下へ引致しなければならない（202条）。司法警察員は、被疑者の引致を受けたとき、直ちに犯罪事実の要旨と弁護人選任権を告知し、被疑者に弁解の機会を与え、その結果、留置の必要がないと判断したときは、直ちに被疑者を釈放しなければならない。留置の必要があると判断したときは、被疑者の身体を拘束した時点から起算して48時間以内に、書類及び証拠物を添えて検察官に送致する（203条1項）。

検察官は、司法警察員から送致を受けたとき、改めて被疑者に弁解の機会を与える。そして、この段階で留置の必要がないと判断したときは、やはり被疑者を釈放しなければならない。留置の必要があると判断したときは、裁判官に勾留を請求する。検察官の**勾留請求**は、被疑者の引致を受けてから24

時間以内に、かつ最初の身体拘束時から起算して通算72時間以内に行われなければならない（205条１項、２項）。ただし、右制限時間内に公訴提起された場合は、留置を継続する上で改めて勾留請求を行う必要はない（205条３項）。制限時間内に勾留請求又は公訴提起のいずれも行われない場合は、直ちに被疑者を釈放しなければならない（205条４項）。

3　現行犯逮捕

「**現行犯**として**逮捕**」する場合、通常逮捕と異なり令状を必要としない（憲33条）。現行犯とは、現に罪を行っている者及び現に罪を行い終わった者をいう（212条１項）。これ以外にも、所定の事情から「罪を行い終わってから間がないと明らかに認められるとき」も、現行犯人として逮捕することができる。これを**準現行犯逮捕**という（212条２項）。ただし、準現行犯逮捕は現行犯逮捕の一類型であり、別種の類型ではない。

現行犯逮捕は、捜査機関だけでなく、「何人でも」行うことができる（213条）。現行犯逮捕は、通常逮捕の場合と異なり、逮捕者の面前で犯罪が現行される場合であり、その犯罪及び犯人の明白性ゆえに、裁判官による令状審査を要求する必要がない。これに加えて、令状を要求することができない（更に私人が逮捕する場合には、警察機関への連絡をすることも困難である）ほどの緊急性があることも、令状を不要とする実質的根拠と考えるべきである。例えば、人質を取って犯人が立てこもっているような場合には、現行犯逮捕によるのではなく、可能な限り逮捕状の請求が行われるべきである。

現行犯類型に関しては、特にその現行性如何が問題となる。判例[2]は、海上で密猟犯人を発見し、これが逃走したため約30分間追跡し、他の船舶に引き継がれた後も約３時間追跡を継続したという事案について、現行犯逮捕として適法であるとしている。この事例では、犯罪行為と逮捕行為の着手との間に時間的・場所的な接着性があり、追跡が中断することなく継続していたことが、現行犯性を肯定する要素として考慮された。犯罪の現行性及び追跡の接着性は、現行犯逮捕の形式的根拠である。

---

[2] 最判昭50・４・３刑集29巻４号132頁。

準現行犯類型に関しては、特に犯罪終了から「間がない」という範囲に関して問題がある。判例[3]は、大学構内で発生した傷害事件に関して、通報を受けた警察官が付近をパトロールしていたところ、犯行終了から１時間乃至１時間40分後に、犯行場所から約４キロメートル離れた場所で、その挙動や着衣の汚れ等から被疑者らしき者を発見し、職務質問しようと停止を求めたところ、対象者らが逃走したため、追跡して逮捕した事案について、いずれも212条２項により現行犯人とみなされるものであり、逮捕は適法であったとしている。現行犯人とみなされるためには、単純に時間・場所の近接性だけでなく、個別具体的事情において現行犯に準じる程度の犯罪・犯人としての明白性が認められること、つまり、別人と取り違える虞がないことが条件となる。

現行犯逮捕した場合の手続は、私人逮捕に関する一連の手続（214条以下）及び逮捕手続書における特別の記載が要求されること（規136条２項）を除いて、通常逮捕の規定による（216条）。

4　緊急逮捕

刑事訴訟法は、現行犯以外にも、事前に逮捕状を得ることなく逮捕できる場合を認めている（210条）。これを**緊急逮捕**という。

緊急逮捕は、死刑又は無期若しくは長期が３年以上の拘禁刑に当たる犯罪を対象に、被疑者が罪を犯したことを疑うに足りる充分な理由がある場合で、緊急性ゆえに逮捕状の発付を求めることができないときに限り、逮捕の理由を告げた上で被疑者を逮捕する手段である。例えば、任意同行・出頭での取調べ中に、被疑者が殺人罪を自白した場合などである[4]。ただし、被疑者を逮捕した後は、直ちに裁判官に逮捕状を請求しなければならない。直ちにとは、できる限り努力すれば足りるというのではなく、即刻にという意味で理解すべきである。例えば、深夜に逮捕した場合も、翌朝ではなく、引致等の手続を終えた直後に請求しなければならない。逮捕状が発付されないと

3　最判平８・１・29刑集50巻１号１頁「和光大学内ゲバ事件」。

4　指名手配中の被疑者を職務質問で発見した場合も、緊急逮捕が可能であるが、実務では、この場合は逮捕状の緊急執行（201条２項・73条３項）の手続が採られる。

きは、直ちに釈放しなければならない。

緊急逮捕は、現行犯逮捕と異なり憲法上に明示の許容規定がないことから、かつてはその合憲性が問題とされた。学理上、緊急逮捕は憲法違反であるとする見解[5]も有力であった。しかし、判例[6]がその合憲性を認めて以来、学理上も合憲説が支配的となっている。ただし、その基礎付けに関しては、見解の対立がある。第１の見解[7]は、事後ではあるが令状審査が行われることから令状による逮捕の一種であると理解する。しかし、令状逮捕は、事前の司法審査が行われるところにその意義がある。第２の見解[8]は、憲法上も社会治安上の必要から一種の緊急行為として許容されると理解する。しかし、対象犯罪の法定刑を見ると、緊急行為として正当化されるには、その適用範囲が広すぎるように思われる（例えば、名誉毀損罪や器物損壊罪もこれに該当する）。この観点から、合憲性を基礎付けるためには、現行法よりも対象犯罪を限定する必要がある[9]。

第２節　勾　留

1　起訴前勾留の意義

勾留は、逮捕と比較して長期に及ぶ身体拘束の処分である。起訴後にも被告人の勾留が行われるが、起訴前の勾留は、検察官の請求に基づく（204条～206条）、処分の主体が裁判官である（207条）、必ず逮捕が先行していなければならない（逮捕前置主義）、期間が短い（208条、208条の２）、保釈が認められていない（207条１項但書）、などの点で違いがある。

起訴前勾留は、最長20日間に及び（更に208条の２）、かつ事件が異なれば各々について行うことができる。それゆえ、捜査実務では、勾留が取調べの手段として行われることが多い。確かに、勾留中の被疑者に対して取調べを

5　平場353頁。
6　最大判昭30・12・14刑集９巻13号2760頁。
7　団藤340頁。
8　平野95頁、高田355頁。
9　鈴木75頁。

行うことは、少なくとも規定上は禁止されていない。それゆえ、事実上、身体拘束の被疑者に対して強制的に取調べが行われる可能性があることは否定できない。もっとも、取調べの強制が勾留の本来の目的であるかは、別の問題である。起訴前の勾留も、起訴後の勾留と同じく、純粋に罪証隠滅及び被疑者の逃亡防止を図ることが目的であると理解するならば、専ら取調べを行うことの必要性のみをもって勾留を実施・継続することは、消極に解さなければならない。

2　要　件

逮捕と同様、勾留の要件は、被疑者が罪を犯したことを疑うに足りる相当の理由と、罪証隠滅及び逃亡を防止する必要性である（207条・60条）。住所不定は、逃亡の虞を基礎付ける一事情である。嫌疑の相当性は、少なくとも逮捕と同程度であることが必要である。罪証隠滅及び逃亡の虞は、一定の根拠に基づいた具体的危険性でなければならない。例えば、被疑者が逮捕後の取調べに黙秘をしている場合、それのみで勾留の必要性が基礎付けられるわけではなく、他の事情と相まって勾留の必要性が判断されなければならない。

3　効　果

勾留の執行により、被疑者の身体を拘束することができる。すなわち、逮捕から引き続いて、被疑者の留置を継続することができる。その留置場所に関して、逮捕で述べた問題点がここでも妥当する。

検察官は、裁判官の同意を得て、被疑者の留置場所を移すこと（**移監**）ができる（規80条）。また、裁判官は、職権により、被疑者の留置場所を変更するよう命令することもできる[10]。被疑者側には移監を求める請求権はない。

勾留の期間は、勾留請求の日から起算して10日間（以内）である[11]。検察官は、この期間内に公訴提起しなければならず、そうでない場合は釈放しなけ

10　最決平7・4・12刑集49巻4号609頁。

11　通説は、10日より短期の勾留期間を定めることはできないとする（大阪地決昭40・8・14下刑集7巻8号1760頁）が、立法論として検討の余地があるとする見解もある（平野103頁）。

ればならない（208条1項）。ただし、やむを得ない事由がある場合は、検察官の請求により、10日間の延長が認められる（208条2項。更に208条の2も参照）。

4 手　続

勾留を行うためには、必ず、先に逮捕の手続を経なければならない。これを**逮捕前置主義**（又は逮捕先行主義）という。207条1項は、勾留の主体について、「前三条の規定による勾留の請求を受けた裁判官」と規定し、逮捕手続を経た上での検察官の請求を条件としている。また実質的には、逮捕後の司法警察員及び検察官に対して弁解の機会付与による釈放の判断を求めていることは、早期かつ比較的短期間のうちに不要・不当な身体拘束から被疑者を解放するという意味がある。このようなスクリーニングを経て初めて、比較的長期間に及ぶ勾留へと進むことができるのである。この観点からは、逮捕の段階は、取調べのための捜査機関の手持ち時間というよりも、スクリーニングのための手続であり、これが終わると速やかに（制限時間内であっても）次の段階へ移行すべきである。

勾留の請求は、検察官のみが行うことができる（204条～206条）。検察官は、所定の事項を記載した勾留請求書を作成し、勾留要件を示す資料等を添付して、裁判官に提出する（規147条、148条）。請求先は、逮捕の場合と同様である。

請求を受けた裁判官は、勾留を行うための裁判（形式的には命令）を下さなければならない（207条1項本文・60条1項）。そのために、被疑者に出頭を求め、被疑事件に関するその陳述を聴かなければならない（207条1項本文・61条本文）。この手続を**勾留質問**という。勾留質問では、勾留の要件が具備されているかの確認だけでなく、先行する逮捕の適法性も審査される。少なくとも逮捕手続に重大な違法性が認められる場合、現在の裁判実務では、勾留請求が却下されることが多い。逮捕に関しては、被疑者側に不服申立ての制度が認められておらず、この勾留審査が、実質的に、逮捕を含めた身体拘束の適法性を審査する場となっている。このような勾留質問の重要性を考えると、現行法上、弁護人に勾留質問への立会いが権利としては認められていない（裁判官の許可を得て同席することは可能）ことには問題がある。また、2004年改正（平16法62）により国選弁護が起訴前の段階にも規定されたが、それは勾留が行われた後に限られ（37条の2）、逮捕段階では対象とされないことも問題を残している。

勾留質問の手続を経て、裁判官は、勾留の要件が具備されていると判断したとき、**勾留状**を発付する（207条1項本文・62条）。勾留状も、その記載すべき事項が詳細に定められている（207条1項本文・64条）。

勾留が開始された後、被疑者、弁護人、所定の近親者等は、勾留理由の開示を請求することができる（207条1項本文・82条）。**勾留理由の開示**は、公開の法廷で行われる（憲34条2文、法207条1項本文・83条）[12]。勾留の理由・必要性が消滅したときは、被疑者等からの請求に基づき又は職権で勾留が取り消される（207条1項本文・87条）。勾留の裁判に対しては、各当事者に準抗告が認められている（429条1項2号）。ただし、被疑者は、犯罪の嫌疑がないことを理由として準抗告することはできない（429条2項・420条3項）。これは、犯罪の嫌疑の有無は後の刑事裁判で争うべきものと、理解されていることによる。

第3章　逮捕・勾留に関する諸問題

第1節　事件単位原則に関わる問題

強制処分の効力は、処分の対象となる被疑事件にのみ及ぶ。これを**事件単位原則**という。本原則は、逮捕・勾留に関して論じられることが多いが、強制処分一般に及ぶ原則である。

強制処分を行うためには、法定の根拠に基づき、その条件が具備されることが必要である。そして、一部の例外を除き、令状主義に基づいて、裁判官がその処分の適法性について事前に審査を行う。その際、裁判官は、令状請求の根拠となった被疑事実に関して、処分の理由と必要性を審査し、令状発

---

12 憲法上、逮捕・勾留の時点で「理由」が告知されることになっているが（憲34条1文前段）、それは「正当な理由」でなければならず、要求に基づきその理由が正当なものであることが開示されなければならない（憲34条2文）。勾留理由の開示は、身体拘束の正当性を説明すべき責任を裁判所に課した制度である。

付の可否について判断するわけである。このようにして発付された令状は、当該被疑事件に関してのみ執行可能となる。そうでなければ、令状審査の意味が損なわれてしまうからである。それゆえ、事件単位原則は、令状主義から派生する原則である。

事件単位原則からは、逮捕・勾留の効力は当該被疑事実のみに及ぶ。それゆえ、例えば、A 罪で逮捕・勾留したが、その必要性が消滅した場合、その時点で被疑者を釈放しなければならず、逮捕・勾留していない B 罪を理由に身体拘束を継続することはできない。そのためには、改めて B 罪で審査を受け、令状を得なければならない。A 罪と B 罪の逮捕・勾留が時間的に連続し又は同時に行われること（逮捕・勾留の競合）は可能である。

事件単位原則は、逮捕前置主義との関係で、先行する逮捕と勾留の被疑事件は同一でなければならないか、という問題を提起する。例えば、窃盗罪で逮捕した後、殺人罪で勾留することはできるか。この問題について、かつては、逮捕・勾留の効力を事件単位ではなく対象となる人を基準に及ぶものと理解し、この場合も逮捕が先行していることに変わりはなく、後の殺人罪での勾留も許されるとする見解[13]もあった。しかし、現在は、事件単位原則を前提に、逮捕と勾留は同一の事件でなければならず、前述の例では殺人罪による勾留は許されないとする見解が通説である。逮捕前置主義は、後の長期に及ぶ勾留に先駆けて不当・不要な身体拘束をスクリーニングする点に、その実質的な意義が認められる。そして、そのようなスクリーニングのための手続が行われたことを前提にして、勾留について令状審査が行われる。それゆえ、逮捕前置主義と事件単位原則の組合せから、通説が妥当である。では、A 罪で逮捕した後、A 罪と併せて B 罪で勾留すること（**抱き合わせ勾留**）は可能か。この場合、A 罪での勾留による身体拘束が行われることから、B 罪を併せて勾留しても被疑者に不利益はないとして、これを肯定するのが通説である。しかし、A 罪での勾留が起訴や取消しによってその効力が消滅した場合も B 罪での勾留が残ること、取調べにおいて A 罪だけでなく B 罪にも取調べ受忍義務（第５講第１章第４節）が生じ得ることから、B 罪での勾

---

13 平場362頁。

留には被疑者にとっての不利益は大きい。反対説が妥当である。

もっとも、捜査段階では、事件の全容はまだ解明されておらず、両被疑事実の間に厳密な一致を求めることもできない。例えば、窃盗罪で逮捕した後、同一の被害客体に対する詐欺罪で勾留することは認められてもよい。また、窃盗罪で逮捕した後、これと一罪の関係にある住居侵入罪を付け加えて勾留することも可能である。

第2節　逮捕・勾留一回原則

逮捕・勾留の強制処分は、対象となる被疑事件を基準にして一回しか行うことができない。これを**逮捕・勾留一回原則**という。同一事件について複数回の身体拘束を認めると、厳格な時間制限を置いたことが無意味になるというのが、その趣旨である。加えて、憲法39条の二重の危険禁止の趣旨が、捜査段階で最も強力な処分である逮捕・勾留にも及んでいるということもできる。

本原則は、更に一罪を細切れにして逮捕・勾留してはならないという原則と、1個の被疑事実について再度の逮捕・勾留は許されないという原則とに分かれる。前者を**分割逮捕・勾留禁止原則**、後者を**再逮捕・勾留禁止原則**という。例えば、結合犯である強盗罪（刑236条）について、先に暴行罪で逮捕・勾留し、後に窃盗罪で逮捕・勾留する場合が前者であり、1個の強盗罪で一度逮捕・勾留を行い、その期限が途過した後で改めて逮捕・勾留をやり直す場合が後者である。いずれも、本来、強盗罪に基づく身体拘束は法定された期間内でしか許されなかったものが、かかる手段を採ることによって更に身体拘束を継続することが可能になってしまうことから、そのような時間制限に対する潜脱的な方法が禁止されるわけである。

もっとも、実体法上一罪を構成する犯罪の一部（例えば、常習累犯窃盗罪における数個の窃盗行為）が最初の逮捕・勾留前に実行され、被疑者が釈放（起訴後の保釈などにより）された後に更に一部が実行された場合、改めて逮捕・勾留することは可能である[14]。この場合、当初の逮捕・勾留において後の犯罪も含めて捜査を行うことは、およそ無理だからである。

また、このように一罪の一部ずつを対象に分割した逮捕・勾留が許される場合があるとすると、それは、既に犯罪の全てが最初の逮捕・勾留の前に行われていた場合にも、例外的に２度目の逮捕・勾留が許される場合を認めることにつながる。例えば、一罪を構成する犯罪の全体がやむを得ない事情で解明できなかった場合や、最初の逮捕・勾留が行われた後に、決定的な証拠が初めて発見され、被疑者の身体を拘束した捜査を行う必要性が改めて生じた場合などには、例外的に、一罪を分割した又は同じ被疑事実での再度の逮捕・勾留も許されてよい。実定法上も、逮捕状請求に際して、同一の犯罪事実について「前に逮捕状の請求又はその発付があったとき」にはこれを告知すべきことが規定されているが（199条３項）、このことは、同一事件について再度の逮捕・勾留が許されていることを前提としている[15]。ただし、このような再度の逮捕・勾留は、本原則の前述した重要性を考えると、非常に限定的な場合に限られるべきである。

第３節　別件逮捕・勾留

重大な事件（本件）について強制的に取調べを行う目的で、他の比較的軽微な事件（別件）を理由に被疑者を拘束する捜査手段を**別件逮捕・勾留**という。そもそも別件について逮捕・勾留の要件を満たしていない場合は、当然ながらそのような身体拘束は違法である。問題となるのは、本件については逮捕・勾留の要件を満たさない（決定的な証拠がまだ得られず、嫌疑の相当性が欠けるなど）が、別件については満たす場合である。果たして、このような捜査方法は、刑事訴訟法上どのように評価されるべきか。

この点に関して、第１の見解は、形式的に当該捜査において逮捕・勾留の対象とされた事件を基に、その要件の充足及び手続の遵守が果たされているかを問う。これを**別件基準説**という。この見解によると、別件について、所

---

[14] 最決平30・10・31裁判集刑324号１頁。三井（１）30頁。

[15] 本規定の解釈をめぐり、再逮捕否定説は、令状発付があったが逮捕の執行には至らなかった場合と限定解釈する（平場346頁）。また、再逮捕と異なり規定がないため、再勾留は、極めて例外的な場合に限られるとする見解もある（三井（１）32頁）。

定の要件が具備され、手続が遵守されている限り、当該逮捕・勾留は適法である。その上で、後は身体拘束状態における取調べの態様から、つまり余罪取調べの限界という観点から、捜査手段の適法性を判断することになる（第5講第1章第4節）。他方、第2の見解は、捜査官の目的・主観を重視し、当該身体拘束は実質的にどの犯罪のために行われたものであるかを問う。この見解は、捜査官の捜査目的を基準とすることから、**本件基準説**という。捜査官の令状請求において、専ら（又は主として）逮捕の被疑事実と異なる重大な事件の取調べが目的とされていた場合、このような逮捕・勾留は、本来令状審査によってその適法性のチェックを受けるべきであったにも関わらず、これを潜脱するものとして、逮捕・勾留自体が違法というわけである。学理上は、本件基準説が多数を占めているが、裁判実務は、一部の裁判例を除いて、概ね別件基準説に立つものと評価されている。

別件逮捕・勾留という手段は、そもそも逮捕・勾留の身体拘束処分は被疑者を強制的に取り調べるための手段であるとの理解（糾問的捜査モデル）を前提とする。捜査の実体を見ると、別件による逮捕・勾留中の取調べにおいて、被疑者の自白等の決定的な証拠が得られた場合には、改めて本件での逮捕・勾留が予定されていることから、逮捕・勾留の一回性及び時間的制限の観点においても疑問のある捜査方法である。確かに、別件基準説から指摘されるように、逮捕状請求時点における捜査官の捜査目的といった主観面を裁判官が十分判断できるかについては、実務上困難が大きい[16]。しかし、実務上の困難さと理論的妥当性とは、次元が異なる問題である。事案によっては、本件について捜査を行うことの目的を客観的事情から判断することもできる。例えば、逮捕・勾留の始期だけでなく、その途中からでも、捜査（特に取調べ）の対象が主として本件に向けられている場合には、少なくともその時点以降、逮捕・勾留の実質に着目して違法と評価することは許されてよい[17]。

---

16 実際には、別件逮捕・勾留中に被疑者が自白した場合、その証拠能力（319条1項、憲38条2項）が争われたときに判断が求められることから、判断の困難さは、別件基準説を採用すべき決定的な理由ではない。

17 川出敏裕『別件逮捕・勾留の研究』（東京大学出版会、1998年）282頁。

本件基準説を前提にすると、次のような帰結となる。まず、逮捕状請求の段階で一定の事情から捜査官の本件捜査目的が明らかとなる場合（通常であれば逮捕しないような事件での令状請求等）、裁判官は、請求を却下すべきである。勾留質問又は勾留延長請求の段階で、それまでに専ら本件の取調べが行われていることが判明したときは、勾留（又はその延長）の請求を却下する。別件での身体拘束が終了した後、改めて本件での逮捕状（又は勾留）が請求されたときは、これが再逮捕・勾留に当たるとして却下される。また、別件逮捕・勾留中に行われた自白は、その捜査手段が令状主義を潜脱する重大な違法を帯びるものであり、後の公判において証拠から排除される（第12講第4章第3節）。

第 5 講　供述証拠の収集

第1章　被疑者の取調べ

第1節　被疑者取調べ総説

捜査は、証拠の収集・保全を目的として行われる（189条2項）。証拠には**供述証拠**と**非供述証拠**とがある（第12講第1章第1節）。本講では、供述証拠の収集に向けた手続を取り扱うが、日本では特に被疑者供述（端的にいえば自白）の収集に向けた取調べの問題が、法的には重要である。

日本の捜査は、従来、取調べ中心主義、自白調書中心主義といった特徴があり、およそ被疑者取調べが行われない事案はないほどである。また、被疑者取調べの実効性を得るべく、逮捕・勾留という身体拘束の手続が活用されてきたといった実情がある。日本の被疑者取調べの特徴について、取調べの必須化、自白獲得目的、取調官と被疑者とのコミュニケーション、取調べの密室化（⇔可視化[1]）、警察官取調べが中心（検察官取調べは補完的）、代用監獄の利用（2005年刑事施設改正法（平17法50）によっても、問題は先送りされた）といった点が挙げられている[2]。日本の捜査において、被疑者取調べに重点が置かれる理由は、第1に、取調べに関する法的ルールと逮捕・勾留という身体拘束の手続とが密接に結び付いていることである。第2に、公判の証拠調べにお

---

1 本江威憙「取調べの録音・録画記録制度について」判タ1116号6頁、渡辺修＝山田直子監『取調べ可視化—密室への挑戦—イギリスの取調べ録音・録画に学ぶ』（成文堂、2004年）、吉丸眞「録音・録画記録制度について（上）・（下）」判時1913号16頁、1914号19頁、小坂井久『取調べ可視化論の現在』（現代人文社、2009年）、指宿信『被疑者取調べと録画制度—取調べの録画が日本の刑事司法を変える』（商事法務、2010年）、同『被疑者取調べ録画制度の最前線—可視化をめぐる法と諸科学』（法律文化社、2016年）。

2 三井（1）127頁。

いて、自白調書がほぼ無条件に有罪証拠として採用され、裁判官の心証にも強い影響を持つことも挙げられる。

このような、いわば「人を求めて証を得る」という捜査手法は、確かに、被疑者が真犯人であった事案においては、事件当事者本人から情報を得るものであるから、真実の発見という刑事訴訟の目的に資する面があったことは否定できない。しかし、反面で、被疑者が黙秘や否認する事案では勾留が長期化するなどして、**人質司法**であるとの批判[3]もなされてきた。取調べで虚偽の自白が引き出されたことにより、冤罪の発生につながった事案があることも事実である。そこで、近時は、取調べの実務が如何に適正に行われるかに関心が向けられている。2016年の改正（平28法54号）では、捜査段階の取調べと供述調書に過度に依存していた状況を改めるべく、取調べ状況の可視化を目指して録音・録画の制度が導入された。更に、諸外国の例を参考にして、取調べへの弁護人立会いの導入も検討されている[4]。

第2節　被疑者取調べの一般的要件

1　実体的要件

被疑者の取調べは、「犯罪の捜査をするについて必要があるとき」に行うことができる（198条1項本文）。この実体的要件は、捜査一般の規制原理である比例性原則（捜査比例原則）によって規律されることから（第3講第2章第1節）、これは、必要かつ相当という意味で理解されなければならない。この要件は、捜査の現場では捜査機関の判断に委ねられるが、不必要又は不相当な取調べが違法であることから、裁判所又は裁判官の事後的な判断が求められることもある。

3　木谷明「人質司法について（講演録）」法セミ713号34頁。

4　日本弁護士連合会「弁護人を取調べに立ち会わせる権利の明定を求める意見書」（2018年）、川﨑英明＝小坂井久編『弁護人立会権―取調べの可視化から立会いへ』（日本評論社、2022年）、福島77頁。

2 手続的要件

(1) 黙秘権の保障

刑事手続において、被疑者・被告人には憲法上の自己負罪拒否特権（憲38条1項）に基づき、**黙秘権**が保障されている。すなわち、当該供述が被疑者に有利か不利かを問わず、包括的に黙秘することができるのである。それゆえ、捜査機関は取調べにおいて被疑者に質問することは可能であるが、その回答を強制することがあってはならない。ただし、特に被疑者が逮捕・勾留されている場合に取調べを受けること自体を義務付けることができるか、換言すると、取調べを強制的に行うことができるかどうかは見解が分かれる。この問題は、被疑者の諸権利、特に接見交通権とその制約の在り方にも影響を与える（第7講第3章第2節）。

捜査機関は、取調べを行うに当たり、被疑者に対して黙秘権の告知をしなければならない（198条2項）。この権利告知は、被疑者の黙秘権が実効的に保障されることを目的とし、被疑者に対する情報提供の意味を持つ[5]。被疑者自身が権利を知らなければ、権利保障は図られない。加えて、取調官による黙秘権告知は、取調べの空間が供述を強制するものではない雰囲気を作ることにもつながる。それゆえ、被疑者に対する**黙秘権告知**は、被疑者自身が累犯者であるなどして黙秘権に十分知悉していると認められる場合にも[6]、個別の取調べごとになされなければならない（犯捜規169条2項参照）[7]。

(2) 供述調書の作成

被疑者が取調べに対して供述（自白）したときは、これを調書に録取することができる（198条3項）。この供述調書（資料④）は、作成に当たり被疑者に閲

---

5 黙秘権告知を憲法上の要請と解する見解もあるが、自己負罪拒否特権（黙秘権）の保障から直ちに、その権利の告知まで要請されるわけではない（最決昭24・9・7刑集3巻10号1563頁）。憲法上の権利は、保障の有無だけでなく程度も問われるのであり、自己負罪拒否特権を憲法保障の中核としつつ、刑事手続においては、被疑者・被告人に包括的な黙秘権として保障することで、この中核的な権利保障を実効的なものとするのである。この関連で、権利告知はその外延的な制度保障であると解すべきである。

6 最判昭28・4・14刑集7巻4号841頁は、被疑者が自己の黙秘権について「既に充分しっていたものと認められる」場合には、改めて黙秘権を告知しないでも、198条2項には違反しないとする。

7 三井（1）146頁。

覧させ又は読み聞かせた上で、その内容に誤りがないかどうかを問い、これに対して被疑者が増減変更等の修正を申し立てたときは、その供述を調書に記載しなければならない（198条4項）。被疑者が調書に誤りがないことを申し立てたとき（又は増減変更等の申立てについて修正が確認されたとき）は、被疑者に対して調書に署名・押印することを求めることができる（198条5項本文）。

このようにして作成された調書は、後の公判で自白の任意性の問題（319条1項、憲38条2項）を除いて、ほぼ無条件に証拠として採用される（322条1項）。被告人が捜査段階で自白していたという証拠は、裁判所の心証にも強い影響を与えることから、自白調書が作成された場合、その段階でほぼ公判の結論も定まるわけである。このようにして、調書への署名・押印は有罪を決定付ける重要な証拠にその証拠能力を付与する効果を持つことから、被疑者には拒絶権があり、これが強要されてはならない（198条5項但書）。

日本の刑事手続は、特に被疑者の自白を録取した調書（自白調書）によって、捜査段階の取調室と公判の証拠調べが密接に結び付く構造にある。このことが、自白獲得に重点を置く捜査の常態化をもたらしてきた。それゆえ、取調べの事後的点検の必要性は、供述の任意性・信用性をめぐって従来論じられてきた。供述の任意性に関しては、録音・録画の制度が導入されたが、刑事訴訟法上は、一定の重大事件等で逮捕された後の取調べに限定されている。他方、信用性に関しては、特に調書の具体性や客観証拠との整合性などが求められている。近時は、録音・録画された媒体を実質証拠として使用することについて、学理及び裁判実務で検討の対象とされている[8]。

第3節　身体不拘束被疑者の取調べ

1　概　要

被疑者取調べには、身体拘束との関係で二通りの手法が考えられる。被疑者が逮捕・勾留されていない場合は、純粋に取調べの任意性が確保されなけ

[8] 東京高判平28・8・10高刑集69巻1号4頁、東京高判平30・8・3判時2389号3頁「今市事件」。

ればならない。すなわち、被疑者は、逮捕・勾留されていない場合には「出頭を拒み」又は「出頭後、何時でも退去すること」ができるのであるが（198条1項但書）、これは、前者が捜査機関の出頭・同行要請の任意性（任意出頭・同行）、後者が取調べ手続自体の任意性（任意取調べ）と区別することができる。

逮捕・勾留と異なり、被疑者取調べはおよそほとんどの事案でなされることや、重大事件でも当初は任意の出頭・同行要請が行われることが多いことなどから、この点に関する法的限界が問題となった判例・裁判例の蓄積がある。

2　任意出頭・同行

任意出頭・同行は、捜査機関の要請に対して被疑者が任意にこれに応じる形で行われなければならない。捜査機関は、出頭・同行を求める際に、自身の行為が、有形力の行使を含めて「強制手段」に当たらない限りで、かつ、「必要性、緊急性なども考慮したうえ、具体的状況のもとで相当と認められる限度」にとどめられるよう注意しなければならない[9]。

例えば、7月23日午前7時15分頃に、被疑者が出勤のため自家用車で自宅を出たところを警察官から停止を求められ、「事情を聴取したいことがあるので、とにかく同道されたい」旨で同行を求められたが、被疑者が自家用車で付いていく気配を見せると、警察官が警察の車に同乗すること、被疑者の車は警察官が代わって運転していくことなどを説明したので、被疑者はいわれたとおり警察用自動車に同乗して甲警察署に到着したという事案[10]では、「甲警察署に同行される際、被疑者に対する物理的な強制が加えられたと認められ」ないとして、適法と判断されている。この事例では、警察官の同行要請が行われた時刻や、同行方法に関する被疑者の承諾があることが、適法性を基礎付ける要素となっている。

---

[9] 最決昭51・3・16刑集30巻2号187頁「岐阜呼気検査拒否事件」。
[10] 富山地決昭54・7・26判時946号137頁「富山任意同行事件」。

3　任意取調べ

被疑者は、任意同行・出頭の要請に応じて取調べを受ける場合、「何時でも退去することができる」(198条１項但書)。それゆえ、捜査機関は、取調べの状況如何に関わらず、逮捕手続に至るのでない限り、被疑者が退去を希望したときは、強制的に又は不必要・不相当な形でそれを妨げてはならない。例えば、任意同行後の取調べが昼、夕食時など数回の休憩時間を除いて午前８時頃から翌日午前０時頃までの長時間にわたり断続的に続けられ、夜間に入った後も被疑者に退去の意思を確認したり、自由に退室したり外部に連絡を取ったりする機会が与えられなかったという事案では、「仮に被疑者から帰宅ないし退室について明示の申出がなされなかったとしても、任意の取調であるとする他の特段の事情の認められない限り、任意の取調とは認められず、……少なくとも夕食時である午後７時以降の取調は実質的には逮捕状によらない違法な逮捕であった」と判断されている[11]。

任意取調べの法的限界を問うものとして、２件の判例が重要である。第１に、２月１日午後11時過ぎに被疑者を警察署に任意同行した後、翌日午後９時25分に逮捕するまでの間、被疑者に一睡もさせずに、かつ、被疑者が一応の自白をした後もほぼ半日にわたり、20時間以上にわたって取調べが行われたという事案である。判例[12]は、本件のような長時間にわたる被疑者に対する取調べは、被疑者の心身に多大な苦痛・疲労を与えるものであるから、特段の事情がない限り容易にこれを是認できるものではないとした上で、本件取調べを行うに当たり被疑者の側からこれを願う旨の承諾を得ていること、取調べが長時間に及んだのは被疑者の自白に虚偽が含まれていると判断されたためであること、そして、本件事案の重大性等を「総合勘案」して、任意捜査(取調べ)として許容される範囲を逸脱したものではないとした。

第２に、任意同行後の取調べにおいて、４夜にわたり捜査官が手配した宿泊施設に宿泊させた上、前後５日間にわたって被疑者としての取調べを続行したという事案である。判例[13]は、被疑者は捜査官の意向に沿うように宿泊

11　富山地決昭54・７・26判時946号137頁「富山任意同行事件」。
12　最決平元・７・４刑集43巻７号581頁「平塚ウェイトレス殺人事件」。
13　最決昭59・２・29刑集38巻３号479頁「高輪グリーンマンション殺人事件」。

を伴う連日にわたる長時間の取調べに応じざるを得ない状況に置かれていたものとみられる一面もあり、その期間も長く、任意取調べの方法として妥当なものであったとはいい難いとした上で、しかし、宿泊については被疑者の側からそれを望む上申書が提出されていたこと、被疑者は取調べや宿泊を拒絶して帰宅を申し出るような行動をしていないこと、捜査官らが被疑者の退去を制止したような事実はないこと、事案の性質上速やかに被疑者から詳細を聴取する必要性があったことなどの「具体的状況を総合」して、任意捜査として許容される限界を超えたものではないと判断した。

両判例は、取調べの適法性を検討するに当たり、長時間又は宿泊を伴う取調べ手法は特段の事情がない限り是認できない又は妥当なものではないとしつつ、被疑者側の退去に関する具体的言動や、被疑事実の重大性等の諸事情を総合的に判断したものである。これは、取調べの任意性が必ずしも否定されない場合であっても、なお、任意捜査としての適法性を問うものであり、強制処分該当性の問題とは次元の異なる捜査比例原則の次元で検討されたものである。これによると、取調べに当たり、被疑者の身体・行動の自由が侵害されていない場合でも違法となり得る[14]。

第4節　身体拘束被疑者の取調べ

1　取調べ受忍義務論

被疑者が逮捕・勾留の身体拘束処分を受けている場合、そうでない場合と異なり取調べを受けるべきことを義務付けられるか。被疑者は、「逮捕又は

---

[14] 東京高判平14・9・4判時1808号144頁「松戸市殺人事件（ロザール事件）」は、殺人被疑事件について、当初は被疑者を参考人として取調べを開始したが、同行後に警察関係の宿舎などに連続して9泊もの宿泊をさせたという事案について、「本件捜査方法は社会通念に照らしてあまりにも行き過ぎであり、任意捜査として許容される限界を超えた違法なもので」あるとした（その間に得られた自白の証拠能力も否定している）。富山地決令2・5・30判時2523号131頁は、同じく殺人被疑事件について、被疑者として任意同行後に取調べ等が行われ、その間、捜査官が用意したホテルに6泊した上で逮捕し、勾留請求されたという事案について、これが実質的逮捕に当たるとし、「実質的な逮捕の時点から計算して勾留請求までにおける制限時間不遵守の違法が認められる」として、勾留請求を却下した原裁判を適法であるとした。

勾留されている場合を除いては」出頭を拒絶し又は出頭後に何時でも退去することができるという規定（198条１項但書）の解釈をめぐって見解が分かれる。被疑事実について逮捕・勾留の強制処分が行われている場合、捜査が相当煮詰まった段階にあり、時間的な制約があることから（203条～206条、208条）、被疑者を取り調べてその供述を得る必要性は高いが、他方で、取調べの受忍が義務付けられることになれば、被疑者の黙秘権保障は相対的に低いものとなってしまう。被疑者の**取調べ受忍義務**に関する問題は、実質的には、これら両利益を踏まえた検討が必要となる。

捜査実務は、取調べ受忍義務があることを前提にしていると解されている。その根拠は、198条１項の解釈である。同条項は、犯罪捜査の必要があるときに捜査機関に被疑者を取り調べる権限を与えた上で（198条１項本文）、被疑者側にも出頭拒絶又は退去の自由を保障することで捜査機関に対抗する権利を与えているのであるが、その権利は「逮捕又は勾留されている場合を除いて」付与されたものであり、逮捕・勾留中の被疑者には付与されていないというのである。いわば、198条１項の反対解釈による。実質的には、逮捕・勾留まで捜査が進んだ事件では、被疑事実について被疑者を取り調べる必要性がそれ以前に比べて高まっており、かつ、逮捕・勾留に時間的制限があるため切迫しており、取調べを捜査機関の主導によっていわば強制的に実施することが認められたと考えるわけである。後述のとおり、取調べ受忍義務に反対する立場からは黙秘権侵害の危険性が指摘されるが、取調べを受忍する義務は供述する義務とは異なるのであり、被疑者にはあくまで黙秘権が保障された上で取調べを受忍する義務が課されるにすぎないと反論される。

他方、学理は、取調べ受忍義務を否定する見解が通説である。ただし、その内容にはバリエーションがある。受忍義務否定説の中で最も強硬な見解は、逮捕・勾留中の被疑者に対してそもそも取調べを行うこと自体を否定する[15]。また、取調べは被疑者の弁解主張を行う権利として理解されるべきであり、受忍義務如何という被疑者を客体として扱うこと自体に異論を唱える

---

[15] 沢登佳人「逮捕または勾留中の被疑者の取り調べは許されない」新潟12巻２号１頁、横山晃一郎『誤判の構造―日本型刑事裁判の光と影』（日本評論社、1985年）67頁。

見解もある[16]。これらに対して、取調べ自体は被疑者を客体としての地位に置くことを前提としつつ、なおも、取調べ受忍義務を否定する見解が多数を占める。受忍義務否定説は、実質的に、受忍義務は取調べを強制的に行うことを可能にする考え方であり、そこからは被疑者の黙秘権保障を危ういものとするという問題意識に基づいている。逮捕・勾留はあくまで逃亡又は罪証隠滅を防止することを目的とするものであり（199条２項、207条１項・60条１項）、取調べの強制をその効果とするものではない、このような効果を持つ強制処分は明文で法定されていなければならないはずであるという。198条１項の解釈としても、取調べ受忍義務という重要な効果を持つためには反対解釈というのでは弱く、憲法・刑事訴訟法の全体の趣旨から検討されるべきである[17]、198条１項は逮捕された被疑者に対する捜査機関への出頭を義務付ける規定であるにすぎず、取調室への出頭・滞留義務まで課すものではない[18]、といった見解が主張されている。

判例は、取調べ受忍義務の肯否について明確な見解を示していない。もっとも、接見交通権を制限する接見指定の合憲性を検討するに当たり、取調べ受忍義務を肯定するような接見指定の運用は憲法違反であるとする主張に対して、「身体の拘束を受けている被疑者に取調べのために出頭し、滞留する義務があると解することが、直ちに被疑者からその意思に反して供述することを拒否する自由を奪うことを意味するものでないことは明らかである」と判示しており[19]、受忍義務を肯定する見解に親和的である。接見指定の要件として取調べの中断等による捜査の顕著な支障を挙げることは（第７講第３章第２節）、一定の場合に被疑者が意図しない取調べを義務付ける効果を持つものであり、受忍義務を肯定することが前提になっていると思われる。

取調べ受忍義務の肯否は、捜査の本質的な問題である[20]。両説とも、解釈論及び実質論を説得的に展開しており、その決着は神々の争いとまで称され

16　井戸田87頁。

17　鈴木83頁。

18　田宮132頁。

19　最大判平11・３・24民集53巻３号514頁「安藤・斎藤事件（大法廷判決）」。

20　安部祥太『被疑者取調べの憲法的規制』（日本評論社、2019年）、堀田周吾『被疑者取調べと自白』（弘文堂、2020年）。

るほど[21]、難解を極めている。私見は、理念としては、黙秘権保障の基礎にある人間の尊厳や被疑者の主体的地位の保障といった点、現実的にも、受忍義務を前提とした取調べによって冤罪を生じさせてきたことに鑑みても、受忍義務は否定されるべきであると考える。もっとも、解釈として、受忍義務を肯定する考え方が成り立たないわけではなく、また、捜査実務がそのように運用されている現状を見ると、ひとまずは、取調べの可視化を前提とした取調べの適正化の方策にこそ目を向けるべきである[22]。取調べ受忍義務の有無と被疑者・被告人の権利保障とは別次元の問題であり、受忍義務肯定説からも、接見交通権や可視化に向けた様々な方策を導くことは可能である[23]。

2　取調べの可視化

被疑者の取調べは、警察又は検察庁の取調室で行われるが、そこは従来基本的に密室の空間であった。被疑者の自白は調書にまとめられて公判での重要な証拠となり得ることから、重大事件で被疑者が黙秘又は否認しているような場合には、いきおい取調官による厳しい追及が行われてきた。特にそのような緊迫した状況では、取調べが密室の閉鎖的な空間で行われる必要があるといわれる。取調官は、取調室という密室の空間で、被疑者に対して全人格をぶつけて信頼関係を構築することで、初めて被疑者から自白が得られるというのである。確かに、このような**取調べコミュニケーション論**について、被疑者が真犯人である多くの事例で真実の発見に貢献してきたことは否定できない。しかし、逮捕・勾留事件では、被疑者に取調べ受忍義務が課されるという理解を前提に、約23日間にわたり、かつ、代用監獄を利用した取調べが、時折冤罪の温床となってきたことも事実である。

そこで、取調べの適正化に向けて、取調べ（室）の可視化が求められるようになった。確かに、従来も、捜査機関自らによる監視・監督として、取調べ状況報告書の作成が義務付けられ（犯捜規182条の２）、2008年にはその対象

21　法制審議会・新時代の刑事司法制度特別部会「第14回会議議事録」（平成24年10月30日、井上正仁委員発言）。
22　三井誠「被疑者の取調べとその規制」刑雑27巻１号178頁。
23　辻本・刑事弁護172頁。

範囲が拡張されるとともに、取調監督官の制度（被疑者取調べ適正化のための監督に関する規則）が導入された。しかし、これら警察内部の監視・監督制度とは独立して早くから求められてきたのが、**取調べの録音・録画**である。取調べの状況を記録化し、事後に点検できるようになれば、自白の任意性の判断（319条1項、憲38条2項）が適切に行われ、それがひいては取調べの適正化につながると考えられたわけである。かつては、この提案に対して、設備や記録媒体に掛かる費用面や、取調べコミュニケーション論といった観点からの反対があり、長らく実現を見なかった。しかし、取調べに重点を置いた捜査手法が幾つかの事例で冤罪を生じさせ、捜査機関の不祥事にもつながったことから、取調べの可視化に向けた録音・録画制度を導入するための立法に向けた動きが始まった[24]。そして、2016年に刑事訴訟法が改正（平28法54）され、2019年6月より施行されるに至った。

取調べの録音・録画制度は、まず、その対象が裁判員裁判対象事件と検察官独自捜査事件に限定されている（301条の2第1項）[25]。ただし、対象事件に該当する場合でも、①機器の故障等により記録が困難である、②録音等により被疑者が十分に供述できない、③被疑者及びその親族に対する加害行為の虞がある、④指定暴力団の構成員による事件を対象とする、との事由があるときは、例外的に録音・録画を行わないことができる（301条の2第4項）。対象事件で除外事由に該当しない場合、被疑者が逮捕・勾留されている場合に初めて録音・録画が必要となる（301条の2第4項柱書）。すなわち、対象事件の捜査においても、任意同行・取調べの段階では録音・録画を行う必要はない[26]。取調べ状況を記録した媒体は、公判において逮捕・勾留中に提供され

---

24 法務省は、2010年11月に「検察の在り方会議」を設置し、同会議は、提言「検察の再生に向けて」を法務大臣に提出し、「取調べや供述調書に過度に依存した捜査・公判から脱却」するための制度改革が必要であるとされた。これを受けて、法務大臣は、2011年5月に「諮問第92号」を発出し、法制審議会「新時代の刑事司法制度特別部会」が設置された。同特別部会は、約3年間の審議を経て、2014年7月に調査審議の結果をまとめ、これを法務大臣諮問に対する答申として提出した。これが法案にまとめられ、2016年に国会で可決成立された。

25 法制審では、当初、裁判員裁判対象事件と逮捕・勾留された全ての事件を対象とすることが検討されていたが、事務当局試案の段階で限定されることになった。

26 例えば、死体遺棄罪（刑190条）で逮捕・勾留中の被疑者に対して、それに先行する殺

た自白の任意性が争われた場合、検察官よりその記録媒体の証拠請求がなされなければならない（301条の２第１項柱書）。録音・録画が懈怠されていたなどで検察官が記録媒体の証拠請求をできないときは、その対象となる供述調書の証拠請求が却下される（301条の２第２項）。

このようにして、取調べの可視化は、一定の対象事件について録音・録画を行うということでスタートした。もとより、この録音・録画は、法的義務付けであり、捜査機関が対象事件以外でも任意に作成することは可能である。ただし、法定対象事件を含めて、被疑者の側がこれを拒絶できるかどうかは、本制度の法的性質をめぐって検討の余地がある[27]。また、制度上は、自白の任意性という調書の証拠能力の検討を目的とするが、記録媒体をより積極的に実質証拠として使用できるかどうかは見解が分かれる。更に、録音・録画は被疑者の受動的な防御に資するが、個別の質問に対するより積極的な防御という観点から、弁護人の立会いも求められている。

3　余罪の取調べ

逮捕・勾留された被疑者を、逮捕・勾留の被疑事実と異なる罪（余罪）について取り調べることができるか。別件逮捕・勾留の問題（第４講第３章第３節）は、正にこの余罪について取調べを行う手法であることから、ここでの問題と密接に関連する。**余罪の取調べ**については、結論において、これを完全に否定するまでの見解は（逮捕・勾留時の取調べを完全に否定する見解を除いて）見られず、許容される範囲や要件についても共通している。ただし、結論に至る考え方については、取調べ受忍義務の肯否と関連して見解が分かれる。

人罪（刑199条）について取調べをする場合、録音・録画の必要はない。

27 取調べ受忍義務を否定する立場からは、取調べが任意であることから、被疑者側が取調べを受ける条件として可視化措置を求めることができると主張される。しかし、その前提が現行法の解釈として争いがあるだけでなく、受忍義務を否定する立場からは、意図しない取調べを端的に拒絶すれば足りるはずである。むしろ、従来の取調べ及び調書の証拠能力に関する規定が据え置かれたことに鑑みると、録音・録画制度は、取調べ受忍義務を前提とした取調べ実務を制度的に規制する手段として理解すべきである（これを欠くと、受忍義務を課した取調べは、黙秘権侵害として違憲・違法と評価されることになる）。その趣旨からは、被疑者側が法定以外の事由で録音・録画措置を拒絶することはできない。

まず、取調べ受忍義務を否定する立場からは、逮捕・勾留中の被疑者に対する取調べも、その法的要件や法効果において任意同行・取調べの場合とで全く異なるところはない。余罪取調べの問題についても同様で、逮捕・勾留の被疑事実の取調べと余罪の取調べのいずれについても、被疑者において取調べを強制されることなくその任意性が確保されている限りで、取調べを行うことができる。ただし、この立場からは、逮捕・勾留の期間が専ら余罪の取調べに充てられるなど、実質的に「令状主義の趣旨が潜脱」されたと認められる場合には[28]、余罪の取調べ（更に逮捕・勾留自体）が違法となる可能性もあると主張される[29]。

他方、取調べ受忍義務を肯定する立場からは、逮捕・勾留の被疑事実と余罪とで、取調べの法的要件や効果が異なる。事件単位原則からは、取調べ受忍義務が課されるのはあくまで逮捕・勾留の被疑事実に関する取調べに限られ、余罪については逮捕・勾留されていない以上、任意取調べとして許容されるにとどまる。ただし、逮捕・勾留中の取調べ受忍義務はその効果において強力なものであることに鑑みると、任意で行われる余罪取調べについても一定の制限が課されるべきであり、逮捕・勾留の被疑事実と関連する罪について任意性が十分確保される場合に限るとされている[30]。

余罪の取調べが行われたときは、余罪関係報告書を作成しなければならない（犯捜規182条の2第2項）。また、録音・録画が行われる事件では、余罪の

---

28 令状主義潜脱説と本件基準説は、密接に関連する（余罪取調べの観点から捜査官の別件逮捕勾留意図を評価し、遡って逮捕勾留の適法性を判断するものである）。

29 福岡高判昭61・4・28判時1201号3頁「鹿児島夫婦殺人事件」は、逮捕・勾留が適法であると評価される場合でも、それと異なる余罪の取調べが具体的状況の下において「憲法及び刑事訴訟法の保障する令状主義を実質的に潜脱するものであるとき」は当該余罪の取調べは違法であるとして、得られた自白は違法収集証拠として排除されると判示している。

30 浦和地判平2・10・12判時1376号24頁「三郷市外国人アパート放火事件」は、取調べ受忍義務を前提に、事件単位原則からアプローチし、逮捕・勾留の被疑事実と密接な関連がある場合は別として、余罪の取調べは被疑者において十分な任意性が確保されていなければならないと判示している。その具体的な手法としては、「取調べの主題である余罪の内容を明らかにした上で、その取調べに応ずる法律上の義務がなく、いつでも退去する自由がある旨を被疑者に告知しなければならないのであり、被疑者がこれに応ずる意思を表明したため取調べを開始した場合においても、被疑者が退去の希望を述べたときは、直ちに取調べを中止して帰房させなければならない」という。

取調べが行われたことが記録され、事後的に検証することも可能となっている。

第2章　被疑者以外の者の取調べ

第1節　被疑者以外の者の供述

1　取調べ

捜査機関は、被疑者以外の者に出頭を求めて取り調べることができる（223条1項）。この規定は、被害者や目撃証人等の事件関係者を典型例とする。これらの者の供述も、事件の真相解明に向けた重要な情報を提供するものである。捜査機関は、その供述内容を調書に録取し、後の公判で証拠となるよう保全することができる（223条2項・198条3項～5項）。ただし、事件関係者に対する捜査に当たっては一定の配慮が求められる（犯捜規10条）。特に被害者に対しては、その心情を理解し、人格の尊重に努めるとともに、取調べに際してはふさわしい場所を選び、できる限り不安や迷惑を覚えさせないような措置を講じなければならない（犯捜規10条の2）。また、児童や知的障害者等を対象とする場合には、**司法面接**による聴取手法が運用されている[31]。

被疑者以外の者の取調べは、手続について被疑者取調べの規定を準用している（223条2項）。ただし、逮捕・勾留の対象は被疑者に限られるため、被疑者以外の者に取調べ受忍義務はなく、純粋に任意で取調べが行われる。また、被疑者の場合と異なり、それ以外の者を取り調べる際には、黙秘権告知の義務はない（223条2項の準用に198条2項は含まれていない）。しかし、被疑者以外の者も自己負罪拒否特権（憲38条1項）を有しており、また、証人尋問において一定の証言拒絶権を付与されていることから（144条～149条）、前述の配慮義務に基づいて、一定の権利告知が行われるべきである。なお、捜査機関において、被疑者取調べの黙秘権告知義務を潜脱する目的で、あえて被疑者ではなく参考人として取調べを行った場合は違法である[32]。

---

[31] 福岡高判令3・10・29判時2520号100頁。特集「司法面接の現状と展望」刑ジャ76号。

2 証人尋問

目撃証人等の犯罪捜査に不可欠の知識を有すると明らかに認められる者が捜査機関の出頭・取調べ要請を拒絶した場合や、要請に応じて供述したが公判期日でこれと異なる供述をする虞がある場合には、捜査段階を含めて第1回公判期日までは、検察官は、公判外の証人尋問を請求することができる（226条、227条）。被疑者や弁護人も、同様に、裁判官に対する証拠保全請求として証人尋問を求めることができる（179条1項）。公判外の証人尋問にも基本的に総則の規定が準用されるが（228条1項、143条以下）、被疑者・被告人と弁護人はこれに立ち会う権利を持たず、捜査に支障がないと認められる場合に限り立会いが認められるにとどまる（228条2項）。

3 協議・合意手続、刑事免責

2016年の法改正により、被疑者本人の取調べとその供述調書への過度の依存を改めるべく、自白証拠に代替する証拠収集の制度として、**協議・合意手続**（**司法取引**）[33]と**刑事免責**の制度が導入された。前者は、一般に、手続関係人間で事前に手続の進行及び結論等について協議及び合意がなされ、それに基づいて、被疑者・被告人側が自白又は供述等の証拠を提供し、これと引換えに減刑等の恩典が与えられるという制度である。他方、後者は、証言を行う証人に対して、当人におけるその供述に係る訴追又は証拠使用を放棄することで、自己負罪拒否特権（146条、憲38条1項）を失わせ、強制的に供述を求める制度である。諸外国では様々な態様で採り入れられているが、日本では、今回初めてこのような制度が採用されるに至った[34]。

---

[32] 東京高判平22・11・1判タ1367号251頁。

[33] 最判令4・5・20刑集76巻4号452頁「三菱パワーシステムズ事件」。

[34] 井上和治「共犯者による捜査・訴追協力と減免的措置の付与―英米法の歴史的展開に関する検討を中心として（1）～（4・完）」法協123巻6号以下、榎本雅紀「刑事免責に基づく証言強制制度（1）～（6・完）」名城54巻3号以下、南迫葉月「協議・合意制度における虚偽供述の防止についての研究（1）～（5・完）」論叢180巻4号以下、加藤克佳他「司法取引の多角的検討―比較法研究を踏まえて（小特集）」法時88巻4号。清水拓磨『自己負罪型司法取引の問題』（成文堂、2022年）は、供述の任意性に疑いがあることから、司法取引の導入に反対する。

(1) 協議・合意手続

司法取引は、いわゆる**自己負罪型**と、**捜査・公判協力型**がある[35]。前者は、自分の刑事手続において、基本的に自白と引換えに減刑等の恩典を与えられるというものであり、後者は、他人の刑事手続に関する供述・証拠を提供することと引換えに、やはり一定の恩典を受けるものである。法制審特別部会では、双方の導入が検討されてきたが、自己負罪型は、基本的に自白の追及、取調べに依存するものであるなどの批判が強く、最終段階で見送られた。それゆえ、今回の改正では、捜査・公判協力型（「合意及び協議の手続」（以下、協議・合意手続））のみが導入された。

まず、協議・合意手続の対象は、「特定犯罪」に限定されている（350条の2第2項）。覚醒剤取締法違反、銃刀法違反等の「薬物銃器犯罪」と、租税法及び独禁法違反等の「財政経済関係犯罪」がこれに当たる。協議・合意手続の主体は、検察官と被疑者・被告人及びその弁護人である。検察官の主導により、特定犯罪の被疑者・被告人との間で、被疑者・被告人側は取調べ等において「真実の供述」又は証拠提出等の「必要な協力」を（350条の2第1項1号）、検察官は不起訴、公訴取消し、特定訴因での起訴又は訴因変更、特定の科刑による求刑、即決裁判又は略式命令の申立て等を（350条の2第1項2号）それぞれ行うことを協議する。協議は、検察官と被疑者・被告人及び弁護人との間で行い（350条の4）、合意の締結には弁護人の同意が要件とされている（350条の3第1項）。また、検察官は、この協議に先駆けて、捜査を担当する司法警察員とも協議しておかなければならない（350条の6）。

合意が成立すると、検察官、被疑者・被告人、弁護人が連署してその内容を示す「合意内容書面」を作成する（350条の3第2項）。被疑者・被告人本人を起訴した場合、この合意内容書面の証拠調べが請求されなければならない（350条の7第1項）。

合意は、基本的に拘束力を持ち、合意当事者は、その内容に沿った行為をしなければならず、違反すると一定の制裁がある。例えば、検察官が不起訴約束に反して起訴した場合には、公訴棄却とされる（350条の13第1項）。ま

35　高田浩平「米国における司法取引を巡る公判実務」刑ジャ63号55頁。

た、検察官に合意違反がある場合、被疑者・被告人より提供された供述は、証拠から排除される（350条の14第1項）。他方、被疑者・被告人側が合意に反して虚偽の供述等を行った場合、処罰の対象となる（350条の15第1項）。一方に合意違反があった場合、相手方は、合意から離脱することができる（350条の10）。

(2) 刑事免責

判例[36]は、従来、刑事免責について、日本の憲法はこの制度の導入を否定しているものとまでは解されないとしつつ、その導入に当たっては、そのような制度の必要性、公正な刑事手続の観点からの当否、国民の法感情からみた公正感との合致等の事情を考慮した上で、「対象範囲」、「手続要件」、「効果」等を明文で規定すべきであるとしていた。今回の法改正は、このような立法要請に応えるものである。

検察官は、証人尋問の請求に当たり必要と認めるときは、当該証人に免責を与えることを条件として証人尋問を実施するよう条件付けて請求することができる（157条の2）。すなわち、証人自身が「刑事訴追を受け、又は有罪判決を受けるおそれのある事項」について尋問される場合、証人は、その自己負罪拒否特権に基づいて供述を拒否できるが、「証言の重要性、関係する犯罪の軽重及びその他の事情」から、なおも証人に証言を強制する必要性が認められる場合がある。このような事態に対処すべく、検察官において、当該証人の供述がその者自身の刑事訴追において不利益な証拠として使用されないことを条件として、証人尋問を実施するよう請求できるものとされた。また、証人尋問の開始後でも、検察官は、同様の条件による免責の請求をすることができる（157条の3）。

請求を受けた裁判所は、必要性等を判断して、免責決定を下す（157条の2第2項、157条の3第2項）。

---

36 最大判平7・2・22刑集49巻2号1頁「ロッキード事件丸紅ルート」。

第２節　専門家への嘱託

刑事訴訟法223条は、被疑者以外の者に対する取調べと併せて、鑑定、通訳、翻訳を嘱託することも認めている。これらは、学識経験者や外国語に精通したいわば専門家に協力を求めて、情報を取得する捜査手法である。鑑定に関しては、物的証拠の収集・保全の箇所で概説する（第６講第３章第２節）。

被疑者・被告人が日本語に精通しない外国人である場合、通訳及び翻訳の役割は大きい。日本の犯罪情勢において国際化が顕著となり、人権の国際的保障の観点からも（人権Ｂ規約14条３項 a)、通訳及び翻訳が実効的になされることが課題となっている[37]。予算等の面で限りがあるとしても、被疑者・被告人の防御権が十分保障されるためには、有能な人材を確保し育成することが必要である。その上で、日本の刑事手続や憲法及び刑事訴訟法上の諸権利を被疑者・被告人に適切に説明し、また、通訳の正確性の事後的点検の可能性が確保されなければならない。更に、訴訟費用の負担の点も問題である。

---

37 渡辺修＝長尾ひろみ編著『外国人と刑事手続―適正な通訳のために』（成文堂、1998年）。

第6講　物的証拠の収集

第1章　総　説

第1節　物的証拠の意義

物的証拠は、狭い意味では「証拠物」（306条1項）を指し、それは有体物を意味するが、広い意味ではこれに限らず、情報等が人の供述過程を経ないで提供されるものを含む。平たくいえば、供述証拠以外の非供述証拠がこれに該当する。

具体的には、被疑者が犯行時刻に犯行現場付近に居たという情報が、目撃証人によって証言される場合が供述証拠であり、他方、付近の防犯カメラでその様子が撮影されたビデオ映像や、足跡や指紋などの痕跡によって提供される場合が非供述証拠（物的証拠）ということになる。ビデオ映像は、それが記録された媒体は有体物であるが、そこに記録されている情報は非有体物であり、物的証拠が必ずしも有体物に限られない概念であることがわかる。足跡や指紋も、形式的には土や皮脂などの有体物であるが、証拠としては情報としてのその紋様が重要である。

第2節　物的証拠の収集に向けた処分の種類

物的証拠の収集は、任意処分としても、強制処分としても行われ得る。前者に関しては、証拠物の任意提出や、被疑者の行動確認のための尾行・張り込みなど、無数の態様が考えられる。その法的規制は、比例性原則による。

他方、強制処分は、強制処分法定主義に基づいて、態様に応じて個別の規定が置かれている。本講では、以下、強制処分を中心に説明する。

1　捜索・押収

捜索・押収は、有体物を対象とする処分である。

押収とは、有体物を証拠として保全するために、その占有を強制的に取得する処分である。刑事訴訟法には、押収処分として、差押え（218条、99条１項）、領置（221条、101条）、提出命令（99条２項）の３種類がある。このうち、提出命令は捜査段階に適用はない。差押えは、他人の占有を強制的に排除して、捜査機関がその占有を取得する処分である。領置は、任意提出された物や遺留物について、捜査機関が任意に占有を取得するが、その後は強制的にその占有を継続する処分である。両処分は、占有取得の段階で強制処分か否かの違いがあるが、占有取得後はその効果について共通する。憲法35条は、押収について令状主義を規定しているが、領置はこの意味の押収には含まれない[1]。

捜索は、証拠物の差押えを目的として、その手段として一定の場所、身体、物を対象に行われる処分である。

2　検　証

検証（218条、128条）は、場所、物、人について、その形状を五官の作用によって認識する処分である。例えば、住居侵入窃盗（空き巣）の事案で、犯人の指紋を検出する作業は、その紋様を視覚によって認識するものとして、検証となる。

検証は、住居内に立ち入るなど、強制処分として行うものであるが、公道上で交通事故の現場検証を行うなど任意処分として行う実況見分も、性質は同じである。

3　鑑　定

鑑定（223条、165条）は、特別の知識経験を有する者（学識経験者）に嘱託し、事実の法則やその法則を具体的事実に適用して得た判断の報告を求めるものである。精神鑑定やDNA型鑑定など、その情報を取得するために専門

---

1 リークエ〔堀江慎司〕146頁。

的な知識や技術が求められる場合に行われる処分である。

鑑定は、検証と同じく、情報の収集を目的として行われるが、その手段として、有体物を析出するなどの段階も含む概念である。

第3節　物的証拠の収集に向けた処分に対する規制

物的証拠の収集に向けた強制処分は、強制処分固有の規制原理である令状主義及び強制処分法定主義と、捜査一般の規制原理である比例性原則とによる規制を受ける。法的問題の検討に当たっては、これら諸原理からの考察が必要である。

1　令状主義

令状主義（憲35条）は、物的証拠に関する強制処分に対して、個別的に裁判官によるチェックを求める法原理である。個別事案ごとに、かつ、個別の処分対象ごとに、裁判官が当該処分の法的許容性について審査し、それを許可する形で「格別の令状」（憲35条2項）が発付される。例えば、捜索場所を「被疑者の関係先全て」としたり、差押え対象物件を「被疑者の所有物全て」とするなど、一般的かつ包括的に記載した**一般令状**（general warrant）は、違法・無効である[2]。

また、令状という書面に表された裁判官の意思は、現実に処分が行われる捜査の現場まで貫徹されなければならない。捜査官は、令状に記載された内容及びその趣旨をよく理解し、処分を行う現場においても、記載内容に沿った活動を行うよう努めなければならない。例えば、差押え対象物を発見した場合、その内容が被疑事実と関連していることまで確認しなければならない。

2　強制処分法定主義

強制処分法定主義は、刑事訴訟法上の強制処分を行うためには、刑事訴訟

[2] 一般令状の禁止は、権力者が政敵のスキャンダルを探索したり、市民の私財を略奪するなどのために令状が濫用されたという、過去の歴史を背景とする。その考え方は、現在でもなお重要である（田宮100頁）。

法の中にそのための特別の根拠規定を要求する法原理である。強制処分は、類型的に、任意処分に比べて市民の権利・利益に対する侵害の程度が大きいことから、事前に立法者による許容性と、そのための手続的条件を定めることとしたのである。

現行法上、物的証拠の収集に向けた強制処分は、前述の３種類である。捜査機関の行為が強制処分の性質を有する場合、そのいずれかに該当するものでなければならない。ただし、法定の各処分は、その概念について解釈を許さないものではない。それゆえ、まずは、各処分の性質を正しく理解することが必要となる。

また、強制処分法定主義は、個別の処分に対する根拠規定を要求することに加えて、それを実践するための手続に関する諸条件も法定されることを求めるものである。各処分が適正に行われるためには、その可否だけでなく、具体的態様まで法的に規制されるわけである。したがって、捜査機関は、個別具体的な処分に当たり、法定の手続的条件まで遵守することに努めなければならない。物的証拠の収集に向けた強制処分について、手続の細則は、222条により多くが総則規定を準用している[3]。

第２章　捜索・押収

第１節　令状による捜索・差押え

1　実体的要件

(1)　対　象

(a)　差押えの客体

押収は、捜査機関が証拠物（有体物）の占有を取得する処分であり、占有取得の段階で強制処分として行われるのが**差押え**である。**捜索**は、差押えを目的とし、その対象物の所在を探索する手段として行われる強制処分である(218条１項)。例えば、覚醒剤取締法違反の捜査で、被疑者の自宅を捜索し、

[3] 適用条文は222条と準用先の総則規定であり、適宜読み替える必要がある。

目的物が発見されたときに、これを差し押さえるという形で行われる。

このとき、被疑者のPCに覚醒剤取引の記録が保存されていた場合、情報自体は有体物ではないため、従来はPC本体を差し押さえなければならなかった。これでは不便であり、対象者にとっての不利益も大きいことから、2011年改正（平23法74）により、記録命令付き差押えなど、電磁的記録の捜査に対応した規定が導入された[4]。

(b) 処分の対象者

捜索・差押えは、有体物の占有取得を目的とする処分であるから、その対象者は被疑者本人に限られず、第三者も含まれる。ただし、捜索・差押えが許される要件は、被疑者本人を対象とする場合は犯罪捜査に必要があると認められることで足りるが、第三者を対象とする場合は差し押さえるべき物が存在する蓋然性が必要である（218条1項、222条1項・102条2項）。この要件の違いは、立法段階で比例性の判断がなされていることによる。

(2) 処分の主体

捜索・差押えは、目的物の探索及びその占有取得を行う処分であり、鑑定と異なり専門的な知識や技術を要しない。それゆえ、捜査機関（司法警察職員、検察官、検察事務官）が自ら行う権限を有している。被疑者及び弁護人を含めて、私人にはこの権限がない。

(3) 捜査の必要性

捜索・差押えは、犯罪捜査に必要があるときに行うことができる。この必要性要件は、比例性原則の意味で理解されなければならない。それゆえ、当該処分が必要かつ相当な範囲及び手段をもって行われることが要件となる。

2　手続的要件

捜索・差押えの手続的要件は、令状主義が中心である。ここでは、令状の請求、発付、執行の各段階に分けて説明する。

(1) 令状請求

捜索・差押え令状（**捜索差押許可状**＝資料②）の請求は、検察官、検察事務

[4] 安富潔『ハイテク犯罪と刑事手続』（慶應義塾大学法学研究会、2000年）。

官、司法警察員に権限がある（218条４項）。執行権限との関係では、司法警察職員のうち司法警察員に限定（司法巡査は除外）されている点で違いがある。令状手続は、既にその請求の時点から慎重が期されているのである。

捜索差押許可状の請求は、請求権者が令状請求書を作成し、これを裁判官に提出して行われる（規155条１項）。令状請求書には、被疑者の氏名、罪名及び犯罪事実の要旨、捜索対象となる場所等及び差し押さえるべき物などの記載が求められている。また、令状の請求に当たっては、被疑者が被疑事実に係る罪を犯したことを疎明する資料も添付して、提供されなければならない（規156条１項）。令状の請求先は、請求権者が所属する官公署の所在地を管轄する地裁又は簡裁の裁判官である（規299条１項）。

このように令状請求段階から、請求権者を限定し、手続としての要式性が定められることで、捜索・差押えの必要性及びその対象の特定に向けた慎重な態度が求められているのである。

(2) 令状発付

(a) 裁判官の審査権限

令状の請求を受けた裁判官は、提出された令状請求書と疎明資料を検討し、令状の発付に向けた審査を行う。令状に基づく捜索・差押えの実体的要件は、犯罪の捜査をするについて必要があるということであるが、裁判官は、この実体的要件の存否と、具体的に許可されるべき対象・範囲について検討しなければならない。

かつて、この捜索・差押えの実体的要件である必要性について、令状裁判官はその審査をする権限を持つかどうかという点で見解が分かれた。逮捕の場合（規143条の２、143条の３）と異なり、捜索・差押えの令状審査手続には請求者の陳述を求める手続や、捜索・差押えの必要性がない場合の請求却下の規定がないことが問題とされたのである。判例[5]は、「犯罪の態様、軽重、差押物の証拠としての価値、重要性、差押物が隠滅毀損されるおそれの有無、差押によって受ける被差押者の不利益の程度その他諸般の事情に照らし明らかに差押の必要がないと認められるとき」は、請求が却下されるべきである

[5] 最決昭44・３・18刑集23巻３号153頁「國學院大学映研フィルム事件」。

として、裁判官の審査権限を肯定した。

捜査の必要性は比例性原則の意味で理解され、法的判断に委ねられるべきものである。任意捜査の場面ではひとまず捜査機関の判断が先行されるとしても、強制処分に対する令状主義の観点からは、捜査の必要性は裁判官の事前審査の対象とされるべきである。

(b) 令状の要式性、特定性

捜索差押許可状は、被疑者の氏名、罪名等の記載事項が法定され、所定の様式にのっとって記載することが求められている（219条1項）。令状は、処分の対象者及びその理由が明示されることで、後の執行手続においても対象が明確となり、対象者に処分の内容を告知する機能がある。

令状は、処分ごとに「格別の令状」が発付されなければならない（憲35条2項）。例えば、一つの被疑事実について複数個所の捜索・差押えが行われることもあるが、この場合、処分の対象がそれぞれ異なることから、それぞれに令状が必要となる。ただし、捜索・差押えは、通常ワンセットで行われることが多く、実務では「捜索差押許可状」として1枚の書面が発行されることになっている。これは、1枚の紙片に捜索と差押えの2つの令状が表章されているのであり、格別の令状であることに変わりはない。

捜索差押許可状の作成に当たり、特に捜索すべき場所等と、差し押さえるべき物の記載について法的問題がある。令状主義の趣旨により白紙一般令状が禁止されるため、捜索・差押えの対象はそれぞれ特定して記載されなければならない。

第1に、捜索すべき場所、身体、物の記載は、捜索処分が処分対象者においてそのプライバシー領域の開示を求めるものであることから、それぞれの領域の管理権者ごとに特定されなければならない。例えば、マンションやホテルなど物理的に1個の建物について各区画に異なる管理権者が存在する場合、令状の効力は当該区画内に限定されることから、令状の記載に当たっても「甲マンション110号室」など特定して記載されなければならない。

第2に、差し押さえるべき物の記載は、被疑事実の解明に向けた捜査との関係で受忍されるべき財産やプライバシーの制約を許可する範囲を示すものである。それゆえ、裁判官は対象物件の差押えが捜査のため必要があるかを審査し、個別に特定して令状に記載しなければならない。もっとも、捜索・差押えは、まだ事件の全容が解明されていない段階で行われることが多く、令状発付の段階で全てを見通した記載を求めることには無理がある。厳密な記載を要求すれば、先に被疑者から事件の全容を聴取すべきことになり、自白重視型の捜査に偏ってしまうことにもなる。そこで、実務上は、差押えの対象物件を列挙し、その末尾に「等」や「その他本件に関係ありと思料される一切の文書・物件」といった記載がなされることが多い。これらの記載は、令状の効力に幅を持たせる効果を持ち、令状執行の場面で現場に居る捜査官に一定の裁量を与えるものである。判例[6]は、地方公務員法違反被疑事件の捜索・差押えが問題となった事案において、「本件許可状に記載された『本件に関係ありと思料せられる一切の文書及び物件』とは、『会議議事録、斗争日誌、指令、通達類、連絡文書、報告書、メモ』と記載された具体的な例示に附加されたものであって、同許可状に記載された地方公務員法違反被疑事件に関係があり、且つ右例示の物件に準じられるような闘争関係の文書、物件を指すことが明らかである」として、幅を持たせる記載方法も適法であるとしている。令状全体から、対象物の例示及び罪名の記載[7]により、差押えの対象となることが具体的に認識できるという限りで、幅を持たせる記載も令状の特定性に反しないと理解されるべきである。

(3) 令状執行

(a) 令状の提示

令状執行に際して、捜査官らは、裁判官から発付された令状を携行し、捜索・差押え処分の対象者に提示しなければならない（222条1項・110条）。**令状提示**の手続は、対象者に当該強制処分の内容及び理由を告知するとともに、

---

6 最大決昭33・7・29刑集12巻12号2776頁「都教組事件」。

7 逮捕状の場合と異なり、捜索差押許可状には「被疑事実」の記載が要求されていない。これは、捜索・差押えが被疑者以外の第三者をも対象とすることから、事件関係者のプライバシーを保護する趣旨である。令状請求書には被疑事実の記載が要求されており、これを基になお事後審査も可能である。もっとも、実務では、刑法犯の場合と異なり、特別法違反の被疑事実については個別の罪名及び法条の記載がなされず、単に○○法違反とだけ記載される。特別法の構成要件は複雑なことが多く、工夫が必要であるが、刑法犯と同じく個別の罪名又は適用法条の記載を要求すべきであろう。

事後的な不服申立ての機会を含めて捜査が適法であることを担保することを目的とする[8]。それゆえ、処分に先駆けて、事前に提示することが原則である。

もっとも、令状の提示は強制捜査の告知を行うものであるから、告知を受けた対象者において証拠物が破壊されるリスクも伴う。例えば、被疑者が室内で違法薬物を所持しているような場合、玄関先で押し問答がなされる間に同居者が薬物を水洗トイレに流してしまうような危険が考えられる。そこで、特に証拠隠滅の虞により緊急の立入りが必要な場合には、例外的に、先に捜査官らが立ち入って、現場を制圧してから令状を提示するという手法も認められてよい。判例[9]も、「捜索差押許可状の呈示は、手続の公正を担保するとともに、処分を受ける者の人権に配慮する趣旨に出たものであるから、令状の執行に着手する前の呈示を原則とすべきであるが、〔証拠隠滅の虞がある場合には〕警察官らが令状の執行に着手して入室した上その直後に呈示を行うことは、法意にもとるものではなく、捜索差押えの実効性を確保するためにやむを得ないところであって、適法」であるとしている。なお、捜査官らが開錠のため身分を偽ったり、合鍵を使用するなどの行為は、令状執行に必要な処分（222条１項・111条１項）として、比例性原則にかなう限りで許される。

令状の提示は、対象者に令状の閲覧をさせれば足り、謄写の機会まで保障されているわけではない。ただし、対象者がその内容を十分に理解できないような場合には、令状主義の趣旨に基づいて、個別の対応が必要である。

(b) 令状の効力

時間的範囲　搜索差押許可状は、裁判官より発付を受けた時点から当該処分を行うことが可能となる。ただし、逮捕の場合と異なり緊急執行の制度がなく（201条２項、73条３項）、令状の提示は絶対的な条件であることから、実際には、立入り後の提示の場合を含めて、対象者に令状が提示されてか

8　例えば、家宅捜索を行う場合、住居への立入りは本質的に違法な行為であり（刑130条参照）、令状提示によりその禁止を解除する効果を持つ。

9　最決平14・10・４刑集56巻８号507頁「京都五条警察署マスターキー使用捜索事件」、辻本典央「判批」近法53巻１号157頁。

ら、捜索・差押え処分が可能となる。令状の有効期間（規300条）であれば執行の着手時刻に制限はないが、日出前又は日没後に着手する場合には、令状に夜間執行を許可する記載が必要である（222条1項・116条1項）。日没前に着手していれば、日没後も処分を継続することができる（222条1項・116条2項）。令状の効力は1回限りであり、捜索・差押え手続が終了するとその効力は消滅する。

時間的範囲の観点で、捜索・差押えの執行が開始された後、その途中で目的物が宅配便等で送達された場合に、令状の効力が及ぶかが問題となる。この問題について、裁判官は目的物が捜索場所に存在する可能性をもって捜査の必要性を審査するものであるとして、令状発付時点に存在しなかった物件には令状の効力が及ばないとする見解もある[10]。しかし、この見解によると、令状執行の前に目的物が捜索場所から搬出された場合にも令状の効力が及ぶことになってしまう。むしろ、裁判官は、捜索の時点で目的物が捜索場所に存在する可能性を審査して必要性を判断し、捜索・差押え処分を許可するものであるから、令状発付後、執行開始前に捜索場所に搬入された物件はなおのこと、執行中に搬入された物件についても令状の効力が及ぶと考えるべきである。判例[11]も、同様の結論を認めている。ただし、捜査官が目的物を捜索場所に持ち込むことが許されないのは当然であり、当該宅配物が被疑者自身の手によって受領され、捜索場所に搬入されるなど、捜査機関の行為が介在していないことが条件である。

場所的範囲　　捜索は、被疑者の居宅などの場所、衣服の内ポケットなどの身体、乗用車などの物を対象に行われる（219条1項）。それぞれの対象領域ごとに管理権者が存在し、その者のプライバシー権を保護する趣旨から、同一の領域内でも管理権者が異なれば、その効力は管理権者ごとに限定される。同一の建物内でも、ホテルやマンションなどのように管理権者が異なれば、令状の効力も限定される。また、管理権者が同一であっても、捜索場所として異なる領域に属すると認められる場合には、別途の令状が必要であ

10　渕野貴生「判批」法時80巻6号109, 111頁。

11　最決平19・2・8刑集61巻1号1頁「弘前捜索中宅配便捜索事件」。

る。例えば、被疑者の自宅を捜索場所とする令状の効力は、別棟の建物には及ばない。被疑者の身体も場所に対する令状の効力が及ばず、別途の令状が必要である。

被疑者の自宅居室内を捜索場所とする令状は、そこに置かれた金庫など日常的に所在する「物」にもその効力が及ぶ。そのような物は、場所の一部として、管理権者を同一にする限りで令状審査が及んでいるからである[12]。逆に、偶然その場に居合わせた第三者のカバンなど、日常的に存在しているのではない物については、場所に対する令状の効力は及ばない。

前述のとおり、捜索中に、宅配便で配達され、被疑者がそれを受領して捜索場所である室内に搬入した物件は、場所に対する令状の効力が及ぶ。他方、被疑者又は第三者が捜索中に捜索場所から証拠物を持ち出した場合には、これを追跡し、所持している証拠物を差し押さえることができる。当該目的物は令状執行の時点で捜索場所に所在していたため、既に令状の効力が及んでいたのであり、被疑者又は第三者がこれを持ち出したとしても、必要な処分（222条1項・111条1項）としてこれを追跡し、原状回復を求めるものと理解されるからである[13]。被疑者又は第三者が目的物を身体に隠し持っていた場合も同様である。

物的範囲　　捜索・差押えの対象物件は、令状審査を経て許可された「差し押さえるべき物」である（219条1項）。この差押え物件は裁判官が令状審査において比例性原則に照らして捜査の必要性から差押えを許可し、令状にこれを記載した限りで、捜査官らは捜索現場でこれを差し押さえることができるのである。もっとも、前述のとおり、差押え物件の記載は、「等」や「その他本件に関係ありと思料される一切の文書・物件」といった記載により、一定の幅を持たせることも認められる。具体的には、令状に列挙された物件に準じるものであり、罪名の記載や請求・審査時点で明示された**被疑事**

12　最決平6・9・8刑集48巻6号263頁「大阪天王寺ボストンバッグ捜索事件」。

13　酒巻115頁。最決平6・9・8刑集48巻6号263頁「大阪天王寺ボストンバッグ捜索事件」は、被告人の同居人を被疑者とする捜索差押許可状に基づいて捜索を開始したところ、現場に居た被告人が携帯するボストンバッグを強制的に取り上げてその内容物を捜索したという事案である。これを応用すると、居住者が捜索中にバッグ等を室外へ持ち出した場合も、同様に捜索できることになる。

実との関連性をもって、令状の効力が及ぶ範囲が決せられる。

搜索差押許可状の物的効力の範囲が令状の記載と、罪名・被疑事実との関連性で決せられるということは、捜索・差押えの現場においても、差押えの可否が実質的に判断されることが求められる。令状主義の趣旨からは、「令状に明示されていない物の差押が禁止されるばかりでなく、捜査機関が専ら別罪の証拠に利用する目的で差押許可状に明示された物を差し押えることも禁止される」[14]。捜査官らは、現場において、例えば、文書を発見した場合、その表題や所在状況に鑑みて関連性を判断しなければならない。もっとも、捜査段階では、差押え物件が必ずしも公判で証拠物となり得ることまで判然とするわけではなく、以後の捜査に向けた徴表という程度でも足りる。また、別罪の重要証拠となり得るものであっても、同時に被疑事実との関連性が認められる場合には、なお差押え物件として令状の効力が及んでいる。ただし、被疑事実との関連性はあくまで罪体との関係で求められるべきであり、情状証拠はこれに含まれないと解されるべきである。そこまで含まれるとすると、令状の特定性は無意味となり、別件捜索・差押えの危険が大きくなってしまう。

捜索現場における被疑事実との関連性判断において、対象物件が紙媒体など容易に判別できる場合はよいとして、ハード・ディスクやUSBメモリーなどの電子媒体に記録されている文書に関しては、単体では可視性に欠けるため、PCを起動させるなどして確認しなければならない。令状主義の趣旨からは、被疑事実との関連性の有無を確認しないで一般的探索的に広範囲にこれを行うことは、基本的に許されない[15]。もっとも、ハード・ディスクやUSBメモリーなど大容量の電子媒体は、処分対象者の協力が得られる場合はともかく、その全てを確認するには長時間の手間を要する。また、電子媒体は特殊なソフトを連動させることで、証拠の破壊が容易かつ瞬時に行われる虞もある。判例[16]は、差押え対象の電子媒体内に被疑事実に関する情報が

14　最判昭51・11・18判時837号104頁「大阪南賭博場開張事件」。別件捜索・差押えの問題について、島伸一『捜索・差押の理論』（信山社、1994年）。

15　大阪高判平３・11・６判タ796号264頁。

16　最決平10・５・１刑集52巻４号275頁「オウム真理教越谷アジト捜索事件」。

記録されている蓋然性が認められ、当該情報について現場で確認していたのでは記録された情報が損壊される危険性があるときには、記録内容を確認することなく当該電子媒体を差し押さえることも許されるとしている。この見解は、証拠破壊の危険性を前提に、関連性判断を蓋然性の程度まで抽象化したものという意味で理解されるべきである[17]。

搜索差押許可状の物的効果との関係で、捜索現場で通常行われている写真撮影の問題がある。捜索現場の写真撮影は、具体的処分が現場で適法に行われていることを保全し、事後にその点が争いになった場合に備えるために行われるものであり、この限りで捜索・差押えに付随する行為である。それゆえ、捜索現場と差押え物の外形が撮影されれば足りる。しかし、それを超えて、例えば、日記帳の中身など当該物件の実質的な情報内容まで撮影されることになると、ここでも令状の効力如何の問題が生ずる。このような場合、実質的にみれば、捜査機関が日記帳又はメモを差し押さえてその内容を自由に閲覧できるのと同じ状態に至った場合には、無令状の差押え又は検証として違法である[18]。

捜索の過程で、別罪の証拠が発見される場合がある。前述のとおり、別罪の証拠であっても、捜索・差押えの被疑事件と関連性が認められる場合、なおも令状によって差し押さえることができる。しかし、関連性が認められない場合には、その取扱いについて新たな問題が生ずる。この点について、**プレイン・ビューの理論**[19]により、現場で直ちに差押えを認める見解がある。実質的には、緊急逮捕との較量上、対象者にとっての利益侵害の程度が低い緊急押収を認めるものである。しかし、このような理解は、強制処分法定主義に明らかに反する。別罪の重要証拠を発見した場合には、任意提出を求め

17　この点について、必要な処分として包括的な搬出を認める見解がある。しかし、必要な処分は差押えの手段として行われるものであり、差押え自体の必要性を根拠付けるものではない。

18　最決平2・6・27刑集44巻4号385頁「令状外写真撮影事件」（藤島裁判官補足意見）。本件は準抗告の可否が問われた事件であるが、補足意見は、写真撮影が独立の処分としての意味を持つ場合には準抗告の対象となり得ることを認めている。

19　警察官が適法にある場所に立ち入ったとき、そこで視野に入った物品は、押収の対象物であると直ちに識別できるものであれば、令状によらないで押収することができるとするアメリカ法の理論。

るか、これが拒絶された場合には、現場への立入りを禁止した上で（222条1項・112条1項）、新たに令状の発付を受ける必要がある。なお、対象物件が違法薬物などその所持自体が別罪を構成する場合には、その場で現行犯逮捕し、逮捕に伴う差押えとして無令状で押収することもできる（220条1項、3項）。

必要な処分　捜索・差押えの執行に際して、施錠など現場で障害事由が認められる場合、その開錠などの「必要な処分」をすることができる（222条1項・111条1項）。例えば、被疑者が入口のドアを開けないことが予想される場合、捜査官は宅配配達員を装って欺罔し、又はドアを合鍵や特殊道具を用いて開錠することができる[20]。

ただし、この処分も、比例性原則によって理解され、必要かつ相当な程度にとどめられなければならない。

電磁的記録情報の収集・保全　捜索・差押えの対象は、有体物である。しかし、PCや携帯電話の普及により、電磁的記録の証拠としての重要性が高まるとともに、犯罪自体もサイバー空間で行われることが増加した。このような犯罪の撲滅に向けた国際協力も要請されている。このような状況に適切に対応すべく、2011年改正（平23法74）によって、電磁的記録情報の収集・保全に向けた法制度が整備された。

電磁的記録情報の収集・保全の手段は、基本的に二通りである。第1に、目的の情報が対象者の所持するPCなどの電磁的記録媒体に保存されている場合、この記録媒体を差し押さえる代わりに、当該情報を捜査機関自らが又は対象者に命じて他の記録媒体に複写、印刷、移転させるなどして、これを差し押さえることができる（**記録命令付き差押え**＝218条1項、222条1項・110条の2）。この場合も、あくまで押収の対象は有体物であることから、差押えの概念は維持されている。第2に、PCなどの電子計算機を差し押さえる場合、この計算機に電気通信回線で接続している記録媒体であり、当該電子計算機で作成・変更した、又は変更・消去できるとされている電磁的記録につ

20　警察官が突入するに際して鉄製ドアを爆破することもできる（2011年11月11日共同通信）。

いては、当該電子計算機又は他の記録媒体に複写した上でこれを差し押さえることができる（**電気通信回線で接続している記録媒体からの複写**＝218条２項）。例えば、ストレージ・サーバーに保存されている情報も、この手法によって押収することができる[21]。捜査機関は、このようなサーバーに保存された情報について、一定期間にわたり消去しないよう協力を求めることができる（197条３項、４項）。

3　処分対象者の防御権

捜索・差押えに対して、処分を受ける対象者の側にも一定の防御権が保障されている（被疑者の防御権一般については第７講）。

(1)　立会い

捜索・差押えは、被疑者又は第三者を対象として行われるが、いずれにしても令状の提示が必要であり、処分対象者はこれによって処分の内容及び理由を知ることができる。また、起訴後の裁判所による捜索に当たっては、検察官と並んで被告人（勾留中の場合を除く）及び弁護人も、現場に立ち会う権利を有する（113条１項）。これは、訴訟当事者としての地位に基づくものであり、被告人にとっての防御権として保障されている。

これに対して、捜査段階では、被疑者の側に**立会権**は保障されていない（222条１項は113条を準用していない）。捜査機関は、必要があれば被疑者に立ち会わせることができるが（222条６項）、これは、被疑者としての防御の機会を保障したものではなく、捜査の便宜に資するための規定である[22]。ただし、公務所や人の住居等を捜索する場合、責任者又は住居主、これらの者に代わり得る者らに立ち会わせなければならない（222条１項・114条）。また、

---

[21] ただし、日本国内から外国に所在するサーバーにアクセスする場合、越境捜査の問題が生ずる。最決令３・２・１刑集75巻２号123頁「わいせつ画像データ・リモートアクセス事件」は、「電磁的記録を保管した記録媒体が同〔サイバー犯罪〕条約の締約国に所在し、同記録を開示する正当な権限を有する者の合法的かつ任意の同意がある場合に、国際捜査共助によることなく同記録媒体へのリモートアクセス及び同記録の複写を行うことは許される」としている。指宿信＝板倉陽一郎編『越境するデータと法―サイバー捜査と個人情報保護を考える』（法律文化社、2023年）。

[22] 弁護人が捜査機関に申し入れて、立会いの許可を求めることが考えられるが、捜索・差押えは事前通知がなされないので、実際には難しい。

女子の身体を捜索するときは、緊急の場合を除いて成人女子に立ち会わせなければならない（222条１項・115条）。いずれも、捜索・差押えが適法に行われることを監視させることを目的とする。

(2) 捜索終了後の措置

捜索が終わると、差し押さえられた物件の目録を作成し、物件の所有者等にこれを交付しなければならない（222条１項・120条）。捜索・差押えの処分対象者は、これにより、実際に押収された物件を把握し、必要に応じて事後に**還付請求**を行うことができる（222条１項・123条）[23]。盗品などの場合、被害者に直接還付されることもある（222条１項・124条）。

(3) 不服申立て

捜索・差押えの処分を受けた者は、押収又は押収物の還付に関して不服がある場合、その処分の取消し又は変更を求めて、裁判所に**準抗告**を申し立てることができる（429条、430条）。強制処分に対する事前の令状審査だけでなく、事後的にも司法審査の機会が保障されている。

(4) 押収拒絶権

捜索・差押えの対象者は、差押え対象物件が公務上又は業務上の秘密に関するものであるときは、法定の条件に基づいて差押えを拒絶することができる（222条１項・103条～105条）。例えば、弁護人が被疑者から日記やPCを預かった場合、一定の場合を除いて差押えを拒絶することができる。

この関連で、従来、報道機関に対する捜索・差押えの可否が問題とされてきた。特にテレビの取材で被疑事実に関する重要な録画が行われた場合、捜査機関による差押えに対して、報道機関の側が報道の自由に基づく取材源秘匿の観点からこれを拒絶することが考えられる。報道機関は刑事訴訟法上の押収拒絶権を持つ者ではないが、報道（取材）の自由という憲法上の権利に鑑みて、事例が積み重ねられている[24]。

---

23 ただし、請求が権利の濫用に当たる場合は認められない（最判令４・７・27刑集76巻５号685頁）。

24 上口裕『刑事司法における取材・報道の自由』（成文堂、1989年）、渕野貴生『適正な刑事手続の保障とマスメディア』（現代人文社、2007年）、池田公博『報道の自由と刑事手続』（有斐閣、2008年）。

この問題のリーディング・ケースとなっているのが、「博多駅事件」である。本件は付審判請求審での裁判所による証拠提出命令が問題となった事案であるが、判例[25]は、報道のための取材の自由が「憲法21条の精神に照らし、十分尊重に値いする」とした上で、「公正な裁判の実現というような憲法上の要請があるときは、ある程度の制約を受けることのあることも否定することができない」として、提出命令を適法とした。その後、検察事務官や司法警察員による差押えが問題となった事案として、「日本テレビ事件」と「TBS 事件」がある。判例[26]は、いずれも、博多駅事件を先例として引用した上で、公正な刑事裁判の実現に向けて「適正迅速な捜査」の遂行が不可欠であり、報道の自由に対する制約において裁判所による提出命令との間で本質的な違いはないとして、いずれも適法であるとしている。これらの事例は、刑事手続において憲法レベルで捜査等の適法性を判断したものであり、公正な裁判及び適正迅速な捜査という公的利益が報道・取材の自由を制約する根拠となり得ることを肯定したものである。比例性原則の観点からの考察が求められる場面である。

第2節　逮捕に伴う無令状の捜索・差押え

例えば、公道上で挙動不審者を発見し、職務質問に際して所持品検査をしたところ、違法薬物が発見された場合、その場で現行犯逮捕（213条、212条1項）が行われる。その際、発見された違法薬物は、逮捕された被疑事件の証拠物として、その場で無令状で差し押さえることができる（220条1項、3項）。憲法35条は捜索・押収に関して令状を要求するが、被疑者を逮捕する場合を除外しているため、このような無令状の捜索・差押えが許されるのである[27]。

25　最大決昭44・11・26刑集23巻11号1490頁「博多駅事件」。

26　最決平元・1・30刑集43巻1号19頁「日本テレビ事件」、最決平2・7・9刑集44巻5号421頁「TBS 事件」。

27　緑大輔『刑事捜査法の研究』（日本評論社、2022年）140頁。

1　実質的根拠論

逮捕に伴う無令状の捜索・差押え処分が、既に憲法レベルで許可されていることについて、大別して二通りの考え方が対立している。この点は、無令状での捜索・差押えが許される範囲に関わる。

第1に、**合理性説**（蓋然性説）は、被疑者を逮捕する現場には被疑事実に関する証拠が存在している蓋然性があり、それゆえ、その現場で証拠を収集・保全しておくことの合理性が認められることが、本規定の趣旨であると理解する。逮捕が可能な局面では、いずれにせよ捜索・差押え令状が発付される状況にあるのだから、逮捕に合わせて同時に証拠の収集・保全に行っておくべきという考え方である。この考え方によると、逮捕現場で捜索・差押えができるのは、令状が発付されれば許される範囲ということになり、相対的に広く認められることになる。例えば、被疑者を自宅の玄関で逮捕した場合、上階も含めて自宅内全てを捜索することができる。

第2に、**緊急処分説**（限定説）は、被疑者の逮捕により強制捜査が公然と行われる局面では、被疑者及びその場に居合わせた第三者による証拠破壊の虞が高まるため[28]、これを防止するために無令状での捜索・差押えを許可するものと理解する。無令状の捜索・差押え処分は、令状主義の例外的な規定であり、憲法解釈として限定的になされるべきという考え方である。この考え方によると、逮捕現場で捜索・差押えができるのは、合理性説に比べて狭く、被疑者及びその場に居合わせた第三者により証拠破壊がなされる虞がある（端的にいえば、手の届く）範囲に限られることになる。例えば、被疑者を自宅の玄関で逮捕した場合、捜索・差押えはその付近に限られ、上階の居室などを捜索することはできない。

緊急処分説も、逮捕時の証拠破壊の虞はその場に証拠が存在する蓋然性を前提とするものであるから、両説は、緊急性を要する局面に限られるか否かという点で対立している。判例[29]は、「令状によることなくその逮捕に関連

---

[28] 緊急処分の必要性について、逮捕を執行する捜査官らの身体の安全が挙げられることがある。しかし、これは合理性説からも状況は同じであり、論点の検討要素にはならない。被逮捕者が凶器や逃走用具を所持しているかどうかの検索・領置（警職2条4項）は、逮捕という強制処分に付随する行為として許される。

して必要な捜索、押収等の強制処分を行なうことを認めても、人権の保障上格別の弊害もなく、且つ、捜査上の便益にも適（ママ）なうことが考慮されたによるものと解される」としており、被疑者が外出中であったためその帰宅後に逮捕する態勢で先に捜索を開始し、発見された違法薬物の差押えを適法としていることから、合理性説の考え方に親和的である。学理では、緊急処分説も有力であるが、憲法上の例外であるというだけでこれを狭く理解すべき理由はない。合理性説を前提にしても、比例性原則による規律は働くことから（第三者が管理する場所については、更に222条1項・102条1項）、被疑事実に関連する証拠に限り、かつ、被逮捕者の管理権が及ぶ（同一である[30]）範囲内での捜索・差押えが認められてもよい。

2 要　件

逮捕に伴う無令状の捜索・差押えは、被疑者を「逮捕する場合」において、「逮捕の現場」で行うことができる（220条1項2号）。前者が時間的範囲の要件、後者が場所的範囲の要件である。

(1) 時間的要件（時間的接着性）

逮捕時の無令状捜索・差押えは、「逮捕する場合」に限られる。例えば、被疑者を自宅内で逮捕し、その居室等を捜索し、被疑事実の証拠物を差し押さえることができるが、被疑者を一旦警察署に引致し、その翌日に逮捕現場を捜索するには、改めて令状を得なければならない。逮捕行為と捜索・差押え処分との時間的接着性は、緊急処分説からは当然であるが、合理性説からも、強制処分法定主義の観点から充足しなければならない要件である。

もっとも、前述のとおり、両説の対立点が逮捕時における証拠破壊の緊急状況であることからすると、逮捕行為が実際に行われる時点と捜索・差押え処分に着手される時点との幅及び前後関係において結論が分かれる。例えば、被疑者を逮捕するためその自宅に赴いたが不在であったという場合、逮捕行為に先駆けて被疑者不在のまま捜索に着手できるかが問題となる。緊急

---

29 最大判昭36・6・7刑集15巻6号915頁「大阪西成ヘロイン所持事件」。

30 逮捕が行われる場合、被逮捕者の管理権は逮捕の場所、被疑者が所持する物、及びその身体に及んでいる。

処分説からは否定されるが、合理性説からは肯定され得ることになる。ただし、合理性説からも、比例性原則の適用により捜索・差押えを開始することについての必要性・相当性が求められるため、被疑者が不在の場合も、その帰宅が確実であるとか[31]、被疑者以外の居住者による証拠隠滅の虞があるなどの状況が必要である。

(2) 場所的要件（場所的接着性）

逮捕時の無令状捜索・差押えは、「逮捕の現場」で行うことができる。例えば、被疑者を自宅居室で逮捕した場合、その室内を捜索し、被疑事実に関連する証拠を差し押さえることができる。前述のとおり、緊急処分説からは、その室内に限定されるが、合理性説からは、更に他の居室も捜索できる。

また、公道上の職務質問で違法薬物の所持が発見され、直ちに現行犯逮捕された場合、その場所で被疑者の身体や所持品を捜索することができる。しかし、逮捕現場が室内の場合と異なり、公道上等の屋外である場合、被疑者が抵抗したり、野次馬が集まって混乱が生ずる虞がある。このようなときに、被疑者を逮捕した後、速やかに付近の警察署等に移動し、そこで落ち着いて被疑者の身体や所持品等を捜索することができるか[32]。判例[33]は、逮捕場所から約3キロ離れた警察署に連行後、被疑者が装着していた防具や所持していたバッグを差し押さえたという事案について、逮捕現場付近の状況から混乱が生じる虞があり、その場で直ちに捜索・差押えを実施することが適当ではないときは、被疑者を最寄りの警察署等に連行してそこで処分を行うことも、刑事訴訟法220条1項2号の逮捕の現場における捜索・差押えと同視することができると判示し、具体的処分を適法とした。

この見解について、確かに、「同視」の意味を法定手続の類推適用と理解すると、強制処分法定主義に反する虞が生ずる。しかし、捜索対象が場所で

---

31 被疑者が実際には帰宅せず当日逮捕できなかった場合でも、捜索開始時が「逮捕する場合」であることに変わりはなく、その時点で必要性、相当性を満たす限りで処分は適法である。

32 事例を変えて、公道上で逮捕した後、被疑者の自宅に移動してその居室内等を捜索することは、管理権が異なるため、緊急処分説からはなおのこと、合理性説からもできない。

33 最決平8・1・29刑集50巻1号1頁「和光大学内ゲバ事件」。

はなく、その身体及び所持品である場合は、実際に逮捕行為が行われた場所と移動先とで管理権の同一性に変化はない。逮捕の現場も幅のある概念であることからすると、捜査目的を達成するため一定の移動は想定されているはずである。ここでも、逮捕の現場における処分に当たることを前提に、更に比例性原則の観点から、逮捕場所から移動した先で捜索・差押えを行うことの必要性・相当性が認められる限りで、適法と理解してよい。判例の判断も、その事案の状況等に鑑みて支持できる。

(3) 物的要件（被疑事実との関連性）

逮捕時の捜索により発見された物件は、逮捕の被疑事実と関連するものに限り差押えをすることができる。この要件は、令状による捜索・差押えの場合と同じである。関連性のない別罪の証拠が発見されたときは、その被疑事実自体で更に現行犯逮捕するか又は任意提出を受けない限り、その差押えには別途令状を要する[34]。

第3節　領　置

捜査段階での押収処分として、差押えのほかに領置がある（221条）。**領置**は、被疑者等の遺留物（死体発見現場に落ちていた凶器など）又は所持者等から任意提出された物件について、捜査機関がその占有を取得し、かつ、その物件の所有者等からの返還請求に対してもこれを拒絶し、強制的にその占有を継続できるという意味で強制処分である。ただし、捜査機関が物件の占有を取得する段階では、その段階で既に強制処分である差押えと異なり、任意処分である。それゆえ、憲法上の押収には当たらず、刑事訴訟法上も占有取得時は令状が不要とされている[35]。

このように、令状の要否について差押えとで手続的要件に違いがあること

---

[34] 緑149頁は、例えば、スマートフォンを差し押さえたときに、デバイス内だけでなくそこから接続可能なクラウド上の膨大な情報へのアクセスを行うには、アメリカ連邦最高裁の見解を参考に別途の令状を要するのではないかと問題提起をしている。これは、通常の差押えでも問題となり得るが、逮捕に伴う無令状捜索・差押えの場合は特に制御の必要性が高いとする見解である。

[35] 緑大輔『刑事捜査法の研究』（日本評論社、2022年）25頁。

から、例えば、被疑者が自身の家庭ごみを指定時間に、指定場所に遺棄した場合、これを無令状で領置できるかについて問題がある[36]。確かに、家庭ごみは経済的には無価値であり[37]、廃棄処分のため棄てられた物件である。しかし、随意の場所に棄てる物件とは異なり、家庭ごみは、自治体が収集・廃棄を請け負っている点に特徴がある。市民は、そこで指定された時間に指定された場所に置いておくことで、他の第三者が関与することなく廃棄されることを期待・信頼してごみを処分するのである。家庭ごみには多様な個人情報も含まれていることを考えると、廃棄に向けた手続に無関係の捜査機関が介入することは、やはりその段階で既に強制処分としての差押えの性質を持つと解するべきである[38]。

第3章　検証・鑑定

第1節　検　証

1　検証の意義

検証（218条1項、220条1項）とは、場所、物、人を対象として、その形状について人の五官の機能（視覚、聴覚、嗅覚、触覚、味覚）を用いてその状態を

---

[36] 最決平12・7・17刑集54巻6号550頁「足利幼女殺害事件」では、現場に遺留された犯人の体液から析出されたDNA型と、被疑者の型とを鑑定する目的で、被疑者が遺棄した家庭ごみを捜査官らが無令状で持ち帰り、その中から使い捨てのティッシュ・ペーパーを発見して鑑定に使用された。

[37] 資源ごみの場合は、財産的価値が認められるため、窃盗罪が成立する可能性がある。

[38] 東京高判令3・3・23判タ1499号103頁は、警察官が被告人の承諾も令状もなく被告人が所有し居住するマンションの敷地内に設置されたごみ集積場に立ち入って、被告人が捨てた吸殻等在中のビニール袋を取得した行為を違法とした。他方、東京高判平30・9・5高刑集71巻2号1頁は、警察官がマンション内のゴミステーションに捨てられたごみ袋の任意提出を受けて領置し、これを開封してその内容物を確認するなどした行為を適法としている。

東京高判平28・8・23高刑集69巻1号16頁は、警察官が、身柄を拘束されておらず相手が警察官であることを認識していない被告人に対して、そのDNA型検査の試料を得るため紙コップを手渡してお茶を飲むように勧め、そのまま廃棄されるものと考えた被告人から同コップを回収して唾液を採取した行為を違法とした。

梶悠輝「アメリカ合衆国における『ごみ捜査』」同法74巻1号545頁。

認識する行為である。例えば、他殺体が発見された場合、遺体の向きや血痕の飛散状況を目で確認したり、毒殺の可能性について鼻で臭いを嗅ぐことなどがこれに当たる。

人の住居等に立ち入るなど強制処分として実施される場合には、**検証許可状**（令状）が必要である。ただし、捜索・差押えと同様、逮捕する場合にその現場においては、無令状で検証を行うことができる（220条1項2号、3項）。また、検証に当たる行為を公道上等で行う場合は任意処分であるが、検証と区別するために、これを**実況見分**という（実況見分調書の証拠能力について第13講第4章第2節）。

2　検証の主体

検証の主体は、捜索・差押えと同じく、捜査機関自身である（218条1項、222条1項2号）。検証は、前述のとおり、健常者であれば誰もが持ち得る人の感覚を用いて行う行為である。それゆえ、捜査機関自身が行う処分として規定されている。

他方、被疑者や弁護人など私人には権限がない。被疑者及び弁護人は、必要な場合には、裁判官に証拠保全請求をすることができる（179条1項）。

3　検証の客体

(1)　物及び場所等に対する検証

検証は、人の五官の機能を用いてその状態を認識する行為であり、そこから得られる情報の収集・保全を目的とする処分である。それゆえ、処分の対象となる客体は、物や場所といった有体物に加えて、音や臭いなど無体物も含まれる。また、検証による情報収集・保全に当たり、技術的な手段や器具が使用されることがある。例えば、聴力を補うための集音器や、視覚で確認した情報を記録するための写真・映像器具等である。これらは、技術の発展に伴って捜査活動に有益な補助手段となるが、他方で、人の能力を超える情報の収集・保全結果をもたらすものでもあるため、法的規制の在り方が問われる。

(2) 人に対する検証

検証は、人の身体を対象とすることもできる（狭義の**身体検査**）。例えば、背中の入れ墨を確認する場合に、強制的に衣服を脱がせて視認することができる。ただし、身体検査を行うためには、「身体検査令状」の発付を受けなければならない（218条1項2文）。裁判官は、身体検査令状の発付に当たり、適当と認める条件を付することができる（218条6項）。身体検査については、対象者の属性に従った注意をしなければならず、特に女子を検査する場合には医師又は成人女子の立会いが必要であるが（222条1項・131条）、これに加えて場所や方法等の条件を付けることもできる。

身体検査は、捜索及び鑑定としても行われ得る。3種類を分類すると、例えば、人が着ている衣服の中について証拠物を探すのが捜索、人の衣服を脱がせてその状態等を確認するのが検証、医師が注射器を用いて人の血液を採取するのが鑑定である。これらのうち、捜索は、人の身体を探索することを強制的に行い得るものであることから、本質的に対象者の抵抗を実力で排除して直接強制することができる。また、検証としての身体検査は、その拒絶に対して制裁を科すことによる間接強制ができるが（222条1項・137条、138条）、これに加えて直接強制できることも法定されている（222条1項・139条）。これに対して、鑑定としての身体検査は、裁判官が主体として行うときは直接強制が可能であるが（172条2項・139条）、捜査機関の嘱託によるときは間接強制にとどまり、直接強制できない。225条4項は168条6項を準用しているが、同条項は準用先から139条をあえて除外しているからである。また、172条は準用されていない。捜索及び検証と鑑定とのこの違いは、強制採尿など人の身体から体液を採取するような処分について法的問題をもたらすことになる（第6講第3章第2節）。

4　検証の手続

強制処分として検証を実施する場合、令状手続については、基本的に捜索・差押えと同様である（218条1項）。検証令状の執行に当たっても、例えば、処分対象者に令状を提示しなければならない（222条1項・110条）。また、検証の実施に向けて必要な処分も行うことができる（222条1項・111

条)。ただし、処分対象者は、検証に対して不服がある場合も、準抗告を申し立てることはできない(430条参照)。これは、捜査機関の処分に対する準抗告は処分の変更又は取消しを求める不服申立て手段であるが、押収又は押収物の還付の場合と異なり、検証はその性質上一旦なされた処分を取消し又は変更することができないことによる。

検証として身体検査を行う場合には、令状請求に当たり身体検査を必要とする理由や対象者の性別等に関する事項を示さなければならない(218条5項)。また、身体検査を行うに当たっての注意事項が法定され(222条1項・139条)、かつ、個別事案に応じて裁判官は適当な条件を付することもできる(218条6項)。前述のとおり、身体検査は間接又は直接強制することができるが、その場合も、対象者が検査を拒絶していることの理由を知るため適当な努力をしなければならない(222条1項・140条)。

第2節　鑑　定

1　鑑定の意義

鑑定は、特別の知識や技術を有する専門家(学識経験者)が、その知識に基づく事実法則や、この法則を具体的事実に適用して得られた結果又は判断を報告する処分である。これが公判手続で行われる場合、裁判官が自身でなし得ない情報収集・保全を専門家によって行うものであり、鑑定人は裁判所の補助者として位置付けられる。捜査段階でも、捜査機関は、捜査に必要があるときは、自身が行うことのできない分析などについて諸領域の専門家に鑑定を嘱託することができる(223条1項)。具体的には、被告人の精神状態や、DNA型検査等を行う必要がある場合、捜査機関自身にはその能力がないため、医師や研究者などにこれを依頼して行わせる。

2　鑑定の主体

鑑定は、検察官、検察事務官、司法警察職員が捜査に必要があると判断したときに、専門家に嘱託する処分である。嘱託は、**鑑定嘱託書**を発付して行われるが(犯捜規188条)、これに限られず、口頭等の適宜の方法で行われれば足りる[39]。捜査機関の法的責任において、直接には鑑定人が鑑定に係る行為を行う。

鑑定人は、鑑定に必要がある場合には、裁判官の許可（**鑑定処分許可状**）を受けて、人の住居への立入り、死体の解剖、物の破壊といった処分を行うことができる（225条1項、168条1項）。この限りで、鑑定は、強制処分の性質を有するため、令状主義に服することになる。なお、鑑定は、専門家に嘱託して行う処分であるため、捜索・差押えや検証と異なり、逮捕時における無令状の処分は規定されていない。

3　鑑定の客体

鑑定は、専門家による事実法則や、それを具体的事実に当てはめて得られた結果の報告であることから、その客体も多様である。例えば、DNA型検査を行うためには、現場に遺留された犯人のものと思われる試料とそれと対照することになる被疑者の試料が必要であるが、その際には、体液やそれが付着した物件などが鑑定の客体となる。また、被疑者の身体から証拠物件を採取することもあるが、その際は、被疑者自身が客体となる。

被疑者の責任能力（刑39条）が問題となる事案では、精神鑑定が行われる[40]。公判に備えた証拠の収集・保全に加えて、捜査段階の精神鑑定は、検察官の起訴・不起訴処分（247条、248条）の判断資料にもなる[41]。精神鑑定

---

39 大コンメ（2版）4巻〔河村博〕610頁。

40 刑事裁判において心神喪失及び心神耗弱（刑39条）に該当するかどうかが争点となる場合、その該当性は法律上の判断であることから、最終的には裁判所の判断に委ねられる（最決昭58・9・13裁判集刑232号95頁）。ただし、その判断に当たり精神医学者等の専門家による意見が鑑定等として証拠となる場合には、鑑定人の公正さや能力に対する疑いや、鑑定の前提条件に問題があるなど、証拠としてのその採用を否定すべき合理的事情がない限り、その意見を十分尊重すべきとされている（最判平20・4・25刑集62巻5号1559頁）。竹川俊也『刑事責任能力論』（成文堂、2018年）83頁は、結論として心神喪失が認められるなどとする「法的概念に言及する鑑定意見は、間接事実から要証事実を推認する過程において、事実認定を誤らせる危険を有するものとして、関連性が否定される」とする。

41 心神喪失等の状態で重大な他害行為を行った者の医療及び観察等に関する法律（平15法110号）により、殺人罪等の重大事案で心神喪失を理由に不起訴とされた場合は、同法上の強制入院・治療を目的とする手続が申し立てられる。

は、半日から一日の短時間で行う簡易鑑定と、被疑者を一定期間拘束（**鑑定留置**）して行う本鑑定とがある。鑑定留置は、鑑定のために必要な処分であるが、長期にわたり被疑者の身体を拘束することから、**鑑定留置状**の発付を受けなければならない（224条・167条）。被疑者が勾留されている場合、鑑定留置が執行されている間は勾留の執行が停止される（224条2項2文・167条の2）[42]。鑑定留置の期間は法定されておらず、裁判官の判断に委ねられているが（224条・167条1項）、ここでも比例性原則の観点から、不当かつ不要に長期とならないよう配慮されなければならない。鑑定留置の期間は、有罪判決が下される場合、未決勾留日数に算入される（224条・167条6項）。

4　被疑者の身体への侵襲

(1) 総　説

被疑者が小袋に入った違法薬物を飲み込んでしまった場合、下剤を調合したり、緊急を要する場合には外科手術でこれを体外に取り出す方法が考えられる。また、違法薬物の使用については尿が、飲酒運転の罪については血液が、それぞれ重要な証拠になるが、これらを取り出すために注射器や医療器具を被疑者の身体に取り付ける方法が考えられる。被疑者の同意がある場合はおくとして、同意が得られないときは、強制的に被疑者の身体に侵襲し、必要な措置を講じることになる。

被疑者の身体への侵襲は、本質的に医療行為としての知識及び技術が使用される。外科手術はなおのこと、注射行為も全て医師等の専門的な資格と技術を要する。それゆえ、捜査機関は、証拠物の収集・保全に当たってこれらの医療技術によるべき場合、医師等の専門家に嘱託しなければならない。もっとも、前述のとおり、捜査機関の嘱託に基づく鑑定は、裁判所の嘱託による場合と異なり、直接強制することができない。裁判実務では、従来、被疑者の身体からの採血及び採尿をめぐって問題が提起されてきた。

42　勾留の執行停止に伴って、勾留中に接見禁止決定が付されていた場合（207条1項・81条）、これも失効する。ただし、鑑定留置の期間について、改めて接見禁止処分を付することができる（224条・167条5項、81条）。

(2) 強制採血

飲酒運転の罪は、被疑者の血中アルコール濃度がその可罰性を決定付け、捜査においても、その収集・保全が課題となる。飲酒検問等で飲酒運転の疑いが認められた場合、呼気検査を行うことでその目的が達成される。被疑者が任意で検査に応じる場合はおくとして、事故等により意識を失っているなどで協力が得られない場合、同意を得ることなく血液を採取する手法が考えられる。アルコールは蒸発しやすく、被疑者の回復を待つことができないため、血液を採取すべき緊急状況からその必要性が高い。

裁判例[43]は、血液採取に際して被疑者の任意の承諾が得られない場合、なおも採取するためには鑑定処分許可状が必要であるとする。その理由として、「軽度であるにせよ身体に対する損傷を伴い生理的機能に障害を与えるおそれのある血液の採取は……特別の知識経験を必要とする医学的な鑑定のための処分としての身体検査によるのが相当と思料される」という。

ただし、強制採血を医師の手に委ねるべく鑑定処分として実施するとしても、前述のとおり、捜査機関の嘱託による鑑定は直接強制できないという制約を伴う。これを補うべく、学理では、検証と鑑定を併せた処分として理解し、双方の令状を併用すべきとする見解が通説である。しかし、この併用説についても、検証としての身体検査は衣服を脱がせるところまでであり、医療行為は鑑定処分であるから直接強制の根拠にならないとの批判がある。

このような問題状況において、視点を変えて、当該処分の目的と手段とに分けて考察すべきとする見解が有力に主張された[44]。すなわち、従来の議論は、行為の性質自体をどう理解すべきかに向けられてきたが、如何なる目的で行うかという視点が欠落していたというのである。この見解によると、体内から血液を採取するためには、医師等の専門家によって行われなければならないが、その目的は証拠としての血液の収集であり、これは差押えに当たるのであって、手段としての鑑定処分は差押えに付随する行為として直接強制も可能ということになる。

---

[43] 仙台高判昭47・１・25刑月４巻１号14頁、札幌地判昭50・２・24判時786号110頁。
[44] 鈴木91頁。

(3) 強制採尿

覚醒剤等の違法薬物を自己使用したことの罪に関する証拠の収集・保全は、通例、被疑者の尿を採取し、そこに違法薬物の成分が含まれているかどうかを検査するという方法で行う[45]。覚醒剤等の違法薬物は、生理的に体内で生成されるものではないという経験則に基づいて、これが尿の中に含まれて対外に排出されたとなれば、その前提として何らかの方法で体内に摂取されたことの証拠になるからである。尿検査は、被疑者から任意の提出を受けて行うのが原則である[46]。しかし、これが拒絶された場合、強制的にこれを採取する必要が生ずる。

被疑者から強制的に尿を採取する方法として、通例、その尿道にカテーテルを挿入して排尿を促すという技術が使用される。これは、泌尿器科の診察・治療として日常的に使用される技術であり、医師等の熟練した者が行えば、対象者への身体的な苦痛や危険はごく小さいものである。捜査機関自身がこれを行うことは、身体的危険性や精神的苦痛を伴うものであるから、強制採尿は医師等の医療機関に委嘱して行わなければならない。そこで、このような手法が刑事訴訟法上、如何なる手続によって実施されるべきか、更に憲法上、そもそも許容されるものであるかが問題とされてきた。前者は、強制処分法定主義及び令状主義の観点、後者は、比例性原則の観点から、それぞれ考察されるべき問題である。

判例[47]は、まず、比例性原則の観点について、強制採尿が身体に対する侵入行為であり、屈辱感等の精神的打撃を与える行為であるとした上で、医師等によって適切に行われる限りで身体・健康上格別の障害が生ずる危険性は比較的乏しく、屈辱感等の精神的打撃は検証としての身体検査など同程度のものを刑事訴訟法は許容しているのであることから、「被疑事件の重大性、嫌疑の存在、当該証拠の重要性とその取得の必要性、適当な代替手段の不存

---

45 毛髪から薬物反応を検知することもできるが、使用日の特定が難しい。

46 最決平17・7・19刑集59巻6号600頁は、医師が治療目的で被疑者から採取した尿を検査したところ、覚醒剤の成分が検出されたことから、警察に通報し、採取した尿を任意提出した行為を適法とした。

47 最決昭55・10・23刑集34巻5号300頁「江南警察署採尿事件」。

在等の事情に照らし、犯罪の捜査上真にやむをえないと認められる場合に、最終的手段として、適切な法律上の手続を経てこれを行うことも許されてしかるべきであり、ただ、その実施に当たっては、被疑者の身体の安全とその人格の保護のため十分な配慮が施されるべきものと解するのが相当」であるとした[48]。また、強制処分法定主義及び令状主義の観点について、「体内に存在する尿を犯罪の証拠物として強制的に採取する行為は捜索・差押の性質を有する」としつつ、比例性原則の観点に鑑みて「身体検査令状に関する刑訴法218条5項〔現6項〕が右捜索差押令状に準用されるべきであって、令状の記載要件として、強制採尿は医師をして医学的に相当と認められる方法により行わせなければならない旨の条件の記載が不可欠である」として、強制採尿処分を刑事訴訟法上の捜索・差押え手続として位置付けた。

学理では、既に比例性原則の観点で否定（違憲）説[49]もあるが、覚醒剤等の自己使用の証拠収集手段として他に代替する有益な手法が見当たらないことや、医師等の手によって行われるべきことを条件として、肯定説が通説である。他方、条件付きの捜索・差押えとした点は、評価が分かれている。尿は血液と異なり、いずれ間近い時点で体外に排出される不要物であるとする点を捉えれば、衣服内ポケットの捜索と質的に変わらず、捜索・差押えと理解することもできる。しかし、捜索・差押えは捜査機関自身が実施できる範囲で、かつ、その限りでなし得る処分であり、条件を付して専門家に委嘱する性質の処分は刑事訴訟法が許容しないものであるから、これは類推適用であって強制処分法定主義に反するとの批判が強い。他方、強制採血と同様の理由で、検証・鑑定処分併用説も有力である（最高裁判例の原審も同様であった）。しかし、この見解に対しては、やはり前述と同様の批判が妥当する。

ここでも、やはり目的と手段とを分析し、それぞれに適当な処分として把握されるべきである。強制採尿は、強制採血と同様、尿の収集・保全を目的としているため、その限りで差押えであり、その手段としては、専門家に委

48 最判令4・4・28刑集76巻4号380頁は、強制採尿の実施が「犯罪の捜査上真にやむを得ない」場合とは認められないのに令状が発付された場合は、その発付は違法であり、同令状に基づいて警察官らが行った強制採尿の実施も違法とした。

49 光藤（1）167頁、三井（1）63頁。

嘱されるべきものであるから鑑定である。それゆえ、差押えと鑑定の2つの処分が行われるものとして、それぞれの令状が用意されなければならない[50]。判例の見解は、手段を捜索とする点でなお疑問は残るが、結論について実質的にこのように理解することもできる。

なお、強制採尿がいずれにしても医師等の手によって実施されるべきであるとすると、被疑者をその医療機関等へ連行しなければならない。逮捕・勾留中の場合は身体拘束の効力が生じているが、職務質問や逮捕前の場面ではその効力が生じていないことから、強制採尿目的での医療機関等への連行の可否及び法的根拠が問題となる。判例[51]は、この点について、「強制採尿令状の効力として、採尿に適する最寄りの場所まで被疑者を連行することができ、その際、必要最小限度の有形力を行使することができる」との見解（令状効力説）を示した。捜索・差押えに必要な処分（222条1項・111条1項）と理解する見解[52]もあるが、必要な処分は捜索・差押えに付随する処分であり、令状効力説とで差異はない。他方、強制採尿はあくまで尿の採取とその押収に係る処分であり、被疑者の身体拘束まで含まれるものではないとして、別途令状（逮捕状）を要するとの見解[53]も有力である。確かに、長時間かつ遠距離の移動を伴う場合には、既にそれ自体が独立の処分（逮捕）として令状を要するとすべきであるが、強制採尿のため短時分かつ直近の施設に移動するような場合は、強制採尿処分に付随するものと理解されれば足りる。

(4) 胃腸内にある証拠物の摘出

被疑者が捜査官に追及を受けて、所持していた証拠物を嚥下したとき、内視鏡等の医療技術を用いてこれを取り出すことができるか。これは、前述した強制採尿手続に関する判例理論を応用すると、比例性原則を考慮して「犯罪の捜査上真にやむをえない」と認められる場合には、捜索差押許可状に基づいて実施できることになる。

裁判例[54]は、のぞき・盗撮目的での住居侵入罪等で現行犯逮捕された被疑

50　鈴木92頁。
51　最決平6・9・16刑集48巻6号420頁「会津若松採尿事件」。
52　東京高判平2・8・29判時1374号136頁。
53　田口103頁、酒巻155頁。

者が所持していたビデオカメラにSDカードが挿入されていなかったため、被疑者がこれを嚥下したものと疑われた状況において、捜索差押許可状、身体検査令状、鑑定処分許可状の発付を受けて病院でCT検査を行ったところ、大腸の下行結腸にマイクロSDカード様の異物が認められたことから、下剤を服用させて排泄を待ったが、10日以上待っても排泄されなかったため、最終的に、改めて捜索差押許可状と鑑定処分許可状を得た上で、大腸内視鏡を用いてこれを取り出したという事案において、「本件で実施される内視鏡による異物の強制採取の具体的手技の内容や、これによる偶発症等の危険性、被告人の身体への侵襲の程度、これに伴う精神的負担を踏まえて、当該強制処分がそもそも許されるかを検討し、その上で、昭和55年〔最高裁〕決定の諸事情に照らして、捜査上真にやむを得ないと認められるかを慎重に判断すべきである」と判示し、本件令状は「犯罪捜査上真にやむを得ないとは認められないまま発付されたものと認められる」として違法とした。

この類型も、手続の選択として捜索・差押えと位置付ける点には疑問があるが、単に令状が発付されていれば足りるのではなく、比例性原則に基づいた実質的な事前審査が求められるとする点は、強制採尿に関する最高裁判例の適切な理解を促すものである。

第3節　現代型捜査の問題

1　現代型捜査の意義と問題点

現行刑事訴訟法には、物的証拠の収集・保全の強制処分として、捜索・差押え、検証、鑑定の3種類が法定されている。このうち、後2者は技術的手段を用いることが多く、刑事訴訟法が制定された当時には想定されていなかった捜査手法をもたらしている。ここでは、技術的・科学的手段の発展に伴って捜査に応用されている手法について、現代型捜査又は科学的捜査として、その意義及び問題点を検討する[55]。

54　東京高判令3・10・29判タ1505号85頁。

55　浅田和茂『科学捜査と刑事鑑定』（有斐閣、1994年）、大野正博『現代型捜査とその規制』（成文堂、2001年）、山本龍彦『プライバシーの権利を考える』（信山社、2017

ここで、現代型捜査又は科学的捜査とは、広い意味では、刑事訴訟法が制定された後に様々な技術が開発され、これを使用して行う捜査手法をいうが、狭い意味では、科学の諸領域における技術・知識・成果を活用して、適正な訴追のために犯人の発見、証拠の収集及び証拠の分析・検査を行う捜査活動をいう。捜査における科学的技術の応用は、警察庁に設置された**科学警察研究所**を始めとする研究機関で日々開発され、各都道府県警察に設置された**科学捜査研究所**でその技術が使用されるが、日々の捜査での適用結果が研究機関にフィードバックされ、更なる発展に寄与されている。そのような中で、科学的捜査は、写真撮影、盗聴、電子追跡装置等を使用した証拠の収集・保全の場面と、法医学検査、精神医学検査、化学的・物理的鑑定など収集された資料を分析・検査する場面とに大別される。また、これを更なる捜査の資料や公判での証拠として使用されるためのデータ処理も、科学的捜査の一部である。

科学的捜査は、客観的な証拠に目を向けることで、捜査官の勘や見込みに依拠した古典的な捜査手法から脱却し、真実の発見により近付くことが可能となる。古典的な捜査手法によるときは、被疑者の取調べに重点が置かれ、過剰な追及による冤罪の原因ともなっていた。また、科学的捜査は、犯罪が組織的に行われるときに、その複雑化、巧妙化、隠密化といった性質にも対応し、重大又は重要な事案の解明に資するものでもある。

しかし、他方で、科学的捜査は、現行の刑事訴訟法が制定された当時にはおよそ想定されていなかった技術を使用するものであることから、新たな法律問題をしばしば提起するものとなっている。重要な証拠や情報が獲得しやすい反面として、捜査対象者の権利領域、特にプライバシー領域に介入することについて、質的かつ量的な変化が生じている。また、捜索・差押えなどの捜査手法は、基本的に対象者を面前に公然と行われるものであるが、科学的捜査は、その技術によって対象者に密かに行われることも多い。そのため、令状主義による告知機能や、事後的な不服申立ての機会において限界も

年)、稲谷龍彦『刑事手続におけるプライバシー保護—熟議による適正手続の実現を目指して』(弘文堂、2017年)。

ある。

本節では、科学的技術を用いた現代型捜査について、幾つかの類型を検討する。

2　個別事例

(1)　写真・ビデオ撮影

捜査において、捜査機関が被疑者又は第三者の容姿を写真やビデオに撮影することがある。そのような写真・ビデオ撮影は、例えば、犯行現場を現認したときにその様子を証拠として保全しておく、又は防犯ビデオなどに撮影された犯人の映像と被疑者の容貌とを対照して同一性を確認する、といった目的で行われる。捜査官が犯人又は被疑者の容貌を目視することは、検証（任意処分の場合は実況見分）としての性質を有するのであるが、人の記憶の正確性や限界を補助する目的で、写真・ビデオの機材が使用される。もっとも、現代においては、画像や映像がデジタル化され、その編集や保存が容易に行われるようになっている。その点に、撮影の対象者に対して、単なる目視にはとどまらない権利侵害が生じている[56]。

まず、被疑者の自宅等に立ち入ってその容貌を撮影する場合、その同意が得られない限り、強制処分に当たり令状が必要である。その応用で、室外から望遠レンズを使用して室内に居る人の容貌を撮影する場合も同様である。他方、公道上等のパブリックな場所に居る人を対象とする場合には、これが強制処分に該当するかどうか、また令状等の手続を要するかについて、見解が対立している。

判例[57]は、学生運動のデモに参加していた被疑者がデモの許可条件に違反したため、デモに同行していた私服警察官がその状況を保全する目的で写真撮影した（被疑者がこれに抗議してその警察官に暴行した行為が公務執行妨害罪に問わ

56　スマートフォンが一般に普及した現在、写真・ビデオ撮影を現代型・科学的捜査と位置付けるには違和感もあるが、議論の当時はまだまだ光学機器が普及しているわけではなく、最新の技術を捜査に応用した類型であった。いわば、現代型捜査の古典である。

57　最大判昭44・12・24刑集23巻12号1625頁「京都府学連事件」。

れたため、警察官の撮影行為の適法性が問題となった）事案において、市民は憲法13条により警察官等からみだりにその容貌の撮影をされない自由を保障されるとした上で、「現に犯罪が行なわれもしくは行なわれたのち間がないと認められる場合であって、しかも証拠保全の必要性及び緊急性があり、かつその撮影が一般的に許容される限度をこえない相当な方法をもって行なわれるとき」には、本人の同意がなくても、無令状でその容貌等を撮影することも許されるとした。また、判例[58]は、被疑者が公道上をその法定速度を超過して自動車を運転したという道交法違反の状況で、道路上に設置された自動速度監視装置（RVS）によって自動車のナンバー等と一緒に運転手らの容貌が撮影された事案でも、「現に犯罪が行われている場合になされ、犯罪の性質、態様からいって緊急に証拠保全をする必要性があり、その方法も一般的に許容される限度を超えない相当なものである」として、適法と（写真の証拠能力を肯定）した。

当時の実務の状況を踏まえて、学理では、写真・ビデオ撮影が強制処分に該当するかどうかで見解が分かれた。これを強制処分と理解する見解[59]も有力であり、218条３項（逮捕時の撮影処分）の準用や、緊急検証を根拠とするものもあった。これらは、判例の事案に鑑みて、無令状の撮影行為を現行犯状況に限定しようという方向性を持つものであった。しかし、写真撮影が必ずしも逮捕に至るわけではなく、また、緊急検証は強制処分法定主義に反することから、いずれも支持されなかった。これに対して、写真・ビデオ撮影を強制処分と位置付けた上で、これらは現行刑事訴訟法がその制定当時に想定していなかった処分であり、その規制に当たっても新たな枠組みで考察されるべき問題であるとする見解が有力に主張された[60]。この見解は、強制処分法定主義と令状主義との関係において、後者を憲法上の優先事項と捉え、具体的な処分が実質的に令状主義に反するかどうかを問うものであった（第３講第２章第２節）。判例の事案のように、緊急状況においては必ずしも令状が絶対的に要求されるものではないというのである。しかし、この見解に対し

---

[58] 最判昭61・２・14刑集40巻１号48頁。
[59] 田宮120頁。
[60] 田宮120頁。

ても、両原則の捉え方に問題があり、強制処分法定主義に正面から反するものであるとの批判がなされた。

以上に対して、学理では、任意処分と理解する見解が通説である。特に判例[61]が昭和51年に強制処分の該当基準を明確に示したことから、それ以後は、物理的強制の有無ではなく、被侵害利益の重要性に着目されるようになった。これにより、確かに、私人は公道上においてもみだりに撮影されない自由（肖像権又はプライバシー権）を有するとしても、室内の場合と比べてその期待（要保護性）は低いとして、任意処分とする理解が広まった。任意処分説からは、処分の適法性を決定付けるのは比例性原則のみとなるから、撮影処分が必ずしも現行犯状況に限定されることはない。

写真撮影に関する判例・学理の議論状況を前提にして、実務ではその後、ビデオ撮影が多用されるようになった。裁判例[62]では、犯罪が日ごろから多発している場所に設置された防犯ビデオに犯行の状況が撮影されていた事案について、「当該現場において犯罪が発生する相当高度の蓋然性が認められる場合であり、あらかじめ証拠保全の手段、方法をとっておく必要性及び緊急性があり、かつ、その撮影、録画が社会通念に照らして相当と認められる方法でもって行われるときには、現に犯罪が行われる時点以前から犯罪の発生が予測される場所を継続的、自動的に撮影、録画することも許される」とされた。更に、判例[63]は、強盗殺人事件の捜査において、奪われたキャッシュカードを用いてATMから現金を引き出そうとする様子が撮影された人物と被疑者との同一性を確認するために、被疑者を尾行し、公道上及びパチンコ店内で（店長の協力を得て）その容貌をビデオ撮影したという事案について、これらの撮影行為が「通常、人が他人から容ぼう等を観察されること自体は受忍せざるを得ない場所におけるものである」とした上で、「捜査目的を達成するため、必要な範囲において、かつ、相当な方法によって行われたものといえ、捜査活動として適法」であるとした。

判例は、これまでの事案で、写真・ビデオ撮影が強制処分に該当するかど

61　最決昭51・3・16刑集30巻2号187頁「岐阜呼気検査拒否事件」。
62　東京高判昭63・4・1判時1278号152頁「山谷テレビカメラ監視事件」。
63　最決平20・4・15刑集62巻5号1398頁「京都カード強取強盗殺人」。

うかという問題について、明示で判断してこなかった。それゆえ、撮影が現行犯状況で行われる場合には、これを強制処分と解した上で、法的規制の在り方を検討するという理解もあり得た。しかし、撮影が被疑者を尾行する際にも行われるに至ると、もはやその論理は成り立たない。強制処分に該当しない（令状は不要である）ことを前提に、比例性原則に基づいた判断がなされたと理解すべきである。

写真・ビデオ撮影が公道上等のパブリックな場所で行われる場合、確かに、対象者は自身の容貌を観察されること自体は受忍せざるを得ないとしても、撮影されたデータが以後も保存され、編集や他事件に関連した照会等の機会に再利用されることになる点は、なお考察が必要である[64]。

(2) 会話の盗聴

(a) 通信傍受

薬物や銃器が組織的に密売され、社会に広まっていることはよく知られている。それらの取引に当たり、関係者間で連絡を取るツールとして、古くから電話が用いられてきた。薬物や銃器の密売は組織的かつ隠密的に行われるという性質上、これを摘発し、処罰することに向けて、取引の様子を盗聴することの必要性は高い。このような電話会話を盗聴する方法として、**ワイヤータッピング**（wiretapping）と**バッギング**（bugging）の二通りがある。ワイヤータッピングは、通信回線の過程に器具を設置し、当該回線を通じて行われる会話を傍受するものである。バッギングは、室内や端末電話機に集音用の機器を設置し、その場所で行われる会話を盗聴するものである。後者は、電話会話に限らず、室内会話を広く盗聴することに使用される[65]。日本では、通信傍受の手段として、ワイヤータッピングの方法が採られてきた。

---

64 見られることと、撮影して記録に残されることは、質的に異なった権利侵害を伴うものでもある。例えば、公道上で人の容姿を目視しているだけでは罪に問われないが、盗撮行為は可罰的になるがごとくである（性的な姿態を撮影する行為等の処罰及び押収物に記録された性的な姿態の影像に係る電磁的記録の消去等に関する法律（令５法67号）参照）。また、私人（銀行、コンビニエンスストアなど）による撮影と、警察活動としての撮影とで違いはあるかも問題として残されている。

65 辻本典央「刑事手続における私的秘密領域の保護―ドイツにおける住居内会話盗聴問題の理論的考察」近法54巻２号130頁。

通信傍受の許容性についても、比例性原則に基づく憲法上の観点と、手続的観点の両面から考察されなければならない[66]。通信傍受は通信の秘密（憲21条2項2文）に介入するものであるから、憲法上これは禁止されるべきであるとの見解も有力であった[67]。しかし、犯罪捜査の上で必要性及び相当性を満たす限りで、通信の秘密にも一定の制約が妥当するとの見解が通説である。その上で、通信傍受は、刑事訴訟法上如何なる手続によるべきかが問題とされてきた。学理では、通信傍受は対象者に秘匿して行われる性質上、個人の意思を制圧するものではないとして、任意処分と位置付ける見解[68]も見られた。しかし、密かに行うことは同意の機会を与えることのない権利制約にほかならず、その侵害性も重大であるとして強制処分と位置付ける見解が通説である。判例[69]は、覚醒剤取締法違反の被疑事件について行われた通信傍受処分について、「重大な犯罪に係る被疑事件について、被疑者が罪を犯したと疑うに足りる十分な理由があり、かつ、当該電話により被疑事実に関連する通話の行われる蓋然性があるとともに、電話傍受以外の方法によってはその罪に関する重要かつ必要な証拠を得ることが著しく困難であるなどの事情が存する場合において、電話傍受により侵害される利益の内容、程度を慎重に考慮した上で、なお電話傍受を行うことが犯罪の捜査上真にやむを得ないと認められるときには、法律の定める手続に従ってこれを行うことも憲法上許される」とした上で、「対象の特定に資する適切な記載がある検証許可状により電話傍受を実施すること」は適法としている。

その後、通信傍受の法的許容性は、1999年改正により、立法的に解決された。通信当事者双方の同意を得ないで行う電気通信の傍受は強制処分であるとの理解から、その根拠規定を刑事訴訟法222条の2に定め（平11法138）、手続の詳細が「犯罪捜査のための通信傍受に関する法律」（平11法137）に規定

---

66 井上正仁『捜査手段としての通信・会話の傍受』（有斐閣、1997年）、奥平康弘＝小田中聰樹監『盗聴法の総合的研究―「通信傍受法」と市民的自由』（日本評論社、2001年）。

67 川﨑英明「盗聴の規制と令状主義・強制処分法定主義」石松竹雄判事退官記念『刑事裁判の復興』（勁草書房、1990年）63頁。

68 土本武司『犯罪捜査』（弘文堂、1978年）130頁。

69 最決平11・12・16刑集53巻9号1327頁「旭川覚醒剤事件」。

された。

通信傍受の実体的要件は、①対象犯罪の捜査として行われること、②対象犯罪について十分な嫌疑があること、③対象犯罪に関連する通信が行われると疑うに足りる状況（蓋然性）があること、④他の方法によっては、犯人を特定し、又は犯行の状況若しくは内容を明らかにすることが困難であること（手段の補充性）、である（通信傍受3条1項、別表）。対象犯罪は、当初は、違法薬物関連犯罪、銃器関連犯罪、集団密航に関する罪、組織的な殺人の罪の4種に限定されていたが、2016年改正（平28法54）により、殺傷犯等関係（現住建造物等放火、殺人、傷害致死等）、逮捕監禁、略取誘拐関係、窃盗・強盗関係、詐欺・恐喝関係、児童ポルノ関係の諸犯罪類型が付け加えられた。

手続的要件として、令状に関しては、①令状請求権者及び発付権者が検察官（指定検事）又は司法警察員（指定された警視以上の警察官等）に限られている（通信傍受4条）、②傍受期間は原則10日以内とされ、必要があると認められるときは通算で30日まで延長される（通信傍受5条、7条）、③傍受の実施に際しては、通信管理者等に令状を提示し、その者らに立ち会わせなければならない（通信傍受10条、13条）、といった点が挙げられる。このうち③の要件については、捜査実務上、これによって適時の傍受が妨げられるとともに、立会いを求められる通信事業者側の負担も指摘されてきた。そこで、2016年改正により、「特定装置」（傍受した通信及び傍受経過を自動的に記録し、即時に暗号化する機能を有する装置）の使用を認め（通信傍受2条4項以下）、通信事業者の立会い及び記録媒体の封印を不要とするとともに、警察署内等適宜の場所でリアルタイムに通信内容の傍受等を行うことができるようになった。具体的には、令状によって特定された傍受期間内の通信について、通信事業者がこれを暗号化した上で捜査機関の施設内に設置された特定装置に伝送し、これを受けた検察官又は司法警察員が即時に復号化して現行と同一の範囲内で傍受を実施するか、又は捜査機関が不在の間の通信について特定装置を通じた記録媒体に一旦記録し、後にこれを復号化して再生する方法が可能となる（通信傍受23条）。これにより、通信事業者の立会い等が不要になることから、暗号・復号化の鍵の作成及び交付は、裁判官の命令を受けて、裁判所の職員が行うこととされた（通信傍受9条）。通信傍受の対象は、対象犯罪に関する電気通信上の会話であるが、捜査機関は、その該当性を判断するために必要最小限度の範囲でスポット・モニタリングの方法による前後を含めた会話を傍受することができる（通信傍受14条）。傍受の際に、他の一定程度の重大犯罪に関する通信が認められたときは、所定の要件において傍受できる（通信傍受15条）。

捜査機関は、通信傍受を行うと、全て録音その他の性質に応じた適切な方法で記録し（通信傍受24条）、立会人による封印をし、又は特定電子計算機を使用した場合は当該記録を、裁判官に提出しなければならない（通信傍受25条、26条）。検察官又は司法警察員は、傍受の都度、傍受記録一通を作成し（通信傍受29条）、傍受記録に記載された通信当事者に対して傍受の実施に関する通知をしなければならない（通信傍受23条）。この通知を受けた通信当事者は、傍受記録又は原記録の該当箇所を聴取し又は閲覧等することができる（通信傍受31条、32条）。通信傍受の処分を受けた者には、不服申立ての機会が与えられている（通信傍受33条）。なお、政府は、毎年通信傍受に関する令状発付及び実施件数等について、国会に報告し、公表しなければならない（通信傍受36条）。捜査機関等が通信傍受に際して通信の秘密を不当に侵す行為をしたときは、刑罰を科される（通信傍受37条）。

なお、電気通信による会話を捜査機関が傍受するとしても、会話の一方当事者が同意している場合には、任意処分として行うことができる。判例[70]は、被疑者から詐欺の被害を受けたと考えた者が後日の証拠とするため被疑者との電話会話を録音したという事案について、これを適法としている。これを応用すると、捜査機関が会話の一方当事者の同意を得て傍受する措置も適法ということになる。ただし、相手方においてプライバシーの保護も考慮すると、録音についての正当な理由があり、会話の相手方の要保護性が低いといった場合に限定されるべきである。

(b)　室内会話盗聴

室内会話盗聴は、バッギングの手法により会話等を盗聴する手法である。捜査機関が目的の場所に盗聴器を設置し、そこで行われる会話を密かに盗聴

[70] 最決平12・7・12刑集54巻6号513頁「偽広告下請代金詐取（秘密録音）事件」。

し、録音等する。

裁判例[71]は、警察官が捜索・差押えの際に小型録音機を密かに携帯し、その場に居た被疑者との会話を録音したという事案について、「捜査機関が対話の相手方の知らないうちにその会話を録音することは、原則として違法であり、ただ録音の経緯、内容、目的、必要性、侵害される個人の法益と保護されるべき公共の利益との権衡などを考慮し、具体的状況のもとで相当と認められる限度においてのみ、許容されるべきもの」とした。また、判例[72]は、被疑者が新聞報道の目的で新聞記者と行った会話について、記者がこれを録音していたという事案について、「対話者の一方が右のような事情のもとに会話やその場の状況を録音することは、たとえそれが相手方の同意を得ないで行われたものであっても、違法ではない」としている。

このように、判例・裁判例には、バッギングの手法を用いて捜査機関が密かに室内の会話を盗聴するといった事案について正面からその適法性が検討された事案はないが、前述の事例を敷衍すると、捜査官によるこの手法の会話盗聴は強制処分であり、比例性原則に配慮した立法が必要である[73]。

(3) エックス線検査

被疑者が所持する物件は、任意提出を受けるか又は職務質問に付随する所持品検査（第3講第4章第1節）として、その内容を確認することができる。また、捜索差押許可状の発付を受けて押収することも可能である。もっとも、違法薬物や銃器の取引を摘発するためには、その前段階として内偵捜査が行われることがあり、その際には、宅配便で配送中の荷物を開封しないままでその内容物を探知すべき必要性がある。そのようなときに、時折エックス線検査機を用いて、荷物の内容物についてその形状を確認するといったことが行われる。

判例[74]は、捜査機関が覚醒剤取引事案の内偵中に、被疑者の下に送られた

71　千葉地判平3・3・29判時1384号141頁「三里塚闘争会館事件」。

72　最決昭56・11・20刑集35巻8号797頁「検事総長偽電話事件」。

73　2016年の改正に当たり、法制審議会で検討の対象とされたが、時期尚早として導入が見送られた。

74　最決平21・9・28刑集63巻7号868頁「大阪宅配便エックス線検査事件」。本件下級審は、任意処分として適法としていた。

宅配便の荷物を、配送中の宅配業者の協力を得て任意でその提出を受け[75]、これを付近の空港にあるエックス線手荷物検査機にかけてその内容物の形状を探知した（覚醒剤を詰めた袋の形状が確認され、その陰影が捜索差押許可状を請求する際の疎明資料とされた）事案について、これは「検証としての性質を有する強制処分に当たり、検証許可状によることなくこれを行うことは違法である」とした。

エックス線を用いて宅配中の荷物の内容を検査することは、荷送人と荷受人との間における秘密（プライバシー）に介入する行為であり、宅配業者はその権利利益を処分できる地位にはない。そして、宅配中の荷物に対するプライバシーの保護は、通信の秘密（憲21条2項2文）に照らしても重要といえる。それゆえ、陰影を目視で確認する行為は強制処分としての検証に当たり、その実施のためには令状が必要である。

(4) GPS 捜査

捜査の過程で、被疑者又はその関係者の行動を確認するために、尾行や張り込みが行われる。これらは、従来、基本的に任意捜査であり、比例性原則にかなう限りで適法であるとされてきた。しかし、近時は、GPS（Global Positioning System＝全地球測位システム）技術の発達により、その発信機を用いた行動確認（GPS 捜査）が行われるようになっていた。例えば、被疑者等が使用する車両に GPS 発信機を取り付けておくと、捜査官らは、自ら尾行や張り込みといった従来型の確認措置を講じることなく、警察署に居ながらにして、PC 端末を操作することで、直ちに発信機が取り付けられた対象車両の所在を検索し、追尾することが可能となる。また、専用のソフトを使用することで、対象車両の移動状況をルート化し、一定の行動パターンまで把握することも可能となる。

GPS 捜査は、当初、警察庁が全国の都道府県警察に宛てて発出した通達及び「移動追跡装置運用要領」に従って、任意捜査として無令状で行われて

75　この場合、個人のプライバシーに対する第三者のアクセス可能性により、本人がプライバシー開披の危険を任意に負担しているとの前提で、プライバシーの要保護性の低下を認める**第三者法理**の適否が問題になる（緑大輔『刑事捜査法の研究』（日本評論社、2022年）45頁。

きた。この運用要領では、GPS 捜査の実施について保秘を徹底すべきことが定められており、警察官がこれを実施しても捜査報告書等への記載は行われていなかった[76]。しかし、幾つかの事件で対象者が不審に思い、自身の車両に発信機が取り付けられていることを発見するなどして、GPS 捜査の実施が明らかとなり、その適法性が裁判で争われるようになった。裁判例では、これを任意捜査として適法とするもの[77]と、強制捜査であるとして違法とするもの[78]とに分かれた。

このような状況において、最高裁[79]は、大法廷で審理し、GPS 捜査は強制処分に当たり、無令状でこれを行うことは違法であるとした。その理由として、「個人の行動を継続的、網羅的に把握することを必然的に伴うから、個人のプライバシーを侵害し得るものであり、また、そのような侵害を可能とする機器を個人の所持品に秘かに装着することによって行う点において、公道上の所在を肉眼で把握したりカメラで撮影したりするような手法とは異なり、公権力による私的領域への侵入を伴うもの」との理解を前提に、「個人のプライバシーの侵害を可能とする機器をその所持品に秘かに装着することによって、合理的に推認される個人の意思に反してその私的領域に侵入する捜査手法である GPS 捜査は、個人の意思を制圧して憲法の保障する重要な法的利益を侵害するものとして、刑訴法上、特別の根拠規定がなければ許容されない強制の処分に当たる」というのである。最高裁は、その上で、更に GPS 捜査は「情報機器の画面表示を読み取って対象車両の所在と移動状況を把握する点では刑事訴訟法上の『検証』と同様の性質を有するものの、対象車両に GPS 端末を取り付けることにより対象車両及びその使用者の所在の検索を行う点において、『検証』では捉えきれない性質を有することも否定し難い」として、現行法の下で実施することに疑問を示し、「GPS 捜査が今後も広く用いられ得る有力な捜査手法であるとすれば、その特質に着目して憲法、刑事訴訟法の諸原則に適合する立法的な措置が講じられることが望

[76] 大阪地決平27・6・5判時2288号138頁。
[77] 大阪地決平27・1・27判時2288号134頁。
[78] 大阪地決平27・6・5判時2288号138頁。
[79] 最大判平29・3・15刑集71巻3号13頁「連続窃盗等 GPS 捜査事件」。

ましい」として、立法を要求した。

判例がGPS捜査を強制処分として位置付けたことから、今後はこれを無令状で行うことは許されない。また、その立法要求は、警察庁をして判決の即日にGPS捜査を一旦停止するよう指示をさせ、新たな立法的措置が検討されることに至らせた。

学理では、以後、本大法廷判決の射程をめぐって議論が続けられている[80]。例えば、純粋に尾行行為の補助手段としてGPS発信機を取り付けて、対象車両の所在の検索を伴わずに行う場合も強制処分に該当するのか、対象者が所持するスマートフォンの位置情報を、プロバイダー等の協力を得て探知する方法は適法か、といった類である。技術的手段の応用は捜査の効率が著しく向上することを期待させるが、他方で、伝統的な捜査手法では把握されてこなかった権利侵害をもたらせている。判例が、GPS捜査は対象者の所在の検索を行う点で個人の行動を継続的・網羅的に把握し検証では捉えきれない性質を有すると判示した点は、今後の科学的技術を応用した捜査手法の法的規制を考える上で重要な視点である。

(5) DNA型鑑定

犯行現場や被害者の身体には、指紋や足跡など犯人につながる様々な痕跡が残されている。血液や体液等が発見されると、それをDNA型鑑定し、犯人を特定する重要な情報を得ることができる。DNA型鑑定は、人の遺伝子情報の配列に着目し、それぞれの比較から個人を識別する鑑定方法である[81]。DNA型は、指紋と同様、人それぞれに違いがあり、個人においては生涯変化しないという特性を有している。DNA型鑑定は、DNA型の性質を犯人と被疑者・被告人の同一性の確認に応用した捜査手法である。警察の捜査において、現在は主に**STR型検査法**と呼ばれる方法が用いられているが、この検査手法によると、「日本人で最も出現頻度が高いDNA型の組合せの場合で、約4兆7千億人に1人という確率で個人識別を行うことが可能

80 指宿信編著『GPS捜査とプライバシー保護—位置情報取得捜査に対する規制を考える』（現代人文社、2018年）、尾崎愛美『犯罪捜査における情報技術の利用とその規律』（慶應義塾大学出版会、2013年）。

81 遺伝子情報（DNA）そのものを検査するわけではないので、DNA型鑑定という。

となっている」[82]。DNA 型検査が導入された初期の頃は、まだその識別レベルが低く、鑑定結果の証拠能力が問題とされたが[83]（第12講第2章第2節）、現在では、被疑者の発見と公判での証拠価値において重要なものとなっている。

DNA 型検査は、犯人が遺留した体液を領置し、これと対照されるべき被疑者のサンプルを差押え等して検査することになるが、この試料を取得する段階で、令状等の手続が採られなければならない。これに加えて、DNA 型検査は、個人の識別情報という高度なプライバシー領域に介入するものであり、かつ、検査で得られたデータの保管や再利用といった問題もある。現在、日本では、警察庁遺留資料 DNA 型情報検索システムが使用され、国家公安委員会規則「DNA 型記録取扱規則」（2005年）に基づいて運用されている。このシステムは、被疑者等から得られた DNA 型記録をデータベース化し、都道府県警察が日常の捜査過程で被疑者と犯人との同一性を確認する目的で照合することを可能にするものである。これにより、捜査の現場では、膨大な識別情報にアクセスし、簡易に犯人と被疑者との同一性を確認できることになる[84]。しかし他方で、高度の個人情報の保存や使用は、個人の自己決定権・自己情報コントロール権[85]という観点で、資料やデータの取得を超える権利領域への介入を伴うものである。この点に鑑みると、警察内部の規則による運用は、強制処分法定主義の観点から疑問が残る。新たな立法が必要である[86]。

---

82 平成28年警察白書89頁。

83 最決平12・7・17刑集54巻6号550頁「足利幼女殺害事件」。

84 アメリカでは、特に性犯罪事件について被疑者の身許が不詳の場合でも、公訴時効を阻止するため DNA 情報によって起訴するという実務が行われている。

85 憲法学理における近時の研究として、音無知展『プライバシー権の再構成―自己情報コントロール権から適正な自己情報の取扱いを受ける権利へ』（有斐閣、2021年）。

86 辻本典央「ドイツにおける DNA 型検査の現状― DNA 型一斉検査」近法61巻2＝3号61, 79頁。

第7講　被疑者の防御

第1章　総　説

刑事手続は、公判において証拠を取り調べて、判決が下される。それゆえ、被告人が公判手続で十分な防御を行うことができるよう、多くの権利が保障されている。しかし、公判における証拠は捜査の段階で収集・保全され、特に被疑者取調べの調書に関する公判との結び付きにも鑑みると、既に捜査段階においても、被疑者に十分な防御の機会が保障される必要がある。被疑者は、単に捜査の客体として位置付けられるだけでなく、手続に主体的な形で関与することで、自身も公判への準備を行い、更には、検察官の起訴・不起訴の処分にも一定の影響を与えることが可能となる。

捜査段階において、被疑者の防御権は、様々な観点で保障されている。第1に、被疑者は、逮捕・勾留や捜索・差押えなど、様々な捜査（特に強制処分）の客体となる。捜査機関は、手続が適正に行われるよう刑事訴訟法の諸規定を遵守しなければならないが、被疑者の側にも、これに対応するために、勾留取消請求（207条1項・87条）や準抗告（429条、430条）など、処分に対する異議や不服申立ての機会が与えられている。取調べに対する黙秘権も、取調べの客体としての地位において供述を不当に強要されないよう保障された権利である。これらは、捜査機関の諸活動に対する対抗という意味で、消極的な側面から被疑者の防御を保障するものである。第2に、被疑者は、既に捜査段階からより積極的に、公判に向けた証拠収集・保全の機会も与えられなければならない。被疑者は、探偵に調査を依頼するなどして証拠の収集等を行うこともできるが、強制処分の権限まで持つわけではない。そこで、被疑者（及び弁護人）には、裁判官に捜索・差押え、検証、証人尋問等の手続を行い、証拠の保全を求める請求権（**証拠保全請求権**）が与えられている（179

条1項)[1]。第3に、被疑者は、積極又は消極の側面から手続上の諸権利が保障されているとしても、実際にそのような諸権利を効果的に行使するためには、法制度を知り、手続の状況を正しく理解できなければならない。被疑者は、そのために、捜査機関より令状の提示を受け（201条1項、222条1項・110条)、また弁護人依頼権及び黙秘権などの告知を受ける（203条1項、204条1項、198条2項)。第4に、被疑者は、自身に与えられた諸権利を適切に行使し、また、目の前に置かれた状況に正しく対応するためには、自身の側に立って助言を与え、自身を代理して手続上の諸活動を行う存在が必要となる。弁護人依頼権（30条、憲34条）は、この要請に応えるべく、弁護人の効果的な援助を受ける権利として理解される。そして、接見交通権（39条1項）は、被疑者にとって最も重要な手続的権利として位置付けられる。

本講では、これらの諸権利のうち、黙秘権と弁護人の援助を受ける権利について説明する。

第2章　黙秘権

第1節　黙秘権の意義

黙秘権は、刑事手続において被疑者・被告人に保障される、自己の意思に反して供述をする必要がないという権利である。憲法38条1項は、「何人も、自己に不利益な供述を強要されない」として、自己負罪拒否特権を保障しているが、刑事訴訟法はこれを広げて、自己に有利か否かを問わず包括的な形で供述を拒絶する権利を保障しているのである。ある供述が被疑者・被告人にとって有利か不利かは不確実であり、被疑者・被告人本人が取調べの場でそれを正しく判断できるものではない。また、刑事訴追を受ける被疑者・被告人は、その人間の尊厳に基づいて、自己を追及する相手方に進んで証拠を提供する必要はない（ネモ・テネテュール原則[2]）。被疑者・被告人におい

[1] 最決平17・11・25刑集59巻9号1831頁「山科警察署証拠保全事件」によると、既に捜査機関が押収し保管している物件に対して、更に証拠保全請求することはできない。

[2] 松倉治代「刑事手続における Nemo tenetur 原則（1）～（4・完)」立命335号以下。

て包括的な黙秘権が保障されるのは、このような考え方に基づいている。被疑者・被告人の法的地位に基づいた、供述義務の免除という点に法的性質が認められる[3]。

被疑者・被告人は、取調べ等に際して、単に供述を拒絶するという受動的な形にとどまらず、自己の意思で、いつ、どのような供述をするかも自由である。その意味で、黙秘権は、積極的な側面も併せ持つ。このような理解を徹底すると、例えば、取調べに際して弁護人の同席を求めた上で、自己に有利な供述を行う機会も保障すべきことになる。もっとも、黙秘権がそのような積極的な側面も持つとしても、あくまでその中核は供述を強要されないという点にあり、直ちにより積極的な権利が保障されるべきことにはならない。

被疑者・被告人に対して、取調べや公判の冒頭手続において黙秘権の告知をしなければならない（198条２項、291条４項）。これにより、被疑者・被告人にその権利を知らしめるとともに、供述が強制されない空間を作り出す効果も期待される。ただし、黙秘権の保障が、直ちに、その権利告知まで同レベルで保障されるべきことにはならない[4]。権利告知は、黙秘権保障の外延的な制度であり、公正な手続の実施に向けて、取調べによる供述の強要を排除するという限りで、捜査官らに求められる手続である。

第２節　黙秘権の内容

１　黙秘できる事項

被疑者・被告人の黙秘権は、供述の自由を包括的に保障する権利である。それゆえ、供述の内容如何に関わらず、被疑者・被告人は取調べ等の手続において、自己の意思に反して供述することを強要されない。

ただし、これは、取調べ等に際して供述を求められる場面に限られるので

---

3 被疑者・被告人は、証人と同様、本質的には供述義務を負うとした上で、政策的に宣誓を免除したものとの理解もある。この見解からは、被疑者・被告人に供述義務を負わせて、虚偽の供述に対して偽証罪等の制裁を科することも可能となる。2016年改正の際、被告人の真実供述義務が問題とされた。

4 最判昭25・11・21刑集４巻11号2359頁は、黙秘権告知は憲法上の要請ではないとしている。

あり（弁解録取や勾留質問も含まれる）、それ以外の訴訟手続において氏名等の法律上要求される事項の記載まで免除するものではない。判例[5]は、取調べにおいて完全に黙秘していた被疑者が弁護人選任届（規17条、18条）にも氏名を秘匿して提出したという事案について、この届出が法定の要件を満たさないものとして却下されたとしても、そのことは、「何人も自己が刑事上の責任を問われる虞ある事項について供述を強要されないことを保障した」憲法38条１項及び刑事訴訟法に反するものではないとした。このような手続については、黙秘権保障の問題というよりも、その保障の趣旨をも考慮しつつ、比例性原則の観点から、他の代替手段の有無などに配慮すべきものである。

黙秘権は、被疑者・被告人の供述の自由を保障すべき権利であるが、犯行を否認している場合に用いられる**ポリグラフ検査**は黙秘権を不当に侵害するものとならないか。この点は、ポリグラフ検査の性質を如何に解すべきかによる。ポリグラフ検査は、質問と対照して被験者の生体反応（汗や鼓動など）を検知し、供述の虚偽性を推認するものであるが、この生体反応の探知が供述を求めるものであるとすると、黙秘権侵害の疑いが生ずる。他方、外形的に表れた生体反応を確認するだけであり、供述とは異質のものであるとすると、黙秘権侵害には当たらない。この問題は、ひとまず黙秘権侵害とは切り離した上で、比例性の観点から、被疑者に検査を強制することはできず、その真摯な同意を得た上で実施すべきものと考えられる。

2　黙秘権行使の効果

(1)　取調べの拒絶

黙秘権は、取調べ等において供述を求められた場合、これを拒絶することができる権利である。もとより、これは放棄も可能であり、被疑者が自発的に供述することには問題ない。では、被疑者が取調べに際して黙秘権を行使した場合、捜査機関は以後もなお取調べを継続することができるか。換言すると、黙秘権の行使は取調べを拒絶する効果を持つか。

この問題について、取調べは被疑者が任意に応じる限りで成立する捜査手

---

[5] 最大判昭32・２・20刑集11巻２号802頁「京成電鉄事件」。

法であり、被疑者が黙秘の意思を示す以上、取調べを継続することの意味はなく、逆に取調べの継続を認めることは黙秘権を侵害するものとなる、との見解がある。この見解は、アメリカの**ミランダ法則**に範を得たものであり[6]、取調べと黙秘権とを一元的に捉えるものである。結論において、身体拘束下の取調べ受忍義務を否定することになる。他方、取調べの義務付けと黙秘権保障とは両立するとして、黙秘権の行使によってもなお取調べを継続することは可能である、とする見解がある。これは、正に身体拘束下の取調べ受忍義務を肯定する立場である。

刑事訴訟法の解釈としてはいずれも成立し得るところであり、黙秘権保障を実効的なものとするためには、取調べを遮断する効果をもたらせること（取調べ受忍義務を否定すること）が望ましい。ただし、黙秘権保障の中核はあくまで供述の拒絶であり、取調べ自体の拒絶はそれを周縁から保護するものである。この点を踏まえた上で、取調べ受忍義務を課すとしても、黙秘権が侵害されないような制度的保障が考えられるべきである。

(2) 勾留請求・延長との関係

被疑者が黙秘又は否認している場合、これを理由に勾留請求又はその延長は認容され得るか。黙秘権は、憲法及び刑事訴訟法が保障する手続的権利であり、その行使を理由にして被疑者に不利な取扱いをすることはできない。取調べ受忍義務を認めるとしても、取調べの必要性が勾留の要件とされてい

---

[6] アメリカ判例法としてのミランダ法則：身体拘束又は自由を制限された被疑者に対し、いかなる尋問に際しても、予め①黙秘権の存在、②供述が公判で有利にも不利にも使用され得ること、③弁護人の立会いを求める権利の存在、④経済的余裕がない場合には国選弁護人の選任を求めることができることが告知されなければならず（①～④を「ミランダ告知」と呼ぶこともある）、⑤被疑者が尋問前又は尋問中に何らかの方法で黙秘する旨を示した場合には取調べを中止しなければならない、また弁護人の立会いを要求した場合にはそれが実現するまで尋問を中断しなければならない、⑥右に違反した取調べによって得られた供述の証拠能力は否定される、⑦被疑者の権利放棄は認められるが、その際十分権利を熟知した上で放棄されたことの立証責任は、訴追側に課される。小早川義則『ミランダと被疑者取調べ』（成文堂、1995年）、同『ミランダと自己負罪拒否特権』（成文堂、2017年）。

ドイツ連邦通常裁判所1992年判決（BGHSt 38, 372）では、被疑者が初回の尋問前に弁護人との面会を求めたが、警察がこれを拒否した場合、尋問前に黙秘権が告知されていたとしても、当該尋問における供述の証拠能力は否定される、と判示されている。

ない以上、黙秘権の行使が勾留請求又はその延長を認める理由にはならない[7]。

ただし、事案によっては、被疑者の黙秘が罪証隠滅（又は逃亡）の虞を裏付ける根拠となることがある。例えば、重要証人の存在が明らかであるが、被疑者を勾留しなければその者との接触を図り、重要証言が歪曲されてしまうような場合である。このような状況が認められる場合には、勾留の必要性に基づいてその請求又は延長が認められることになる。もっとも、勾留の理由及び必要性は疎明資料等によって具体的に示されなければならず（規152条）、単に被疑者が黙秘しているといった抽象的な虞では足りない[8]。

(3) 不利益推認

被疑者が黙秘権を行使した場合、直接的には、その供述が得られなかったという結果が残るだけであり、証拠関係に何ら変化が生ずるものではない。しかし、例えば、被疑者が管理する建物内で死体が発見され、被疑者が被害者の死亡に何らかの関わりがあることが定かであるとき、なおも被疑者が取調べに対して黙秘する場合、被疑者による殺人又は傷害致死の認定をすることができるか。このような認定を、**不利益推認**と呼ぶ。この推認は、人は自分に有利な事情があるならば何らかの弁解をするはずであり、被疑者がこれをせず黙秘しているということは有利な事情がないからである、といった経験則を前提とする[9]。

この問題について、裁判例[10]は、「黙秘の態度をもって犯罪事実の認定において被告人に不利益に考慮することは、それが如何なる段階のものであっても、また如何なる状況下のものであっても許されない」としている。黙秘権は、憲法及び刑事訴訟法によって保障される手続的権利であり、その行使をもって当該手続内で不利に扱われてはならない。また、被疑者の権利行使であるとの前提からは、仮に有利な事情があるとしても、供述するかどうか

7　これを正面から認めてしまうと、人質司法の批判が妥当する。

8　最決平26・11・17裁判集刑315号183頁「京都地下鉄烏丸線痴漢事件」。

9　イギリスでは、重大事案に限り、このような不利益推認を認める規定がある。梶悠輝「イギリス刑事手続における自己負罪拒否特権—「黙秘からの不利益推認」に関する議論からの示唆」同法69巻8号97頁。

10　札幌高判平14・3・19判時1803号147頁「札幌児童殺害事件」。

はその意思に委ねられており、不利益推認を肯定すべき経験則は存在しない。

被疑者・被告人が捜査・公判を通じて黙秘している場合、不利益推認が否定されるのと同じ理由で、黙秘の事実をもって量刑上不利益に扱うことも許されない。ただし、取調べに対して自白し、事案の解明に積極的に協力するなどして反省の態度を見せている場合に比べて減刑されないという意味で、相対的に重く扱われ得ることは否定できない。

第3章　弁護人の援助を受ける権利

第1節　弁護人依頼権

1　弁護人依頼権の意義

憲法上、「刑事被告人」及び身体拘束処分を受ける者に対して、弁護人に依頼する権利が保障されている（憲37条3項1文、34条1文後段）。これを受けて、刑事訴訟法上は、被疑者・被告人は、「何時でも」、つまり手続の段階や状況に関わることなく弁護人を選任する（弁護人に依頼する）ことができる(30条)。また、被疑者・被告人が資力等の関係で弁護人を自ら選任できないときは、国選弁護の制度も用意されている（憲37条3項2文、法36条以下）。

この**弁護人依頼権**は、法的専門家が被疑者・被告人の側に立ってその補助を行うことが公正かつ適正な刑事手続に不可欠の要素であることに鑑みて、憲法及び刑事訴訟法が保障する手続的権利である。それゆえ、弁護人依頼権は、単に依頼すること自体を形式的に保障するにとどまらず、弁護人から有効な弁護を受ける権利として実質的に理解されなければならない。判例[11]も、「単に被疑者が弁護人を選任することを官憲が妨害してはならないというにとどまるものではなく、被疑者に対し、弁護人を選任した上で、弁護人に相談し、その助言を受けるなど弁護人から援助を受ける機会を持つことを実質的に保障しているものと解すべきである」としている。

捜査段階における被疑者の防御の重要性を考えると、この場面での弁護人

11　最大判平11・3・24民集53巻3号514頁「安藤・斉藤事件（大法廷判決）」。

に期待される役割も大きい[12]。弁護人は、被疑者との適切なコミュニケーションを図り、まずは被疑者に対して手続上保障されている諸権利や、以後の刑事手続の進行等について、事案の分析を踏まえて適切に助言しなければならない。被疑者からは様々な相談がなされるが、弁護人は、その対応において、彼らにしっかりと理解させることが必要である。また、弁護人は、後の公判に備えて、被疑者に有利に働く証拠を収集し、又は証人に面会するなどして供述を保全等しておかなければならない。事案によっては、そのような活動が、検察官の起訴処分に影響を与えることもある。その意味で、被害者との示談交渉や、社会復帰に向けた環境整備も重要になる。更に、被疑者が勾留されている事件では、家族との連絡を仲介するなどして、身体拘束に伴う不安を除去し、健康面にも配慮しなければならない。

このようにして、被疑者の弁護人依頼権は、被疑者と弁護人とのコミュニケーションが適切に築かれることが前提となる。特に被疑者が逮捕・勾留による身体拘束を受けている事案では、両者が面会する機会として「接見交通権」(39条1項)の保障が重要となる。

2　弁護人依頼権の保障に向けた各機関の役割

弁護人依頼権は、被疑者・被告人の憲法上、刑事訴訟法上の手続的権利であり、その担い手は、弁護人自身である。弁護人は、被疑者・被告人の正当な利益の実現に向けて、自身の持つ知識や能力をもって最善の弁護を行わなければならない。その限りで、弁護人は、弁護士として一私人の立場を超えて、司法の利益を実現すべき機関と位置付けられる(第2講第2章第1節)。

捜査機関は、弁護人依頼権の保障において、まずは被疑者が弁護人に依頼することを妨げてはならない。具体的には、被疑者と弁護人との連絡を遮断したり、弁護人選任届を不当に無視するなどは禁止される。また、弁護人依頼権が実質的に保障されるべき、効果的な弁護を受ける権利であるとの理解からは、捜査機関も、これに実質的に寄与すべき義務を負う。捜査機関は弁

---

12 丹治初彦『「捜査弁護」覚書』(現代人文社、2005年)、若松芳也『苦闘の刑事弁護』(現代人文社、2007年)、佐藤博史『刑事弁護の技術と倫理―刑事弁護の心・技・体』(有斐閣、2007年)。

護人接見に立ち会うことを禁止されているが（39条１項）、これは被疑者と弁護人との間に必要なコミュニケーションを阻害することを防ぐものである。その趣旨からは、取調べの過程で弁護人接見時の会話内容を聞き質したり、弁護人の悪評を吹き込むことなども禁止される。また、弁護人は業務上の秘密について押収拒絶権を持つが（222条１項・105条）、これを超えて、弁護人と被疑者との通信は電話及び文書に関わらず全て介入が禁止されるべきである。捜査機関は、被疑者が弁護人にアクセスすることを援助することも義務付けられる。現行法上も、逮捕時に弁護人選任権の告知がなされるが（203条１項、204条１項）、被疑者が希望する場合には電話連絡などに便宜を図らなければならない[13]。

裁判官は、捜査段階において、国選弁護人の選任を担当するが（37条の２）、これに加えて、勾留に関する裁判や準抗告の機会を通じて、弁護人依頼権が不当に侵害されていないかを監視しなければならない。

第２節　接見交通権

１　接見交通権の意義と内容

被疑者・被告人は、逮捕又は勾留により身体を拘束されている場合でも、弁護人又は弁護人になろうとする者と、立会人なく接見及び書類や物の受け渡しをすることができる（39条１項）。任意同行・取調べ中の被疑者は、身体拘束処分を受けていないため、何時でも自由に弁護人と面会できるが[14]、刑

---

13 ドイツの実務では、警察官は、被疑者に対して、弁護人との接触を有効な手段で行うことができるよう助力しなければならないとされている。例えば、被疑者がドイツ語を理解できないような場合に、単に地域の職業電話帳を交付しただけでは足りない（連邦通常裁判所1996年判決（BGHSt 42, 15））。この判例ルールは、現在では立法されている（ドイツ刑訴136条１項）。日本の最高裁も、面会接見が問題となった事案で、その実現に向けて検察官には「特別の配慮をすべき義務」があるとしている（最判平17・４・19民集59巻３号563頁「定者事件」）。大阪地判令４・12・23判タ1507号116頁は、警察官は、逮捕された被疑者からの当番弁護士の派遣要請を受けた場合には、速やかに弁護士会にその旨を通知する義務があるとし、これを懈怠した場合は違法であるとしている。

14 福岡高判平５・11・16判時1480号82頁、東京高判令３・６・16判時2501号104頁。それゆえ、任意取調べ中に弁護人が面会を求めた場合、被疑者にそれを伝えた上で、被疑

事訴訟法上の**接見交通権**は、身体拘束を受けている被疑者・被告人に対し、その権利保護のため憲法が特に弁護人依頼権を保障したことに由来する刑事手続上の基本的権利である[15]。

被疑者が逮捕・勾留される場合、警察署又は拘置所に設置された接見室で弁護人と面会することになる[16]。刑事訴訟法上、立会人を置くことは許されず、密室で面会すること（**秘密接見**とも呼ばれる）が保障されている[17]。被疑者と弁護人との面会において、防御戦略上重要な打合せをすることなどが想定されるが、捜査担当者はなおのこと、留置場又は拘置所の係官が立ち会うのであれば、打合せを十分することができない。被疑者が家族等と接見するときは、留置施設の保安上の理由から立会人を置くことになっているが（80条、刑事収容施設112条）、これと比較して、刑事訴訟法が如何に弁護人接見に配慮しているかがうかがわれる。ただし、弁護人接見も、施設管理上の理由から、物の授受に関しては保安上の検査を行うことができ（39条2項）、接見もアクリル板などの遮へい措置が設置された部屋で行うこととされている。被疑者がこのような装置を施した接見室のない庁舎に移送され、弁護人がそこに来て被疑者との接見を申し出た場合、捜査機関側は、接見室の準備がないことを理由に接見を拒絶することは許されず、弁護人と協議の上、応接室等一般の部屋で立会人を置いた上での面会（**面会接見**）でも足りるかどうかを協議しなければならない[18]。

者が弁護人との面会を希望するときは、取調べを中断して面会させなければならず、弁護人の来署・接見申出を被疑者に告げないまま取調べを継続することは違法である。

15 最判昭53・7・10民集32巻5号820頁「杉山事件」、最大判平11・3・24民集53巻3号514頁「安藤・斉藤事件（大法廷判決）」。接見交通権は、弁護人にとってもその固有権の最も重要なものの一つである。

16 遠隔地の庁舎に留置されているなどした場合、弁護人が近隣の指定庁舎に赴いて電話で接見する方法が試行されたこともある。

17 秘密接見性に基づいて、捜査官が取調べに際して弁護人との会話内容を質問することは許されない（鹿児島地判平20・3・24判時2008号3頁「志布志事件」）。

18 最判平17・4・19民集59巻3号563頁「定者事件」。

2 接見指定制度

(1) 接見指定制度の合憲性

弁護人との接見は、原則として何時でも行うことができるが、施設保安等の理由から、休日や深夜の時間帯は制限されることがある。これに加えて、起訴前の捜査段階に限り、捜査機関は「捜査のため必要があるとき」には、「日時、場所及び時間を指定する」ことができる（39条3項本文）。この処分を**接見指定**という。家族等の場合と異なり、弁護人接見を禁止することはできないが（81条参照）、捜査の必要性を理由として、必ずしも希望どおりのタイミングで面会できないこともあるという意味で、一定の制限をすることが許されている。

弁護人接見は、被疑者にとって刑事手続上の基本的権利であり、憲法上の弁護人依頼権に由来するものとして保障を受ける（弁護人にとっても、最重要の固有権である）。接見指定制度は、このような権利に制限を課すものであることから、まずは、合憲性が問題となる。判例[19]は、接見交通権のこのような重要性を確認しつつ、他方で、国家の権能である刑罰権及び捜査権の行使との関係で一定の制約を受けるべきものでもあり、「接見交通権の行使と捜査権の行使との間に合理的な調整を図らなければならない」とした上で、①接見指定制度は全面的な禁止と異なり、日時等の指定をするものであって、接見交通権を制約する程度は低い、②接見指定が許されるのは、取調べの中断等により捜査に顕著な支障が生ずる場合に限られる、③接見指定をする場合には、被疑者の防御準備に配慮した措置を採るべきこととされている、④接見指定処分に対して、準抗告による不服申立ての機会が保障されている、という点を挙げて、現行の接見指定制度は合憲であるとした[20]。比例性原則の観点から、必要性及び相当性を厳格に解しつつ、法定要件や処分の明確性を条件に、接見指定制度の合憲性を肯定してよい。

---

19 最大判平11・3・24民集53巻3号514頁「安藤・斉藤事件（大法廷判決）」。

20 学理では、違憲説も主張されていた（高田昭正『被疑者の自己決定と弁護』（現代人文社、2003年）132頁）。また、最高裁の論理に対して、接見交通権は身体拘束を伴う捜査権行使を制限するものであり、逆に後者をもって制限を認めるのは背理であるとの見解も見られる（渡辺100頁）。

(2) 接見指定の要件

接見指定は、起訴前の捜査段階において、「捜査のため必要があるとき」に行うことができる（39条3項本文）。ただし、接見指定を行うに当たり、「被疑者が防御の準備をする権利を不当に制限する」ことを避けなければならない（39条3項但書）。比例性原則の観点からは、前者が必要性、後者が相当性に該当する。かつては、両面を包括して一元的にその要件が論じられていたが、双方は異なる要素であり、次元の異なる問題を提起することから、明確に区別されなければならない[21]。

(a) 捜査の必要性

接見指定は、まず、捜査に必要があることが要件である。この必要性がない場合には、申出どおりの接見を直ちに認めなければならない。この要件について、従来、実務及び学理において見解が対立していた。

接見交通権は逮捕・勾留中の被疑者と弁護人が一定時間の面会をする権利であるが、その間は、必然的に、取調べ等の被疑者が同席することが必要な捜査を中断しなければならない。そこで、接見指定は、このように被疑者の同席を必要とする捜査を行う場面に限定されるのか否かという点で見解が分かれていた。学理では限定説が通説であったが、実務ではかつてこれに限定されないとの考え方（非限定説）が支配的であった。非限定説は、接見指定の処分として一般的指定という手法を用いることの根拠とされた。

判例は、この問題について、「現に被疑者を取調中であるとか、実況見分、検証等に立ち会わせる必要がある等捜査の中断による支障が顕著な場合」[22]、又はこれに加えて「間近い時に右取調べ等をする確実な予定があって、弁護人等の必要とする接見等を認めたのでは、右取調べ等が予定どおり開始できなくなるおそれがある場合も含む」[23]といった表現を用いてきた。そして、接見指定の合憲性を判断した最高裁大法廷判決[24]は、「接見等を認

[21] 筆者は、これまで、39条3項本文を「抽象的要件」同但書を「具体的要件」としていたが（辻本・刑事弁護208頁）、前版より本文のとおりに改めた。
[22] 最判昭53・7・10民集32巻5号820頁「杉山事件」。
[23] 最判平3・5・10民集45巻5号919頁「浅井事件」。
[24] 最大判平11・3・24民集53巻3号514頁「安藤・斉藤事件（大法廷判決）」。

めると取調べの中断等により捜査に顕著な支障が生ずる場合に限られ〔る〕」とまとめている。

捜査の必要性は、比例性原則のうち必要性の観点から求められる要件である。制約を受ける接見交通権の重要性に鑑みると、この要件は特に厳格に解されなければならない。この点で、限定説と非限定説との対立は、被疑者の身体を利用した捜査に該当するかどうかという形式的な視点によるものであったが、より実質的に考察するならば、申出どおりの接見を認めるならば「捜査に顕著な支障が生ずる場合」に限られるべきである。つまり、捜査にとっての支障は、抽象的なものでは足りず、具体的なものであり、かつ、それが捜査の展開・帰趨において顕著な影響を与えるものであって、初めてこの必要性の要件が満たされるのである。例えば、現に取調べ中であっても、その状況によってはこれを中断し、即時の接見を認めても顕著な支障が生じない場合はあるし[25]、他方で、翌日以降の接見予約が申し入れられたが、既にその時間帯には取調べ等の捜査のスケジュールが入っており、その変更を余儀なくされると捜査に顕著な支障が生ずるという場合には、接見指定が認められてよい[26]。

(b) 防御準備の保障

捜査機関は、接見指定を行うに当たり、被疑者の防御準備権を不当に制限しないよう配慮しなければならない（39条3項但書）。この要件について、接見指定の方式と、その具体的内容が問題となる。

接見指定の方式として、かつては**一般的指定**の方式が採られていた。検察官は、接見指定の必要性を認めるときに、接見を認めるときは別途発する指定書によって指定するという趣旨を書面（一般的指定書）をもって被疑者及び留置施設の長に通知し、既にこれによって自由な接見を原則的に封じるという効果がもたらされていた。この方式は、捜査の必要性を抽象的に捉え、被

25　最判平3・5・10民集45巻5号919頁「浅井事件」坂上裁判官補足意見。

26　最判平12・2・22判時1721号70頁「安藤・斉藤事件（小法廷判決）」。従来は、直行型を念頭に議論されてきたが、その理は事前連絡型にも妥当する。直行型では接見申出と捜査の時間的接着性、事前連絡型では捜査スケジュールの融通可能性が、具体的基準となる。

疑者の身体を利用した捜査活動の有無に関わらず指定できるとする考え方（非限定説）を根拠としていた。しかし、接見交通権の重要性が認識されるようになると、権利保障の原則を逆転させるものであって違法とする考え方[27]が広まり、一般的指定方式は否定されるに至った。現在では、接見指定を行う可能性がある場合、検察官が留置施設の長にのみ通知し、接見の申出があった場合には自身に連絡をするよう依頼するという方式が採られている（通知書方式）。通知書は、あくまで内部連絡文書にすぎず、一般的指定書のような法的効力を持つ処分ではないとの考え方に基づき[28]、「権限のある捜査機関に対して申出のあったことを連絡し、その具体的措置について指示を受ける等の手続を採る必要」から行われているものである[29]。こうした手続を採ることで、弁護人が待機させられるなどして接見が遅れることになるが、その待機が合理的な範囲内にとどまる限り、適法であるとされている[30]。

接見指定は、日時、場所、方法を指定して行う。例えば、弁護人が接見を求めて13時に来庁したが、既に取調べが開始されており、これを中断すると捜査に顕著な支障が生ずる場合に、取調べが終了する予定の18時から40分間、警察署の接見室で行うこと、という形で指定する。もっとも、接見指定はあくまで捜査に顕著な支障が生ずるのを避けるために行う処分であり、捜査機関としては、手続の具体的状況を考慮し、防御準備権の不当な制約になることのないよう配慮しなければならない。例えば、逮捕直後の諸手続を行っている間に、弁護人になろうとする者が接見を求めて来庁した場合、取調べ等当日の捜査スケジュールが詰まっているため明朝の接見時間を指定するということは許されるか。判例[31]は、この事案について、このような初回接見は弁護人依頼権の出発点をなす重要な機会であり、捜査機関としては、接見指定を行うための要件が具備された場合でもなお、弁護人等と協議の上、即時・近接時点での接見を認めても接見時間を指定すれば捜査にとって

[27] 鳥取地決昭42・3・7下刑集9巻3号375頁など。
[28] 最判平12・2・22判時1721号70頁「安藤・斉藤事件（小法廷判決）」元原裁判官反対意見は、処分性を肯定する。
[29] 最判平16・9・7裁判集民215号91頁「第二若松事件」。
[30] ただし、合理的な範囲をどう理解するかは問題である。
[31] 最判平12・6・13民集54巻5号1635頁37「第二内田事件」。

の顕著な支障を回避できるかどうかを検討し、これが可能なときは、所定の手続を終えた後、比較的短時間であっても接見をさせるように指定しなければならないとした。これによると、大抵の場合、短時間での接見により取調べ等が中断されたとしても、捜査に顕著な支障が生ずることはなく、接見指定が適切に行われることになるだろう。すなわち、接見指定は捜査に顕著な支障が生ずることを回避するための制度であり、その指定内容は、捜査に顕著な支障が避けられる程度に限られるはずだからである。例えば、接見時間を30分程度に限定すれば、直前に予定された取調べを中断しても顕著な支障は避けられるという形で運用されることになる。ただし、誘拐事件で人質の生命に危険が及ぶなどの極限的な事例では、取調べの継続が必要となり、比例性原則の下においても、防御準備権が相当程度の制限を受けることはあり得る。

3　接見交通に関する諸問題

弁護人接見に関して、上記以外にも、夜間や休日等留置場の執務時間外の接見[32]や、被疑者の他の利益との衝突[33]といった問題がある。また、弁護人が被疑者との接見に際して、その打合せや証拠の保全（取調べで暴行を受けたことを示す傷跡を写真撮影するなど）のため、デジタルカメラやスマートフォンを持ち込むことの可否も問題となっている[34]。

32　原則として、執務時間外の接見は施設保安上の理由で認められていないが、公判準備等との関係で柔軟な対応もなされている。東京地判令４・４・21判タ1506号197頁は、拘置所の職員が閉庁日に弁護人から被告人への提出期限が切迫した控訴趣意書案の差入れ申出を拒否した行為を違法とした。

33　最判平12・２・24裁判集民196号841頁「第一内田事件」では、弁護人接見の申出に対して被疑者の食事時間であることを理由に拒絶された。多数意見は接見指定を適法としたが、遠藤裁判官の反対意見が付されている。

34　佐賀地判平28・５・13訟月64巻７号1054頁。葛野尋之＝石田倫識編著『接見交通権の理論と実務』（現代人文社、2018年）。

第２編

公　訴

第 8 講　公訴総論

第1章　総　説

第1節　公訴の意義

捜査が終わり、検察官に事件が送致されると、手続は公訴提起の段階へと進む。**公訴提起**とは、特定の刑事事件について、国家（検察官）が裁判所の審判を求める意思表示のことをいう。公訴提起は、検察官が行う訴訟行為の一つである。日本では、国家機関である検察官が、公的利益を代表して刑事訴訟の起訴を行うとの理解から、「公訴」という概念が用いられている。

公訴提起は、検察官の権限である（247条）。検察官は、警察から送致された事件について、証拠や記録等から公判を維持できるだけの嫌疑が認められるかどうか、また、嫌疑が認められるとしても、起訴すべき事案であるかどうかについて検討し、起訴すべきと判断したときに、裁判所の審判を求めるべく公訴提起という手続をもって意思表示を行うのである。

刑事訴訟は、検察官を原告とし、被告人をその相手方の当事者として、主宰者である裁判所[1]が中立の立場で実施する手続である。このようにして、一方当事者である検察官の公訴提起によって裁判手続が開始することで、審判者である裁判所と区別するという意味がある。このような訴訟形態を**弾劾主義**[2]という。弾劾主義は、古い時代の糾問主義を否定する訴訟構造である。

---

1 最判平28・12・19刑集70巻８号865頁「豊田市神社境内刺殺・公判手続停止事件」。
2 弾劾主義は、訴追者と判断者を区別して判断の中立性を確保する点に、その中核的な意義が認められる。

第2節　公訴の諸原則

1　国家訴追主義

日本の刑事訴訟は、国家機関である検察官に公訴提起の権限を独占させている（247条＝**起訴独占主義**）。検察官は、犯罪の真相を解明し、犯罪者に対する刑罰権を実現するという意味で、国家・社会全体の利益を追求するために公訴提起の権限を行使する。したがって、日本の刑事訴訟は、**国家訴追主義**に立っている[3]。

このような国家訴追主義は、国家・社会全体の利益を追求するという意義から、同じ類型の犯罪は同様に訴追・処罰されるべきとして、全国的に統一された訴追が行われることが保障される。犯罪の責任を追及し、またその予防に資するという刑罰の目的にも合致する。他方で、検察官が国家を代表して訴追を担当するということになると、起訴便宜主義とも結びついて、市民の応報・処罰感情から乖離する虞も内在する。特に事件関係者である被害者の意思が無視されるようなことになると、一個人にとどまらず、社会全体の司法に対する信頼も揺らぐことになってしまう。

2　起訴便宜主義

検察官は、公訴提起に際して、捜査段階で収集された証拠や記録を基に嫌疑が十分であるか確認し、それに満たない場合には公訴提起を見送るのが通例である[4]。検察官の公訴提起しないことの処分を、**不起訴処分**という[5]。

検察官は、更に起訴するに足りる嫌疑が認められる場合でも、被疑者の性格、犯罪の軽重（犯情）、犯罪後の諸状況等を踏まえて、当該事件が訴追によ

---

[3] これと対になるのは、刑事訴訟を被害者の利益追求のためのものと理解する**私人訴追主義**である。国家訴追主義と私人訴追主義の関係について、小山雅亀『イギリスの訴追制度』（成文堂、1995年）、鯰越溢弘『刑事訴追理念の研究』（成文堂、2005年）。

[4] 日本の刑事裁判は有罪率が99%を超えることから、しばしば**精密司法**と特徴付けられる。精密司法は刑事手続の様々な場面にその根拠を持つが、特に検察官の起訴基準の高さが大きな要因となっている。他方、真実発見と効率が重視されることで、捜査が糾問化し、公判が形骸化するという批判もある。

[5] 不起訴処分には一事不再理効はないが、実際に再起されることは少ない。

る審判を必要としないと判断するとき、あえて公訴を提起しない（**起訴猶予**）という権限も有している（248条）。検察官に起訴するか否かの裁量を与えている点に、日本の刑事訴訟の特徴がある[6]。このような制度設計を**起訴便宜主義**という[7]。起訴便宜主義は、検察官に重い権限と責任を負わせるが、それは検察官への信頼が基礎になっている。

検察官は、更に公訴提起した後も、第一審の判決が下されるまでは、いつでも公訴を取り消すことができる（257条）。このような公訴取消しを許す制度設計を**起訴変更主義**という。起訴変更主義も、起訴後の訴訟の有効性を検察官の裁量に委ねるものであり、基本的に起訴便宜主義と同じ考え方に基づいている[8]。実務上はほとんど利用されることはないが、より柔軟に運用されるべきである。ただし、証拠が不十分であることが明らかな場合は、むしろ、検察官としても無罪判決を求めるべきである。

第3節　公訴提起の効果

公訴が提起されると、受訴裁判所に訴訟係属の状態が生ずる。これに伴い、新たな訴訟上の法律関係が発生する（第11講第1章第3章）。例えば、裁判所は、起訴状謄本を被告人に送達し（271条1項）、公判期日を指定する（273条1項）などの義務を負う。裁判所は、訴訟係属に伴い当該事件の審判を行う権限を有し、検察官は、同一事件について重複して他の裁判所に公訴提起してはならない（**二重起訴禁止**）。

公訴が提起されると、公訴時効の進行が停止する（254条1項＝第9講第3章第2節）。

---

6 三井誠「検察官の起訴猶予裁量（1）～（5・完）」法協87巻9＝10号以下。

7 これに対して、一定の嫌疑が認められるとき、検察官に公訴提起を義務付けるという制度設計を**起訴法定主義**という。

8 公訴取消しの効果として公訴棄却決定が下されるが（339条1項3号）、この決定には一事不再理効が発生しないので再起訴は可能である（ただし、340条による制限がある）。

第2章　検察官の権限

第1節　公訴提起に関する権限

検察官は、法務省・検察庁に所属する国家公務員であり、公益の代表者として刑事手続に関与する（検4条）。検察権限を行使するのは、組織ではなく検察官個人であり（**独任制の官庁**）、個々の検察官の決定は検察組織全体のものとして効果を持つ。それゆえ、検察官は、全国的に一体のものとして活動する（**検察官一体の原則**）。

検察官は、捜査段階においても、自ら捜査し又は勾留請求する権限を有しているが、その中心的な役割は公訴提起から後の段階にある。検察官は、公訴提起の権限を独占し、起訴・不起訴を決定する裁量を有しているが、公訴提起した場合には、原告として刑事訴訟に関与し、有罪判決が下されたときはその裁判を執行する権限も有している。

公訴提起の場面では、検察官が捜査の結果を受けてその事件処理を行う。検察官は、起訴するか否かの判断をした上で、起訴する場合には、更に通常公判を請求するか又は略式手続による審理を請求する。他方、不起訴とする場合は、嫌疑不十分（又は訴訟条件を満たさない）による不起訴と、起訴猶予処分とに分かれる。これらは終局処分であり（他に少年事件についての家裁送致もある＝少年42条）、手続を終了させる又は更に進展させる効果を持つ[9]。

起訴猶予処分は、微罪処分（246条但書）ともあいまって、刑事手続上のディバージョン実現のための制度である。**ディバージョン**は、特に軽微な犯罪について刑事訴追及び処罰という流れから外すことをいう。これによって、刑事司法の限られた人的・物的資源をより重要・重大な事案に集中できることになり、訴訟経済に資する。加えて、より積極的には、被疑者の社会復帰に向けた効果が大きい[10]。検察官は、刑事政策的観点から、被疑者の改

---

[9] 中間処分として、事件を他の管轄検察庁に移送する処分、捜査が長期間進展しないときに暫定的に中止する処分などがある。

[10] ドイツ刑訴法153a 条は、被疑者の同意を条件に、賦課等を付した手続打切りを定めて

善更生の可能性を検討し、起訴猶予処分によって事案の終局的な解決を行う権限を与えられているのである。起訴猶予の基準[11]は、248条に定められているとおり、①被疑者に関する事項として、その性格、年齢、境遇、②犯罪事実に関する事項として、犯罪の軽重、犯罪の情状、③犯罪後の情況に関する事項として、改心の有無、被害回復等、被害者の被害感情、社会情勢の変化などであるが、これらは例示であり、諸事情が考慮される[12]。検察官は、法律専門家であるとともに、刑事政策を担当する行政官という立場から、様々な観点を考慮して起訴・不起訴（起訴猶予）の決定を行う。

第2節　公訴権

1　公訴権の理論

検察官は、公訴を提起し、これを公判の過程においても維持することができる権限を有している。検察官のこの権限を**公訴権**という。これに対応して、被告人にも訴訟追行権があり（応訴権[13]）、また、裁判所には裁判権がある。

検察官の公訴権について、その理論的基礎付けは、公訴権行使の条件と関連して議論されてきた[14]。実体的公訴権説は、犯罪によって生じた刑罰権を裁判上確認する権利であると理解する。これに対しては、刑罰権は訴訟手続により初めて確定されるものであり、訴訟理論として不適当と批判された。抽象的公訴権説は、公訴を提起し、何らかの裁判を受ける権利と理解する。これに対しては、検察官の一般的権限を述べたにすぎないと批判された。具

いる。辻本典央「条件付起訴猶予制度の導入に向けた法的問題点の検討―序論」近法66巻3＝4号1頁。

11 248条は量刑基準としても参照される。

12 例えば、実体法上より重い罪が成立する嫌疑が認められるときも、検察官は立証の難易等を考慮してその罪体の一部のみをもって構成するより軽い罪で起訴することも許される（最判昭59・1・27刑集38巻1号136頁「四街道市原付自動車等窃盗事件」＝一罪の一部起訴の問題）。

13 被告人の応訴権は、検察官の公訴に対して、被告人が訴訟の状況に応じて行う訴訟追行権であり、受動的な防御権にとどまらず、能動的に手続を形成していく権利でもある。

14 訴訟理論は、元々は民事訴訟と統一的に検討されていた。

体的公訴権説は、具体的事件について有罪判決を請求する権利と理解する。これに対しては、公訴権の維持は有罪判決を請求できないときにも可能であると批判される。現在は、**実体審判請求権説**が通説とされている。この見解は、裁判所に有罪・無罪の実体判決を求める権利であるとし、無罪判決で終わった場合も検察官の公訴権行使は適法であると理解する[15]。

実体審判請求権説からは、検察官は刑事訴訟において本来的には有罪判決を求めるものであるが、事案によっては無罪判決を求めることも可能である。具体的には、捜査段階でそろった証拠では有罪判決の見込みに乏しい場合も、検察官はその事件を起訴することもできることになる。つまり、犯罪の嫌疑（有罪判決が見込まれる証拠状況）は、公訴提起の要件にならない（純粋実体審判請求権説）[16]。しかし、このような見解は、仮に無罪判決で終わったとしても、公訴が提起され、刑事訴訟の被告とされることについて、被告人に有形・無形の不利益が生ずることを考慮しないものと批判される。公訴提起に当たり、検察官は、捜査段階で収集された証拠を精査し、この段階ではまだ有罪判決が確実とまではいえないとしても、蓋然性が見込まれる程度の嫌疑がない場合には、公訴提起をすることができないはずだというのである（**修正実体審判請求権説**）。この問題は、捜査の意義・目的とも関わるが、実体的真実を解明し、後の公訴提起の当否を判断する材料を提供することも要求されると考えると、一定の嫌疑が要求されるべきである。判例[17]は、無罪判決が下された後、被告人が公訴を提起した検察官らに国家賠償請求を求めた事案で、「刑事事件において無罪の判決が確定したというだけで直ちに起訴前の逮捕・勾留、公訴の提起・追行、起訴後の勾留が違法となるということはない」とした上で、検察官において「起訴時あるいは公訴追行時における各種の証拠資料を総合勘案して合理的な判断過程により有罪と認められる嫌疑があれば足りる」としているが、そこからは、全く嫌疑がない状態で公訴提

---

15 団藤重光『刑法と刑事訴訟法との交錯』（弘文堂、1950年）154頁は、被告人も、訴訟条件が備わっている限りで実体審判を請求する権利を有するとしている。

16 平野24頁。平野は、日本の刑事手続では捜査段階に重点が置かれすぎていることを批判し、「あっさり起訴」の方向性が追求されるべきであるとする。

17 最判昭53・10・20民集32巻7号1367頁「芦別事件」。

起することは違法になり得るものと理解される。

2 公訴権濫用論

検察官が公訴権を有するとして、これを濫用した場合、一定の抑制が必要となる。これを**公訴権濫用論**という[18]。公訴権濫用論は、かつて、公務員の労働争議等が問題となった公安関係の事案などで、実体法上の可罰的違法性論[19]と相まって、訴訟法上の観点から検察官の公訴提起の在り方について問題提起されてきた考え方である。検察官は、自己の公訴権を「誠実に行使し、濫用してはならない」（規1条2項）のであり、その起訴が（理論的には不起訴も）その公訴権を濫用するものと評価される場合は違法・無効とされるべきというのである。

従来、公訴権濫用の類型として、①嫌疑なき起訴、②違法捜査に基づく起訴、③起訴猶予相当事件の起訴、が挙げられてきた。嫌疑なき起訴の問題は、修正実体審判請求権説が有力に主張されるようになったことと関係付けられる。第2の違法捜査に基づく起訴は、例えば、警察官の不当な暴行[20]、不平等な捜査[21]、捜査が異常に遅延したため少年事件として家裁送致できず通常の刑事事件として起訴された[22]、などの事案で提起されてきた。判例は、そもそも捜査手続の違法性を否定し[23]、又は「逮捕の手続に所論の違法があったとしても本件公訴提起の手続が憲法31条に違反し無効となるものとはいえない」[24]として、公訴権濫用の主張を退けている。

---

18 井戸田侃『公訴権濫用論』（学陽書房、1978年）、寺崎嘉博『訴訟条件論の再構成―公訴権濫用論の再生のために―』（成文堂、1994年）、指宿信『刑事手続打切りの研究』（日本評論社、1995年）、同『刑事手続打切り論の展開―ポスト公訴権濫用論のゆくえ』（日本評論社、2010年）。

19 藤木英雄『可罰的違法性の理論』（有信堂高文社、1967年）、前田雅英『可罰的違法性論の研究』（東京大学出版会、1982年）。

20 最判昭41・7・21刑集20巻6号696頁「大森鞭打ち傷害事件」。

21 最判昭56・6・26刑集35巻4号426頁「赤碕町長選挙違反事件」。

22 最判昭44・12・5刑集23巻12号1583頁「久慈少年業過事件」。

23 最判昭56・6・26刑集35巻4号426頁「赤碕町長選挙違反事件」。本件控訴審（広島高松江支判昭55・2・4判時963号3頁）は、「憲法14条違反の差別捜査に基づいて、差別された一方だけに対して公訴提起した場合にも同法31条の適正手続条項に違反する」として、公訴棄却の判決を下していた。

これに対して、第3の起訴猶予相当事件の起訴の類型は、判例も一定の考慮を示したことから注目される。この類型は、犯情が軽微で通常なら起訴されない程度の事案について、検察官が一定の意図に基づいて（特に真実の解明と犯人の適切な処罰という刑事訴訟の目的を逸脱して）起訴するというものであり、悪意の起訴ともいわれる[25]。判例[26]は、水俣病公害事件の被害者と加害会社との交渉の過程で、被害者側の一人が会社側と押し問答になった際に会社側従業員に軽微な傷害を負わせたという事案について、「検察官の裁量権の逸脱が公訴の提起を無効ならしめる場合のありうることを否定することはできない」として、初めて公訴権濫用論の適用可能性を肯定した。ただし、検察官には広範な訴追裁量が認められているのであり、そのような濫用が肯定されるのは「たとえば公訴の提起自体が職務犯罪を構成するような極限的な場合に限られる」として、厳格な基準を立てている[27]。

第3節　検察官の公訴権行使に対する制御システム

日本の刑事司法において、公訴権が検察官に付与され、その行使に当たっては広い裁量が与えられることが確認された。検察官への信頼を基礎に、重い権限と責任が課されている。もっとも、検察官の公訴権行使が常に正しいという絶対的な保証があるわけでもない。刑事訴訟法及び関連法は、この点を考慮して、検察官の公訴権行使を制御すべき制度を置いている。

---

24 最判昭41・7・21刑集20巻6号696頁「大森鞭打ち傷害事件」。本件一審（大森簡判昭40・4・5下刑集7巻4号595頁）は、「軽い事案に対して不正当な逮捕を敢行し、その際に必要がないのに暴力を振って被告人に傷害を与え、その威力の影響下において取調を行ったという」本件事情において、検察官の公訴提起は憲法31条に違反し、無効であるとして、公訴棄却の判決を下していた。

25「濫用」概念の肥大化と主観的性質から、公訴権濫用論を悪意の起訴に限定し、その他の類型を非典型的訴訟条件論として構成する見解もある（鈴木124頁）。

26 最決昭55・12・17刑集34巻7号672頁「チッソ水俣病被害補償傷害（チッソ川本）事件」。

27 本件控訴審（東京高判昭52・6・14高刑集30巻3号341頁）は、公訴権濫用の主張を認め、罰金5万円とした一審判決を破棄し、公訴棄却としていた。最高裁は、この判断を誤り（法令違反）としたが、事案の解決においては、著反正義の要件（411条柱書）を満たさないとして、検察側の上告を棄却し、控訴審の公訴棄却判決を維持している。

1　事件処理手続の公開性と事件関係者らの関与

検察官が公訴提起をする場合、起訴状を裁判所に提出して行い（256条1項)、公開の公判手続へと進む。他方、不起訴処分はそれ自体が公開を予定されているわけではなく、また、起訴処分とした場合も、公判の開始まで一定の時間を要する。被疑者はなおのこと、事件当事者である被害者にとっても不安定な状態が続くことになる。そこで、刑事訴訟法上、検察官の起訴・不起訴処分について事件関係者らに通知する制度が置かれている。

被疑者は、公訴提起されると、起訴状謄本の送達を受け（271条1項)、これによって後の刑事訴訟に向けた準備を進めることができる。また、不起訴とされた場合も、被疑者から請求があったときは、速やかにその旨を告知しなければならない（259条)。方式に定めはないが、実務上は「不起訴処分告知書」が発付される。なお、その際には、不起訴の理由まで告知する必要はないとされている[28]。特に弁護人が選任されている場合には、被疑者の側から不起訴処分に向けた積極的な働きかけが行われることもある。他方、検察官が嫌疑を認めつつ起訴猶予とした場合、これに対して被疑者の側が潔白であることの審判を求めて公訴を要求できるかは問題である。この点は、裁判所が公訴棄却や免訴の形式裁判を下した場合に、なお無罪判決を求めることができるかという問題（第4編第1章第1節）と、構造において共通する。

被害者が告訴し又は告発や請求があった事件では、検察官は、公訴提起し又は不起訴とした場合のいずれにおいても、速やかにその旨を告訴人等に通知しなければならない（260条1項1文)。起訴後に公訴を取り消した場合や、他の検察庁の検察官に移送した場合も同様である（260条1項2文)。方式に定めはないが、実務上は「処分通知書」が発付される。ただし、ここでも処分自体を通知すれば足り、理由の付記までは必要ないとされている[29]。もっとも、不起訴処分の場合で、告訴人等から請求があったときは、速やかにその理由を告知しなければならない（261条)。なお、1999年から、検察庁では「被害者等通知制度」が実施されている。これは、被害者やその遺族等の希

---

[28] 大コンメ（2版）5巻〔河村博〕284頁。
[29] 大コンメ（2版）5巻〔河村博〕288頁。

望に応じて、事件の処理状況や公判期日及び裁判結果等を通知し、情報を提供するものである。

2　不当不起訴を抑制するシステム

検察官が不起訴処分とした事件について、特に被害者等の事件関係者らがその処分に不服を持つ場合、請願権（憲16条）に基づいて、上級検察官の指揮監督権が発動されるよう申し立てることができる。また、より直接的にその是正を求める制度として、付審判請求（準起訴）手続（262条）と、検察審査会制度（検察審査会法＝昭23法147号）とが挙げられる[30]。

(1) 付審判請求手続

付審判請求手続は、法定の職権濫用罪について告訴又は告発があった事件について、告訴人等が検察官の不起訴処分に不服を持つ場合、裁判所に対して審判に付することを請求する制度である。裁判所が請求を認めて審判の開始を決定した場合（266条）、公訴提起があったものと擬制され（267条）、以後は指定弁護士に検察官の役割を与えて裁判手続が開始されることになる（268条）。したがって、この制度は、検察官が公訴権を独占するという起訴独占主義の例外である。

判例[31]は、付審判請求手続の法的性質について、起訴前の捜査に類する密行性を要求される職権手続であり、対審的な構造を持つ公判手続とは異質のものであるとしている。裁判所はその適切な裁量により、必要とする審理方式を採り得るのであるが、例えば、請求人（代理人）らに捜査記録等の閲覧謄写等を許すことは、事件関係者らのプライバシー侵害や真実の歪曲の危険などの弊害を優越する利益が認められない限り許されないというのである。また、判例[32]は、公務員職権濫用罪の嫌疑を認めて審判に付されたが、公判において単純暴行罪の成立のみが認められたという事案について、付審判請求事件でも通常の場合と同様、公判手続において公訴事実の同一性が認めら

30　歴史的には、付審判請求手続がドイツ法の起訴強制手続に、検察審査会制度がアメリカ法の大陪審制度に、それぞれ範を得ている。

31　最決昭49・3・13刑集28巻2号1頁。

32　最決昭49・4・1刑集28巻3号17頁「やぐら荘事件」。

れる範囲で訴因変更を行い、あるいは裁判所が縮小認定の手法によることも認められるとした。その理由として、付審判請求手続は法定犯罪について相当な嫌疑が認められるにも関わらず、検察官が公訴提起しないことを是正することが目的であるとされている。

(2) 検察審査会

検察審査会制度は、1948年に導入された、市民の司法参加を実現する制度の一つである。本制度は、検察官の公訴権実行に関して「民意を反映させてその適正を図る」ことを目的とする（検審１条１項）。検察審査会は、全国の地方裁判所及びその支部ごとに設置され（検審１条１項）、管轄区域内の市民（選挙権者）から無作為で選出された11名の審査員をもって構成される（検審４条）。

検察審査会は、検察官が不起訴にした事件について、被害者等の事件関係者からの申立て又は職権により、検察官が行った処分の当否を審査する（検審２条１項１号。なお２号も参照）。審査手続は非公開で行われ（検審26条）、「不起訴相当」、「不起訴不当」、「起訴相当」のいずれかを議決する（検審39条の５第１項）。これらの決議は基本的に過半数で決定するが（検審27条）、起訴相当の議決については例外的に８人以上の賛成が必要である（検審39条の５第２項）。

検察審査会の議決は、従来、あくまで参考とされるにすぎなかった。しかし、2004年改正（平16法８）により、その議決に一定の法的効力が付与されることになった。具体的には、検察審査会が「起訴相当」の議決をした後、検察官が再考の上（検審41条１項）でなおも不起訴処分を維持した場合、検察審査会が再審査を行い（検審41条の２）、改めて起訴相当の議決（**起訴議決**）をしたときは（検審41条の６）、起訴議決書を作成し、審査会の所在地を管轄する地方裁判所に送付する（検審41条の７）。裁判所は、起訴議決書謄本の送付を受けると、対象事件について公訴提起と公判維持を担当すべき指定弁護士を指定する（検審41条の９第１項）。指定弁護士がこれを受けて公訴提起した後は、通常の公判と同様に進行される。

検察審査会制度は、改正以後、特に社会的に注目された事件[33]を始めとし

---

[33] 2010年には「明石歩道橋事件」、「JR 福知山線脱線事件」、「陸山会政治資金規正法違反

て、従前に比べて活発に運用されるようになった。時を同じくして導入された裁判員制度と相まって、市民の司法参加を活性化させることに寄与している。ただし、検察審査会はあくまで不起訴処分に対して審査を行うものであり、例えば、全体の一部のみが起訴されたような事件には適用されない。また、被疑者・被告人側は、検察官の起訴処分を不当として審査を求めることができない。

事件」で起訴議決されたが、以後も2016年に「東京電力福島第１原発事件」で起訴議決されるなど、定着して運用されている。

第9講　公訴提起手続

第1章　起訴状

第1節　起訴状の提出

検察官が公訴を提起する場合、**起訴状**（資料③）を作成し、管轄裁判所に提出して行う（256条1項）。起訴状は、記載すべき事項が定められており（256条2項）、厳格な様式が要求されている。また、公訴提起は起訴状の提出のみをもって行い、後の公判で事実認定の根拠となり得る証拠等を提出し又はその内容を引用してはならない（256条6項）。

公訴提起は、刑事訴訟の原告となる検察官が、裁判所の審判を求めて行う訴訟行為であるが、この手続段階では、訴訟の機能のうち「主張」を行うことだけが求められている。それゆえ、その内容が特定されるよう、記載事項が法定され、かつ他方で、公判手続内で行うべき「立証」に向けた行為が固く禁止されている。

第2節　起訴状記載の問題点

起訴状には、①被告人を特定する事項、②公訴事実、③罪名を記載しなければならない（256条2項）。

前述のとおり、公訴提起は裁判所に審判を求めるべき検察官の主張を示す訴訟行為であるから、刑事訴訟が誰に対して、どのような問題について提起されるのかが、明らかにされなければならない。被告人の特定（第2講第1章第2節）と、審判対象の特定（第10講第1章第3節）が要求され、法的問題を提起している。

第3節　起訴状一本主義

1　予断排除原則

現行刑事訴訟法は、「公平な裁判所」（憲37条1項）の要請に応えるべく、様々な制度設計を講じている。中でも、捜査機関に強制処分の権限を付与し、検察官に起訴権限を集中させていることに応じて、訴追側から判断者である裁判所への嫌疑の引継ぎを遮断することに意が払われている。刑事訴訟における裁判所の在り方は、国や地域によって多様であるが、日本の刑事訴訟法は、公判が開始される時点で裁判所にできる限り予断を生じさせないようにすることで、中立かつ公平な裁判所が実現されると考えられているのである。このような考え方を**予断排除原則**という[1]。

刑事訴訟法は、裁判所に予断を生じさせないために、公判手続が開始される前に裁判所が事件の実体（証拠関係）に接近することを禁止している。第1に、裁判官の除斥は、裁判官が事件関係者である場合や、検察官等として事件の捜査に関与していたなどの場合に、その裁判官を当該事案の裁判から排除する制度である（除斥・回避も同趣旨である）。第2に、第1回公判期日の前には、①事前準備における打合せ事項の制限（規178条の10第1項但書）、②第1回公判期日前の準備手続の禁止（規194条1項但書）、③第1回公判期日前の証拠調べ請求の禁止（規188条但書）、④勾留に関する処分について受訴裁判所の制限（280条、規187条1項）、⑤証拠保全請求、捜査段階における証人尋問請求に関する規定（179条1項、226条、227条1項）などにより、事件の実体がそれを審理する裁判官の目に触れないよう配慮されている。ただし、2004年に公判前整理手続が導入され、事前準備の過程で証拠調べ請求（316条の5第4号）までなされるようになったことから、変遷も見られる。第3に、公判が開始された後も、①冒頭陳述における制限（296条但書、規198条2項）、②自白調書の取調べ時期（301条）などの定めにより、この段階でもなお予断排除の重要性が示されている。

予断排除原則の中核的かつ宣言的な規定が、起訴状一本主義（256条6項）

1　裁判所に予断を持たせないことで、当事者主導の訴訟が実現されることにもつながる。

である。

2 起訴状一本主義

検察官は、起訴状の作成・提出に当たり、裁判官に事件の予断を生じさせる虞がある資料等を添付し、又はその内容を引用してはならない（256条6項）。起訴状の記載は、刑事訴訟の原告である検察官の主張であり、それを証明する証拠や資料等の提出は禁止されているのである。起訴状の提出に限定するものとして、これを**起訴状一本主義**という。

旧刑事訴訟法（大正刑事訴訟法）までは、全ての証拠や資料等（一件記録）は起訴の時点で受訴裁判所に提出することとされていた。諸外国では、現在でも同様の制度を採用しているところもある。この違いは、正に裁判所の位置付けや役割の理解による。旧法や諸外国の制度は、裁判所において真実発見の役割を重視し、事案の審判を担当する裁判官が訴訟開始前に事件の全容を認知しておくべきだとの理解に基づくものである。他方、起訴状一本主義を採用し、予断排除の徹底を目指す制度設計は、裁判所は純粋中立の立場であり、両当事者の主張を吟味することに徹するべきとの理解に基づいている。いずれが正しいというものではなく、制度選択の問題として理解されなければならない。

現在、起訴状に一件記録が添付されることは考え難く、実際にも、公訴事実欄における余事記載の当否が問題となってきた。公訴事実欄において単純不要な記載がなされた程度であれば、起訴状の補正で足りるが、それを超えて裁判官に予断を生じさせる虞のある事項が記載された場合には、起訴状一本主義に違反し、「これによってすでに生じた違法性は、その性質上もはや治癒することができない」ことから、公訴棄却判決によって手続が打ち切られることになる[2]。

公訴事実は、訴因（罪となるべき事実）を明示・特定して記載しなければならないが（256条3項）、それ以外の事実を記載することが全て許されないわけではない。例えば、殺人罪の公訴事実欄に、犯行の日時・場所・方法等に

---

[2] 最大判昭27・3・5刑集6巻3号351頁「起訴状同種前科記載事件」。

加えて、その動機が記載されることもある。また、詐欺罪や恐喝罪では、どの事実をもって欺罔や脅迫に当たるかが問題となるが、前後の事実関係が詳細にされなければ、訴因として判然としない場合もある。そこで、どこまでの記述が要求され、どこからの記述が起訴状一本主義に反することになるのかが問題となるのである。判例[3]は、恐喝罪の公訴事実欄に脅迫状の内容がほぼ全文にわたって引用された事案において、原則として要約摘示すべきであるが、「起訴状に脅迫文書の内容を具体的に真実に適合するように要約摘示しても相当詳細にわたるのでなければその文書の趣旨が判明し難いような場合には、起訴状に脅迫文書の全文と殆んど同様の記載をしたとしても、それは要約摘示と大差な〔い〕」として、起訴状一本主義に反しないとしている[4]。ここでは、訴因の明示・特定の要請が重視され、起訴状一本主義は不必要な引用を制限するものと考えられている。

第４節　簡易な裁判についての公訴提起手続

簡易な裁判手続として、略式手続（461条以下）と、即決裁判手続（350条の16以下）とがある。

1　略式手続

(1)　略式手続の意義

略式手続は、簡易裁判所が、基本的に検察官が提出した資料のみに基づいて、公判を開かず略式命令（裁判形式としては決定）によって罰金又は科料の刑を科する手続である。刑事司法の限られた資源では、全ての刑事事件を通常の公判で審判することができず、訴訟経済に資することを目的とする[5]。また、軽微かつ明白な事案では、被疑者自身も大抵は簡易迅速な手続で軽い

3　最判昭33・５・20刑集12巻７号1398頁「宇和島生糸恐喝事件」。

4　同旨の判例・裁判例として、最決昭44・10・２刑集23巻10号1199頁（名誉毀損罪に使用された文書の内容）、大阪高判昭57・９・27判タ481号146頁（傷害共同正犯について被告人が暴力団幹部であること）。

5　令和３年度の検察庁終局処理人員中、公判請求が76,548人に対して、略式命令請求が167,877人であった（令和４年版犯罪白書より）。

刑に服することを望む。ただし、あくまで刑罰を科するべき刑事手続であることから、適正手続は遵守されねばならない[6]。

(2) 手　続

略式手続は、検察官がこの手続によることを判断したとき、管轄の簡易裁判所に対して**略式命令請求書**を提出することで開始される（461条、462条）。略式命令請求も公訴提起の訴訟行為であるから、そこには起訴状と同じ事項が記載される[7]。検察官は、略式命令を請求するに当たり、被疑者にこの手続を理解するために必要な事項を説明し、かつ、通常の公判で審判を受けることができることを告知した上で、被疑者において略式手続によることに異議がないかどうかを確認しなければならない（461条の２第１項）。被疑者が略式手続によることに異議がない場合、そのことを書面にして略式命令請求書に添付しなければならない（462条２項）。略式手続には起訴状一本主義の適用がなく、請求時に一件記録が裁判所に提出される（規289条）。

裁判所は、検察官の請求を受けると、基本的に検察官から提出された一件記録のみで審理し[8]、相当と認めるときは、決定をもって刑を言い渡す。略式命令で科することができる刑は、100万円以下の罰金又は科料に限られている（461条）。被告人及び検察官は、命令に不服があるときは、命令の告知を受けたときから14日以内に正式裁判の請求をすることができる（465条１項）。これによって、正式裁判に移行することになる。他方、略式命令は、正式裁判の請求期間が経過した時点で、「確定判決と同一の効力を生ずる」（470条１文）。刑の執行もこの時点から可能となる。

略式手続は、非公開の書面審理で行われることから、特に裁判公開原則（憲82条）や被告人の証人審問権（憲37条２項）との関係で合憲性が問題とされた。判例[9]は、「略式命令手続は罰金又は科料のごとき財産刑に限りこれを科する公判前の簡易訴訟手続」であり、正式裁判の請求によって公開の通常裁

6 福島至『略式手続の研究』（成文堂、1992年）は、伝統的な合理化アプローチを批判し、権利保障アプローチから略式手続の違憲性を主張する。

7 実務では、「起訴状」を作成し、その冒頭に略式命令を請求する主旨の一文が記述されている（大コンメ（２版）10巻〔安富潔〕256頁）。

8 被告人からの証拠提出は可能である（大コンメ（２版）10巻〔安富潔〕247頁）。

9 最大決昭23・７・29刑集２巻９号1115頁。

判を受ける機会も保障されていることを挙げて合憲であるとしている。

2 即決裁判手続

(1) 即決裁判手続の意義

即決裁判手続（350条の16以下）は、略式手続と同様に、比較的軽微な事件について簡易迅速な公判手続を行い、基本的に即日に刑を言い渡す制度である。従来、簡易公判手続（291条の2）がその機能を担うものであったが、実務でほとんど機能していないことに鑑みて、2004年改正（平16法62）により本制度が導入された。

(2) 手　続

即決裁判手続は、略式手続と異なり、法形式的には通常の公判手続が開かれる。それゆえ、公訴提起の手続も、基本的に変更はない。ただし、検察官は、公訴提起の段階で、書面によって即決裁判手続の申立てをしなければならない（350条の16第1項本文）。この申立てを行うためには、事案が軽微かつ明白であること、証拠調べが速やかに終わると見込まれることなどの事情から、本手続によることが相当と認められることが要件である。即決裁判手続の申立てには、被疑者の同意が必要である（350条の16第2項）。被疑者の同意確認及び公判手続には、弁護人の関与も要求される（350条の17第1項、350条の18、350条の23）。

公判手続は、公開主義を始め通常の手続と異ならないが、伝聞法則（320条1項）が適用されないなど（350条の27）、様々な特則が設けられている（350条の24）。裁判所は、即決裁判手続によるときは、できる限り審理の即日に判決を言い渡さなければならない（350条の28）。科刑についても、拘禁刑を科する場合には、その全部について執行猶予とされなければならない（350条の29）。なお、即決裁判手続で下された判決に対しても、控訴することは可能であるが、事実誤認を理由とすることはできない（403条の2）。判例[10]は、この点について、「被告人に対する手続保障と科刑の制限」を前提とした合理的な制限であるとして合憲としている。

---

[10] 最判平21・7・14刑集63巻6号623頁「自衛隊員パソコン業務上横領事件」。

3 司法取引的な意義

略式手続と即決裁判手続は、それぞれ比較的軽微な事案を対象に、簡易迅速に手続を終えることができる制度である。この点は訴訟経済に資するだけでなく、被疑者の側にも実刑判決を免れることが確実に見込めることから、通常の公判に比べて有利に働くことになる。両手続とも、捜査段階の状況を踏まえて被疑者の同意を要件としていることからも、検察官において、これらの手続によることを司法取引的に運用することが想像される[11]。

もとより、現行法の枠内で実施される限りで、その適法性は否定できない。ただし、被疑者に対して同意を強要するようなことがあってはならない。

第2章　訴訟行為

第1節　総　説

1 訴訟行為の意義

訴訟行為とは、訴訟手続を構成する個別の行為のうち、訴訟法上の効果を生じさせるものである[12]。検察官の公訴提起は、これによって管轄裁判所に訴訟が係属し、裁判所の審判権限を生じさせる、また、これに付随して公訴時効が停止する効果が生じるなどすることから、訴訟行為の一つである。

2 訴訟行為の分類

訴訟行為には様々な分類がある[13]。

第1に、訴訟行為を行う主体ごとに分類される。例えば、裁判所は、公判手続を主宰するものであるが、その審判権限に基づいて証拠決定や訴訟指揮などの訴訟行為を行う。また、検察官及び被告人の訴訟当事者や、訴訟関係人は、その地位に基づいて訴訟上の諸権限を有しており、申立て、主張、質

---

11 辻本典央「刑事手続における取引（1）～（3・完)」近法57巻2号以下。

12 鴨良弼『刑事訴訟における技術と倫理』(日本評論社、1964年)、光藤景皎『刑事訴訟行為論』(有斐閣、1974年)。

13 光藤（2）9頁。

問・尋問、供述等の訴訟行為を行う。更に、被害者による告訴や、第三者による告発、証言、鑑定等も訴訟行為である。

第2に、訴訟行為には、行為主体の意思決定を伴って行われるかどうかで区別がある。例えば、検察官の公訴提起は、事件の証拠・記録及び諸事情を考慮して公訴提起することを意思決定し、これを起訴状の提出という形で行う。公訴提起が行われると、検察官が意図した法律関係が生ずるという関係にある。これに対して、行為者の意思とは無関係に、その後の訴訟の進展に向けた効果が生ずるものもある。例えば、司法警察職員が捜索差押許可状に基づいて被疑者の自宅内を捜索するなどの行為は、意思決定を伴わない事実的行為である。前者は、あたかも民法上の法律行為と同様の構造を持つことから、意思表示過程の瑕疵（錯誤や詐欺など）について当該訴訟行為を無効とさせるかどうかが問題となる[14]。

第2節　訴訟行為の要件

1　訴訟行為適格

訴訟行為は、それが有効に行われるためには、当該行為を行うことについて権限・権利を有するものでなければならない。これを、**訴訟行為適格**という。公訴提起は検察官の権限とされており（247条）、それゆえ、検察官が自己の名・責任において行うことが要件である。例えば、司法警察員が無権限であるにも関わらず「起訴状」と記した書面を裁判所に提出しても、これは訴訟行為として成立しない。訴訟行為適格は、基本的に訴訟行為の存否に関わる要件である。被告人の権利として付与されたものも同様である。弁護人は、被告人を代理して様々な訴訟行為を行う権限を有する。例えば、公判において伝聞書面を証拠採用するための同意（326条1項）は被告人の権限であるが、弁護人はこれを代理して同意することができる。

---

[14] 辻本典央「一審死刑判決に対する控訴を被告人が単独で取り下げた訴訟行為の有効性」『寺崎嘉博先生古稀祝賀論文集・上巻』（成文堂、2021年）333頁。

2　訴訟行為能力

実務上重要となるのが、**訴訟行為能力**（**訴訟能力**[15]）の要件である。これは、訴訟行為を適法に行うことができる能力であるが、特に意思決定を伴う訴訟行為においては、訴訟手続に新たな法的効果を生じさせることについて適切に判断できる意思的能力の問題である。民法上の意思無能力と同様に、刑事訴訟法上も訴訟行為能力に関する直接の規定はないが、被告人が「心神喪失」[16]の状態にあるときは公判手続を停止しなければならないことから（314条1項）、訴訟行為の有効要件とされている。判例[17]は、この訴訟行為能力の意味での心神喪失状態を、「被告人としての重要な利害を弁別し、それに従って相当な防御をすることのできる能力を欠く状態」であるとしている。なお、心神喪失状態を理由とする公判手続停止は、本人の回復が見込まれていることを前提としている。その回復の見込みがないと判断される場合は、裁判所は、訴訟手続の主宰者として、訴訟を打ち切るために公訴棄却の判決（338条4号準用）をすることができる[18]。

3　訴訟行為意思

訴訟行為は、その行為主体が一定の法律効果の発生等を目的として行うものであるため、当該訴訟行為を行うことの意思が必要である。これを**訴訟行為意思**という。民法では意思表示に錯誤や詐欺等の瑕疵があれば取り消すことができるが（民95条1項、96条1項）、刑事訴訟でも同様に、意思の欠缺等の瑕疵がある場合、当該行為者は訴訟行為の無効又は取消しを求めることがで

---

15 これに対して、**当事者能力**の概念は、訴訟当事者になり得るかどうかの問題である。例えば、法人も特別刑法によって処罰規定が置かれている場合、刑事訴訟の被告人となる限りで当事者能力を有する。しかし、法人の意思決定は機関で行われるため、法人自身の訴訟行為能力は問題にならない。

16 刑事法上、心神喪失の概念は、犯罪実行時（刑39条1項）、訴訟時（314条1項）、刑の執行時（479条、480条）に定められているが、それぞれの機能に応じて解釈や基準が異なる。

17 最決平7・2・28刑集49巻2号481頁「岡山聴覚障害者窃盗事件」。心神喪失状態による公判手続停止の規定は、控訴審（最判昭53・2・28刑集32巻1号83頁）及び上告審（最決平5・5・31刑集47巻6号1頁「仙台老夫婦殺害事件」）にも準用（類推適用）される。

18 最判平28・12・19刑集70巻8号865頁「豊田市神社境内刺殺・公判手続停止事件」。

きるか。

この問題について、民事訴訟実務は手続の安定性を挙げて無効等の主張を否定しているが[19]、刑事判例には、錯誤等が被告人の責任に帰することのできない事由に基づく場合に無効主張を認めることを判示したものがある[20]。学理でも、被告人等の訴訟行為に際して意思表示上の重大な瑕疵がある場合にまでこれを有効とすることは正義に反するとして、無効主張を認める見解が通説である。

4　訴訟行為の手続的要件

訴訟行為の手続的要件は、各規定に定められるとおりである。ここでは、通則的な事項を紹介しておく。

訴訟行為は、当該訴訟手続が行われている間は、特別の定めがない限り基本的に時に関する制約はない。特別の定めとして、期日と期間がある。**期日**とは、裁判所やその他の訴訟関係者が一定の場所に集まって訴訟行為をするよう定められた時のことである。例えば、判決は、公開された公判の期日に言い渡されなければならない（333条、336条、憲82条）。**期間**とは、一定の日時によって前後を区切られた時のことである。これには一定の期間に行為をしなければならない場合と、行為をしてはならない期間がある。前者は、行為期間という。例えば、控訴・上告の提起は、原裁判が言い渡されてから（358条）14日以内に行わなければならない（373条、414条）。後者は、不行為期間という。例えば、被告人を召喚する際の「相当の猶予期間」（57条）においては、公判手続の期日を指定するなどしてはならない。

訴訟において作成される書面を**訴訟書類**という。これには、意思表示的文書（起訴状、裁判書など）と報告的文書（検証調書、公判調書など）とがあるが、特に前者については、様式が法定されていることが多い。訴訟書類は、直接交付されることもあるが、実務では送達で行われることが多い。書類の送達は、基本的に民事訴訟法の規定が準用されるが（54条）、被告人の防御の機会

19　最判昭46・6・25民集25巻4号640頁。

20　最決昭44・5・31刑集23巻6号931頁。坂本武志・最判解刑（昭44）207頁も参照。

を保障するために公示送達の方法は認められていない。なお、訴訟書類の送達は、受取人に訴訟能力が欠ける場合には、その法定代理人に対して行う(54条、民訴102条１項)[21]。

第３節　訴訟行為の評価

1　訴訟行為の段階的評価

訴訟行為は、所定の法律効果に基づき、訴訟手続に新たな訴訟状態を生じさせる行為である。訴訟の構造において、訴訟行為の評価も多重的な構成となる。

第１に、訴訟行為は訴訟行為適格を有する者によって行われなければならず、その適格を有しない者が行っても成立しない。この場合、当該訴訟行為は、無効ではなく、そもそも存在しないものと評価される。例えば、公訴提起は、検察官がその名・責任において行うことで初めて成立し、存在するものとなる。司法警察員等その権限を有しない者が同様の行為を行ったとしても、存在しないものとして扱われる。この違いは、訴訟係属という新たな訴訟状態を生じさせるかどうかに関わる。例えば、検察官が公訴提起したが訴訟条件を満たさない場合、当該訴訟行為は無効として扱われるが、裁判所には訴訟係属の状態に応じて免訴（337条）又は公訴棄却（338条、339条等）の裁判など一定の行為をすべき義務が生ずる。これに対して、訴訟行為が不存在として扱われる場合、訴訟係属は生じないので、裁判所としてこのような裁判をすべき義務はない。

第２に、訴訟行為は、それが存在していることを前提に、適法又は不適法かが評価される。適法の場合、これが有効なものとして進むことになるが、不適法な場合には更に有効又は無効の評価が必要となる。例えば、親告罪は被害者の告訴がなければ公訴提起できないが（刑232条、264条等）、これに違反して公訴提起が行われた場合は違法であり、その瑕疵は重大なものとして

21　大阪高判平７・12・７高刑集48巻３号199頁は、訴訟無能力者に対する起訴状謄本の送達も有効であるとしている。

無効とされなければならない。そのため、公訴提起を受けた裁判所は、公訴棄却判決（338条４号）を下して、以後の訴訟係属を打ち切らなければならない。

第３に、訴訟行為が有効であるとして、初めて行為主体が主張する内容の当否が判断される。公訴提起は、検察官による犯罪事実の存在とそれに適用されるべき刑罰の主張であるが、公判においてその主張内容について理由があるかどうかが判断されるのである。したがって、有罪判決はなおのこと、無罪判決が下されるべき場合も、検察官の公訴提起自体は適法・有効であり、ただその主張に理由がなかったものと評価されるのである。第２の段階と対照して、公訴提起が無効であり、訴訟を打ち切る裁判を**形式裁判**、公訴提起は有効であり、その主張の有無を判断する裁判を**実体裁判**という（第13講第１章第２節）。

2　訴訟行為の瑕疵の治癒／無効な訴訟行為の事後的是正

(1) 補正・追完

訴訟行為は、有効（原則として適法）であって初めて、その意図する法律効果を生じさせることができる。ただし、一旦行われた訴訟行為がその時点で違法・無効であった場合も、事後的にその瑕疵を是正し、有効なものへ転換することも可能である。その方法として、補正と追完がある。

補正とは、訴訟行為の方式に不備がある場合に、事後的にその瑕疵を治癒させることをいう。例えば、被告人の氏名欄に誤って別人の名前を記載した場合、これを本来の被告人に対する起訴として扱われる場合があるとしても、その瑕疵は治癒されなければならない。ただし、犯行日時、場所など訴訟の実体に関わる内容の修正は、主張内容の変更であり、瑕疵の治癒の問題ではない。それゆえ、訴因変更の手続（312条１項）が採られることになる。

追完とは、ある先行行為が行われたことを前提に後行行為が行われたが、実はその先行行為が行われていなかった場合に、事後的にその先行行為を追加的に行って後行行為における瑕疵を治癒することである。例えば、親告罪について告訴が欠けるにも関わらず起訴されたが、その後速やかに告訴が行われた場合に、この追完が問題となる。このような状況については、場合分けが必要である。例えば、窃盗罪（刑235条）で起訴されたが、不法領得の意思を欠くことが判明したため器物損壊罪（刑261条）に訴因変更された場合、当初の訴因としては有効であるため、器物損壊罪に変更された時点で告訴が得られれば足りる。他方、これが当初より器物損壊罪で起訴されていた場合には、検察官において、既に公訴提起の段階で告訴の確認を怠った瑕疵は大きい。それゆえ、事後的に告訴が行われたとしても、追完による有効性を認めることは否定すべきである。

(2)　責問権の放棄

責問権の放棄とは、ある訴訟行為に瑕疵があり、本来は無効とされるべきであったが、特に相手方当事者がその点に異議を申し立てないことにより、当該訴訟行為の瑕疵が治癒されたものと認めることである。例えば、公判廷外の証人尋問を行う場合は事前に被告人側にも尋問事項を知らせなければならないが（158条１項、２項）、これが懈怠されたにも関わらず、被告人側より異議申立てされなかった事案で、判例[22]は、当該手続的な瑕疵の治癒を認めている。

この責問権放棄の法理は、当該訴訟行為についてその瑕疵を無効とさせる規定が、専らその相手方の保護を目的とする場合に限られる。それゆえ、刑事手続の基本構造を害するような瑕疵がある場合には、公的利益にも関わるものとして、相手方当事者の異議がないというだけで瑕疵の治癒が認められるものではない。

第３章　訴訟条件

第１節　総　説

１　訴訟条件の意義

検察官が公訴提起した場合、裁判所に審判を求める上で、当該訴訟行為が有効であることが必要である。公訴提起は存在するが、それが無効である場

22　最判昭29・９・24刑集８巻９号1534頁。

合、形式裁判によって手続が打ち切られることになる。**訴訟条件**とは、検察官の公訴提起が有効であり、裁判所に審判を求めるための条件のことである[23]。したがって、訴訟条件は、公訴提起の段階で備わっていることを前提に、判決に至るまで存在していなければならない。また、非親告罪が訴因変更されて親告罪となった場合に、訴訟の途中で必要になることもある。それゆえ、公訴提起だけの条件ではないことに注意しなければならない。

2　訴訟条件の種類

(1) 法定（典型的）訴訟条件

刑事訴訟法及び他の法令上、訴訟条件には次のようなものがある。

第1に、刑事事件について、犯人に刑罰を科さずに処理することを目的としたものがある。例えば、道交法違反に対する交通反則処理（道交128条2項）や、間接国税通告手続（国税通則法157条1項）では、違反者が反則金又は通告された金額の納付を履行したときは、更に進んで公訴を提起することができない。少年事件では、捜査が終わると、検察官又は司法警察員は家庭裁判所に事件を送致しなければならない（少年41条、42条）。これらは、行政処分や少年保護処分によって刑罰に代替した処理を行うものである。

第2に、裁判所の裁判権限に関わるものとして、管轄に関する規定がある。これに違反した場合、管轄違いの判決が言い渡される（329条本文）。また、裁判所が当該事件について裁判権限を有しない場合は、公訴棄却とされる（338条1号）。例えば、被告人が天皇及び摂政（皇室典範21条）や、外国の元首・家族や大使・公使等で治外法権が妥当する場合である。また、刑法の適用範囲（刑1条～4条の2）外の場合も、裁判権を有しない。

第3に、被告人が死亡し又は被告人たる法人が存続しなくなったときは、公訴棄却決定が下される（339条1項4号）。起訴状謄本が不送達の場合は、公訴提起時に遡って無効となる（271条2項、339条1項1号）。なお、被告人が心神喪失の常態にあるときは、裁判所が公訴棄却判決によって手続を打ち切る

23　法令上、「○○の場合は公訴棄却・免訴」として手続を打ち切る場合の要件として記載されることが多い。この「○○の場合」を**訴訟障害**という。訴訟条件は、その反面として適宜読み替えることになる。

こともある[24]。

第4に検察官の公訴権を制限するものが挙げられる。検察官は、基本的に実体刑法上の適用範囲にある犯罪について公訴権を有するが、諸利益を考慮して、一定の訴訟条件が定められている。例えば、親告罪は被害者の告訴を要するが、これは、公訴提起による刑罰的処理を行うかどうかについて、被害者の意思を尊重するものである[25]。また、起訴された事件について既に一度確定した判決が下されている場合には、免訴判決で打ち切られる（337条1号）。これは、憲法上の一事不再理原則（憲39条2文）から導かれる制限である[26]。二重起訴の禁止（338条3号、339条1項5号）も、これと同様の趣旨である。大赦（337条3号）が行われた場合や、犯罪後の改正により刑罰規定が廃止された場合（337条2号）は、政治的又は立法的に当該犯罪の不処罰を求めるものである。公訴時効が完成した場合にも、免訴判決が下される（337条4号）。

(2) 非法定（非典型的）訴訟条件

訴訟条件は、法定されたものに加えて、判例・学理より解釈によって導かれた非法定訴訟条件もある。開かれた訴訟条件として、立法による個別の制限に加えて、刑事司法の実態と個別事案の問題を踏まえた考察が行われているのである。公訴権濫用論（第8講第2章第2節）なども、これに該当する場合は公訴棄却として手続が打ち切られるものとなることから、濫用がないことが訴訟条件である。

解釈による開かれた訴訟条件は多様に存在し得るが、ここでは迅速裁判の要請を挙げておこう。憲法は「迅速な公開裁判を受ける権利」を保障していることから（憲37条1項）、刑事手続が迅速に進行されなければならない。迅速な裁判の実現は、被告人の利益であることに加えて、刑事司法に対する信頼を基礎付けるものでもある（1条）。判例[27]は、公訴提起から15年間公判審

---

24 最判平28・12・19刑集70巻8号865頁「豊田市神社境内刺殺・公判手続停止事件」。

25 検察官は、被害者に対して告訴取消しを思いとどまるよう説得することは許される（東京高判平21・8・6高刑速（平21）号125頁）。

26 少年に対する保護処分には一事不再理効が定められているが（少年46条1項）、審判不開始又は不処分決定には認められていない（最大判昭40・4・28刑集19巻3号240頁）。

27 最大判昭47・12・20刑集26巻10号631頁「高田事件」。本件は、実体法的に見て処罰不

理が全く進められなかったという事案[28]において、「刑事事件が裁判所に係属している間に迅速な裁判の保障条項に反する事態が生じた場合において、その審理を打ち切る方法については現行法上よるべき具体的な明文の規定はないのであるが、前記のような審理経過をたどった本件においては、これ以上実体的審理を進めることは適当でない」として、当該事案について免訴判決で手続を打ち切った[29]。もとより、被告人側に訴訟遅延を目的とした不当な行為がある場合は別として[30]、事案の解決としては適切であったと思われる。

3　訴訟条件の判断

(1) 訴訟条件存否の判断手法

訴訟条件は、公訴提起の有効性と公判手続遂行の条件とされるものである。それゆえ、訴訟当事者の処分になじむものではなく、原則として、裁判所が職権で（当事者の主張・申立てを待つことなく）審査すべき事項とされている。例えば、起訴された事件が過去の確定判決で審理されたものと同一の事件であるかどうかは、裁判所が起訴状の記載と審理の状況を見て自発的に審査すべき問題である。実務では、弁護人から訴訟条件の欠缺が主張されることが多いが、これは裁判所の職権発動を促すものにすぎず、進んで判断を義務付けるものではない。

ただし、例外的に、管轄違いのうちで土地管轄については、被告人の申立てによることとされている（331条１項）。土地管轄は、基本的に被告人の防

相当、つまり国家の処罰適格が否定される場合であり、免訴判決もこの趣旨で理解される（鈴木127頁）。

28 本件は、騒乱罪で起訴された事件であり、関連する事件が別の裁判所で審理されていたという経緯がある。

29 本判決が事案の処理として免訴判決を選択した点については、公訴棄却が妥当とする批判もある。この点は、形式裁判に一事不再理効が認められるかという問題と関連する。

30 高田事件以後の判例は、被告人側に、訴訟遅延の解消に向けた一定の対応を求め、それが果たされない場合に被告人側の責任と認めて、手続打切りを否定している（最判昭48・７・20刑集27巻７号1322頁「大同製鋼事件」、最判昭50・８・６刑集29巻７号393頁「姫路市水道損壊事件」、最判昭58・５・27刑集37巻４号474頁「川崎飲食店主殺害事件」）。このような考え方を**要求法理**という。

御の利益に配慮したものであり、本人の不服申立てに従属させたものである。

(2) 訴訟条件存否の判断基準

訴訟条件の存否は、起訴された事件を基準にして行われる。ただし、訴訟の進行過程において、検察官が起訴していた事実とは別の事実が判明し、両事実のいずれを基準に訴訟条件の存否が判断されるべきかは問題である。訴訟条件存否の判断が裁判所の職権探知事項であるとしても、その対象について当事者（特に検察官）の主張が拘束力を持つかどうかは別の問題である。

例えば、窃盗罪（刑235条）で起訴されたが、審理の結果、単純横領罪（刑252条）の心証を得るに至り、ただ、起訴された時点で単純横領罪を基準にすると既に公訴時効が完成していた場合、裁判所は、どのような裁判をすべきか。この点について、刑事訴訟の審判対象の問題（第10講第1章第1節）との対照で、検察官が主張する訴因を基準に、窃盗罪であればまだ時効が完成していないという場合には訴訟条件を満たすのであり、裁判所は窃盗罪について無罪判決を下せばよいとする見解（訴因基準説）と、裁判所の心証どおり横領罪を基準にして公訴時効完成を理由に免訴判決を下すべきだとする見解（心証基準説）とが対立する。刑事訴訟の審判対象を訴因と理解する見解（通説）からは、検察官の公訴提起の有効性と裁判所の審判権限は検察官が主張した訴因を基準に判断されるべきである。

第2節　公訴時効

1　概　説

公訴時効（250条以下）は、一定の期間が経過することにより、実体法上の犯罪が実行された嫌疑があるにも関わらず、公訴提起を無効とさせる制度である。時効が完成していると免訴判決によって手続が打ち切られるため（337条4号）、公訴提起の時点で時効が完成していないことが訴訟条件となる。公訴時効は、訴訟条件の中でも、特に法的問題が多い。

公訴時効に関して、21世紀に入ってから2度の大きな改正が行われた。殺人罪（刑199条）を例にとると、かつては、同罪の公訴時効は15年と定められていた。これが2004年に改正（平16法156）[31]されて、時効期間が25年に延長された。同年の改正は、主に被害者保護を中心とするものであったが、公訴時効に関してもその視点が一定程度考慮されたわけである。しかし、公訴時効の改正に向けた動きはこれにとどまらず、6年後の2010年には、更なる改正（平22法26）が行われた。現行はこの改正によるものであるが、殺人罪等については公訴時効の適用が廃止されることになった（250条1項柱書）。ここでも被害者保護の視点が重視され、また、DNA型鑑定など科学的捜査手法も確立されたことから、犯人（正確には被疑者）が生存している限り、生涯刑事訴追の対象とされることになったのである。2010年改正では他の時効期間も相当程度に延長されたが、2004年改正との関係が問われなければならない。

2　公訴時効の法的性質

公訴時効は、犯罪の嫌疑がある場合でも、なお公訴提起を無効とし、処罰を放棄する制度である。それゆえ、時効制度の改正が行われると、その前後で処罰の可能性が異なることにもなるため、刑事司法の利益において切実な効果を生じさせる。そこで、2004年及び2010年改正のように時効期間が延長又は撤廃された場合、改正後の行為については新規定が適用されるとしても、改正前の行為について改正の効果が及ぶかどうかが問題となる。この点は、従来、公訴時効の法的性質を如何に理解するかと関連して論じられてきた[32]。

実体法説は、公訴時効制度は実体法上の刑罰規定と同様の性質を持つものであり、罪刑法定主義に基づく遡及処罰禁止（不利益事後法適用禁止＝憲39条1文前段）の原則に従って、犯人に不利益な改正は遡及適用できないと理解する。この見解は、その根拠として、時効制度は犯罪から時が経過することで可罰性が減少するものであり、これを法的に類型化したものと捉えるわけである。これに対して、訴訟法説は、公訴時効制度は純粋に手続法上の制度であり、犯人に不利益な改正が行われてもあくまで訴訟時点の新規定が適用されるべきと理解する。この見解は、その根拠として、犯罪から時が経過する

31　道谷卓「公訴時効の本質―平成17年公訴時効規定改正をふまえて―」姫路45号51頁。
32　道谷卓「公訴時効―歴史的考察を中心として―」関法43巻5号72頁。

ことにより証拠が散逸し、訴訟の遂行（被告人にとっては防御）が困難になると捉えるわけである。加えて、両説を混合的に理解する見解もある。もっとも、実体法説に対しては、可罰性が減少・消滅するのであれば無罪とされるべきであり、免訴として形式裁判で打ち切られる点が説明できないと批判される。他方、訴訟法説に対しては、証拠の散逸は犯罪類型に関わらず個別の事情によるものであり、犯罪の軽重で時効期間に差があることが説明できないと批判される。

以上に対して、訴訟法説的な立場から、従来と異なり、犯人の社会的安定を確保するための政策的な制度であるとする見解が有力である[33]。また、免訴判決の法的性質と関連付けて、実体的には未確定の刑罰権の消滅事由と捉え、かつ、それが手続法においては訴訟条件として機能させられたものと理解する見解も見られる[34]。実体法と訴訟法の二元的な構造関係を前提にすると、訴訟法上の制度に実体法的な観点が一定程度取り込まれたものであるが、それはあくまで嫌疑の解明という限りにおいてであり、実際の可罰性が存在することを前提としたものではないと理解されるべきである。

なお、2010年改正においては、附則３条に経過規定が置かれ、新法が施行される前に実行された罪について時効が未完成の事案については遡及適用されることが定められている。この規定について、判例[35]は、憲法39条、31条に違反しないとしている。

3　公訴時効の起算点

(1) 総　論

公訴時効は一定の時間経過を問題とする制度であるため、その起算点が重要なポイントになる[36]。公訴時効の起算点は「犯罪行為が終わった時」であ

33 田宮223頁。
34 鈴木131頁。
35 最判平27・12・３刑集69巻８号815頁。なお、性犯罪の親告罪規定が廃止され（平29法72）、改正法施行前の行為にも遡及適用されるとの附則が定められたが、最判令２・３・10刑集74巻３号303頁は、やはり、同附則は憲法39条に反しないとしている。
36 民法の時効制度においても、例えば、第三者との関係で不動産登記の有無が問題とされるが、その問題構造は共通である。

る（253条１項）。時効は「年」単位の計算となるが、初日不算入（55条１項本文）の例外として、時効期間の初日はその時刻に関係なく１日として算入される（55条１項但書）。例えば、窃盗罪（刑235条）は時効期間が７年であるが（250条２項４号）、2020年４月１日に実行された犯罪については、2027年３月31日の終わりの時点で時効が完成する。

(2) 結果犯の起算点

犯罪類型において、一部で挙動犯（刑208条など）もあるが、殺人罪など基本は結果犯である。結果犯は実行行為に加えて結果の発生を構成要件要素とするものであるが、公訴時効との関係においてその終了の対象となる「犯罪行為」は、実行行為と結果のいずれを意味するものかが問題となる。特に離隔犯など両要素の間に時間的な差がある場合には、この問題が顕在化する。

学理において、実行行為の時点と理解する見解（行為時説）[37]もあるが、結果発生時と理解する見解（結果時説）が通説である。判例[38]は、「チッソ水俣病刑事事件」において、結果時説に立つことを明らかにした。本件は昭和を代表する公害病事件であり、法的にも多様な問題をもたらしたが、刑事法においても重要な問題[39]を提起している。公訴時効との関係では、加害企業が工場から有毒物質を排出し、それを含んだ魚介類を摂取した人に死亡又は障害の結果が生じた業務上過失致死傷事件について、実行行為である排出から死傷結果発生までの間に時効期間が経過していたことから、その起算点が問題となったのである。判例は、結果時説に基づき、時効完成を否定した。実体法上の可罰性は、結果犯においては結果発生を待って初めて確立されるのであり、法解釈上も犯罪行為とは「結果」との関係で理解されるべき概念であることから、基本的に結果時説が妥当である[40]。

---

37 三井（２）121頁。

38 最決昭63・２・29刑集42巻２号314頁「チッソ水俣病刑事事件」。

39 実体法の問題として、胎児の段階で有毒物質を摂取し、誕生後に障害や死亡の結果が生じたことについて、「人」に対する犯罪の成立を認めるべきかが問題となった。

40 構成要件上の結果は既遂の成立時機であるため、結果時説は、基本的に既遂の成立時機を起算点とすることになる。ただし、既遂結果が発生した後も、犯罪自体は継続することがある。監禁罪（刑220条後段）等の継続犯がこれに当たるが、SNS 等のインターネット上で名誉毀損罪（刑230条）が行われた場合には、少なくとも当該記事が削除されるまでは、時効期間は進行しない（告訴期間についての裁判例として、大阪高

(3) 科刑上一罪の起算点

刑事訴訟が犯罪を対象とし、それが１個のものであるときは、その犯罪行為の終了（結果時説からは結果発生）時点を考慮すれば足りる。他方、複数の併合罪関係にあるときは、個別の犯罪ごとにカウントされる。では、観念的競合又は牽連犯として科刑上一罪（刑54条１項）の関係にある場合、時効の起算点をどのように理解すべきか。

学理では、科刑上一罪は本来的に数罪であるとして、個別に理解する見解（個別説）[41]もあるが、科刑上一罪は１個の国家刑罰権を生じさせるものであり、一体的に考察すべきとする見解（一体説）が通説である。これ以外に、先行する犯罪の時効が完成する前に後行の犯罪が行われたときは一体的に理解し、完成後に行われたときは切り離されるとする見解（時効連鎖説[42]）も有力である。判例[43]は、かつて、目的行為がその手段行為についての時効期間の満了前に実行されたときは、両者の公訴時効は不可分的に最も重い刑を標準に最終行為の時より起算すべきであるとして、時効連鎖説的な考え方を示していた。しかし、判例[44]は、前掲のチッソ水俣病刑事事件において、原判決が時効連鎖説に立って一部の時効完成を認めたことを否定し、一体説に立つことを明らかにした。

国家刑罰権の存否において科刑上一罪の一体性を重視すべきであるが、訴訟でこれをどのように取り扱うかは、純粋に実体法説に立つ場合は別として、必ずしも連動するものではない。被告人の法的地位の安定性を考慮するならば、時効連鎖説が妥当である[45]。

判平16・４・22高刑集57巻２号１頁）。したがって、正確には、犯罪終了時が起算点として理解されるべきである。

41 平野154頁。

42 長沼範良「公訴時効の起算点」『松尾浩也先生古稀祝賀論文集・下巻』（有斐閣、1998年）375, 399頁。先後の引っ掛かりに着目することから、引っ掛かり説ともいわれる。結果時説を前提にして、時効制度の法的安定性確保という趣旨にも資することから、妥当な見解である。

43 大判大12・12・５大刑集２巻922頁。

44 最決昭63・２・29刑集42巻２号314頁「チッソ水俣病刑事事件」。

45 一体説からは、ある犯罪について一旦公訴時効が完成した後に、これと科刑上一罪の関係にある別事件が起訴されると、最初の犯罪に関する時効完成効が遡及して否定されることになる。これは、実体法思想に傾きすぎた結論であると思われる。

4 公訴時効の停止

(1) 概　要

公訴時効の期間は、当該事件について公訴提起されると、その進行が停止する（254条1項）。また、犯人が国外に居るか[46]又は逃げ隠れているために、起訴状謄本の送達又は略式命令の告知が有効にできなかった場合には、右障害事由のあった期間も、時効の進行が停止する（255条1項）。他方、一旦停止した時効期間は、当該事件について管轄違い又は公訴棄却の裁判が確定し（254条1項）、又は起訴状謄本送達等の障害事由がやんだ時点から、再び進行を始める。

旧刑事訴訟法では、公訴時効は公訴提起によって中断するとされていたが、現行法では停止に改められた。時効期間の中断では、一旦公訴提起がなされると時効期間は元に戻ってしまうが、被告人にとって著しく不利な効果をもたらすことが問題視されたのである。

(2) 時効停止効の始期

公訴時効は、公訴提起によって進行が停止する。また、犯人が国外に所在し又は逃亡等により有効に起訴状等が送達されなかった場合も同様である。

このうち、公訴提起や国外所在はその日時が明確に記録されるが、逃亡等による場合は明確ではない。この点について、学理では、逃亡を開始した時点とする見解（逃亡開始時説）が通説である。確かに、この見解は条文の文言に忠実であるが、逃亡開始時点が不明確であるだけでなく、それによって時効期間が停止してしまうとすると、公訴時効の完成はおよそ観念できない。公訴時効は、検察官の訴追意思が示されることによりその進行が停止するのであり、被疑者の法的地位もそれによって確定することとなる。それゆえ、実際上の解決としては、国外に所在している場合を除いて、検察官が公訴提起をした時点に公訴時効停止の効果を一元化し、ただ、起訴状謄本が実際に送達されなかったときの規定（271条2項）に従って処理されるべきである。

起訴状謄本不送達の場合は公訴提起の効力が「さかのぼって」失われる

---

[46] 最決平21・10・20刑集63巻8号1052頁によると、国外所在の停止効は、一次的な渡航による場合も生ずる。

が、この遡及的失効の意味については、見解が分かれる。学理では、公訴提起の時点からその効果が失われる以上、時効期間もその時点から再び進行を始めるとする見解[47]がある。これに対して、時効停止の効果は公訴提起の時点で発生しているのであり、2カ月経過後に起訴状謄本の不送達が確定した時点から再び進行を始めるとする見解が通説である。公訴提起により検察官の訴追意思が一旦は公然と示された以上、起訴状謄本の不送達が確定したとしても、それまでの2カ月間は時効停止の効果は存続すると解すべきである。判例[48]も、同様の見解である。

(3) 時効停止効の範囲

公訴時効の停止は、主観的範囲として、起訴された被告人について及ぶ。したがって、例えば、Aに対して公訴が提起されたが、その公判で無罪判決が下された後にXが真犯人であることが判明したという場合、Aに対する公訴提起による時効停止の効果はXには及ばず、Xに対する公訴提起の時点では、犯罪終了（結果発生）時からの時効期間が対象となる。ただし、共犯事件（広義の共犯の意味）においては、共犯者の一人に対して公訴提起すると、その効果は他の共犯者にも及ぶ（254条2項1文）。したがって、例えば、Aに対して公訴提起した後に共犯者Xに対してAとの共犯事件として公訴提起する場合、Aに対する公訴時効停止の効果はXにも及ぶため、Aに対する時効期間がXとの関係でも対象となる[49]。なお、この場合でも、Aに対する裁判が確定した場合、その時点からXとの関係でも時効期間が再び進行を始める（254条2項2文）。

公訴時効の客観的範囲は、「当該事件」である（254条1項）。したがって、例えば、Xに対して窃盗罪で公訴提起された後に殺人罪でも起訴するという場合、窃盗罪に対する公訴提起の効果は別事件である殺人罪には及ばない。ただし、学理では、ここでいう当該事件とは訴因として記載された事実

---

47 平場403頁、鈴木106頁。

48 最決昭55・5・12刑集34巻3号185頁「板橋起訴状謄本不送達事件」。

49 共犯事件で特に身分犯の場合には、共犯者間で適用されるべき刑罰規定（罪名）が異なる場合があるが、この場合には、各人の罪名に応じた時効期間が適用される（最判令4・6・9刑集76巻5号613頁）。

に限定されず、これと公訴事実の同一性の範囲にある事実にまで及ぶとするのが通説である。判例[50]も、同様に「特定の事実について検察官が訴追意思を表明したものと認められるときは、右事実と公訴事実を同一にする範囲において、公訴時効の進行を停止する効力を有する」としている。これに対して、学理では、訴因に限定されるとする見解[51]も見られる。しかし、公訴事実の同一性の範囲において訴因変更を可能とし、1回の手続で解決が要請されるという前提からは、当該事件に対する検察官の訴追意思が表明された以上、被告人の法的地位の安定性を損なうものでもなく、通説が妥当である。

なお、公訴時効停止の効力を検察官の訴追意思の公表に求めるという前提からは、起訴状記載の公訴事実において必ずしも訴因が特定されていない場合であっても、釈明等を通じて検察官の訴追意思が特定の事実に対して表明されていると認められるときは、公訴事実の同一性が認められる範囲にわたって時効停止の効力が認められるべきである[52]。

50　最決昭56・7・14刑集35巻5号497頁「大阪登記簿不実記載事件」。

51　鈴木116頁は、時効停止効は解決課題を同一にする範囲の犯罪事実（法益侵害を同一にする範囲）に生じるが、いまだ主張されていない公訴事実単一の関係にある犯罪事実には、その効果は及ばないとする。鈴木説は、公訴事実の同一性を3つの類型に分類し、時効停止効は最狭義の同一性の問題であるとする。

52　最決昭56・7・14刑集35巻5号497頁「大阪登記簿不実記載事件」。本件は、前訴において訴因不特定による公訴棄却判決が下されていた事案であり、後訴においてもその内容的確定力は及んでいる。それゆえ、前訴において既に特定の事実に対する検察官の訴追意思が表明されたといえない場合には、前訴の公訴提起によって時効停止効は生じないため、後訴の時点で既に時効期間が経過していた場合には、時効の完成が認められる（伊藤裁判官反対意見も参照）。

第10講　刑事手続の審判対象

第1章　訴因制度

第1節　訴因制度の意義―審判の対象

1　刑事訴訟の審判対象

刑事訴訟では、検察官が原告となり、起訴状を作成・提出して公訴を提起する（247条、256条1項）。そこでは、民事裁判と同様に、法的効果である刑罰権の行使に向けられた要件事実が主張され、裁判所による事実認定の対象が提起されるわけである。旧刑事訴訟法（大正刑事訴訟法）では、この点に関して、「犯罪事実及罪名ヲ示スヘシ」（旧刑訴291条1項）と規定されていたが、現行法では、「公訴事実」の記載に当たり「訴因」を明示すべきことが定められた。「公訴事実」は既に旧法から裁判実務及び学理において使用されていた用語であるが、「訴因」は現行法で初めて導入された用語であり、その意義をめぐって従来議論がなされてきた。

例えば、検察官は、「被告人Xは被害者Aの現金10万円を窃取した」との公訴事実で起訴をしたが、公判において、①そのような事実はなく、しかし「XはBを殺害した」という事実が判明した場合、又は②窃盗ではなく、「XはAから既に預かっていた現金10万円を横領した」という事実が判明した場合、裁判所は、それぞれ殺人罪又は横領罪で有罪判決を下すことができるか。まず①について、既に旧法時代も、起訴された窃盗罪と公判で明らかになった殺人罪とは別の犯罪事実であることから、殺人罪で有罪判決を下すことはできないとされていた。これに対して、②については、旧法時代は、裁判所は横領罪で有罪判決を下すことができると考えられていた。その理由は、検察官が窃盗罪で起訴したことにより、XがAから現金10万円を奪ったという社会的事象が審判対象として訴訟に上程されたのであり、裁判所は、検察官が起訴状に記載した窃盗罪はなおのこと、右社会的事象全体について審判する権限が与えられるものと考えられていたことによる。この社会的事象のことを「公訴事実」と呼び（したがって、現行法で起訴状に記載すべき「公訴事実」とは別の概念である）、審判対象はこの公訴事実であると理解されていたのである。

しかし、現行法が制定され、公訴事実の記載に当たり「訴因」の明示が要求されることになったことから、事例②の処理について議論が起こった。第1の見解[1]は、旧法時代と同様、依然として公訴事実が審判対象であり、裁判所の審判権限は訴因に拘束されないとした（**公訴事実対象説**）。この見解は、訴因制度は専ら被告人の防御の機会を保障するためのものであり、裁判所の審判権限に旧法時代と比べて変更を加えるものではないと理解したのである。これに対して、第2の見解[2]は、訴因こそが裁判所の審判権限を決定付けるものであり、裁判所は検察官が主張する訴因を超えて審判することはできないと理解した（**訴因対象説**）。現行法制定当初は、公訴事実対象説も有力に主張されたが、現在では、訴因対象説が通説であり、判例[3]もこれを採用するものと理解されている。

このようにして、訴因制度が導入されたことによって裁判所の審判権限の範囲、つまり刑事訴訟における審判対象について旧法時代との変化がもたらされたことになるのであるが、この点は、当事者主義訴訟の徹底と、裁判所の役割の変化とから理解される。まず、現行法の訴訟構造は、当事者主義を原則として成り立っている（第11講第1章第2節）。訴因制度は、その顕著な表れとして、刑事訴訟における審判対象の画定に当たり、原告である検察官の主張に強い拘束性を認めるものである。また、裁判所の役割も、これと関連しつつ、更には憲法における権力分立の意義から、捜査・訴追機関との分断が図られる形で変化したものと理解されなければならない。すなわち、旧法時代は、検察官の起訴に伴う犯罪事象（公訴事実）は常に実体を伴うものであり、裁判所は公判手続において証拠調べを通じてその真実を明らかにする

1 横川敏雄「審判の範囲と訴因及び公訴事実」実務講座5巻819頁、岸46頁。

2 平野132頁。

3 最判昭29・8・20刑集8巻8号1249頁。

ことが使命とされていたのであるが（真実発見型）、現行法では、検察官の起訴状における記載はあくまで一方当事者の主張にすぎず、裁判所は他方当事者である被告人の主張も聴き取った上で、それぞれを公平に評価して判決を下すべき地位に置かれることになったのである（主張吟味型）[4]。

このようにして、訴因制度の導入と、これに伴う刑事訴訟における審判対象に関する議論は、司法に関する憲法の理解とそれに伴う訴訟構造の変化を背景にして、刑事訴訟法の根幹に関わる問題である。

2　一罪の一部起訴の問題

例えば、強盗罪が疑われるが暴行と財物奪取との間の因果関係を立証することが困難と思われる場合、検察官は窃盗罪として起訴することができるか。この事例は、実体的に一罪を構成し得る事実のうち一部分を取り出して起訴するものとして、**一罪の一部起訴**という。このような起訴は、旧法時代のように公訴事実対象説を前提にするならば、法的に何ら問題がない。裁判所は、**公訴不可分の原則**に基づいて、いずれにせよ一罪全体について審判することができるからである。他方、訴因対象説を前提とするならば、実体と審判対象とが乖離する可能性が生ずるため、このような起訴の適法性が問題となる。

判例[5]は、一罪の一部起訴も原則として適法であるとする。すなわち、「検察官は、立証の難易等諸般の事情を考慮して」訴因を設定することができるのであり、裁判所において、それ以上に審理を及ぼすべき義務はないというわけである。訴因制度は、正にこのようなケースにおいて、訴因の背後にあると疑われる事象について審理から除外すべき機能を持つものである。判例が指摘するとおり、検察官としては、立証の難易さや起訴便宜主義（248条）の趣旨などを考慮して、自身が適切と判断する犯罪事実を訴因として起訴すれば足りる。

なお、訴因対象説からは、そもそも訴訟上の事実として問題となるのは訴

4　鈴木15頁。

5　最決昭59・1・27刑集38巻1号136頁、最大判平15・4・23刑集57巻4号467頁「西明寺業務上横領事件」。

因として訴訟に上程されたもののみであり、これを超えて実体上一罪の関係にあると思われる事象を想定し、起訴された部分をその「一部」と表現することは、必ずしも適切ではない。

第2節　訴因の本質

例えば、当初の訴因は「被告人は被害者をナイフで刺殺した」というものであったが、公判において、被告人の犯行であることは間違いないものの、実は拳銃で銃殺したものであったことが判明した場合、裁判所は、銃殺の事実を認定して有罪判決を下すことができるか。審判対象が訴因であるとして、その本質は何か。設例はこの点に関わる問題である。

一般に、訴因とは「罪となるべき事実」であると理解されるが、その際に、純粋に「事実」的な側面だけをいうのか（**事実記載説**）、又は「罪となるべき」という点が重視されるべきか（**法律構成説**）で、見解が分かれるとされてきた。すなわち、本設例では、被告人の行為は、刺殺と銃殺という点で事実に違いが生じているが、双方はいずれにおいても故意の殺人罪に該当するため法律構成の変化はない（ただし、法律構成説からも、作為犯と不作為犯とでは法律構成が異なるとされている[6]）。そこで、特に訴因変更の必要性をめぐり、両説の間で対立してきたわけである。訴因は刑事訴訟の原告である検察官の事実面での主張であるとの理由から、事実記載説が判例[7]・通説となっている。

ただし、事実は幅のある概念であり、例えば、犯行時刻が「10時」又は「10時１分」という場合、厳密にいえば両者は事実として異なるのであるが、これを概括的に「10時頃」とすれば同じ事実ということになる。結局のところ、訴因変更の必要性は、刑事訴訟における訴因の意義・機能に遡って検討されるべき問題である。

---

[6] 岸盛一「刑事訴訟法の基本原理」実務講座１巻14頁。
[7] 最決昭40・12・24刑集19巻９号827頁。

第3節　訴因の役割(機能)と明示・特定性の要請

1　訴因の役割（機能）

訴因は、公訴事実の記載に当たって明示されなければならず、かつ、訴因の明示に際しては、日時・場所・方法等の記載をもってできる限り「罪となるべき事実」を特定して記述されなければならない（256条3項）。この訴因の明示・特定性の要請を満たすためにはどの程度の記述が必要であるかは、従来、議論が積み重ねられてきた。その前提として、訴因の役割（機能）を確認しておこう。

前述のとおり、訴因は刑事訴訟における審判対象であると理解されるが、それによって、訴因には、①裁判所の審判対象の範囲を画定する機能（識別機能）と、②被告人に対して防御すべき範囲を告知する機能（告知機能）とが与えられることになる。第1に、訴因が審判対象であるならば、逆にそれ以外の事実は審判対象から除外されることになる。したがって、訴因は、社会に生起した（と仮定される）無数の事実の中から、訴訟の場で審理されるべき事実を選別し、他の事実と識別する機能を持つ。第2に、識別機能によって訴訟で審理されるべき事実が選別されると、被告人側は、その範囲で防御すれば足り、それ以外の事実について争う必要がなくなる。検察官が訴因を明示して審判対象を設定・構成することで、訴因は、相手方である被告人に防御すべき範囲を告知する機能も持つ。

訴因の明示・特定性の問題は、訴因に与えられたこの2つの機能を前提に、検討されなければならない。

2　訴因の明示性

まず、訴因は、公訴事実の記載に当たって明示されなければならない。訴因は「罪となるべき事実」を指すことから、**訴因の明示性**は、刑法各則の各構成要件（加えて、客観的処罰条件）及び主観的要素（故意に加えて、主観的超過要素も含む）に該当する事実を示すことを要請する。刑事裁判は、被告人の犯罪事実に関する嫌疑について、裁判所に当該事実の認定を求めて起訴されるものである。その際、訴因（罪となるべき事実）は、刑罰権発動という法律効果の発生に向けた要件事実（民事裁判でいう請求原因事実）と位置付けられ[8]、原告である検察官がその全てを主張すべきことを求められるわけである。具体的には、例えば、殺人罪（刑199条）の公訴事実中に、①被告人が（主体）、②被害者に対して（客体）、③その胸部をナイフで数回刺突し（実行行為）、④出血多量によって（因果関係）、⑤死亡させた（結果）との事実と、⑥故意に該当する殺意の存在が、全て漏れ落ちなく記載されなければならない。

3　訴因の特定性

次に、訴因を明示するに当たり、「できる限り日時、場所及び方法を以て罪となるべき事実を特定」しなければならない。訴因が特定していなければ、その識別・告知機能を果たすことができないからである。したがって、検察官は、捜査段階で得られた資料や情報を基に、可能な限り、日時・場所・方法等の事実を具体的かつ詳細に記載しなければならない。もっとも、「できる限り」との文言からは、やむを得ない場合には、厳格に特定されなくてもよい場合があることも予定されている[9]。例えば、犯行の日時について、①出入国管理令違反（密出国の罪）において「昭和27年４月頃より同33年６月下旬までの間」、又は②覚醒剤取締法違反（自己使用の罪）において「昭和54年９月26日頃から同年10月３日までの間」と一定の幅をもって記載された場合、なおも訴因の特定性の要請は満たされているといえるか。

判例は、双方の事案で訴因の特定性は満たされているとする。①事例[10]では、訴因の特定性は「犯罪の日時、場所及び方法は、これら事項が、犯罪を構成する要素になっている場合を除き、本来は、罪となるべき事実そのものではなく、ただ訴因を特定する一手段として、できる限り具体的に表示すべきことを要請されているのであるから、犯罪の種類、性質等の如何により、これを詳らかにすることができない特殊事情がある場合には、前記法の目的

8　辻本・審判対象28頁。

9　できる限りの特定が要求されるのは「罪となるべき事実」であり、日時・場所・方法等の記載はその手段として要求されるものである。したがって、これらの要素が必ずしも厳密に記載されなくても、訴因の特定性の要請は果たされ得る。

10　最大判昭37・11・28刑集16巻11号1633頁「白山丸事件」。

を害さないかぎりの幅のある表示をしても、その一事のみを以て、罪となるべき事実を特定しない違法があるということはできない」と、②事例[11]では、「検察官において起訴当時の証拠に基づきできる限り特定したものである以上、覚醒剤使用罪の訴因の特定に欠けるところはない」と、それぞれ判示されている[12]。

学理では、訴因の特定性に関して、**識別説**と**防御説**とが対立してきた。識別説は、他の犯罪事実との識別にとって十分な程度に特定されていれば足りるとするが、防御説は、これに加えて被告人の防御に重要な事実もが明確にされているかどうかを問う。例えば、共謀共同正犯において「共謀の上」とのみ記載され、具体的な謀議の日時等が明確化されていない場合[13]、防御説は、謀議のみ関与した者にとって謀議の日時等は防御上重要な事実であり、その点が明確にされない限り訴因の特定性は満たされないと主張するが、識別説は、共謀（共犯者間の意思連絡）の存在とそれに基づく実行の事実が明らかであれば識別は果たされており、訴因は特定されているという。識別説が通説であり[14]、そこから、判例の結論も基本的に支持されている。犯行の日時・場所・方法等の記載は、それ自体が罪となるべき事実ではなく、あくまでその特定に必要な限りで明確化が要求されるにすぎないというわけである。

識別説を前提に、犯行の日時・場所・方法等の記載は、それ自体に必ずしも厳格な特定性が要求されないとしても、他の犯罪事実との識別がなされることは、特定性の必須条件となる。例えば、犯行日時に相当の幅があり、その期間内に複数の同種犯罪の実行が可能という場合、特定性の要請が満たされていないことになる。窃盗罪等の財産犯や、速度違反等の道交法違反などがこれに当たる。では、前掲事例ではどうか。

まず、①事例では、被告人が実行行為である密出国を行った日時が判明せず、６年以上の幅をもって記載されている。ただ、具体的事件は、船で帰国

11　最決昭56・４・25刑集35巻３号116頁「広島吉田町覚醒剤使用事件」。

12　傷害致死事件について犯行日時・場所・方法等に関する概括的記載も許されるとした事案として、最決平14・７・18刑集56巻６号307頁「前原遺体白骨化事件」。

13　最大判昭33・５・28刑集12巻８号1718頁「練馬事件」。

14　防御説の論者として、三井（２）164頁。

したところを拘束され、その際に所持していた旅券に有効な出国印が押されていなかったというものであった。すなわち、当該帰国に対応する出国は論理的に1度きりしかなく、そのような事情を前提とすると、このような幅のある記載によっても、どの犯罪事実が起訴されているかは十分識別できているのであった。例えば、殺人罪や傷害致死罪の事案でも、被害者は1度しか死亡しないという特徴から、同様に考えることができる。

では、②事例はどうか。ここでは覚醒剤自己使用の実行行為について1週間の幅をもって記載されたのであるが、当該期間内に複数の使用行為が行われる可能性がある。この事案について、学理では、起訴された期間内に複数の使用行為が行われたとしても、これらは全体として包括一罪を構成するものであり、個別の使用行為の日時・場所・方法等の詳細を明確にする必要はないとする見解（包括一罪説）[15]がある。しかし、このような見解は、覚醒剤自己使用罪については、1回の使用ごとに一罪を構成するとする実務の見解に反する。この点は置くとしても、包括一罪は刑法上複数の構成要件に該当する行為をなお一罪として包括するものであり、これは訴訟において個別の行為が認定された結果そのように評価できるとするものであって、個別行為の特定性を不要とするものではない。これに対して、実務の罪数処理を前提にしつつ、検察官の訴追意思に着目し、一定期間内に複数の使用行為が疑われる場合でも、そのいずれかを問わず1個の行為を起訴したものとする見解（最低1行為説[16]）と、尿検査から遡って最終の行為を起訴したものとする見解（最終1行為説[17]）とが主張されている。いずれにせよ、これらの見解によれば、犯行日時等に一定の幅をもった記載がなされたとしても、上記意味での検察官の訴追意思が明らかである限りで、訴因の特定性が肯定され得る[18]。

---

[15] 鈴木・続構造279頁。最決平22・3・17刑集64巻2号111頁「大阪街頭募金詐欺事件」は、街頭募金詐欺の事案において、包括一罪性を前提に個別行為の特定を不要としている。最決平26・3・17刑集68巻3号368頁は、同一被害者に対し一定の期間内に反復累行された一連の暴行について、やはり包括一罪であるとの前提で、「共犯者、被害者、期間、場所、暴行の態様及び傷害結果の記載」がなされていれば足りるとしている。

[16] 仙台高秋田支判決昭56・11・17判時1027号135頁。

[17] 東京高判昭61・6・25刑月18巻5＝6号721頁。

[18] 複数行為の可能性がある場合において、最低1行為説はそのいずれでもよいから1個

このようにして、訴因の特定性に関して、重要判例を踏まえた学理での検討が積み重ねられてきた。もっとも、前述のような幅のある記載が許されるのは、あくまで具体的事実を「詳らかにできない特殊事情」があることが前提であり、そうでない限り、「できる限り」の特定性が求められることは確認しておかなければならない。また、そのような場合も、例えば、公判開始後（又は公判前整理手続）に求釈明（規208条）等によって、検察官の訴追意思が前述のような趣旨であることが確認されなければならない。

第4節　訴因の予備的・択一的記載

訴因は、公訴提起の段階で予備的又は択一的に複数のものを記載しておくことができる（256条5項）。例えば、窃盗罪で起訴すべき事案において証拠関係から横領罪の可能性もあると判断された場合、検察官は、窃盗罪を主位的訴因として予備的に又はこれと択一的に、公訴事実の同一性の範囲内（後述）にある横領罪の訴因も主張することができる。

この場合、裁判所は、窃盗罪だけでなく横領罪に係る事実も審判することができるが、予備的訴因は順位があるが、択一的訴因は両者が並立しているという違いがある。予備的訴因の場合、あくまで主位的訴因である窃盗罪の審理を優先させ、それが否定される場合に初めて横領罪の審判に移るが、択一的訴因の場合、そのような順位付けはない。

ただし、実務では、公訴提起の段階から検察官が訴因を予備的又は択一的に記載することは少ない。

第5節　訴因変更

1　訴因変更の意義

刑事訴訟の審判対象が訴因であるとすると、裁判所は、検察官が主張する

と考えるのに対して、最終1行為説はとにかく最後の行為と考えるものである。理論的には、前者が比較的抽象的であるのに対して、後者の方が具体的であると評価できる。

訴因を超えて異なる事実について審判することは許されない。例えば、窃盗罪の訴因で起訴されたが公判で実は横領罪であったことが判明した場合、窃盗罪の訴因のままでは横領罪を認定して有罪とすることはできない。なぜなら、窃盗罪が訴因として審判対象とされているということは、裁判所に求められた判断は、「窃盗罪の事実が認められるかどうか」であって、「窃盗罪か又は横領罪か」ではないからである。したがって、この場合、そのままの訴因であれば無罪判決を下すしかない。窃盗罪の罪となるべき事実は被害者の占有を侵害することであるが、横領罪が真実であったということは、被害者に財物の占有がなかったということになるからである。

もっとも、このような場合に一旦無罪判決を下した上で改めて横領罪で起訴からやり直すというのは、時間的にも、作業効率的にも無駄である。被告人にとっても、再起訴されて結局は有罪判決を下されることになるのであれば、負担が大きいばかりである。そこで、このような事態に備えて、公判前又は公判の途中で検察官が主張した訴因と裁判所の心証（証拠から推測される事実）とにずれが生じてきた場合、審判対象を変更することが求められる。それが、**訴因変更**の制度である（312条1項）。検察官は、公判前又は公判の途中で上記のような事態が生じてきた場合、当初の主張を変えて、訴因（又は罰条＝以下省略）を追加し、撤回し、変更することができるのである。これによって、例えば、窃盗罪の訴因にそれと牽連犯の関係にある住居侵入罪を付け加えること（追加）、逆に住居侵入罪と窃盗罪の訴因から前者を取り除くこと（撤回）、窃盗罪の訴因を横領罪に変更すること（変更＝狭義の変更）ができる。

訴因変更については、①如何なる場面で必要的となるか（訴因変更の必要性）、②どの範囲まで変更することができるか（訴因変更の可能性）、③裁判所は訴因変更に当たってどのような役割を求められるかという問題がある。

2　訴因変更の手続

訴因変更の手続は、検察官の請求を裁判所が許可するという方法による（312条1項）。訴因は審判対象であり、その設定は刑事裁判の原告であり一方当事者である検察官の権限であるから、訴因の変更に際しても、検察官の主導によるのである。裁判所は、訴因変更の前後で「公訴事実の同一性」が認められる限り、原則として、検察官の請求を許可しなければならない。

訴因変更の請求は、原則として、書面を提出して行い（312条3項）、被告人側にその謄本が送達される（312条4項）。検察官は、公判期日に訴因変更請求書を朗読しなければならない（規209条4項）。訴因変更は審判対象の変更であり、起訴状に準じた取扱いが求められるのである。ただし、公判期日に被告人が在廷している場合は、訴因変更を口頭で行うこともできる（312条6項）。この場合、書面の提出及び謄本の送達等の手続は省略することができる。訴因変更は、公判前整理手続の中で行うこともできる（316条の5第2号）。

訴因が変更されると、裁判所の審判対象が変更され、これに伴って被告人側の防御対象にも変動が生じることになる。そのため、訴因変更によって被告人側の防御に実質的な不利益が生ずる虞があるときは、裁判所は、被告人側に十分な防御準備をさせるため必要な期間、公判手続を停止しなければならない（312条7項）。

第2章　訴因変更の必要性

第1節　訴因の拘束性

例えば、窃盗罪の訴因で起訴されたが公判の途中で横領罪であることが判明した場合、窃盗罪の訴因のままで横領罪を認定し、有罪判決を下すことはできない。これは、訴因が審判対象であり、裁判所の審判権限が訴因に拘束されることからの帰結である。これを**訴因の拘束性**という。このような場合、訴訟を継続し横領罪について審判するためには、訴因変更が必要になる。

では、「被告人は被害者に暴行し、その犯行を抑圧した上で現金10万円を強取した」との訴因で起訴されたが、公判において、例えば、①「被告人が強取したのは10万200円だった」との事実が判明した場合、又は②「被告人は暴行後に初めて財物奪取の意思を生じ、かつ、それ以上の暴行等を加えることなく10万円を奪った」との事実が判明した場合、やはり訴因変更が必要になるのであろうか。

まず、①事例では、被告人が被害者から現金を強取したという点で法的構成に変化はないが、客体である現金について「200円」の違いが生じている。訴因の本質を事実記載に求める事実記載説からは、事実に違いが生じていることから、訴因変更の必要性が問題となる。しかし、訴因は罪となるべき事実であり、識別説を前提にすると、客体の具体的内容（強取した金額）は、犯行の日時・場所等と同じく、これを特定するための要素にすぎない。そうだとすると、強盗罪の罪となるべき事実が全て明示されている場合、10万円か10万200円かの違いは罪となるべき事実の特定にとって本質的なものではなく、そもそも「約10万円」といった概括的な記載も許されることからしても、改めて訴因変更の厳格な手続を採る必要はない。裁判所として、当初の訴因のまま「10万200円」と認定してよい。

他方、②事例では、暴行と財物奪取との因果関係が否定されることになれば、強盗罪から窃盗罪へと罪名が変化することとなる。それは、当初の訴因から事実が変化したことに伴うものであることから、この場合も、やはり訴因変更の必要性が問題となる。しかし、強盗罪と窃盗罪の事実を比較してみると、強盗罪は暴行（又は脅迫）と財物奪取とが組み合わされた結合犯であり、本事例の場合、前者の事実のみ否定し後者の事実だけを認定するものである。このように、「裁判所がその態様及び限度において訴因たる事実よりもいわば縮少（ママ）された事実を認定するについては、敢えて訴因罰条の変更手続を経る必要がない」[19]。これを**縮小認定の理論**という[20]。縮小認定がなされる場合、裁判所が認定すべき事実は既に当初の訴因に含まれており、これによっても訴因の拘束性に反するものではなく、かつ、被告人にとってもその防御範囲は既に告知されている。つまり、大は小を兼ねるというわけである[21]。ただし、このような縮小認定は、検察官が部分的にせよその処罰を求

19　最判昭26・6・15刑集5巻7号1277頁「伊万里焼酎強取事件」。

20　加藤克佳「縮小認定と訴因変更の要否」研修709号3頁。

21　これに対して、**予備的認定**は、法的意味で包摂関係にある事実について予備的に認定する手法である。例えば、既遂か未遂か不明の場合に未遂を認定することは、事実自体が大小の関係にあるわけではないので縮小認定ではなく、予備的認定である。殺人被告事件で殺意が認定できない場合に傷害致死罪を認定し、又は被害者の同意承諾の可能性が残る場合に同意殺人罪を認定する場合も同様である。

めて訴追していること、つまり、裁判所の認定すべき事実についてその訴追意思が及んでいることが前提である。したがって、例えば、財産犯である強盗罪の訴因でその一部の事実たる暴行のみを認定するような場合、求釈明（規208条）により、検察官の訴追意思が暴行のみでも否定されないものであることが確認されなければならない。

第2節　訴因変更が必要となる場合の基準

1　従来の議論

訴因が審判対象であるとの前提から、訴因記載の事実と裁判所の心証とに違いが生ずると訴因変更が必要になるが、「事実」の内容次第で訴因変更が不要になる場合もある。そうすると、どのような事実にどの程度の変化が生じた場合に訴因変更が必要的となるのかが問題となる。従来、この問題について、特に被告人の防御への影響をどのような形で考慮するかをめぐって検討されてきた。例えば、当初は窃盗罪で起訴され、公判の途中で横領罪に訴因変更されたが、その後の証拠調べでやはり窃盗罪であることが判明した場合、裁判所は窃盗罪で有罪認定することができるか。

判例は当初、審理の経過に鑑み被告人の防御に実質的な不利益を生ずる虞れがないものと認めるときは訴因変更を要しないとして、訴訟における被告人の具体的な防御態様に着目していた。例えば、窃盗共同正犯で起訴されたが、被告人が自身の行為を窃盗幇助であるとして共同正犯は否認していた事案[22]では、訴因変更を要せず窃盗幇助で有罪認定してよいとされている。学理では、これをもって、訴訟の具体的経過を見た上で被告人の防御の機会が十分保障されていたといえるかどうかを基準としたものと評されていた（具体的防御説）。

しかし、判例はその後、訴訟の具体的経過を考慮することなく、およそ一般的・抽象的に事実を比較して判断するようになった。例えば、「もともと収賄と贈賄とは、犯罪構成要件を異にするばかりでなく、一方は賄賂の収受

22　最判昭29・1・21刑集8巻1号71頁。

であり、他方は賄賂の供与であって、行為の態様が全く相反する犯罪である」として、訴訟の具体的経過に鑑みることなく訴因変更が必要とされている[23]。学理では、これをもって、訴訟の具体的経過を捨象し、訴因と裁判所の心証のずれが一般的・抽象的に被告人の防御にとって重要な影響を与える場合には訴因変更を必要とするものと評された（抽象的防御説）[24]。

両説から本設例を検討すると、まず、具体的防御説からは、当初は窃盗罪として訴因が構成され、その後横領罪に訴因変更がなされているが、当初の訴因設定により、最終的に認定すべき窃盗罪については既に具体的な防御の機会が保障されていたといえる。したがって、横領罪の訴因のままで窃盗罪を認定してよい。これに対して、抽象的防御説からは、訴因変更により設定されている横領罪の訴因と、最終的に認定すべき窃盗罪とを一般的・抽象的に比較することになり、両罪は占有の状態という被告人の防御にとって本質的な部分に変動が生ずるものであることから、訴訟の具体的経過に関わらず訴因変更が必要ということになる。

2　最高裁平成13年決定

判例は、その後、被告人の防御の観点を後退させ、訴因の拘束力を正面から問題とするようになった。例えば、「過失犯に関し、一定の注意義務を課す根拠となる具体的事実については、たとえそれが公訴事実中に記載されたとしても、訴因としての拘束力が認められるものではない」というのである[25]。そうすると、ここで「訴因としての拘束力」とは如何なる意味か、また、被告人の防御への配慮は訴因変更の必要性にどのような意味を持つものかといった点が問題となった。

最高裁平成13年決定[26]は、この課題に答えて、訴因変更の必要性に関する基準を明確にしたものである。本件は、被告人が共犯者と共同して、元々保

23　最判昭36・6・13刑集15巻6号961頁。
24　更に、抽象的防御説の観点に具体的防御説の観点をも折衷的に考慮するような判断も見られた（最決昭55・3・4刑集34巻3号89頁、最判昭58・12・13刑集37巻10号1581頁「よど号ハイジャック事件」）。
25　最決昭63・10・24刑集42巻8号1079頁「高知五台山業過事件」。
26　最決平13・4・11刑集55巻3号127頁「青森保険金目的放火・口封じ殺人事件」。

険金詐欺の共犯であった A を口封じのために絞殺したという事案である。公訴事実における犯行日時、場所等の概括的な記載も問題となったが、特に実行行為者の記載について次のような訴訟経過をたどった。当初の公訴事実では、「被告人は、共犯者と共謀の上……殺害した」として実行行為者が特定されていなかったのであるが、被告人が共犯者との共犯関係を否認して無罪を主張したため、その点に関する証拠調べが行われた末に、「被告人は、共犯者と共謀の上……被告人が、被害者の頸部を絞めつけるなどし……て殺害した」との訴因に変更された。しかし、第一審裁判所は、被告人と共犯者との共謀による殺人は認められるとしつつ、最終的に実行行為者が誰であるかを特定することができなかったため、判決では、罪となるべき事実として「被告人は、共犯者と共謀の上……共犯者又は被告人あるいはその両名において……〔絞殺等の方法で〕殺害した」と認定したのである。すなわち、変更後の訴因と裁判所が認定した事実との間で、実行行為者について、「被告人」という限りで一致するのであるが、それ以外の「共犯者」及び「両名」という部分に齟齬がある。そこで、このような認定の仕方が許されるのか、殺人共同正犯における実行行為者の記載が訴因変更の必要性との関係で如何なる意味を持つものであるかが問題となった。

本決定は、この問題について、公訴事実の記載を段階的に考察し、①事実に変動が生じた場合に必ず訴因変更を必要とするもの（絶対的要変更事項）と、②訴訟の具体的事情によって必要となるかどうかが相対的に決せられるもの（相対的要変更事項）とに分析して、訴因変更の具体的基準を示した。すなわち、第 1 段階の**絶対的要変更事項**については、「審判対象の画定」という視点から、「殺人罪の共同正犯の訴因としては、その実行行為者が誰であるかが明示されていないからといって、それだけで直ちに訴因の記載として罪となるべき事実の特定に欠けるものとはいえないと考えられるから、訴因において実行行為者が明示された場合にそれと異なる認定をするとしても、審判対象の画定という見地からは、訴因変更が必要となるとはいえない」とした。そして、第 2 段階の**相対的要変更事項**については、被告人の防御の視点を挙げて、「実行行為者がだれであるかは、一般的に、被告人の防御にとって重要な事項であるから、当該訴因の成否について争いがある場合等においては、争点の明確化などのため、検察官において実行行為者を明示するのが望ましいということができ、検察官が訴因においてその実行行為者の明示をした以上、判決においてそれと実質的に異なる認定をするには、原則として、訴因変更手続を要するものと解するのが相当である」とした。しかし、この第２段階として問題となる「実行行為者の明示は、前記のとおり訴因の記載として不可欠な事項ではないから、少なくとも、被告人の防御の具体的な状況等の審理の経過に照らし、被告人に不意打ちを与えるものではないと認められ、かつ、判決で認定される事実が訴因に記載された事実と比べて被告人にとってより不利益であるとはいえない場合には、例外的に、訴因変更手続を経ることなく訴因と異なる実行行為者を認定することも違法ではない」としている。すなわち、この場面で問題となる訴因変更は被告人の防御保障という観点から求められるものであるから、訴因変更以外の手段で代替し得るというわけである。これによると、当該事実については、①訴訟の具体的経過に鑑みて被告人に不意打ちを与えるものではないと認め得る限りで、かつ、②認定事実が明示された事実よりも不利益とならない限りで、訴因変更を要しない。この判例基準は、訴因の識別機能を第一義的に捉えたものと評されている。これによると、従来検討の中心に置かれてきた被告人の防御保障の観点は訴因の本質的な問題ではないから、防御上重要な事項についても争点の明確化等の手続が採られれば足り、訴因変更と切り離して処理し得ることが明らかにされたのである。

判例[27]は、その後、現住建造物放火罪の事案で、被告人がガスに引火して爆発させたという実行行為の認定について、「検察官の主張内容、裁判所の求釈明や証拠調べにおける発問等の具体的な審理経過に照らせば、原判決の認定は引火、爆発させた行為についての本件審理における攻防の範囲を超えて無限定な認定をした点において被告人に不意打ちを与えるもの」として、訴因変更を経ることなく公訴事実に記載された実行行為の態様と異なる事実を認定した手続を違法としている。この決定は、相対的要変更事項の検討から始めているが、実行行為の態様は放火罪においても審判対象の画定に不可

[27] 最決平24・２・29刑集66巻４号589頁「長崎ガスコンロ点火事件」。

欠の事項とはいえないとの判断が論理的に先行しているのであり、平成13年決定の判断基準が実務に浸透している。

3　過失犯と訴因

平成13年決定は、訴因変更の必要性に関する明確な判断基準を示したものであるが、これは故意犯の事案であった。この判断基準は、もとより過失犯でも共有され得るものであるが、過失犯はその実体刑法上の要件が刑法規定に明確ではなく、いわば開かれた構成要件として故意犯とは異なる構造を持つ。現在の実務ではいわゆる新過失論の考え方に基づいて要件事実が立てられており[28]、これを前提に、若干の説明を行っておく。

新過失論によると、過失犯における「過失」とは客観的注意義務に違反することであり、予見可能性がその前提として位置付けられる。そこで、過失犯として刑事裁判で審理されるのは、①注意義務を導く根拠となる事実（予見可能性を示す事実）、②具体的注意義務の内容、③注意義務に違反する（過失の）行為態様ということになる。このうち過失犯の実行行為は③であり、①及び②はそれを特定するための事項となる。

判例も、このような理解に立ち、例えば、被告人が乗用車を運転中に、「当時降雨中でアスファルト舗装の路面が湿潤し滑走しやすい状況であった」から、あらかじめ減速して進行すべき業務上の注意義務があるのに、これを怠った過失により対抗してきた被害者運転の乗用車に自車を衝突させ、同人に対し傷害を負わせたという訴因に対して、「石灰の粉塵が路面に堆積凝固していたところへ折からの降雨で路面が湿潤し、車輪が滑走しやすい状況にあつた」という事実を認定した原判決の判断について、「過失犯に関し、一定の注意義務を課す根拠となる具体的事実については、たとえそれが公訴事実中に記載されたとしても、訴因としての拘束力が認められるものではないから、右事実が公訴事実中に一旦は記載されながらその後訴因変更の手続を経て撤回されたとしても、被告人の防禦権を不当に侵害するものでない限

[28] 近時の理論的検討として、樋口亮介「注意義務の内容確定プロセスを基礎に置く過失犯の判断枠組み（1）～（3・完）」曹時69巻12号以下。

り、右事実を認定することに違法はない」と判断している[29]。なお、過失の行為態様に関しても、被告人が進路前方を注視せず、進路の安全を確認しなかったという公訴事実において、「進路前方を注視せず、ハンドルを右方向に転把して進行した」という事実が認定された事案において、このような認定は検察官の当初の訴因における過失の態様を補充訂正したにとどまるとの理由で、訴因変更が不要と判断されている[30]。

第3節　訴因変更と関連する手続

1　争点の変更

例えば、共謀共同正犯の事案で、共謀にのみ関与した被告人に関して、訴因としては記載されていなかった具体的謀議の日時について検察官が「3月12日から14日」と釈明主張したところ、第一審裁判所が特に3月13日及び14日の両日に行われた謀議を認定して有罪としたため、被告人側が控訴したが、控訴審裁判所は、右両日のアリバイ主張を認めつつ、3月12日の謀議への参加を認めて有罪とすることはできるか。

本設例は、平成13年決定の判断基準によると、共謀共同正犯においては共犯者間の意思連絡（共謀）の存在が審判対象の画定に不可欠の事項であるが、その形成過程である具体的謀議の日時等の事実はこれに当たらないことから、相対的要変更事項の問題となる。もとより、本設例ではそもそも謀議の日時が訴因に示されていたわけではないが、被告人の防御の観点からは同種の問題である。

判例[31]は、本事例について、「少なくとも、12日夜の謀議の存否の点を控訴審における争点として顕在化させたうえで十分の審理を遂げる必要がある」とした上で、上記のような認定は被告人に不意打ちを与えるものとして違法と判断している。争点顕在化の措置として、具体的には、検察官に釈明を求めるなどして、被告人の防御に重要な事項については、それが争点とし

29　最決昭63・10・24刑集42巻8号1079頁「高知五台山業過事件」。
30　最決平15・2・20裁判集刑283号335頁。
31　最判昭58・12・13刑集37巻10号1581頁「よど号ハイジャック事件」。

て十分な防御をなし得るよう配慮されなければならないのである。

2 罪数の変化と訴因の関係

例えば、複数の行為が１個の窃盗罪を構成するとして起訴されたところ、公判審理の結果として複数の窃盗罪を構成することが判明した場合、又は逆に、複数の窃盗罪が併合罪として起訴されたところ、１個の窃盗罪であることが判明した場合、それぞれ、如何なる手続が必要か。これらは、当初の訴因と裁判所の心証とにおいて罪数関係に変化が生じた事案であり、起訴の個数に関係する問題である。

学理では、いずれの事例も罪数に変化が生じると当初の訴因は不適法なものになるとして、訴因の補正が必要であるとされている。これに対して、判例[32]は、訴因変更の問題とした上で、被告人の防御に不利益が生じない限り訴因変更なく有罪認定できるとしている。

この問題は、事実の変化がある場合と、変化がない場合とに分けて考察すべきである。すなわち、第１に、公訴事実と裁判所の心証との間に事実面で変化がある場合、当初の訴因はそもそも適法なのであって、これを補正すべき理由はなく、訴因変更の問題として処理すれば足りる。その際、一罪が数罪に変化する場合は、訴因変更をした上で、切り離された部分については追起訴が必要となる。他方、数罪が一罪に変化する場合、やはり一罪にまとめた上で、その他の起訴については公訴棄却の決定（339条１項５号）をしておくべきである。第２に、事実面に変化がない場合は、訴因変更は不要であり、数罪を一罪と認定する場合には、当該公訴事実を一罪の起訴として解釈できる限度でそのまま認定してよい。他方、一罪を数罪と認定する場合には、当初の訴因を補正して、罰条ごとに書き分けさせた上で、有罪認定すればよい[33]。

32 最判昭29・３・２刑集８巻３号217頁。
33 鈴木119頁。

第3章　訴因変更の可能性―「公訴事実の同一性」論

第1節　「公訴事実の同一性」の機能

訴因変更は、「公訴事実の同一性を害しない限度において」認められる(312条1項)。この範囲内であれば、1回の手続で当初の訴因に限られず、訴因変更手続を経ることによって広く犯罪の嫌疑を解明することができる。この**公訴事実の同一性**は1個の事件、同一の事件（以下、「同一事件」）を表す概念であるが、この範囲で訴因変更を可能とすることで、同一事件に関しては1回の訴訟で解決を図ることが可能となるのである。これにより、公訴事実に明示された訴因と公判における証拠関係から導かれる裁判所の心証とにずれが生じた場合でも、同一事件である限りで、改めて再起訴をして裁判をやり直すといった迂遠な方法を採る必要がなくなるわけである。

このようにして、公訴事実の同一性の範囲で訴因変更を可能にするという制度は同一事件について1回の訴訟で解決を可能にさせるものであるが、その反面として、同一事件については1回の訴訟で解決しておかなければならないという義務を伴うものでもある。憲法39条2文は「同一の犯罪」について重ねて刑事責任を問うことを禁止するが（一事不再理原則)、判例[34]・通説は、この同一の犯罪とは刑事訴訟法上の公訴事実の同一性の範囲と一致すると理解している。これによると、公訴事実の同一性が認められ、訴因変更を通じて1回の訴訟で解決が可能とされる範囲においては、時間的に並行して複数の公訴提起を行うこと（二重起訴禁止）や、時間的に前後する複数の公訴提起を行うこと（一事不再理）は許されない（第4編第2章第3節)。

このようにして、「公訴事実の同一性」の概念は、いわば訴訟の枠組みを設定するという重要な機能が与えられている。他には、公訴時効停止の効果が及ぶ範囲や、捜査段階における一事件の範囲も、基本的にこの公訴事実の

---

[34] 最大判平15・4・23刑集57巻4号467頁「西明寺業務上横領事件」、最判平15・10・7刑集57巻9号1002頁「八王子常習特殊窃盗事件」。

同一性を基準として決定される。

第2節　「公訴事実の同一性」の判断基準

1　二元的考察法

公訴事実の同一性は、同一の事件については1回の訴訟で解決を可能とさせる概念であるが、これは具体的にどのような基準で判断されるべきか。例えば、窃盗罪の訴因で起訴された事件で、①被害金額が10万円から11万円に変更される場合、②窃盗罪ではなく横領罪に変更される場合、③窃盗罪に被害者宅への住居侵入罪が追加される場合、これらの訴因変更は許されるか。

公訴事実の同一性は、一般に、公訴事実の単一性（1個の事件）と、狭義の同一性（同一の事件）とに区別して検討される。**公訴事実の単一性**は、複数の犯罪が成立する場合になお1回（1個）の手続の対象とできるかという問題であり、**狭義の同一性**は、両立しない関係にある犯罪が実は審判されるべき事件として同一のものであるかという問題である。両者はそれぞれ次元が異なる問題であり、そのいずれかが肯定される場合に公訴事実の同一性が認められ、訴因変更が許されることになる。

旧法時代には、公訴不可分の原則が妥当し、公訴事実の単一性は狭義の同一性を検討するための前提であると考えられていた。旧法では訴因制度がなく公訴事実（社会的事象）全体が審判対象とされていたが、そのためには、新たに審判に加えられるべき事実が起訴された事件と合わせて単一であり、かつ、同一のものである必要があったのである。しかし、現行法では訴因制度が採用され、裁判所の審判権限もこれによって画されることとなったため、訴因の背後に目を向けることはできなくなった。つまり、あくまで変更前後の訴因相互の関係における比較において、両訴因はなおも単一の関係にあるか、又は同一の関係にあるかということで、次元が異なる問題だと位置付けられることになるわけである。したがって、訴因変更の可能性を検討するに当たっては、公訴事実の単一性又は狭義の同一性のいずれかが肯定されれば足りるのである。

これにより、①事例と②事例は狭義の同一性の問題に、③事例は公訴事実の単一性の問題に、それぞれ振り分けられる。

2　公訴事実の単一性

公訴事実の単一性とは、複数の犯罪事実についてなおも1個の事件といえるかどうかという問題である。旧法時代には、公訴不可分の原則により、裁判所の審判権限が検察官より摘示された事実に限定されず、例えば、常習犯の一部を犯罪事実として起訴された場合、実体法上一罪の関係にあるその余の事実も審判の対象とすることができた。しかし、訴因制度を持つ現行法の下では裁判所の審判権限も訴因によって規制され、このような公訴不可分の原則は妥当しないものとなった。公訴事実の単一性も、あくまで検察官が当初主張した訴因を公判の途中でどこまで変更してよいかという問題として理解されるものとなった。

公訴事実の単一性は、判例[35]・通説によると、専ら刑法上の罪数論によって決せられ、刑法上の一罪性に完全に従属する[36]。これによると、単純一罪や包括一罪はなおのこと、科刑上一罪（刑54条1項）の場合も公訴事実の単一性が認められることになる。③事例では、窃盗罪とこれに追加される住居侵入罪とが牽連犯の関係にあると認められる場合には（またその限りで）公訴事実の単一性が認められ、訴因変更（訴因の追加）が認められることになる。

常習窃盗罪（盗犯2条、3条）も、個別の窃盗行為は相互に独立の関係にあるが、常習性が付加されることで一罪になることから、全体として公訴事実の単一性が認められる。いわゆるかすがい現象も同様の結論となる。ただし、このような帰結は、公訴不可分原則が妥当するのではなく、あくまで変更前後の訴因の比較によって導かれるものである。したがって、実体的には常習窃盗罪の嫌疑が認められる場合でも、検察官が常習性を訴因に明示せず複数の窃盗行為を単純窃盗罪として訴因を構成する場合には、両訴因間の単一性は否定されることになる[37]。

35　最判平15・10・7刑集57巻9号1002頁「八王子常習特殊窃盗事件」。

36　これに反対する見解として、只木誠『罪数論の研究』（成文堂、補正版、2009年）221頁、辻本・審判対象123頁。

37　最判平15・10・7刑集57巻9号1002頁「八王子常習特殊窃盗事件」。

3　狭義の同一性

狭義の同一性とは、変更前後の訴因を比較してなおも同一の事件といえるかどうかという問題である。公訴事実の単一性が刑法上の罪数論と結び付けて論じられてきたのに対して、狭義の同一性は、訴訟法独自の問題として議論されてきた。

判例は、古くから「基本的事実の同一性」という基準を掲げ、変更前後の訴因について日時・場所等の近接性、被害客体の共通性などの有無により判断してきた。特に双方の事実に非両立（択一）関係が認められる場合、基本的事実の同一性が肯定される傾向にある。例えば、「10月14日ごろ静岡県長岡温泉で、宿泊客Ａの背広を窃取した」という窃盗罪の訴因から「10月19日ごろ東京都内で、ＢからＡの背広の処分を依頼され質入れしてやった」という盗品関与罪の訴因へと変更される場合[38]、「公務員Ａと共謀のうえ、Ａの職務上の不正行為に対する謝礼の趣旨で、Ｂから賄賂を収受した」という加重収賄罪の訴因から「Ｂと共謀のうえ、右の趣旨で、公務員Ａに対し賄賂を供与した」という贈賄罪の訴因へと変更される場合[39]などで、公訴事実の同一性が認められている。

学理では多様な見解が主張されてきたが、ここでは、狭義の同一性を判断するための２つの観点を指摘しておきたい。第１に、公訴事実の同一性は１回の訴訟で解決すべき犯罪嫌疑の範囲を画する概念であるから、変更前後の訴因の間で国家の刑罰関心において同一であることが要求される[40]。例えば、被告人が被害者Ａから10万円を奪ったという事件で、それが窃盗罪から横領罪への訴因変更が問題となる場合、当該事象に対する国家の刑罰関心は被告人のＡに対する財産犯の処罰という意味で同一であり、１回の訴訟で解決が要求される関係にある。第２に、訴訟上の関心から、被告人の犯罪行為又はそれによって生じたとされる結果に共通性が認められるとき[41]、それらを立証するための証拠もおおよそ共通することから、やはり１回の訴訟

[38] 最判昭29・５・14刑集８巻５号676頁。
[39] 最決昭53・３・６刑集32巻２号218頁「自動車運転免許試験汚職事件」。
[40] 田宮206頁。
[41] 平野139頁。

で解決することが合理的である[42]。この設例では、被告人が行ったとされる犯罪行為は窃盗から横領へと変化しているが、被害者Ａが奪われた10万円の現金という結果に共通性が認められるため、その点の証明活動も共通する。このような場合、1回の訴訟を継続することが合理的であるから、同一性が肯定されてよい。

なお、①事例の場合、そもそも訴因変更は必要的ではないが、この場合も検察官が任意的に訴因変更を請求することは可能である。したがって、このような事案でも両訴因間の同一性が問題となる。被害額が10万円から11万円に変化した程度では、刑罰関心に違いはなく、証拠関係も基本的に共通する。しかし、10万円から1億円に変化するような場合には、双方の観点で大きな違いが生ずる（また通常は証拠の共通性も認められない）ため、公訴事実の同一性は否定されることになる。

第3節　原訴因の拘束力

例えば、窃盗教唆犯で起訴されたが、被告人も実行行為に関与したとしてその共同正犯に訴因変更され、更に被告人は本犯者が窃盗を終了した後に盗品の保管にのみ関与していたという事実が明らかになった場合、現在の訴因である窃盗共同正犯から盗品関与罪への訴因変更は可能か。これは複数回の訴因変更が行われる場合、確かに最終的に変更される訴因相互の間では公訴事実の同一性が認められるが、当初の原訴因と最終の訴因との間には同一性が否定されるという場合に、原訴因に拘束力を認めて訴因変更は否定されるべきかという問題である。この問題は、訴因変更の可能性を判断するに当たってのアプローチの違いと関連し、審判対象をめぐる本質的なものである。

本設例では、前提として、刑法上は窃盗教唆犯と窃盗共同正犯とは両立せず、基本的事実関係が共通する関係にある。そして、窃盗共同正犯と盗品関与罪も同様の関係にある。それゆえ、単純にそれぞれの訴因同士を比較することで判断すべきであるとするならば、各段階での訴因変更は可能になる

[42] 鈴木115頁。

（比較のアプローチ）。他方、原訴因である窃盗教唆犯と最終訴因である盗品関与罪とは事実において両立し、刑法上も併合罪の関係にあるとされている[43]。したがって、狭義の同一性の観点だけでなく、単一性の観点からも、公訴事実の同一性が否定される（帰属のアプローチ）。帰属のアプローチは、訴因変更によって審判対象から除外されたはずの原訴因になおも一定の効果を認めるものであり、いわば原訴因の背後に一定の事象を想定して変更前後の訴因がその事象に共通した基盤を持つものであるかどうかを判断するものである。しかし、現行法において、訴因制度はそのような訴因の背後における一定の事象を審判から排除するところに意義がある。それゆえ、帰属のアプローチは否定されるべきであり、比較のアプローチによるべきである。

比較のアプローチを前提にすると、本設例では、公訴事実の同一性は否定されず、訴因変更が認められる。

第4章　訴因変更に関する裁判所の役割

訴因は審判対象であり、起訴状におけるその設定から訴因変更に至るまで、基本的に検察官の専権事項とされている。もっとも、裁判所も刑事訴訟手続の主宰者として[44]、訴因変更が問題となる場面で一定の関与が予定されている。ここでは、訴因変更請求を不許可とする場合と、訴因変更を命じる場合とに分けて説明する。

第1節　訴因変更の許否

検察官が公判の途中で訴因変更を請求した場合、裁判所は、「公訴事実の同一性」が認められる限りで、その請求を許可しなければならない（312条1項）。もっとも、例えば、検察官の訴因変更請求が、長期にわたる証拠調べ

[43] 大判明44・5・2刑録17輯745頁、最判昭24・7・30刑集3巻8号1418頁。
[44] 最判平28・12・19刑集70巻8号865頁「豊田市神社境内刺殺・公判手続停止事件」。

が終了し論告・求刑の直前に申し立てられたような場合も、裁判所は、やはりこれを許可しなければならないのだろうか。

ここでは、訴因変更の内容ではなく、その申立ての時機が問題となっている。刑事訴訟法上、この点に関する明示の規定はないが、このような事案では、他方当事者である被告人の利益も考慮されなければならない。裁判所は、訴因変更によって被告人の防御に実質的な不利益が生ずる虞があるときは、被告人側の請求に基づいてその充分な防御準備に必要な期間、公判手続を停止しなければならない（312条7項）。更に、本規定の趣旨からは、検察官が訴因変更を請求した時機が長期の証拠調べを経て結審間近であった場合など、公判停止ではもはや被告人に生ずる実質的不利益を除去できず、それによって裁判の公平が損なわれるような場合には、訴因変更請求は不許可とされることになる。

ただし、裁判例[45]では、検察官が変更請求した事実はそれまでに自ら訴因から除外することを確認していたものであったことや、原訴因については長期の審理を経て被告人側の防御が十分成功したと見られたものであったことが指摘されており、訴因変更の許否が単に時間的な長短で決せられるものではないことが確認されなければならない。学理においても、検察官の訴訟上の権限濫用（規1条1項）や、迅速かつ公平な裁判の原則（憲37条1項）などを根拠にこのような結論を支持する見解が見られる[46]。

これと関連して、公判前整理手続を経た事件では、一定の制約が認められている。すなわち、公判前整理手続は充実した争点整理や審理計画の策定を図ることを目的とし、それが終了した後は証拠調べの請求が制限されることになっているが（316条の32）、その前提として、主張に関しても一定の制限があるものと考えられている。訴因変更は正に主張の変更に他ならないことから、公判前整理手続の趣旨に反するような申立ては許されない[47]。ただし、このような場合でも、公判の経過から争点が変移し、それに伴って新たな事実が判明したようなときは、本手続の趣旨にも反せず、また権限濫用に

---

45 福岡高那覇支判昭51・4・5判タ345号321頁「沖縄復帰要求デモ事件」。
46 酒巻293頁。
47 東京高判平20・11・18高刑集61巻4号6頁「狛江タクシー業過事件」。

も当たらないことから、請求は許可される[48]。

訴因変更は控訴審でも行い得るが[49]、その場合も、訴訟の具体的状況や検察官の訴訟態度などから、これが権限濫用に当たり公平な裁判に反するものと見られる場合には、訴因変更請求は不許可とされる。なお、控訴審での訴因変更は、原審に事実認定の誤りや法令違反があって破棄される場合に初めてその効力が生ずる[50]。

第2節　訴因変更命令

1　訴因変更命令の意義

訴因の設定及びその変更は検察官の専権事項であるが、審理の経過に鑑みて適当と認められるときには、例外的に、裁判所にも訴因変更を命令する権限が与えられている（312条2項）。これは、審判対象の設定・変更が当事者である検察官に委ねられていることに対して、訴訟の真実発見を目的として、裁判所にも一定の介入権限を認めるものであり、当事者主義を職権主義的に補完する制度である。

ただし、あくまでその例外的な位置付けからは、本権限はできるだけ抑制的に行使されるのでなければならない[51]。

2　訴因変更命令の義務性

裁判所の訴因変更命令は、刑事訴訟法上は「できる」と規定されている。裁判所は、任意でその命令権限を行使することができるのであるが、審判対象の設定が検察官の専権であることを考慮すると、この権限の行使は抑制的でなければならない。裁判所としては、直ちに訴因変更を命令するのではなく、求釈明の権限を通じて、検察官に訴因変更を促したり勧告することから

---

48 東京高判平20・11・18高刑集61巻4号6頁「狛江タクシー業過事件」。

49 最決昭29・9・30刑集8巻9号1565頁。

50 最判昭42・5・25刑集21巻4号705頁、最判平30・3・19刑集72巻1号1頁。

51 東京高判令3・3・24判タ1492号131頁は、原審が過失運転致傷罪の公訴事実に対して傷害罪への訴因変更を検察官に促す求釈明を行った手続を、訴因変更制度及び当事者主義原則に違反するとした。

試みなければならない。その意味で、訴因変更命令は、究極の場面に備えた最終的な手段である。

このような訴因変更命令の行使は、規定上、裁判所の裁量に委ねられるが、その不行使が違法になることがあるか。例えば、殺人罪の訴因に対して、裁判所として被告人の故意を認めることは困難であるが、証拠関係から重過失致死罪の成立は確実に見込まれるという場合、それにも関わらず、訴因変更命令を発しないまま無罪とすることは、審理不尽等を理由に違法とされることはあるだろうか。

判例[52]は、当初、この問題について、「起訴状に記載された殺人の訴因についてはその犯意に関する証明が充分でないため無罪とするほかなくても、審理の経過にかんがみ、これを重過失致死の訴因に変更すれば有罪であることが証拠上明らかであり、しかも、その罪が重過失によって人命を奪うという相当重大なものであるような場合には、例外的に、検察官に対し、訴因変更手続を促し又はこれを命ずべき義務がある」（したがって、原審手続には審理不尽による法令違反がある）としていた。しかし、その後、同様に事案の重大性と有罪認定の明白性が認められたにも関わらず、公判審理における検察官の訴因に関する訴訟態度や、これに応じる被告人側の防御活動など諸般の事情に照らして、当該事案では裁判所の訴因変更命令を発する義務はないと判断されている[53]。

判例のこのような傾向から、本設例では、事案の重大性と有罪認定の明白性が認められることを前提に、具体的訴訟経過から裁判所の訴因変更命令の義務性が判断されることとなる。基本的には、裁判所として訴因変更の勧告程度がなされていれば、それ以上に訴因変更命令が義務的となることはない。

3　訴因変更命令の形成力

例えば、窃盗罪で起訴されたが、①裁判所が審理の経過に鑑みて適当と判断して横領罪に訴因変更を命令した場合、検察官の訴因変更請求がなくて

52　最判昭43・11・26刑集22巻12号1352頁「伊勢市暴力団猟銃発砲事件」。
53　最決昭58・9・6刑集37巻7号930頁「日大闘争事件」。

も、以後は横領罪を訴因として審判することができるか、また逆に、②検察官が窃盗罪から横領罪に訴因変更を請求したが、横領罪は認定できず原訴因の窃盗罪のままであれば有罪認定できると判断した場合、裁判所は検察官の請求を不許可とできるか。

①事例は、訴因変更命令の効力として、それ自体に形成力（訴因変更を生じさせる効力）があるかという問題である。刑事訴訟法312条１項の規定上は、検察官の訴因変更請求を裁判所が許可することになっており、裁判所に訴因変更の最終決定権限があるように読めることから、裁判所が命令を発すると直ちに訴因変更の効力が生ずるという考え方も成り立ち得る。しかし、判例[54]はこの結論を否定し、学理上も形成力否定説が通説である。これによると、裁判所が訴因変更命令を発しても検察官がこれに従わず訴因変更請求を行わない場合、訴因は依然として原訴因のままであり、訴因変更命令によって自動的に新訴因に変更されるものではない。あくまで訴因を設定し又は変更する権限は検察官にある。したがって、①事例では、検察官が命令に応じて訴因変更の請求をしない限り、裁判所は横領罪の訴因について審判することができない。

他方、②事例は、裁判所は有罪認定を維持するため検察官の訴因変更請求を不許可とすることができるかという問題である。この問題は、前述した訴因変更命令の形成力を認めるかどうかに係ってくる。これを認める見解に立てば、裁判所の権限で訴因を設定し直すことができる以上、変更させず維持することもできることになる。しかし、判例・通説に従い形成力を否定する見解からは、ここでも、検察官の請求を許可しなければならない。もとより、求釈明を通じて訴因変更を思いとどまるよう勧告することはできるとしても、検察官があえて訴因変更を請求する以上、裁判所としてはこれを不許可として原訴因を維持することはできないのである。したがって、②事例では、裁判所として検察官の請求を許可した上で、無罪判決を下すしかない。

54　最大判昭40・４・28刑集19巻３号270頁「茨城３区衆議院議員選挙事件」。

第３編

公　判

第11講　公判総説

第1章　公判の諸原則とその構造

検察官の公訴提起が行われると、裁判所に訴訟手続が係属し、公判手続へと進む。**公判**は、公判期日に公判廷で行われる刑事訴訟の手続であるが（狭義の公判）、より広く、その準備手続も含めた手続段階を指すものでもある（広義の公判）。

第1節　公判の主体

1　裁判所

公判手続の主宰者は、訴訟法上の意味における裁判所である[1]。管轄裁判所は、検察官の公訴提起を受けると、自らに係属した刑事事件について訴訟を進行し、検察官の主張・立証と被告人側の防御状況を踏まえて審理し、最終的な判断を下す。例えば、有罪・無罪の判決を言い渡す手続について、法文上は主語が欠けているが（333条、336条）、それは、公判手続の主宰者である裁判所の権限・責務である。**裁判所**は、このような訴訟上の地位に基づいて、裁判を行う権限を有しており、また、それに付随して法廷内の秩序を維持すべき「法廷警察権」（裁71条1項、法廷秩序2条1項）及び訴訟の合理的進行を行うべき「訴訟指揮権」（294条）を有している[2]。

裁判所を構成するのが、「裁判官」である（282条2項）。ここでも、訴訟法上の意味において、審理を担当する裁判所を構成する裁判官のことを指す。

---

1 最判平28・12・19刑集70巻8号865頁「豊田市神社境内刺殺・公判手続停止事件」。

2 294条は具体的な訴訟指揮の権限を「裁判長」に行わせることにしているが、これは、裁判所に訴訟指揮権が付与されていることが前提となった規定である。

裁判所の構成は、合議制の場合は裁判長と陪席裁判官（裁26条等）、単独制の場合は一人の裁判官である。裁判官は、司法の独立に加えて、個別の職務につき司法内部での独立性も保障されている。他方で、公平な裁判所を実現すべく、公平性・中立性に疑いがある場合には、除斥、忌避、回避という裁判手続から排除するための制度も用意されている。

殺人罪等の法定された事件では、**裁判員裁判**[3]で実施される（裁判員2条1項）。この場合、市民の中から選抜された裁判員も、裁判所を構成することになる。そこでは、事実を認定し、有罪の場合には量刑の判断を行うことになっており、基本的に裁判官と同じ権限を有する。判例[4]は、裁判員裁判の合憲性が問われた事案において、「憲法は、刑事裁判の基本的な担い手として裁判官を想定している」としつつ、他方で「憲法は、一般的には国民の司法参加を許容して」いるのであって、国民の司法参加を実現するに当たってどのような制度とするかは立法政策に委ねられているとしている。

公判期日には、**裁判所書記官**も列席していなければならない（282条2項）。裁判所書記官は、裁判所職員として採用された後、所定の研修を受けて任命を受けた者であり、裁判所の事件記録や諸書類の作成などの事務を掌る（裁60条2項）。公判手続の具体的進行について、訴訟当事者と打合せをするなど、裁判所の補佐的役割を担う。また、公判調書等の作成に当たり、裁判所速記官も置かれている（裁60条の2）[5]。

2　訴訟当事者

訴訟の当事者は、検察官と被告人である。両者は、刑事訴訟の原告と被告として、公判手続において主張・立証によって応酬し、判決として下された結論をもって、その法的地位に変動を受ける立場にある。

検察官は、国家を代表して公訴を提起し（247条）、公判における訴訟手続

---

[3] 柳瀬昇『裁判員制度の立法学—討議民主主義理論に基づく国民の司法参加の意義の再構成』（日本評論社、2009年）は、裁判員制度を、単純な民主主義原理によっては正当化されず、共和主義的憲法観に立脚した討議民主主義理論に基づく「陶冶の企て」として理解する。

[4] 最大決平23・11・16刑集65巻8号1285頁。

[5] ただし、裁判所速記官は、1998年度以降、新規の採用が行われていない。

の追行に当たる。それゆえ、検察官は、必ず公判に出席していなければならない（282条2項）。検察官は、判決が下された後も、有罪判決の場合には、刑の執行を担当する（472条）。

被告人は、検察官の公訴提起を受けた被告として、当然に、公判に出席する権利を有する。憲法は、裁判の対審及び判決について公開原則を定めているが（憲82条1項）、これは、傍聴の自由だけでなく、被告人も含めた訴訟当事者の立会いを保障するものでもある。ただし、被告人は、自身の出席する権利を放棄することもできる。例えば、被告人が法人である場合には代理人を出頭させることができ（283条）、また、軽微な事案については、法定の条件に該当する限りで出頭する必要がない（284条、285条）。もっとも、これ以外の場合は、被告人が出頭しないときは公判を開くことができない（286条）。その意味で、被告人の公判への出席は、権利として保障されるだけでなく、基本的に義務でもある。

被告人は、**弁護人**を選任し又は国選弁護の選任を受けて、弁護人を公判に立ち会わせてその援助を受けることができる。公判で資格がある弁護人の弁護を受けることは、憲法で保障される弁護人依頼権の中核的な要素である。それゆえ、刑事訴訟法に特段の規定はないが、弁護人の出席権も保障されている。弁護人を立ち会わせる権利は放棄も可能であるから、被告人が希望すれば単独で公判に臨むこともできる。ただし、死刑、無期刑、長期3年以上の有期刑に該当する事件については、弁護人の出席が公判を開くための条件となっている（289条）。この必要的弁護制度は、重大事案において被告人の防御の重要性を考慮するとともに、そのような事案で適切に訴訟が進行されるための公的利益にも資するべきものである。それゆえ、必要的弁護事件においては、被告人の意思に関わらず、弁護人の関与が要求される。

3　その他の訴訟関係人

公判には、これ以外に、証人や鑑定人など証拠調べの対象となる者や、傍聴人などの関与も予定される。特に、**犯罪被害者**は、従来の第三者的な扱いから、その関与の保障が広げられている。

2000年改正（平12法74）では、証人として消極的な形で保護されるだけでなく、より積極的に意見陳述（**被害者としての意見陳述**）を行う権利が法定された（292条の2）。また、加害者との間で民事上の和解が成立したことを刑事訴訟の公判調書に記載させることで、その請求権に執行力が付与されることになった（犯罪被害者保護19条1項）。

2007年改正（平19法95）では、**被害者参加制度**（316条の33以下）が導入された。これによって、被害者等（遺族も含む）は、法定の該当事件について、自身又は代理人弁護士の公判手続への参加を求め、検察官と並び立つ形で被告人の刑事責任を追及できることになった。この被害者参加人は、検察官が主張した訴因の範囲内で被告人に対して質問し（316条の37）、求刑することもできる（316条の38）。また、被害者等は、刑事裁判においてこれに付帯する形で、自身の民事上の損害賠償請求を申し立てることもできる（犯罪被害者保護23条1項）。

これらの法改正が被害者保護に資することは確かである。他方で、被害者参加や付帯私訴型請求においては、刑事裁判の始め又は途中から「被害者」の存在が前提とされることから、無罪推定等の被告人の諸利益との関係が問われることにもなる。

第2節　公判の諸原則

公判手続の詳細は個別規定によるが、そこには幾つかの根本原則がある。それらは、裁判の公正さとそれに対する市民の信頼を確保するとともに、訴訟当事者、特に被告人においてその手続的権利が十分保障さるための基礎ともなる。

1　裁判公開原則

(1)　裁判公開原則の意義

裁判の対審（両当事者が立ち会った証拠調べ手続）及び判決は、公開の法廷で行われなければならない（憲82条1項）。この裁判公開原則は、刑事訴訟及び民事訴訟の双方に適用されるが、市民に公判廷での審判を公開することで、訴訟が公明かつ公正に行われることが担保されるとともに、司法に対する市民の信頼を構築することを目的とする[6]。特に刑事裁判は、歴史的に、非公開裁判において不当な扱いが行われてきたことから、公開裁判を受けることは被告人の憲法上の権利でもある（憲37条1項[7]）。それゆえ、刑事訴訟では、公開原則は、市民に公判の審理状況を公開するという意味（一般公開主義）で理解される[8]。裁判公開原則は、一般公開主義の意味において、刑事訴訟の口頭弁論主義とも密接に関係する。

裁判公開原則の趣旨は、公判手続の公開に限られず、刑事裁判が終了した後にその訴訟記録の公開（53条）をも基礎付けるものである。裁判が確定すると、訴訟記録は検察官が一定期間保管し、希望に応じて閲覧の機会が与えられる。ただし、訴訟関係人のプライバシー保護との調整が必要であるため[9]、詳細は刑事確定訴訟記録法による[10]。

(2)　裁判公開の制限

裁判公開原則には、例外もある。憲法上、公序良俗を害する虞が認められる場合には、対審を非公開とすることができる（憲82条2項本文）。例えば、性犯罪被害者の証言を求める場合などである。ただし、この場合も、判決は絶対的に公開されなければならず、また、政治犯罪や出版及び憲法上の基本的人権が問題となっている事件では、対審も非公開とすることができない（憲82条2項但書）。これに違反した場合、絶対的控訴理由となる（377条3号）。

また、裁判公開の方法は、基本的に裁判所の法廷警察権及び訴訟指揮権に基づくその裁量に委ねられる。例えば、法廷の設備及び保安上の理由で傍聴人の人数を制限し、その際に、報道機関や事件関係者らに優先的に傍聴を認

6　松永寛明『刑罰と観衆―近代日本の刑事司法と犯罪報道―』（昭和堂、2008年）。

7　ただし、純粋な主観的権利にとどまらないため、公開裁判の放棄はできない。

8　民事訴訟では、一般公開に加えて、企業秘密の保護等に向けたインカメラ手続が定められており、当事者公開の問題もある。

9　最決平24・6・28刑集66巻7号686頁は、刑事確定訴訟記録法に基づく判決書の閲覧請求について、「プライバシー部分を除く」とする限定の趣旨を申立人に確認することなく閲覧の範囲を検討しないまま、民事裁判においてその内容が明らかにされる虞があるというだけの理由で、同法4条2項4号及び5号の閲覧制限事由に該当するとして判決書全部の閲覧を不許可とした処分を違法としている。

10　最決平20・6・24刑集62巻6号1842頁によると、刑事確定訴訟記録法に照らして、関係人の名誉又は生活の平穏を害する行為をする目的でされた閲覧請求は、権利の濫用として許されない。

めることもできる。また、日本では、裁判報道に際して、中継・録画等によるテレビやラジオ等の放送は禁止されているが、このような制限も、一定の合理性によるものである。現在、法廷内で傍聴人等がメモを録ることは、一般的に許容されている[11]。被告人の様子などがイラストで報道されることがあるが、これも、メモの許容によるものである。これを超えて、写真やビデオで撮影することは許されていない。

裁判公開原則の下、事件関係者らのプライバシーが、事件に関する限りで市民の目に触れることになる。公序良俗に反する虞がある場合には非公開とすることができるが、それに至らない場合においても、保護の必要性が認められる。これに備えて、2007年改正（平19法95）により、被害者特定事項が、また2016年改正（平28法54）により、証人特定事項が、一定の条件に基づいて秘匿することが可能となった[12]。近時は、被告人との関係でも、被害者の氏名・住所等の個人情報や、企業秘密等について、起訴状の段階から匿名又は内容秘匿が行われることもある。これらは、訴因の明示・特定性との関係で新たな問題を生じさせていた。実務のこのような取扱いは、2023年改正（令５法66）により立法的に解決された。検察官は、被害者の氏名等の特定事項を起訴状に記載した場合も、必要と認めるときは、裁判所に対し、起訴状謄本の送達により当該個人特定事項が被告人に知られないようにするための措置等を採るよう求めることができる（271条の２第１項）。

2　口頭弁論主義

刑事裁判の判決は、特別の規定がある場合を除いて、「口頭弁論」に基づいて下されなければならない（43条１項）。口頭弁論は、対審と同義で、当事者双方が立会いの上で証拠調べを行う手続をいう。口頭とは、法廷内で口頭により提供された証拠資料に基づくという意味であり、弁論とは、当事者の

[11] 最大判平元・３・８民集43巻２号89頁「レペタ事件」は、憲法上法廷で傍聴人がメモを録ることまで権利として保障されているものではないが、法廷で傍聴人がメモを録ることは、その見聞する裁判を認識記憶するためにされるものである限り、憲法21条１項の精神に照らし尊重に値し、不当に妨げられてはならないとしている。以後、それまでの運用が改められ、基本的に法廷内でのメモ録取が許可されるようになった。

[12] 特集「犯罪被害者氏名等の情報保護」刑ジャ71号。

主張・立証・意見陳述に基づくという意味であり、併せて、口頭弁論主義の要素となるのである。

口頭弁論主義は、裁判公開原則と密接に結び付いている。法廷の様子を公開するということは、傍聴人の目から見て何が行われているかを明瞭にしなければならない。ただし、刑事裁判でも書面による証拠（書証）が一定条件の下で認められており、証拠資料が完全な形で再現されることまでは要求されていない。

他方、口頭弁論主義は、当事者、特に被告人の手続的関与を保障するものでもある。それゆえ、書証の取扱いに関しても、当事者の意思が一定程度尊重されることになっている。

3　迅速裁判の要請、継続＝集中審理主義

公判審理は、継続的かつ迅速に行われなければならない（316条の3第1項）。迅速裁判は憲法上の要請であるが（憲37条1項）、これは、被告人の権利にとどまらず、社会全体の利益でもある。公判審理を継続的かつ計画的に行うことで、迅速裁判の実現につながる。

公判審理を継続的かつ計画的に行うためには、事前準備が重要となる。従来も一定の準備手続が用意されていたが（規178条の2以下）、2004年改正（平16法62）により、公判前整理手続（及び期日間整理手続）が法定された（316条の2）。この手続により、当該事案の争点及び証拠を整理し、また、審理計画を事前に整備することで、継続的かつ集中的な公判審理が実現されることになった。公判前整理手続は、裁判員裁判と同時に導入され、これとの結び付きが強いが（裁判員49条）、これに限られず、裁判所の職権又は当事者の申立てによって開かれる。

必要的弁護事件（289条）において、弁護人が裁判所の訴訟指揮に反発するなどの理由で、出廷を拒絶するという事案が見られる[13]。これに伴う訴訟遅延を防ぐため、裁判所は、弁護人（及び検察官）に対して、必要と認めるときにその出頭及び在廷を命じることができるようになった（278条の2第1項）。

---

[13] 最決平27・5・18刑集69巻4号573頁。辻本・刑事弁護81頁。

弁護人等が正当な理由なくこれに従わない場合、過料の制裁を科すこともできる（278条の2第3項）。

4　当事者主義

当事者主義とは、訴訟の進行は訴訟当事者の主導に委ねられるべきとする考え方（**当事者追行主義**）である。これに対立するのが職権主義であり、これは、訴訟の進行を審判者である裁判所の主導に委ねるべきとする考え方（職権追行主義）である。日本の刑事訴訟法は、戦前の職権主義から転換し、現在は当事者主義を基本とするものと理解されている。例えば、訴因を審判対象と理解し、その設定を検察官の専権事項としていることや、**交互尋問方式**（規199条の2～199条の13）を採用していることが、その表れである。

このように、当事者主義と職権主義は審判者である裁判所と双方当事者との関係を基礎付ける理念であり、裁判所と検察官との間においては、そのいずれに訴訟追行の基本的な職責を担わせるかという対立でもある。それゆえ、その国や時代によって、刑事司法の構造との関係で変化し得るものであり、政策的な選択にすぎない。そのため、日本は、当事者主義を基本としつつも、職権主義的な規定（298条1項、312条2項）によって補完するという制度設計になっている[14]。

当事者主義は、現在、当事者追行主義という本来の意味を超えて、被告人の主体的地位の保障という理念的意味において強調される。被告人は、刑事訴訟の単なる客体としての地位にとどまらず、より主体的な地位において関与を保障されるべきというのである。例えば、弁護人依頼権（憲34条、37条3項）や、証人審問権（憲37条2項）がその表れである。また、刑事訴訟における無罪推定原則は、このような形での被告人の主体的地位を要請する。被告人が刑事訴訟において当事者として十分関与できるためには、武器対等性が前提となる。証拠開示（316条の14、316条の15、316条の20）は、その最も顕著な制度的保障である。

14　鈴木137頁は、審判対象の形成及び実体の形成については当事者主義を原則とし、手続の形成については職権主義を建前とするという。

第3節　公判の構造

1　二面説と三面説

公判手続は、公訴提起を受けて準備段階から始まり、第1回公判期日以降は、冒頭手続、証拠調べ、弁論と続き、判決によって終結する。手続のこのような流れは、構造的に見ると、各場面において、各訴訟主体が一定の訴訟行為を行うことによって先へと進められ、次第に積み重なっていく。このような公判の構造に関する考察は、古くから、公判の構造論、訴訟手続過程論として様々な見解[15]が論じられてきた。公判構造論、訴訟過程論は、各訴訟主体の訴訟行為と関連付けて、これを二面的に捉えるか（二面説）又は三面的に捉えるか（三面説）という点で、見解が対立してきた。

二面説は、公判構造・訴訟過程を「実体面」と「手続面」の二元的に考察する考え方である。実体面を構成するのは、刑事訴訟の実体的判断に向けられた訴訟過程であり、実体形成行為として理解される。具体的には、検察官による起訴状朗読、その立証に向けられた証拠調べ、それらの総括である弁論がこれに当たる。他方、手続面は、実体形成に関わらない分野であり、手続形成行為として理解される。具体的には、被告人への起訴状謄本送達、諸権利の告知、証拠採否の決定、公判期日の指定などがこれに当たる。

三面説は、この二面説に対する批判から始まった見解である。二面説は、裁判所の心証形成活動を重視するものであるが、それは旧刑事訴訟法時代の職権主義的な考え方が基調となっており、当事者主義に転換された現行法の理念を十分酌み取らないものであるという。その上で、三面説は、二面説の実体面（実体過程）と手続面（手続過程）に加えて、訴訟追行過程を独立の構成要素として理解した。これは、特に検察官による訴因の設定と、証拠提出に関する行為を捉えたものであるが、二面説が「実体」の存在を所与の前提としていたことに対して、三面説は、訴訟における実体を観念的に捉え、それ自体が訴訟過程において形成されるべきものと理解する点に違いがある。

---

[15] 団藤重光『訴訟状態と訴訟行為』（弘文堂、1949年）、平野龍一『刑事訴訟法の基礎理論』（日本評論社、1964年）、鈴木・構造。民事訴訟の構造論について、兼子一『実体法と訴訟法』（有斐閣、1957年）。

2　鈴木説

公判構造論がこのような対立を見せる中で、最終的に、これを更に緻密に分析して見せたのが、鈴木茂嗣であった。鈴木説は、基本的に三面説の理解を前提にして、訴訟固有の分野について更に発展させた点に特徴がある。鈴木説を構造的に分析すると、3つの場面で三面に分けて考察することになる。

第1に、訴訟の基本構造として、「訴訟面」、「訴追基盤面」、「実体面」の次元に区別される。このうち、実体面とは超訴訟的な真実の世界であり、訴追基盤面とはこれを訴訟課題として構成し直したものであって、訴訟進展の現実的基盤となるものである。例えば、現実（実体法的）には殺人罪であるというのが実体面であり、これを検察官が訴訟課題として訴因を構成したものが訴追基盤面ということになる。これに対して、訴訟理論として固有の世界を構成するのが訴訟面となる。

第2に、訴訟固有の世界を構成する訴訟面は、その基本構造として、「訴訟行為面」、「訴訟状態面」、「訴訟関係面」に分析される。訴訟面のこの3つの側面は、各々が発展的な過程においてつながりをもって理解されるものである。例えば、検察官が公訴提起という訴訟行為を行うと、裁判所に訴訟が係属するという新たな訴訟状態が発生し、その訴訟状態に基づいて各訴訟主体間に一定の法律関係が生ずるのである。例えば、起訴状謄本を被告人に送達すべき裁判所の義務（271条1項）は、検察官の訴訟行為に基づく訴訟係属という訴訟状態によって、被告人との間に権利・義務という法律関係が生ずることによるものである。

第3に、訴訟状態面は、更に「対象面」、「実体面」、「手続面」に分析される。対象面とは、審判対象の状態面を指しており、具体的には訴因と罰条により特定された公訴犯罪事実[16]の状態をいう。実体面は、審判対象の立証に向けて訴訟の場に提出され、取り調べられた証拠の状態面を指しており、具体的には裁判所や各訴訟主体におけるあるべき心証の側面をいう。最後に手続面は、前2つの側面以外の訴訟状態面を指しており、これは、訴訟のある

16　鈴木112頁は、審判対象を事実的側面である訴因と法律的側面である罰条記載とで構成された公訴犯罪事実として理解する。

時点において既にどのような訴訟行為がどのような形で行われているかといった状態を指す。鈴木説は、訴訟行為をこの訴訟状態に関する3つの側面に対応させて、「対象形成行為」（公訴提起、訴因変更など）、「実体形成行為」（証拠調べ、弁論など）、「手続形成行為」（証拠調べ請求、証拠決定、召喚、勾引など）に分類するのである。

訴訟は実体（実在）とは次元の異なる世界を構成し、訴訟主体の各行為によって複雑に絡み合っている。刑事訴訟の基礎理論として抽象的な議論にとどまらず、現実の訴訟社会を明瞭に分析してみせたところに、鈴木説の功績がある。

第2章　公判準備手続、公判手続

第1節　公判準備手続

公判手続が迅速かつ円滑に進められるためには、裁判所及び訴訟関係人が十分な準備をしておくことが必要である。公判準備手続として、刑事訴訟法では主に、被告人の出頭確保と、訴訟の具体的進行に向けた制度が用意されている。

1　被告人の出頭確保

(1)　出頭確保の手段

公判手続は、原則として、被告人の出頭が条件である（286条）。被告人の公判への出頭は、彼ら自身の権利であるが、義務でもある。手続への主体的関与が保障されつつ、他方で、真実解明に向けた客体としての地位も否定できない。

刑事訴訟法上、被告人の公判への出頭は、基本的に被告人自身の自覚に委ねられている。それゆえ、原則は、被告人が在宅のまま、公判期日が定まれば、被告人を**召喚**することになっている（273条2項）。ただし、召喚も、正当な理由なくこれに従わないときは、勾引の手続が行われることから（63条）強制処分である。そのため、召喚は、召喚状を送達する手続をしなければならない（65条1項）。

被告人が召喚に実際に応じないとき、又は応じない虞があるときには、**勾引**することができる（58条）。勾引は、24時間以内の身体拘束であり（59条）、強制処分である。勾引は、勾引状を発してこれを執行する形で行われるが（64条以下）、通例、出頭が求められる公判期日の前日に執行し、拘置所に留置する（75条）。

更に、より強力な手段として、被告人に逃亡又は罪証隠滅の虞が認められるときは、これを**勾留**することができる（60条）。勾留の要件及び手続は、基本的に捜査段階と同様である。ただし、起訴後の勾留は、①勾留期間が公訴提起から起算して2カ月であり、かつ、必要に応じて1カ月ごとに更新され得ること（60条2項）、②保釈（88条以下）が認められること、という点で捜査段階の勾留とで違いがある。起訴後の勾留は、公判を担当する受訴裁判所（60条以下）、又は第1回公判期日前は受訴裁判所に属さない裁判官（280条1項）が主体となり、職権で（検察官の請求なく）行われる。捜査段階で被疑者が勾留された事件では、実務上、検察官が公訴提起した時点でそのまま起訴後勾留に移行するとされるが（208条1項参照[17]）、逮捕後勾留前に起訴された場合は、起訴状に「逮捕中求令状」と表記され、職権発動が促される（280条2項）[18]。

(2) 保　釈

起訴後の勾留に際しては、起訴前勾留と異なり保釈の制度がある[19]。**保釈**とは、一定の金銭（保釈保証金）を担保として納付させることを条件に、被告

17 「公訴を提起しないときは……釈放しなければならない」の反対解釈により、公訴提起すれば釈放の必要がなく、自動的に起訴後勾留に切り替わるというわけである。白取276頁は、起訴後勾留に切り替わる際には、勾留質問の手続が必要であるとする。起訴前勾留と起訴後勾留は、根拠規定が変わり、質的にも別個の処分であることから、勾留質問必要説を支持したい。通説の解釈に対しては、起訴前勾留が満期となる時点で公訴提起がなされると、ひとまず「直ちに」釈放する必要がないだけであり、起訴後勾留の手続に向けた準備が整った段階で改めて勾留質問が必要になると解釈することも可能である。

18 これに対して、A罪で起訴前勾留中にこれと別罪のB罪で起訴する場合、B罪での起訴後勾留を求めるために、やはり起訴状に「勾留中求令状」と表記される。

19 木本強『アメリカ公判前釈放制度の研究』（成文堂、1989年）、丹治初彦編著『保釈―理論と実務』（法律文化社、2013年）、特集「保釈の在り方」刑ジャ64号。

人の勾留執行を停止し、その身体拘束を解く裁判及びその執行をいう。公訴提起後は、被疑者から被告人へとその法的地位が変更され、刑事裁判の一方当事者として十分に防御の準備に備えることを保障しつつ、他方で、身体拘束を解いてもなおその逃亡を防止し、公判への出頭を確保することを目的とする。

保釈は、3つの種類がある。勾留中の被告人、弁護人等は保釈の請求をすることができるのであり（88条1項)、これを**権利保釈**という。法文上「請求をすることができる」というのは、その請求が認められることが原則である。実務でも、権利保釈による場合が大半である。ただし、保釈の請求がなされても、一定の除外事由に該当する場合は、請求が却下されることがある(89条)。権利保釈の除外事由は、①被告事件が短期1年以上の拘禁刑の重さに当たること、②被告人が以前に長期10年を超える拘禁刑に当たる罪について有罪宣告を受けたことがあること、③被告事件が常習として長期3年以上の拘禁刑に当たること、④被告人に罪証隠滅を疑う相当の理由があること、⑤被告人に証人等威迫などを疑う相当の理由があること、⑥被告人の氏名・住居が判明しないこと、である。これ以外に、再犯の虞を考慮することについて議論があるが、法文上はこれを除外事由とすることはできない。被告人に逃亡する虞がある場合も、これはそもそも勾留事由として考慮される要素であり、それでもなお保釈保証金によってこれを防止するという法構造からは、保釈請求を却下する理由にはならない。除外事由は、事件単位原則を前提に、勾留理由とされている事件についてのみ判断の対象とされるものであるが、その判断の一資料として別事件の事情を考慮することは許される[20]。権利保釈以外には、裁量保釈（90条）と、義務的保釈（91条）とがある。前者は、裁判所が被告人の諸状況を考慮の上、職権で保釈を許すものであり、後者は、勾留が不当に長くなったと認めるときに、被告人等の請求又は職権で、勾留を取り消すか又は保釈を許すとするものである。

保釈の手続は、原則形式である権利保釈の場合、次のように進められる。まず、被告人（及びその親族等）又は弁護人が受訴裁判所に保釈請求書を提出

---

[20] 最決昭44・7・14刑集23巻8号1057頁「大分保釈許可取消事件」。

する。裁判所は、これを受けて、除外事由に該当するかどうかを審査し、検察官の意見を聴いた上で、保釈の可否について決定を下す（92条1項）。保釈が認められる場合には、裁判所は、保釈保証金の額を定めなければならない（93条1項）。保証金の額は、犯罪の性質・情状に加えて、被告人の性格や資産等を考慮の上、その公判への出頭を保証するに足りる相当な程度のものでなければならない（93条2項）[21]。これに加えて、被告人の住居を一定の場所に制限するなど、適当と認める条件を付することもできる（93条3項）。保証金が納付されると、実際に被告人の身体拘束が解かれ、釈放される。保証金の納付は、保釈請求者が行うのが通例であるが、それ以外の者が行ってもよい。また、有価証券や適当と認められる者の保証書をもって、保釈保証金に代えるよう認めることもできる（94条3項）[22]。被告人は、保釈中は裁判所より指示された保釈条件を遵守し、公判に出頭しなければならない。これらに違反した場合、保釈が取り消され（96条1項）、保釈保証金が没取されることになる（96条2項）。保釈中の被告人に対して拘禁刑以上の刑が言い渡されたときは、保釈は失効する（343条）[23]。

2023年改正（令5法28）により、保釈中又は勾留執行停止中（以下、保釈中）の被告人が逃亡等を行うことを防止するための法整備が行われた。具体的な内容としては、①保釈中の被告人に対する報告命令制度（95条の4）、②保釈中の被告人の監督者制度（98条の4以下）、③公判期日への出頭等を確保するための罰則（95条の2以下）、④逃走罪及び加重逃走罪の主体の拡張（刑97条以

21　保証金額の決定は、裁判所の裁量判断による（最決平26・3・25裁判集刑313号319頁）。

22　弁護人は、利益相反に当たるため、保釈保証金の保証人になってはならない（弁護士職務基本規程25条）。

23　最決平21・12・9刑集63巻11号2907頁によると、保釈された者について、禁錮以上の実刑判決が確定した後逃亡したなど刑訴法96条3項所定の事由が認められる場合には、刑事施設に収容され刑の執行が開始された後であっても、保釈保証金を没取することができる。最決平22・12・20刑集64巻8号1356頁によると、第一審において懲役刑（当時）の実刑判決を受けた後保釈されていた者が、控訴棄却判決を受けた後、判決確定までの間に逃亡していたとして、検察官において刑訴法96条3項の適用乃至準用により保釈保証金の没取を求めた事案で、保釈された者が実刑判決を受け、その判決が確定するまでの間に逃亡等を行ったとしても、判決確定までにそれが解消され、判決確定後の時期において逃亡等の事実がない場合には、同項の適用乃至準用により保釈保証金を没取することはできない。

下)、⑤GPS端末により保釈中の被告人の位置情報を取得・把握する制度(98条の12以下)、⑥禁錮以上の実刑判決宣告後における裁量保釈の要件の明確化(90条)、⑦控訴審における判決宣告期日への被告人の出頭の義務付け等(390条の2、402条の2等)、⑧保釈等の取消し及び保釈保証金の没取に関する規定(96条)、⑨拘禁刑以上の実刑判決の宣告を受けた者に係る出国制限制度等(342条の2等)、⑩裁判の執行に関する調査手法の充実化(507条以下)、⑪刑の時効の停止に関する規定(刑33条2項)について、新設又は改正が行われた[24]。

2　訴訟の進行に向けた準備

(1) 受訴裁判所の準備手続

公訴が提起され、事件が裁判所に係属すると、その訴訟状態に基づいて訴訟関係人の間で様々な権利義務の関係(訴訟法律関係)が生ずる。中でも、裁判所は、刑事訴訟の主宰者として[25]、訴訟の円滑な進行に向けた準備を行わなければならない。

裁判所は、公訴が提起されると、起訴状の謄本を遅滞なく被告人に送達しなければならない(271条1項、規176条1項)。裁判所は、これによって、検察官より公訴が提起されたことを被告人に通知し、被告人に応訴の義務が生じたことと、それに向けた防御準備の必要を認識させる義務を負う[26]。起訴状謄本は、検察官が準備して裁判所に差し出す(規165条1項)。被告人が所在不明等で起訴状謄本を送達できなかったときは、裁判所は、直ちに検察官に通知しなければならない(規176条2項)。起訴状謄本が公訴提起の日から2カ月

---

24 特集「司法に対する罪の現在」刑ジャ70号、特集「刑事手続関係者の逃亡防止」刑ジャ72号。

25 最判平28・12・19刑集70巻8号865頁「豊田市神社境内刺殺・公判手続停止事件」。

26 このような起訴状謄本送達の趣旨からは、被告人が日本語に精通しない外国籍者の場合には、本人が理解できる言語に翻訳した文書を添付することが適当である。ただし、このような訳文が添付されなかった場合でも、具体的訴訟において「被告人が自己に対する訴追事実を明確に告げられ、これに対する防御の機会を与えられていると認められる」場合には、適正手続の要素である告知と聴聞の機会が十分に与えられていることから、憲法及び刑事訴訟法に違反するものではない(東京高判平2・11・29高刑集43巻3号202頁)。

以内に送達されないときは、公訴提起の効力が遡及して失われる（271条2項）。

裁判所は、訴訟開始に向けて第1回公判期日を指定し（273条1項）、被告人を召喚するとともに（273条2項）、被告人に弁護人がいないときは、その選任権や国選弁護に関する告知をしなければならない（272条1項）。

(2) 公判前整理手続

裁判所は、従来、公判期日前においても適当と認めるときは、検察官及び弁護人との間で、公判の進行について事前に打合せを行うことができた（規178条の15）。これに加えて、2004年に**公判前整理手続**（316条の2以下）が導入され、2005年11月より実施されている。従来の事前準備は、予断排除を前提に各当事者の準備活動が中心であったが、これをより積極的に、裁判所が主体的に関与できる方式のものとして制度設計された。公判前整理手続は、「充実した公判の審理を継続的、計画的かつ迅速に行う」ことを目的とし（316条の2第1項）、具体的事件についてその必要があると認められるときに行うことができるが、裁判員裁判で行う場合は必要的である（裁判員49条）[27]。「事件の争点及び証拠」は、事件ごとに多様であるが、これを公判前の段階で整理し、的確な審理計画を立てることで、右目的の達成につながるのである。

公判前整理手続は、裁判所が主体的に関与し、これを主宰する（316条の2第1項）。本手続は、争点と証拠の整理を行うという性質上、被告人に弁護人が付されていなければならず（必要的弁護＝316条の4）、検察官とともに弁護人の出頭が手続を行うための条件である。被告人自身も出頭する権利があるが（316条の9第1項）、裁判所が必要と認めるときは、その出頭が義務ともなる（316条の9第2項）。公判前整理手続は、当初、裁判所の職権でのみ開かれることとされていたが、2016年改正（平28法54）により、検察官、被告人・弁護人にその請求権が認められることとなった（316条の2第1項）。この手続はあくまで公判準備として行われるものであるため、裁判公開原則（憲82条）

27　公判前整理手続は、裁判員裁判制度と併せて導入されたものであり、一般市民の司法参加を容易かつ可能にすることを目指して制度設計されたものである。

の適用を受けず、非公開で行われるのが通例である。

公判前整理手続は、争点と証拠を整理することを目的とし、両当事者の主張を明確にし、それによって明らかとなった争点に重点を絞った証拠を厳選して、その審理計画を設定するものである。具体的には、訴因・罰条を明確にし、必要があれば訴因変更を行うこと（316条の5第1号、2号）、公判で予定する主張を明確にして事件の争点を整理すること（同3号）、証拠調べを請求させ、立証趣旨や尋問事項等を明確にさせること（同4号、5号）[28]、請求された証拠の採否について決定し、その取調べ順序・方法を定めること（同6号～9号）、証拠開示に関する諸手続を行うこと（同10号、316条の13以下）、その他の公判手続進行に関する事項を定めること（同11号、12号）を行う。被告人に対して質問することもできるが、その際には、公判手続と同様に、黙秘権が保障される（316条の9第3項）。

公判前整理手続が開かれた事件では、裁判所は、公判期日において、整理手続の結果を明らかにしなければならない（316条の31第1項）。その際、公判前整理手続の調書を朗読し、争点を明示するとともに[29]、証拠調べの順序・方法等について説明を行う。公判前整理手続が開かれた事件では、検察官及び被告人側は、やむを得ない場合を除いて、公判で新たな証拠調べ請求をすることはできない（316条の32第1項）[30]。公判の期日間にも同様の整理手続（**期日間整理手続**）を行うことができる（316条の28）。

(3) 証拠開示

公判における事実認定は、証拠を用いた立証活動に基づいて行われる

---

[28] 例えば、検察側が証人尋問を行うに当たり、事前に示されたものとは異なる事項を尋問することはできない。

[29] 最判平26・4・22刑集68巻4号730頁「秋田・弁護士殺害事件」によると、殺害行為に先立つけん銃の引き金を引いたという行為につき、公判前整理手続を終了するに当たり確認された争点に明示的に掲げられなかったとしても、同手続で議論され、公判手続で実質的な攻撃防御を経ていたなどの事実関係の下においては、裁判所が公判手続で争点として提示する措置を採ることなく殺害に至る経過として上記行為を認定したとしても違法ではない。

[30] 立証が制限されるため、主張自体も基本的に制限されることになる。ただし、最決平27・5・25刑集69巻4号636頁は、公判前整理手続で明示された主張に関して、その内容を更に具体化する被告人質問等が求められた場合には、これを陳述の重複（295条1項）であるとして制限することはできないとしている。

(317条)。刑事訴訟の双方当事者は、これに向けて証拠を吟味し、公判への提出に向けた準備を行うことが重要となる。この点で、検察官が自ら捜査した結果又は捜査を担当した警察からの事件送致を受けて、事件に関する証拠は検察側に集中されるというのが、刑事手続の基本的な構造である。それゆえ、検察側は、公判における立証活動に向けて十分な準備が可能であるが、他方で、被告人・弁護人側にはそのようなアドバンテージがない。確かに、公判で取調べの請求が予定される証拠については、事前に証人の氏名等の諸情報が通知され、また、証拠書類や証拠物を閲覧する機会が与えられる(299条1項)。しかし、これによっては、検察側の立証計画に乗った証拠についての開示にとどまり、被告人・弁護人側は、それ以外の証拠に触れることはできない[31]。もとより、検察官は公益の代表者として（検4条）有罪・無罪に関わらず真実の究明に努めなければならないのであるが（1条)、その訴追機関という方向性からは、意図的にせよ、意図的でないにせよ、被告人に有利な証拠が公判に提出されないまま埋もれてしまう可能性が考えられる。それゆえ、訴訟の反対当事者である被告人・弁護人側が、検察官の下に集められた全ての証拠にアクセスできることが求められるのである。この証拠開示の問題は、公判前整理手続が導入され、既に公判が開始される前にその予定する主張を全て提出すべしとの前提からは、より重要となった。

従来、証拠開示は明文で規定されておらず、その当否をめぐって議論が重ねられてきた[32]。反対論としては、当事者追行主義の下では双方当事者が自身の努力と責任で証拠を収集し、公判におけるその成果は自身のみが享受すべきものであり（ワーク・プロダクト法理)、また、事前に証拠開示が行われると、証人の威迫や証拠隠滅のリスクが高まると主張されてきた。しかし、捜

31 旧刑訴法時代は、公訴提起により一件記録（事件の全証拠、記録）が裁判所に提出されるべきこととされていた。それゆえ、証拠開示の問題は、現行法に入って初めて生じた問題である。しかし、旧法時代も、事件との関連性の判断が捜査機関に委ねられていたことから、本質的には同様の問題が生じていたともいわれている（平野龍一『捜査と人権』（有斐閣、1981年）241頁)。

32 酒巻匡『刑事証拠開示の研究』（弘文堂、1988年)、松代剛枝『刑事証拠開示の分析』（日本評論社、2004年)、酒巻匡編著『刑事証拠開示の理論と実務』（判例タイムズ社、2009年)、指宿信『証拠開示と公正な裁判』（現代人文社、増補版、2014年)、斎藤司『公正な刑事手続と証拠開示請求権』（法律文化社、2015年)。

査権限が訴追側に集中し、被告人・弁護人側との権限や人的・物的資源の格差に目を向けると、公判における当事者対等の原則は、その法的地位だけでなく、証拠へのアクセスという実質的な保障による補完を必要とするのである。また、刑事事件の真実を証明すべき証拠は、訴追側だけのためにあるのではなく、公的利益として全ての訴訟関係人に開放されるべきとも主張されてきた。判例[33]は、当初、刑事訴訟法に規定がない以上、被告人・弁護人側の証拠開示請求は認められないとしてきた。しかし、その後の昭和44年決定[34]ではこれを覆して、裁判所がその訴訟指揮権に基づいて、一定の要件の下で[35]、被告人・弁護人側の請求に基づいて、検察側に証拠開示を命じることができるとした。この判例以降、大抵の事件では、被告人・弁護人側の求めに応じて検察側が任意で証拠を開示するようになったといわれるが、判例法理は被告人・弁護人側の請求権として認めたものではなく、検察側が開示を拒絶した場合の裁定基準・手段なども明確ではないとして、法整備が求められてきた。

2004年に、裁判員裁判等の一連の司法改革における議論の中で、公判前整理手続が導入され、その重要な制度として証拠開示の諸規定が法定された。公判前整理手続では、証拠開示は3つの段階に分けて行われる。第1に、検察官は、証明予定事実を明らかにし、その証拠の取調べを請求しなければならないが（316条の13）、この検察官請求予定証拠を速やかに被告人・弁護人側に開示（閲覧・謄写の機会を付与する等の形式において）しなければならない（**請求証拠開示**＝316条の14第1項）。第2に、検察官請求予定証拠以外の証拠で、刑事手続上その存在が類型的に認められ（被疑者・被告人や証人等の取調べ調書、検証・鑑定書面など）、かつ、検察官請求予定証拠の証明力を判断するため重要と認められるものについて、被告人・弁護人側から請求があった場合

33　最決昭34・12・26刑集13巻13号3372頁。

34　最決昭44・4・25刑集23巻4号248頁「大阪税務調査妨害事件」。

35　①証拠調べの段階に入った後、②弁護人から、具体的必要性を示して、一定の証拠を弁護人に閲覧させるよう検察官に命ぜられたい旨の申出がなされた場合に、③事案の性質、審理の状況、閲覧を求める証拠の種類及び内容、閲覧の時期、程度及び方法、その他諸般の事情を勘案し、その閲覧が被告人の防御のため特に重要であり、かつ、これにより罪証隠滅、証人威迫等の弊害を招来する虞がなく、相当と認めるとき。

は、証拠の重要性等に基づく開示の必要性と開示による弊害とを考慮して相当と認められるときには、その証拠が開示されなければならない（**類型証拠開示**＝316条の15第1項）。第3に、公判前整理手続では、被告人・弁護人側も公判で予定する事実点及び法律点に関する事実を明らかにしなければならないが[36]、検察官請求予定証拠や類型証拠に該当しない証拠であっても、右予定主張に関連する証拠について被告人・弁護人側から請求があった場合には、関連性の程度等による証拠開示の必要性と開示による弊害とを考慮して相当と認められるときは、やはりその証拠が開示されなければならない（**主張関連証拠開示**＝316条の20第1項）。3類型いずれの場合も、証拠開示は被告人・弁護人側の権利であり、検察側の義務である。それゆえ、例えば、検察側が開示による弊害等を強調して証拠開示を拒絶した場合には、裁判所がこれを裁定し、その当否や開示方法等を指定することができるものとされた（316条の25）。証拠開示制度は、このようにして、検察官が保管する[37]全ての証拠の開示まで自動的に保障するものではないが、2016年に、検察官が保管する証拠の一覧表が交付されるべきことと改正された（316条の14第2項）。これによって、被告人・弁護人側は、自身の公判主張を検討し、そのために必要な証拠の存在を知ることで、より適切に証拠開示請求ができるようになっ

---

36 最決平25・3・18刑集67巻3号325頁「福岡地裁威力業務妨害事件」によると、この主張義務は、「公判期日においてする予定の主張がある場合に限り、公判期日に先立って、その主張を公判前整理手続で明らかにするとともに、証拠の取調べを請求するよう義務付けるものであって、被告人に対し自己が刑事上の責任を問われる恐れのある事項について認めるように義務付けるものではなく、また、公判期日において主張するかどうかも被告人の判断に委ねられているのであって、主張すること自体を強要するものでないことからすれば、同規定は自己に不利益な供述の強要を禁止する憲法38条1項に反しない」。

37 なお、証拠開示の対象は、検察官が現実に保管しているものに限られず、当該事件の捜査の過程で作成され又は入手された書面等で、警察官等の公務員が職務上現に保管し、検察官においてその入手が容易なものも含まれる（最決平19・12・25刑集61巻9号895頁「偽1万札行使・取調べメモ事件」、最決平20・6・25刑集62巻6号1886号「福岡天神覚醒剤・捜査メモ事件」）。これによると、警察官が取調べに際して作成し、取調べ経過や参考事項が記載された備忘録（犯捜規13条）も、開示対象になる。更に、警察官が私費で購入し、取調べの経過等を記録していたノートも、同様に、これが捜査の過程で作成され、警察官として職務上現に保管し、検察官において入手が容易である証拠として、証拠開示の対象となる（最決平20・9・30刑集62巻8号2753頁「強盗致傷・大学ノート事件」）。

た[38]。なお、証拠開示により閲覧・謄写の機会が与えられたものについて、これを刑事手続外の目的で使用することは禁止され（281条の 4 第 1 項[39]）、また、証人等の威迫が行われないための保護規定が準用される（316条の23、299条の 2 以下）。

第 2 節　公判手続

1　公判廷

(1)　公判廷の構成

刑事訴訟において、その審判を行う場所・空間のことを**公判廷**という。公判廷は公開されるのが原則であるが（憲82条 1 項）、例外的に非公開で開かれる場合もある（憲82条 2 項、裁70条）。

公判は裁判官、裁判所書記官、検察官の出席を必須とし（282条 2 項）、被告人も出席の権利と原則的に義務も負う（283条～286条）。ただし、①被告人が心神喪失の状態にあるときで、無罪・免訴・刑の免除・公訴棄却の裁判をなすべきことが明らかな場合は、被告人不在のまま開廷することができる（314条 1 項但書）。また、②召喚を受けた勾留中の被告人が、正当な理由なく出頭を拒否し監獄官吏による引致を著しく困難にしたとき（286条の 2 ）、被告人が許可を受けないで退廷し又は秩序維持のため退廷を命ぜられたとき（341条）、証人に対する圧迫を理由に被告人が退廷させられたとき（304条の 2 ）も、被告人が不在のまま開廷することができる。弁護人の出席は、必須ではないが、一定の要件に該当する場合は必要的である（289条）。

公判廷では日本語が使用され（裁74条）、日本語が通じない者に陳述させる場合には、通訳人に通訳をさせる（175条）[40]。通訳は、言語の鑑定として証拠

---

38 公判前整理手続が導入され、証拠開示制度が法定されたため、従来の判例理論に基づく証拠開示はその使命を終えた。被告人・弁護人側は、証拠開示の必要があると判断するときは、公判前整理手続を請求し、その中で証拠開示を求めていくことになる。

39 被告人が開示を受けた実況見分調書の複製等をインターネット動画投稿サイトにアップして、不特定多数人の閲覧に供した事例として、東京高判平26・12・12高刑集67巻 2 号 1 頁。

40 法務省より各国語の『法廷通訳ハンドブック』『少年審判通訳ハンドブック』（いずれ

方法の一類型であり、裁判所の心証形成の観点からは原語と一体性を有するものと理解されている[41]。ただし、国際人権規約B規定14条3項fにより、被告人には無償で通訳を受ける権利が保障されており、この側面からの取扱いも要請される。それゆえ、通訳の正確性が問題となる場合には、それ自体が原語と独立のものとして弾劾の対象となり得る。法廷通訳の正確性は、通訳人の努力に負うところが大きいが、訳語の整備や事後的チェックに向けた録音等の制度化が必要である。

(2) 訴訟指揮権、法廷警察権

裁判所は、刑事訴訟の主宰者として、その合目的的な進行と法廷の秩序維持に向けた諸権限を有する。

第1に、裁判所には、訴訟の進行を秩序付け、適切な審判を実現させるために、**訴訟指揮権**が与えられている。公判期日における訴訟指揮は裁判長が行うと規定されているが（294条）、重要事項が問題となる場合は、裁判所の権限としてこれを行使する（286条の2、291条の2、304条3項、309条3項、312条〜314条、規190条など）。具体例として、従来、証拠開示命令がこの訴訟指揮権に基づいて発することができるとされていた[42]。裁判所の訴訟指揮権は、訴訟当事者の訴訟活動を適正かつ合目的的に行わせ、訴訟の円滑な遂行を目的とした権限である。日本の刑事訴訟は当事者追行主義に基づいており、訴訟指揮権は裁判所に能動的な関与を認めるものではあるが、当事者主義の訴訟構造にとっても不可欠な要素であり、当事者主義的訴訟構造と矛盾・対立するものではないとされている[43]。

第2に、裁判所には、訴訟の進行に対する妨害を排除し、法廷の秩序を維持するために、**法廷警察権**が与えられている。法廷警察権は裁判所の権限であるが、合議体では裁判長の権限として定められている（裁71条）。法廷警察権も、広い意味では訴訟指揮権の一つであるが、訴訟指揮権が訴訟関係人に

も法曹会）が出版されている。

[41] 松本時夫「通訳の法的性格について」『松尾浩也先生古稀祝賀論文集・下巻』（有斐閣、1998年）401頁。

[42] 最決昭44・4・25刑集23巻4号428頁「大阪税務調査妨害事件」。

[43] 田口309頁。

対する具体的な行動を指示するものであるのに対して、法廷警察権は、法廷内外に存する全ての者を対象とする点で異なる。例えば、法廷内で不規則発言等を繰り返す者を退廷させることや、報道機関の撮影態様を指示することなどができる（裁71条2項）。法廷警察権は、これに従わない者に対して、監置及び過料（法廷秩序2条1項）[44]や、刑事罰（裁73条）などの制裁を科することもできる。

2　公判の手続

公判の手続は、①冒頭手続、②証拠調べ手続、③弁論手続、④判決の段階に分けられる。手続はこの順に進められるが、弁論手続が終了した後に新事実や新証拠の発覚により、証拠調べ手続に戻ることもある。この場合も、更に弁論手続をやり直して判決に至る。

(1)　冒頭手続

第1回公判期日は、冒頭手続が行われ、これによって公判手続が開始される。

冒頭手続では、最初に被告人の人定質問が行われ（規196条）、人間違いでないかどうかが確認される。次に、検察官が起訴状を朗読する（291条1項）。刑事訴訟の原告である検察官は、そこで、被告人が追及を受ける公訴事実と罪名・罰条を明らかにし、これから始まる刑事訴訟の審判対象を公開法廷で明示するのである。

起訴状朗読が終わると、裁判所は、被告人に対して黙秘権及び手続における権利保護に必要な事項を告知する（291条2項）。被告人には包括的な黙秘権が保障されており、公判内では終始沈黙し又は個別の質問にのみ陳述を拒絶できることが告知される。ただし、公判内で発言したことは、その有利・不利を問わずに証拠となる可能性があることも、併せて教示されなければな

---

[44] 監置や過料といった行政罰は、簡略な手続かつ通常は被害者的立場に立つ裁判所自らが制裁を科し得る点で、憲法上の疑問を示す見解もある（鈴木138頁）。最決昭33・10・15刑集12巻14号3291頁によると、この制裁は、刑事罰及び行政罰のいずれとも異なる特殊な処罰であり、裁判所等の面前における現行犯的行為を当該裁判官等が認定して適用する点で、憲法等が要求する司法手続の範囲外にある制度とされる。

らない。

権利告知をした上で、被告人及び弁護人に対して、被告事件に関する意見を陳述する機会が与えられる。ここでの意見は、検察官の起訴状朗読によってその罪状の訴追が宣言されたことに対するものであり、一般に**罪状認否**という形で行われる。被告人側が有罪であること、検察官の起訴について争わないことを陳述した場合、裁判の重点は主にその刑の量定に置かれることになる。また、一定程度以下の事件については、**簡易公判手続**によって行うこともできる（291条の2）。他方、被告人側が全面的に若しくは部分的に起訴事実について否認し、又は黙秘する場合には、被告人の罪状についての立証に重点が置かれることになる。なお、被告人側は、罪状の認否以外にも、訴訟条件の欠缺を理由に免訴（337条）や公訴棄却（338条、339条）を主張することや、移送（19条）及び管轄違いの言渡し（331条1項）を求めることもできる。特に土地管轄についての管轄違いの申立て及び移送請求は、この段階で行っておかなければならない（331条2項）。

(2) 証拠調べ手続

冒頭手続が終了すると、証拠調べ手続に移る（292条）。刑事裁判における事実認定を行うに当たり、その中核的な部分に当たる。

証拠調べ手続では、最初に検察官が**冒頭陳述**を行う（296条）。検察官は、そこで証拠によって証明すべき事実を明らかにしなければならない。具体的には、証拠と諸事実との関係（**証拠構造**）を明確にするのである。検察官の立証は、究極には、起訴状に示された公訴事実（より厳密には訴因＝罪となるべき事実）の証明に向けられるが、かかる主要事実に加えて、その存在を推定させる間接事実や、証拠の証明力に関わる補助事実も含まれる。犯行動機や経緯も、間接事実の一つとしてこの段階で明示されることになる。ただし、予断排除原則により、証拠とすることができない、又はその予定がない資料を根拠として裁判所に予断を生じさせる虞のある事実を述べることはできない（296条但書）。例えば、前科の存在など専ら量刑にのみ関係する事実などがこれに当たる。被告人側も冒頭陳述を行うことができるが（規198条1項）、特に裁判員裁判などで公判前整理手続が行われた場合において、事実上及び法律上の主張がある時は、必ず冒頭陳述を行わなければならない（316条の30）。

冒頭陳述が終わると、各当事者より証拠調べが請求され（298条）、裁判所は、双方の意見を聴いた上で証拠の採否及びその取調べの順序や方法を決定する（297条1項）[45]。その際には、検察側立証と弁護側立証の順序や、証拠方法を人証によるか又は書証で行うかなどが決定される。また、裁判所が職権で証拠の取調べを決定することもできる（298条2項）。ただし、当事者主義の訴訟構造からは、職権証拠調べは補充的なものにとどめられ[46]、基本的には、被告人に対する後見的な立場から行使されるべきとされている。証拠調べ請求は、まず検察官が審判に必要と認める全ての証拠を請求し、その後に、被告人・弁護人側が必要な証拠の請求を行う（規193条）。証拠調べ請求に当たり、証拠と証明予定事実との関係（**立証趣旨**）を明らかにしなければならない（規189条1項）。立証趣旨の説明は、裁判所が請求された証拠の採否を決定するために参考とすべきものであり、裁判所は請求者の立証趣旨に拘束されず、当該証拠から異なる事実を認定することもできるとされている[47]。ただし、立証趣旨を著しく逸脱して審判に重要な事実を認定することは、特に被告人側に不意打ちを与えるものとして、訴訟手続が違法と評価されることもある。公判前整理手続が行われる事件では、証拠調べ請求とその採否の決定は既に事前に行い（316条の5第4号～7号）、その結果を公判で顕出するにとどめられる（316条の31第1項）。

以上の手続を経て、具体的な審理計画に沿って各証拠の取調べが行われる。その方法は、証拠方法ごとに法定されている。それぞれ、人証は尋問（304条）、書証は朗読（305条）、物証は展示陳列（306条）の方法による。証拠調べに際しては、当該証拠を請求した側が取調べに向けた行為を行うが、反

45 裁判所は、証拠の採否を決定するに当たり、証拠能力の判定を行うが、これを超えて当該証拠の必要性という観点をも考慮して判断するとされている。しかし、当事者主義に立脚する限り、当事者の請求による証拠は、それが適法である限り、証拠調べが明らかに不要と認められる合理的理由が積極的に認められない場合以外、取調べを行うべきである（田淵浩二『証拠調請求権』（成文堂、2004年））。

46 最判昭33・2・13刑集12巻2号218頁によると、検察官が重要証拠の請求を懈怠していることが明らかな場合においては、裁判所として「少くとも検察官に対しその提出を促がす義務あるもの」とされているが、裁判所の立場としては、この限りにとどめられるべきである。

47 東京高判昭27・11・15高刑集5巻12号2201頁「千葉和解金詐欺事件」。

対側にも証明力を争う機会が与えられる（308条）。証拠の証明力評価は裁判所の専権事項であるが（318条）、当事者主義の観点から、反対当事者にもそれを弾劾する機会が与えられる。また、証人尋問に関しては、刑事訴訟規則が刑事訴訟法規定（304条）を修正し、交互尋問の方式によることを原則とする（規199条の2以下）。双方当事者は、証拠調べや証拠に関する裁判長の処分に対して、これを違法又は不相当であるとして異議を申し立てることができる（309条、規205条1項本文）が、証拠調べに関する決定に対する異議は法令違反を理由とする場合に限られる（規205条1項但書）。

公判で取り調べられた証拠は、遅滞なく裁判所に提出しなければならない（310条）。被害者の意見陳述は、量刑判断の一資料として行われるが、これを事実認定の資料とすることはできない（292条の2）。

(3) 弁　論

証拠調べが終わると、双方の弁論手続が行われる（293条）。弁論手続は、証拠調べを受けて公判の最後に行われるものであり、双方当事者による事件及び公判の総括として意見を述べる機会が付与されるものである。これは、事実に関する主張ではなく、あくまで意見であるため、裁判所は双方の弁論に拘束されるものではない。

弁論手続では、まず検察官がこれを行う。検察官は、事実（事件）及び法律の適用（具体的な量刑＝科刑意見）についても意見を述べる。これを一般に、**論告・求刑**と呼ぶ。前述のとおり、裁判所はこの意見に拘束されないことから、検察官の求刑を超える刑を言い渡すこともできる。ただし、当事者主義構造の精神に反せず、被告人に不意打ちとならない配慮が必要である[48]。検察官は、例外的事件では、無罪の論告を行うこともある[49]。訴追裁量を逸脱しない限り、無罪が公訴提起を違法とするものではなく、むしろ、検察官の公的性質からは適切な訴訟活動である。

検察官の論告・求刑が終わると、次に、被告人側の**最終弁論**が行われる（293条2項）。事件の争点に応じて、弁護人が検察官の陳述を弾劾する形で意

[48] 最判平26・7・24刑集68巻6号925頁「大阪三女虐待傷害致死事件」。
[49] 再審で無罪とされる事案でよく見られる現象である。

見を述べる。また、弁護人がいない場合はなおのこと、弁護人が弁論する場合も、被告人には最後に意見陳述の機会が与えられる（規211条）。被告人の**最終陳述権**は、被告人の主体的関与と裁判への納得を保障すべきものであり、無罪推定の観点からも、追及を受けたままで終わることのない地位を確保するものである。

(4) 判　決

弁論手続が終わると、裁判所は、判決に向けた評議を行い、必要に応じて評決により判決内容を決定する（裁75条～77条、裁判員66条～69条）。

裁判所が有罪（333条）又は無罪（336条）の判決を言い渡すと、第一審の公判手続が終了する。

(5) 公判手続の諸対応

公判手続の途中で一定の事由が生じた場合には、次のような措置が採られる。

被告人に心神喪失や疾病等の異常が生じたり（314条 1 項、2 項）、重要証人が疾病等で出頭できない（同 3 項）、又は訴因変更により被告人に実質的な不利益が生じる虞がある（312条 4 項）などの場合には、公判手続が**停止**される[50]。これは、所定の障害事由がやむまでの間、公判を進行させない措置であり、障害事由が消滅した段階で再開する。

公判の途中で裁判官が交代したときは、公判手続を**更新**しなければならない（315条）。事実認定を含む審判は、裁判官が直接に当事者の主張と立証から心証を形成して行うものであることから、改めて手続をやり直さなければならない。判決宣告のみを残す段階での裁判官の更迭に際しては、更新は不要である（315条但書）。実務上は、双方当事者に特段の異議がなければ、更新するとの宣言のみで簡略的に（新裁判官が従前の記録を精査するという方法で）行われている。公判手続の更新は、これ以外に、被告人が心神喪失により公判手続を停止したとき（規213条 1 項）、開廷後に長期間にわたって期日が開かれなかったとき（同 2 項）、簡易公判手続を行う旨の決定が取り消されたとき

---

[50] 不可逆的な心神喪失状態にある場合、公訴棄却として手続が打ち切られることもある（最判平28・12・19刑集70巻 8 号865頁「豊田市神社境内刺殺・公判手続停止事件」）。

（315条の2）などにも行われる。

公判手続は、一人の被告人に対する1個の公訴事実を対象として行うことが原則である。しかし、同一被告人に対する複数の事件を審判するときや、共犯事件のように1個の事件で複数の被告人を起訴するような場合には、審理を併合して行うことが訴訟経済に資する。被告人側からしてみても、応訴の負担が軽減されるとともに、併合罪処理の利益を受けることもできる。それゆえ、実務では、このような事件では起訴段階から併合して審理を求めることが行われている。これを弁論の**併合**という（313条1項）。ただし、共犯事件で認否が分かれるような場合には、複数の被告人相互の間で訴訟上の利益が相反することにつながる。このような場合には、訴訟の開始時から又は途中で弁論を**分離**しなければならない（313条2項、規210条）。

3　特殊な公判手続

通常の公判手続以外に、簡易な手続によるものとして、①簡易公判手続（291条の2、307条の2）と、②即決裁判手続（350条の16以下）が用意されている（第9講第1章第4節）。

4　公判調書

公判期日における訴訟手続に関しては、公判調書が作成される（48条）。そこには、審判における重要事項が記載され、訴訟記録に編綴される。検察官、被告人・弁護人は、この公判調書を閲覧し、記録内容の正確性について異議を申し立てることができる（40条、49条、270条、51条）。

公判期日における訴訟手続は、事後にその存否や適法性が争われることもあるが（379条、414条）、その際は、公判調書によってのみ証明することができる（52条）。公判調書にこのような形で絶対的な証明力を付与したことは、上訴審における訴訟手続に関する紛争をできる限り防止することを目的とする。ただし、この規定は自由心証主義（318条）の例外を定めたものであり、その範囲の確定については慎重になされるべきである。

刑事訴訟における被害者保護の一環として、被告人と被害者は、当該被告事件に関する民事上の争いについて合意が成立した場合、共同して当該合意を公判調書に記載されることを申し立てることができる（犯罪被害者保護19条1項）。この記載は、民事裁判における裁判上の和解と同一の効力を持つことから（犯罪被害者保護19条条4項）、被害者は、これを債務名義として、民事法上の強制執行を申し立てることができる。

公判調書は、できる限り速やかに整理されなければならない（48条3項）[51]。

[51] 最決平27・8・25刑集69巻5号667頁によると、公判調書作成の本来の目的等を踏まえ、公判調書の整理期間をどのように定めるかは、憲法31条の刑事裁判における適正手続の保障と直接には関係のない事項である。

第12講　証拠法

第1章　総　説

第1節　証拠の意義・種類

1　証拠の意義

訴訟の役割は、紛争の対象となっている事実を確定させ、これに法律を適用して解決を図ることである。このうち、前者の役割を事実認定という。刑事訴訟においては、原告となる検察官が、起訴状において、被告人が追及されるべき犯罪事実を公訴事実として記載し、その存在を主張するのであるが、その事実の存否をめぐっては、双方当事者の立証活動に基づいて裁判所がこれを認定することになる。このような事実認定の根拠となる資料を、**証拠**という（317条）。

2　証拠の種類

証拠は、訴訟における機能に応じて、次のように分類される。

(1) 証拠方法と証拠資料

証拠方法と証拠資料は、前者を取り調べると後者が得られるという関係に立つ用語である。

証拠方法は、事実認定の素材となるべき人又は物を指す用語である。その性質に応じて、人証（証人、鑑定人等の口頭で提供される証拠）、書証（供述調書等の証拠書類）、物証（犯行に使用された凶器等の証拠物）に分けられる。証拠方法の区別は、その取調べ方法が各々分けて法定されていることにつながる。人証は尋問（304条）、書証は朗読（305条）、物証は陳列・展示（306条）の方法によるべきことになる。

他方、**証拠資料**は、証拠方法を取り調べて得られた証拠の内容を指す用語である。証拠資料は、供述証拠と非供述証拠とに分けられるが、それぞれ証拠能力に関する要件が異なることにつながる。例えば、証人を尋問したり、証人となるべき人の供述を録取した書面を朗読すると供述証拠が得られるが、供述証拠は、伝聞法則（320条）による規律を受けることになる。

(2) 直接証拠と間接証拠

直接証拠と間接証拠（状況証拠）は、証拠と証明すべき対象との距離によって区別される。

刑事訴訟の審判対象は訴因であり、検察官が起訴状において示した具体的な犯罪事実（罪となるべき事実）がその主要事実となる。直接証拠は、この主要事実を直接的に証明するものであるのに対して、間接証拠はその証明過程において推測の作業を伴う事実（間接事実）を証明するものである。直接証拠の典型は、被告人自身の自白、証人の犯行目撃証言、防犯カメラで撮影された犯行状況を再現するビデオ映像などである。例えば、被告人が犯行を自白した場合、その内容が真実であれば、そのまま（直接的に）主要事実の存在が肯定される。

他方、間接証拠は多様である。例えば、事件の前日に被告人と被害者が激しく口論していた場面を目撃したという証言は、その内容が真実であっても、それはあくまで被告人と被害者との間に紛争があるという事実を証明するにすぎない。ただし、そのような紛争は犯行の動機となり得る事実であり、犯行動機の存在が被告人と犯人を同一人物であるとする推定を合理的に根拠付けるものとなる。その意味で、主要事実を間接的に証明するという関係にある。犯行に使われたものと同型の（つまり、被害者の傷口と合致する）ナイフが被告人の自宅から発見され、そこに被害者の血痕（DNA型の一致により確認された）と被告人の指紋（指紋鑑定の一致により確認された）が付着していたという場合、当該証拠から証明されるのは、そのナイフによって被害者に致命傷が加えられたという事実と、被告人がそのナイフに触れたことがあるという事実にすぎない。しかし、他に血痕又は指紋が付着しておらず、かつ、被告人が密かに隠し持っていたという事実を合わせて考慮すると、被告人がそれを使用して被害者を殺害したと推測することを合理的に根拠付けるものとなる。したがって、これも、犯罪の証明にとって重要（決定的）な証拠であるが、やはり間接証拠ということになる。

(3) 実質証拠と補助証拠

実質証拠と補助証拠は、前者が主要事実の証明に向けられた証拠であるのに対して、後者が実質証拠の証明力に関する事実を証明する証拠という関係である。

前者には、直接証拠と間接証拠が含まれる。例えば、犯行を目撃した証人がその犯行状況を公判で証言するという場合、これは直接証拠であり、実質証拠である。他方、当時の位置関係から、当該証人の視力がその証言の信用性に影響を与えることがある。この場合、証人の当時の視力を証明する視力診断書は、犯行自体と全く関係がない証人の視力の程度という事実を証明するものであり、これが補助証拠として扱われることになる。

実質証拠は、直接証拠にせよ間接証拠にせよその証拠能力が必要となるが、補助証拠には必ずしもそれが要求されないという点に違いがある（通説）。補助証拠には、信用性を減殺させる弾劾証拠、一旦減殺された信用性を回復する回復証拠、信用性を増強させる増強証拠の区別がある。この区別は、刑事訴訟法328条の取扱いについて意味を持つ（第12講第4章第2節）。

第2節　証拠裁判主義

1　証拠裁判主義の意義

「事実の認定は、証拠による」（317条）。裁判の役割は、当事者間における紛争の基礎となる事実を確定し、これに法を適用して解決を図ることにあるが、裁判所による事実認定は証拠による立証活動に基づいて行われなければならない。刑事裁判では、検察官が原告として公訴事実を主張し、その立証を果たさなければならないのであるが、そのためには証拠の提供が求められるわけである。これを**証拠裁判主義**という[1]。

訴訟当事者が事実を主張し、これを証拠に基づいて立証する。証拠裁判主義は、この一見して当然のことを宣言したものであるが、そこには歴史的な

---

1 江家義男『刑事証拠法の基礎理論』（有斐閣、1951年）。

意義がある。古くは、神明裁判（神判 Gottesurteil）や盟神探湯と呼ばれる方式で裁判が行われていた。そこでは、例えば、被告人が追及を受けた罪状を否認した場合、熱湯に手を漬けさせて火傷をするかどうかによってその真偽を判定するといった方法が採られていた。被告人が嘘をついているかどうかは神が判断するという考え方に基づくものであったが、今では、このような所業が非合理的なものであることは間違いない。むしろ、疑惑のある者はおよそ罰せられるべきという点に、その実質的な意義があったともいえる。現代の文明社会においては、およそこのような不合理な判断手法を禁止し、かつ、被告人は証拠に基づく証明がなされた場合にのみ処罰されるべきという点に、証拠裁判主義の歴史的な意義が認められるのである。

もっとも、現在の刑事裁判で神判や盟神探湯といった手法が復活されることはなく、証拠裁判主義は、歴史的な意義においてはその役割を終えた。他方、証拠裁判主義は、現代的な意義においても、なお重要な役割が認められている。すなわち、現在の刑事裁判において証拠調べの方式について定めた規範的な意義において理解されている。具体的には、刑事訴訟において解明されるべき中核的な事実については、①法定された証拠調べの手続を履践し、②その証拠も証拠能力のあるものに限られるという方式によらなければならないのである。このような方式を、**厳格な証明**という。刑事訴訟におけるこのような規範的意味での証拠裁判主義は、拷問廃止、予断排除原則、証拠弾劾権の保障[2]といった考え方に基づくものである。

2　厳格な証明

厳格な証明は、刑事訴訟の中核である事実認定に当たって要求される証拠調べの方式である。刑事訴訟では多様な事実がその解明を求められるのであるが、その全てにわたって厳格な証明が求められるわけではない。そのような要求は、訴訟の円滑な進行と、場合によっては真実の解明を不当に阻害することにもつながりかねない。厳格な証明が要求されない場合の証拠調べ方

[2] 久岡康成「証拠裁判主義の意義について」『鈴木茂嗣先生古稀祝賀論文集・下巻』（成文堂、2007年）369頁。

式を、**自由な証明**という。ただし、ある事実の認定が自由な証明で足りるとしても、刑事訴訟における手続の適正さが無視されてよいわけではない。当該事実の訴訟における重要性に比例して、各訴訟関係人において配慮されるべき点があることは否定できない[3]。

このようにして、刑事訴訟で証明が求められる事実について、厳格な証明が求められるものと、自由な証明で足りるものとに区別されるとすると、如何なる事実が厳格な証明の対象とされるべきかが問題となる。まず、刑事訴訟では、被告人が追及される犯罪事実の解明が主たる関心事であり、検察官が主張する訴因が審判対象と理解される。したがって、被告人が追及を受ける犯罪を基礎付ける事実、つまり**実体法的事実**が主要事実として、厳格な証明の対象となる。刑事の実体法である刑法においては、構成要件該当性、違法性、有責性が犯罪を構成する基本要素であり、これに各種の超過要素（客観的処罰事由等）や主観的要素を根拠付ける事実が実体法的事実と理解される。例えば、構成要件該当性を根拠付ける事実は、刑事訴訟では訴因として構成され、検察官は、これを厳格な証明の方式によって証明しなければならない。また、違法性を否定させる要素として、例えば、正当防衛の成立を被告人が主張した場合、やはり検察官がその主張を否定させる事実（侵害の急迫性を否定させる事実など）を厳格な証明によって立証しなければならない。

他方、被告人の罪責が確定し、その量刑が問題となるときに、これを根拠付ける事実（量刑事由）については見解が対立する。確かに、量刑は法定刑の幅における解釈・適用の問題であり、量刑事由も実体法に属する事実である。しかし、判例・通説は、量刑事由は自由な証明で足りるとしている。例えば、刑の執行を猶予すべき情状の存在に関する事由については、「必ずしも刑事訴訟法に定められた一定の法式に従い証拠調を経た証拠にのみよる必要はない」とされている[4]。ただし、被告人の罪責を加重し、その不利に働

3　厳格な証明と自由な証明の中間領域に「適正な証明」という範疇を求める見解もある（平野180頁）。しかし、本文のとおり、自由な証明は幅を持つ概念であり、適正手続の要請によって別次元から規律されることで足りる。あえて第3のカテゴリーを設定することで、かえって、視点が硬直化するおそれもある。

4　最判昭24・2・22刑集3巻2号221頁。

く事情として、累犯加重の理由となる前科の存在については、「刑の法定加重の理由となる事実であって、実質において犯罪構成事実に準ずるものである」との理解から、法定の証拠調べによらなければならないともされている[5]。

実体法的事実に対して、訴訟条件の存在、訴訟行為の適法性、証拠能力や証明力などを根拠付ける事実を、**訴訟法的事実**という。例えば、親告罪において被害者の告訴が存在することは訴訟条件の一つであるが、その存否が被告人の犯罪事実の存否に影響を与えるものではない。このような訴訟法的事実は、一般に、自由な証明で足りるとされている。例えば、証人尋問が申請された場合に、その必要性（規189条の2）を根拠付ける事実を証明するに当たっては、必ずしも証拠能力のある証拠が求められるわけではない[6]。訴訟法的事実に分類されるものとして、自白の任意性は、その存否が訴訟の結論に決定的な影響を与えるものであることから、特に重要な問題を提起させる。この点について、学理では、厳格な証明を不要としつつ、中間的な類型を求める見解[7]も見られる。しかし、判例[8]・通説は、ここでも自由な証明で足りるのであり、裁判所としては「適当の方法によって」その任意性を判断することができるとしている。もとより、自由な証明は幅のある概念であり、裁判所の自由裁量を意味するものではなく、訴訟の状況から個別的に配慮されるべきことが必要である。

3　証明の必要性

証拠裁判主義は、裁判で解明が求められる事実については、証拠に基づく証明を要求する。ただし、実体法的事実にせよ、訴訟法的事実にせよ、一定の事実については証明の必要がないものもある。

例えば、日本国には47の都道府県が存在しそれぞれに固有の名称が付され

5　最大決昭33・2・26刑集12巻2号316頁「石川自転車窃盗未遂事件」。ただし、本決定は、証拠能力の要求まで言及してはいない。
6　最決昭58・12・19刑集37巻10号1753頁。
7　平野180頁。
8　最判昭28・10・9刑集7巻10号1904頁。

ている、現職の内閣総理大臣はＡ氏であるといった事実は、通常人であれば誰もが知っている、又は知ることが容易な事実である。このような事実を**公知の事実**という。例えば、ある事実は特定の地域でのみ周知されているといったように、公知性は時と場所によって相対的ではあるが、少なくとも当該事案を裁判する地域や時期において一般的に周知の事実であれば、裁判で逐一それを証拠によって立証する必要はない。判例上、賭博罪において麻雀遊戯の勝負が主として偶然の事情に係ること[9]、無免許で製造されたアルコール飲料にメタノール等の有毒物が含有し人の生命健康に有害危険なものが存在すること[10]、琉球列島の口ノ島及び中ノ島が海外であること（当時）[11]、被告人が富山県高岡市長選挙に立候補して当選したこと[12]、東京都内では普通自動車の最高速度が40キロメートル毎時と定められ、当該規制が都公安委員会設置の道路標識を用いて行われていること[13]、などが公知の事実に当たるとされてきた。

公知の事実に準じるものとして、**裁判上顕著な事実**がある。これは、公知の事実というほどの公知性はないが、事実認定を行う裁判所において、日常業務の過程で一般に知られている事実であり、これも逐一の証明を要しないとされるものである。例えば、通称ヘロインが塩酸ヂアセチルモルヒネを指すものであることは、裁判所において顕著な事実として、証明を要しないとされている[14]。ただし、裁判上顕著な事実について証明を要しないとすることは、「被告人の防禦や上訴審による審査に支障をきたす」こととなり、証明を要しないとする運用は証拠裁判主義に反するとの見解も見られる[15]。

---

9 大判昭10・３・28刑集14巻343頁。
10 最判昭24・７・23刑集３巻８号1377頁。
11 名古屋高判昭26・６・15高刑集４巻７号745頁。
12 最判昭31・５・17刑集10巻５号685頁。
13 最判昭41・６・10刑集20巻５号365頁。
14 最判昭30・９・13刑集９巻10号2059頁。
15 東京高判昭62・１・28判時1228号136頁。

第3節　証拠調べ手続

証拠調べの手続は、証拠方法ごとに法定されている。

1　人証

証人、鑑定人、通訳人、翻訳人は、人そのものが証拠となる証拠方法であり、これを人証という。人証は、尋問の方法で取り調べる（304条）。刑事訴訟法は、証人尋問に関するルールを詳細に定めて（143条以下）、鑑定人等にこれを準用している（171条）。ただし、実務では鑑定書面を活用し、鑑定人尋問はその説明を求める形で行われることが多い。

証人とは、自己の経験に基づいて知り得た事実を裁判所に対して供述する者であり、訴訟当事者から独立した訴訟上の第三者の地位にある者である。日本の刑事訴訟では、被告人自身が証人となることは認められていない[16]。学識経験に基づいて得た事実や、そこから推測して得られた事実について報告を行う鑑定人とは区別される。鑑定人は代替性があるが、証人は固有の経験に基づいた報告者であるから代替性がない。それゆえ、証人は召喚に応じないとき勾引される可能性があるが（152条）、鑑定人には準用されない。ただし、鑑定人も、その鑑定に向けた検査の段階で個別の事実を知ったときは、証人として取り扱われる。

証人になり得る資格を**証人適格**というが、訴訟当事者以外の第三者であれば、基本的に「何人でも」この証人適格が認められる。例えば、共犯事件で併合して審理されている場合、相被告人はそれぞれ当事者であり証人となることができないが、弁論を分離すれば、相手方の公判では第三者としてその証人適格が認められる。裁判官及び弁護人は当事者ではないが、その地位に鑑みて証人適格は否定される。これに対して、捜査を担当した警察官は、証人になり得る。また、公務上の秘密に関する事項については、公務員又は公務員であった者において証人適格が否定される（144条、145条）。これは、証

16　法制審議会「新時代の刑事司法制度特別部会」では、被告人の証人適格を認めるかどうかが検討されたが、導入は見送られた。

言拒絶権（146条～149条）とは異なり、監督官庁や議院・内閣の承諾がない限り、そもそも証人となることができない。

証人は、裁判所の召喚（143条の2）を受けたときは、公判期日に法廷に出頭しなければならない。証人が出頭義務に応じない場合は、過料や刑罰を科せられ（150条、151条）、また勾引によって身体を拘束される可能性もある（152条）。証人は、特別の除外事由（155条）に該当する場合を除いて、尋問に先駆けて**宣誓**をしなければならない（154条、規117条）。宣誓の内容は、証人が自己の良心に従って真実を述べること、何事も隠さず又は付け加えないことを約束させるものである（規118条）。証人は、この宣誓によって真実を全て証言する義務を負い、宣誓に反して「虚偽の陳述」をしたときは、偽証罪によって処罰される（刑169条）。証人が正当な理由なく宣誓又は証言を拒絶したときは、過料や刑罰を科せられる（160条、161条）。

他方、証人は、一定の事由に基づいて証言を拒絶することができる。①証人自身がその供述によって刑事訴追や有罪判決を受ける虞があるときは、当該証言を拒絶することができる（146条）。これは、憲法上の自己負罪拒否特権（憲38条1項）に基づく保護を与えるものである。②証人は、配偶者や近親者等が刑事訴追又は有罪判決を受ける虞があるときは、これに該当する証言を拒絶することができる（147条）。親族の刑事訴追に関する証言を強制することは、家族関係に関わるジレンマを生じさせるものであり、期待可能性が欠如することに基づいたものである。③医師、弁護士、宗教家など業務上の信頼に基づいて他人の秘密に関わることが予定される職業者については、当該秘密事項に関わる証言を拒絶することができる（149条本文）。依頼者からの高度の信頼に基づく業務者においては、秘密の保持が前提であり（刑134条）、刑事訴訟法上も、これを拒絶権という形で保護するものである。それゆえ、秘密事項の本人が承諾し又は被告人のためのみにする権利の濫用と認められる場合（秘密主体が被告人本人である場合を除く）などには、証言を拒絶できない（149条但書）。

証人は、旅費・宿泊料や日当を請求することができる（164条1項本文）。

証人尋問は、まず、出頭した証人が召喚された人であるかを確認する質問から始まる（規115条）。これを**人定質問**という。ただし、証人保護の観点から、証人の人格を特定する質問を制限することができる（295条2項）。人定質問が終わると、証人が宣誓を行い（154条、規118条）、これに対して裁判所より偽証罪による処罰の警告を行う（規120条）。尋問は、刑事訴訟法（304条1項）では裁判所が職権的に進行する形で規定されているが、刑事訴訟規則（199条の2）によって修正され、交互尋問の方式で行われる。**交互尋問**（cross examination）とは、訴訟当事者が証人尋問を主導し、交互に証人を尋問していく方式である。ここでも、当事者追行主義の理念が追求されている。交互尋問では、まず当該証人の尋問を申請した側が主尋問を行い、これが終わると、反対当事者の側が反対尋問を行うという流れで進められる。主尋問では、立証すべき事項やこれに関連する事項、証言の証明力を争うために必要な事項が尋問され（規199条の3第1項、2項）、反対尋問では、主尋問で明らかにされた事項、関連事項、証明力を争うために必要な事項が尋問される（規199条の4第1項）。反対尋問が終わると、裁判所（裁判長、陪席裁判官、裁判員）による補充尋問が行われるが、その前後において再主尋問、再反対尋問が行われることもある。尋問は、できる限り個別具体的な質問を行うこととされ（規199条の13第1項）、証人を威嚇又は侮蔑する尋問、重複する尋問、意見を求めたり議論にわたる尋問[17]、証人が直接経験したのではない事項に関する尋問は禁止される。誘導尋問（予め用意された回答に導く示唆的な尋問方法）は、主尋問では基本的に禁止されるが（規199条の3第3項）、反対尋問では必要があれば許される（規199条の4第3項）。

証人尋問は、公判期日に公判廷内で行われるが、期日外に行うこともできる。例えば、証人が公判期日に外国旅行などで不在となる場合には、期日外尋問として行うことができる（281条）。実務では、予定された公判期日に被告人が出頭しないため開廷できないときに、期日外尋問に切り替えて証人尋問を実施する形で行われることもある。また、証人が重病で入院しているような場合は、入院中の病室（臨床尋問）など裁判所以外の場所で尋問を行うこともできる（158条1項）。期日外尋問は、公判準備として行われるもので

[17] 証人は、自身が体験した事実について報告する者であり、意見を述べる者ではない。被害者の心情等に関する意見陳述（292条の2）は、この趣旨において犯罪事実認定の証拠とすることはできない。

あるため、その結果は尋問調書に記載され、公判廷で改めて朗読の方法によって取り調べなければならない（303条、305条1項。なお、伝聞法則との関係で321条2項）。

証人は、犯罪被害者であったり、被告人の犯行を証明する者であるなどの場合、被告人から恨みを買ったり、傍聴人らの面前で自己のプライバシー情報を明らかにするリスクにさらされる。被告人が証人を威迫等した場合は刑罰の対象とされるが（刑105条の2）、刑事訴訟法上も証人保護に向けた諸規定が定められている。まず、証人の特定事項についてこれが明らかにされると威迫等が行われる虞があるときは、該当事項について尋問を制限することができる（295条2項）。また、同様の趣旨で証拠書類等の閲覧等を制限し（299条の2）、又は検察官において弁護人との間で一定の配慮を求める措置を採ることができる（299条の4）[18]。犯罪被害者、中でも性犯罪被害者の保護に向けては、従来、被告人や傍聴人の退廷、審理の非公開などの方法で対処されてきたが、現在では、ビデオリンク方式（157条の6）、遮へい措置（157条の5）、証人付添人（157条の4）などの制度が用意されている。証人及び被害者の保護は、刑事訴訟における真実の発見及び被告人の権利（反対尋問権・対質権）と一定の相克関係にあり、両利益間での合理的な調整が求められる問題である。

被告人質問（311条2項、3項）は、証人尋問と同様に、被告人が経験した事実についての陳述を求めるものであり、その限りで人証として、事実認定の基礎となり得る。ただし、証人とは異なり、被告人には供述義務はなく、その任意の供述機会として位置付けられる。

2　書　証

証拠書類（書証）の取調べは、朗読（305条）の方法による。ただし、相当と認められるときは要旨の告知（規203条の2）でも足りる。

---

[18] 299条の4、299条の5は、証人等に対する加害行為を防止し、その安全を保護することで、証人が公判で証言することの負担を軽減することを目的として、2016年に導入された（平28法54）。本規定により被告人の証人尋問が一定の制限を受けることになるが、最決平30・7・3刑集72巻3号299頁は、合憲であると判断している。

書証は、証拠資料として供述証拠の獲得がもくろまれる場合、伝聞法則や自白法則による証拠能力の規制が問題となる（第12講第4章第2節、第3節）。

3　証拠物

証拠物（物証）の取調べは、陳列及び展示の方法による。また、文書偽造罪（刑155条、159条）によって作成された偽造文書など、証拠物であるが、その書面としての意義も証拠として扱われる場合（証拠物たる書面）には、書証に準じて朗読もしなければならない（307条）。

第2章　証拠の許容性（証拠能力総説）

第1節　総　説

1　厳格な証明における証拠能力

犯罪を構成する実体法的事実については、厳格な証明が要求される。厳格な証明は、証明の方式に関わるルールであり、法律上定められた手続にのっとって、証拠能力がある証拠に限定して取調べを行うものである。実務上も、理論上も、証拠能力に関する問題が重要である。なお、自由な証明に際しては、理論的には証拠能力が要求されるものではないが、手続の適正さの要請からは、個別的な問題として証拠能力に準じた取扱いが必要となる。

2　証拠能力の一般的要件

証拠能力とは、厳格な証明に際して、証拠調べが許容されるための条件である。これは一般的に、①自然的・論理的関連性、②法律的関連性、③証拠禁止該当性という3つの観点から検討される。換言すると、それぞれにおいて、証拠能力が認められるための要件論と位置付けられる。

第1に、自然的・論理的関連性は、形式的にいえば、裁判で解明を求められる事実と関係があるという要素であるが、実質的には、当該要証事実に対して必要最小限度の証明力を持つものという観点である。裁判にとって無関係な証拠を取り調べることは、端的に無駄であるが、それ以上に、争点を混乱させ誤解を生じさせるなどして誤った判断をもたらせる虞もある。

第2に、法律的関連性は、当該証拠が裁判に関係のある、自然的関連性を有するものであることを前提にして、なおも、一定の事情が証明力判断を誤らせたり、他の諸利益を保護するという目的において、法律上その証拠能力を制限するという観点である。自白法則（319条1項、憲38条2項）や伝聞法則（320条1項）がその例であるが、法律的関連性の意義を如何に理解するかで、この領域が拡張される可能性もある。

第3に、証拠禁止該当性は、手続における違法性が当該証拠の取調べを禁止するという観点である。日本の刑事手続では、証拠の収集は主として捜査段階で行われることから、捜査手続の違法性が証拠能力に影響を与えるとする違法収集証拠排除法則とのつながりで検討されるべき問題である。

第2節　証拠の関連性

1　総　説

ここでは、証拠能力の第1の観点である、自然的・論理的関連性（以下、**証拠の関連性**ともいう）の問題を取り上げる。

自然的・論理的関連性は、刑事訴訟における要証事実の証明に向けた必要最小限度の証明力が存在することである。そのためには、①当該証拠で証明されるべき事実が裁判にとって重要かつ意味のあるものであること（要証事実の重要性）、②当該証拠がその性質上一般的に要証事実の認定に影響を与え得るものであること（最小限度の証明力）、③証拠の成立過程に照らして真正かつ同一性が保持された状態によって要証事実を立証し得るものであること（証拠の同一性・真正性）が求められる[19]。例えば、DNA 型鑑定についていえば、①被告人から得られた試料と現場に遺留されていた試料とを対照して犯人との同一性を証明するということが裁判にとって重要かつ意味のあることであり、② DNA 型鑑定の科学的正確性が認められており、③被告人及び現場で収集された試料が偽造や取り違えられたものではないことが、証拠の関

[19] 上口336頁。

連性を基礎付ける要件となる。

自然的・論理的関連性と法律的関連性との関係については、学理においても検討されてきた[20]。多分に理論的な問題にすぎないが、法律的関連性は、自然的・論理的関連性が存在すること、つまり必要最小限度の証明力が存在することを前提に、なおも、諸利益に配慮して、法律上一定の条件の下でその証拠能力を制限する観点だと理解すべきである。これによって、証明力と証拠能力の関係を明確に処理・理解することが可能となる。

2 悪性格の立証

被告人に前科があったり、犯罪組織に関与しているなどの事情がある場合、その性格において一定の犯罪傾向があるものとして、これを有罪立証に用いることが考えられる。このような手法を**悪性格の立証**という。被告人の悪性格をもって一定の事実を証明しようとする場合、当該証拠の証拠能力は認められるか[21]。

この問題について、判例[22]は、原則として証拠能力を否定する立場を明らかにしている。そこでは、検察官が被告人の犯人性（犯人との同一性）を立証する趣旨で、同種態様による前科の存在を主張し、これを証明するための証拠の取調べを請求したが、判例は、このような前科証拠について、犯罪事実の立証に向けた証拠としての価値（自然的関連性）を一般的に認めつつ[23]、「同種前科については、被告人の犯罪性向といった実証的根拠の乏しい人格評価につながりやすく、そのために事実認定を誤らせるおそれがあり、また、これを回避し、同種前科の証明力を合理的な推論の範囲に限定するため、当事者が前科の内容に立ち入った攻撃防御を行う必要が生じるなど、その取調べ

20　笹倉宏紀「証拠の関連性」法教364号28頁、同「『証拠の関連性』をめぐるもうひとつの『つまずきのもと』」慶應法学41号169頁、特集「証拠の関連性」刑ジャ63号38頁以下。

21　中川武隆『悪性格と有罪推認—イギリス控訴審判例の分析』（信山社、2019年）。

22　最判平24・9・7刑集66巻9号907頁「うっぷん解消放火事件」。

23　この判示に関して、悪性格の立証を法律的関連性の問題と位置付けることも考えられるが、前科証拠一般に自然的関連性が認められつつ、これを犯人性立証に用いる場合には例外的に認められないと位置付けたものと解されるべきである。

に付随して争点が拡散するおそれもある」ことから、「前科証拠によって証明しようとする事実について、実証的根拠の乏しい人格評価によって誤った事実認定に至るおそれがないと認められるときに初めて証拠とすることが許される」とした。そのような場合として、「前科に係る犯罪事実が顕著な特徴を有し、かつ、それが起訴に係る犯罪事実と相当程度類似することから、それ自体で両者の犯人が同一であることを合理的に推認させるようなもの」とする見解が示されている。犯罪事実に係る顕著な特徴とは、犯行現場に残された指紋のごとく、常人が容易に類似の行為をなし得ないようなものであり、このような場合において初めて、実証的根拠の乏しい人格評価を不要とするものとして許容され得るわけである[24]。

悪性格立証に係る証拠の証拠能力が、このような実証的根拠の乏しい人格評価を求めるという理由で否定されるとするならば、要証事実との関係でこれを必要としない場合（立証趣旨）には証拠能力が認められてよい。第1に、犯行の客観的要素として、特に起訴事実に係る行為が被告人の行為によることが確定されており、ただ、被告人が故意のごとく主観的要素について否認した場合に、同種前科の存在をもって主観的要素の存在を立証することは許される。例えば、被告人が前科として募金詐欺で有罪判決を受けており、起訴事実がこれと同種態様によるものであり、そのこと自体に争いがない場合においては、被告人自身の過去の経験として同種行為が処罰対象になることを認識していたということを立証するには、同種の前科に係る事実が存在するということで足りる[25]。第2に、刑の量定（量刑）を行うための一資料として、前科や余罪の存在を被告人に不利な事情として立証することは許される。判例[26]によると、特に余罪を実質上処罰する趣旨で量刑に考慮することは証拠裁判主義等の諸原則に違反するが、起訴事実に係る量刑のための一情状として考慮することは、量刑が「被告人の性格、経歴及び犯罪の動

24　辻本典央「前科・別罪証拠の証拠能力」近法62巻3＝4号157頁。

25　最決昭41・11・22刑集20巻9号1035頁「洲本市寄付金詐欺事件」。

26　最大判昭41・7・13刑集20巻6号609頁「足立郵便局事件」。余罪を量刑に考慮する限界を超えた事例として、名古屋高判平10・1・28高刑集51巻1号70頁、東京高判平27・2・6東高刑時報66巻4頁。

機、目的、方法等全ての事情を考慮して、裁判所が法定刑の範囲内において、適当に決定すべきもの」であることから許されるとされている[27]。

3　科学的証拠

(1) 総　論

科学的証拠[28]は、科学的研究の成果を捜査や公判での証拠調べに応用し、その事実認定の基礎として用いられるべきものである。科学の用語は多義的であるが、刑事手続では主に自然科学の知識が活用されている。自然科学の成果は、その理論や方法が当該領域において正しいものであることが確立している限り、証拠として最良のものとなり、事実認定の正確性を強く保障するものとなる。例えば、人間の指紋は生涯変化することがなく、かつ、個々人において全て違った紋様であるということは、既に科学的に確立した理論であり、指紋が一致したということをもって人格が同一であることが固く証明され得る（ただし、この場合も、証拠の真正さ、証拠自体の同一性という意味での関連性は確定されなければならない）。他方、新進の理論は、結論としてそれが正しいことが後世において証明されたとしても、裁判の時点でまだ確立されたものとはいえない場合には、関連性に疑いが生ずる。

このような科学的証拠の取扱いについて、アメリカの判例実務では古くからその許容基準が示され、日本にもしばしば伝えられてきた[29]。アメリカでは、既に1923年フライ判決[30]により、「一般的承認ルール」と呼ばれる判断基準が提示されていた。これによると、その使用が問題とされる科学的理論について、その理論が属する特定の学術分野において一般的な承認が得られていることが確証されなければならない。その後、1993年ドーバート判決[31]では、「信頼性基準」と呼ばれる判断基準も提示されている。この基準は、公判を担当する裁判官は、科学的知識に基づいて、証拠の関連性及びその信

---

27 松岡正章『量刑手続法序説』（成文堂、1975年）、同『量刑法の生成と展開』（成文堂、2000年）。

28 三井(3)133頁以下。

29 小早川義則『科学的証拠とフライ法則』（成文堂、2018年）。

30 Frye v. Uneited States, 293 F. 1013（D.C.Cir.1923）.

31 Daubert v. Merrell Dow Pharmaceuticals, Inc. 509 U.S. 579（1993）.

頼性について確証を得なければならないとするものである。ここで科学的知識とは、科学の方法や手続に基盤を有するという意味で科学的であり、主観的考えや根拠のない憶測を超えたものという意味での知識のことをいう。このようなアメリカ法の動向を踏まえて、学理では、「一般的承認」までは不要であり、「検査の科学的原理・根拠が合理的に説明でき、また検査の技法がその原理・根拠に基づき妥当であると判断できれば足りる」といった見解[32]が示されている。判例[33]は、DNA 型鑑定の証拠能力を判断するに当たり、「その科学的原理が理論的正確性を有し、具体的な実施の方法も、その技術を習得した者により、科学的に信頼される方法で行われたと認められる」として、当時の理論・手法で実施された同鑑定の証拠能力を認めている。

以上をまとめると、科学的証拠の証拠能力を判断すべき一般的基準としては、①検査の基礎となる科学的原理・法則が理論的に正確であり、②具体的な検査の手法・技術がこの原理に基づいた正しいものであること、である。例えば、血液型鑑定や指紋鑑定などは、①の基準を満たしており、②の具体的手法の正確性をもって証拠能力が認められるわけである[34]。

(2) 個別類型

裁判実務において科学的証拠が問題となった事例は多様であるが、声紋や筆跡といった人の生体的特徴についての鑑定について、次のような判断が示されている。

声紋鑑定については、「その結果の確実性について未だ科学的に承認されたとまではいえないから、これに証拠能力を認めることは慎重でなければならない」としつつも、技術の向上とそれに伴う実績に鑑みて、「その検査の実施者が必要な技術と経験を有する適格者であり、使用した器具の性能、作動も正確でその検定結果は信頼性あるものと認められるとき」には、その証拠能力が認められるとされている[35]。他方、筆跡鑑定については、「たぶんに鑑定人の経験と感〔勘〕に頼るところがあり、ことの性質上、その証明力

32　三井（3）253頁。
33　最決平12・7・17刑集54巻6号550頁「足利幼女殺害事件」。
34　成瀬剛「科学的証拠の許容性（1）～（5・完）」法協130巻1号以下。
35　東京高判昭55・2・1判時960号8頁「検事総長にせ電話事件」。

には自ずから限界がある」としつつも、「筆跡鑑定におけるこれまでの経験の集積と、その経験によって裏付けられた判断は、鑑定人の単なる主観に過ぎないもの、とはいえない」として、やはりその証拠能力が認められている[36]。

ポリグラフ検査は、いわゆるうそ発見器（ライ・ディクティター）を使用して、質問に対する供述者の生体反応を分析し、その供述の信用性を判定する検査手法である。発汗や心拍の動静を見て、質問に対する嘘を述べているかどうかを判別するわけである。このポリグラフ検査の証拠能力について、作成状況が相当と認められるときには証拠能力が認められるとされている[37]。しかし、ポリグラフ検査は、主に捜査段階の取調べに際して実施されることが多く、その正確性を中立的に担保することが困難であるとして、関連性を否定すべきとする批判もある[38]。

警察犬による臭気選別検査も、議論がある[39]。これは、犬の嗅覚が極めて優れているとの知見に基づいて、例えば、犯人が現場に遺留した試料と被疑者・被告人から得られた物品とを対照し、訓練を受けた警察犬にその同一性を判別させるものである。判例[40]は、当該事件で行われた「各臭気選別は、右選別につき専門的な知識と経験を有する指導手が、臭気選別能力が優れ、選別時において体調等も良好でその能力がよく保持されている警察犬を使用して実施したものであるとともに、臭気の採取、保管の過程や臭気選別の方法に不適切な点のないことが認められる」として、その証拠能力を肯定している。学理からは、確かに、犬の嗅覚が人間よりはるかに鋭いことは科学的に示された知見であるが、しかし、その正確性の程度は不明な点も多く、指導手との従属的な関係からいわゆる「ゼロ解答」を伴わない検査手法には疑問もある、といった批判もある[41]。

DNA型鑑定は、科学的証拠として現在最も関心が高く、刑事手続でも活

---

36 最決昭41・2・21判時450号60頁「札幌脅迫ハガキ事件」。

37 最決昭43・2・8刑集22巻2号55頁「小平郵便貯金証書窃盗事件」。

38 鈴木193頁。

39 木谷明『刑事裁判の心』（法律文化社、新版、2004年）254頁は、犬の臭気選別鑑定について、法律的関連性の問題と捉える。

40 最決昭62・3・3刑集41巻2号60頁「カール号事件」。

41 光藤（3）142頁。

用されている検査手法である。この検査は、人の遺伝子情報の配列に着目し、その違いをもって個人が識別されるという理論に基づいたものである。血液型や性別等の付随情報を組み合わせると、現在使用されている「STR型検査法」では、日本人で最も出現頻度の高い組合せにおいても同一型が出現するのは約4兆7千億分の1という確率にまで個人を識別できる[42]。判例[43]は、かつて利用されていたMCT118型鑑定（同一出現頻度が1000分の1.2程度の精度）のレベルで証拠能力を肯定している。この事案では、被疑者が捜査段階の取調べで自白し、DNA型鑑定はその補強証拠として使用されたものであったが、鑑定が単独で犯人性を認定する証拠となり得るかは問題として残されている[44]。

DNA型鑑定を代表に、現在の科学的知見が合理的なものである限り、これを捜査に活用し、かつ、その結果を公判の証拠調べに取り入れることは、事実認定の正確性を確保するものとして、証拠裁判主義の本質にも合致するものである。しかし、その理論の正確性に疑いがもたれるものや、判断者の主観的判断に強く依存するような性質のものは、一定の留保が必要である。少なくとも、理論・手法の正確性、個別事例における検査の適切性を事後的に点検できることが必要であり、それゆえ、残留試料を適切に保管するなど、再鑑定の機会を確保するための条件設定が必要である。

第3章　非供述証拠の証拠能力

第1節　総　説

1　違法収集証拠排除法則の確立

日本の刑事手続では、公訴提起の前に、警察及び検察の捜査機関が捜査を

42 平成28年警察白書89頁。

43 最決平12・7・17刑集54巻6号550頁「足利幼女殺害事件」。

44 最高裁の事案（足利幼女殺害事件）は、後にSTR型検査法に基づいて再鑑定を行ったところ、被告人と犯人とは別人であることが判明し、再審の末、冤罪であったことが確定している（宇都宮地判平22・3・26判時2084号157頁）。STR型検査法に基づいたDNA型鑑定を唯一の犯人性立証証拠として有罪判決をしたものとして、横浜地判平

行い、証拠を収集する。この証拠収集手続は、公判における証拠調べ手続とは別個独立した手続であるが、その手続に違法の瑕疵があった場合、これが収集された証拠の証拠能力に影響を与え得るか。物的証拠は、その収集過程に瑕疵があるかどうかで、基本的にその証拠としての価値に変動があるわけではない。例えば、差し押さえられた覚醒剤の現物が、その手続が必要とされる令状なく実施されたからといって、覚醒剤としての性質に変容が生ずるわけではない。もとより、その収集過程で作為的に虚偽の証拠が混入されたり、検査に際して他の証拠と混同してしまった場合は、証拠としての価値が疑われるが、これは自然的・論理的関連性の問題である。また、社会の側からすると、犯罪という違法行為が1個であれば証拠を使用して処罰が可能であるのに対して、これに捜査機関の違法行為が加わった場合に証拠が使用できなくなり、処罰が不可能になるというのは不均衡であるともいえる。しかし、捜査段階の瑕疵が証拠能力に何ら影響を与えないとすると、刑事手続全体としての適正さが損なわれてしまうことになる。そこで、犯罪を解明し適切な処罰を実行するという利益と、刑事手続全体の適正さという利益とを衡量して、一定の場合に証拠能力を否定しようという考え方が、**証拠禁止論**である。

証拠禁止（Beweisverbote）という概念は、ドイツ法に由来する。そこでは、証拠を収集する場面での違反行為（証拠採取禁止）と、当該証拠の使用条件に違反する行為（証拠使用禁止）とに分けられ、双方を併せて証拠禁止という概念でくくられている。これに対して、日本では、主にアメリカ法に範を得た**違法収集証拠排除法則**（exclusionary rule）という考え方が浸透している。これは、ドイツ法における証拠禁止論のうち、主に証拠採取禁止の観点に着目し、捜査機関による証拠収集過程の瑕疵を一定の基準に基づいて証拠能力の判断に考慮するという考え方である。

違法収集証拠排除法則は、日本の憲法及び刑事訴訟法のいずれにも明文の規定がなく、裁判実務においても当初はその適用を否定する見解が続いていた。しかし、最高裁が昭和53年の判例[45]においてこのルールの存在を肯定

24・7・20判タ1386号379頁。

し、一定の基準を示したことから、これが判例ルールとして承認されるに至っている。

なお、違法収集証拠は物的証拠を、より正確には非供述証拠を対象とする証拠法則である。有体物に限らず、検証や鑑定の結果として作成される検証・鑑定調書は、その報告過程は供述証拠としての性質を持つが（321条3項、4項）、その資料を収集する過程においては非供述証拠として、違法収集証拠の対象課題となるのである。また、自白の証拠能力を検討する際にも、証拠の供述部分ではなく、その収集過程が問題となるときは、違法収集証拠排除法則が適用される可能性がある（第12講第4章第3節）。

2　違法収集証拠排除法則の実質的根拠

違法収集証拠排除法則は、明文規定を持たない判例ルールとして確立されているが、その実質的根拠は次のように理解されている。

第1に、憲法31条は刑事手続の法定と、その適正な運用を求める人権規定であり、被疑者・被告人の手続的権利を保障するという適正手続論である。被疑者は、捜査段階において、無令状捜索などの違法な処分に対しては、準抗告など一定の不服申立てを行うことも可能であるが、それでもなお違法に収集された証拠が実際に裁判で使用されるならば、その権利保障は実効性を持たない。適正手続の考え方は、手続全体にわたって実質的な保障を求めるものである。

第2に、裁判所は、司法機関として、他の諸機関による権利侵害を救済すべき立場にあり、捜査の過程で権利侵害を受けた市民にとって司法機関の廉潔性が信頼の基礎となる。しかし、捜査機関が違法に収集した証拠を裁判所が使用するとなると、裁判所がその瑕疵を継承することになり、信頼の基礎たる廉潔性が損なわれてしまう。このような意味での司法の無瑕疵性保護・廉潔性論は、被疑者・被告人個人の利益にとどまらず、社会全体の利益でもある。

第3に、捜査段階での違法行為は、如何なる内容・程度においても行われ

---

[45] 最判昭53・9・7刑集32巻6号1672頁「大阪生玉覚醒剤事件」。

てはならないが、違法行為に基づいて収集された証拠が実際には裁判で使用され得るとなると、捜査機関において違法行為を抑止すべき動機付けが弱い。今この事件で証拠としての使用を禁止しておくことにより、捜査機関をして将来の違法捜査を抑止すべきことが強く動機付けられる。このような違法捜査抑止論も、やはり公的利益として要請される。

これらの諸考慮は、いずれか一つといった排他的な関係にあるものではない。個別の事例に応じて重畳的、総合的に考慮されるべきものである。

違法収集証拠排除法則は、明文規定によらず、判例ルールであるが、このような諸利益の総合的考慮という意味では、憲法31条、33条、35条等の憲法規定や、刑事訴訟法1条、199条、218条等の具体的な手続規定などが、実定法的にこのルールを根拠付けるものとなる。

第2節　判例ルール

1　判例の変遷

違法収集証拠排除法則は、明文規定を持たない判例ルールである。判例は、当初、証拠収集手続に違法があったとしても、それによって証拠としての価値に変わりがあるわけではないとして、捜査段階で違法に収集された証拠についても、そのことをもって証拠能力に影響を与えるものではないとの見解に立っていた[46]。しかし、学理によってアメリカ法の考え方が紹介されるようになると、下級審では違法収集証拠排除法則の適用を認める考え方が浸透していった。最高裁は、その流れに応じて、昭和53年に違法収集証拠排除法則の考え方を認める判決を下すに至ったわけである。

2　最高裁昭和53年判決

本件は、警察官が被告人を職務質問中に、その承諾を得ないまま上衣ポケット内を捜索して覚醒剤を発見し、これを差し押さえた手続が違法であり、その手続の違法性をもって証拠能力に影響を与えるかどうかが問題と

[46] 最判昭24・12・13裁判集刑15号349頁。

なった事案である（第3講第4章第1節）。第一審及び控訴審は、違法収集証拠排除法則を適用し、当該証拠の証拠能力を否定した。これに対して、最高裁[47]は、警察官の職務質問及び所持品検査を違法とした上で、違法収集証拠排除法則について次のように述べて、理論的にこれを肯定した。すなわち、「違法に収集された証拠物の証拠能力については、憲法及び刑事訴訟法になんらの規定もおかれていないので、この問題は、刑事訴訟法の解釈に委ねられているものと解するのが相当であるところ、刑事訴訟法は、「刑事事件につき、公共の福祉の維持と個人の基本的人権の保障とを全うしつつ、事案の真相を明らかにし、刑罰法令を適正且つ迅速に適用実現することを目的とする。」（同法1条）ものであるから、違法に収集された証拠物の証拠能力に関しても、かかる見地からの検討を要するものと考えられる。ところで、刑罰法令を適正に適用実現し、公の秩序を維持することは、刑事訴訟の重要な任務であり、そのためには事案の真相をできる限り明らかにすることが必要であることはいうまでもないところ、証拠物は押収手続が違法であっても、物それ自体の性質・形状に変異をきたすことはなく、その存在・形状等に関する価値に変りのないことなど証拠物の証拠としての性格にかんがみると、その押収手続に違法があるとして直ちにその証拠能力を否定することは、事案の真相の究明に資するゆえんではなく、相当でないというべきである。しかし、他面において、事案の真相の究明も、個人の基本的人権の保障を全うしつつ、適正な手続のもとでされなければならないものであり、ことに憲法35条が、憲法33条の場合及び令状による場合を除き、住居の不可侵、捜索及び押収を受けることのない権利を保障し、これを受けて刑訴法が捜索及び押収等につき厳格な規定を設けていること、また、憲法31条が法の適正な手続を保障していること等にかんがみると、証拠物の押収等の手続に、憲法35条及びこれを受けた刑訴法218条1項等の所期する令状主義の精神を没却するような重大な違法があり、これを証拠として許容することが、将来における違法な捜査の抑制の見地からして相当でないと認められる場合においては、その認拠能力は否定されるものと解すべきである」。

[47] 最判昭53・9・7刑集32巻6号1672頁「大阪生玉覚醒剤事件」。

昭和53年判決は、判例実務において長らく議論があった違法収集証拠排除法則の適否について、最高裁として初めてこれを肯定する見解を示し、その論拠についても詳細に判示している点で、以後の実務を主導するものとなっている。そこでは、憲法及び刑事訴訟法に明文規定がない本ルールの適否に当たっては、一方では事案の真相解明の利益と、他方で適正手続保障及び将来における違法捜査の抑止の観点を衡量し、①令状主義の精神を没却するような重大な違法があり（**違法の重大性**）、②将来の違法捜査抑制に向けて証拠排除が相当といえる場合（**排除相当性**）に証拠能力が否定されるとの基準を明示している。

3　判例ルールの解釈・適用

昭和53年判決は、違法収集証拠排除法則を肯定し、その適用基準を明確に示したことから、以後の判例実務は、この判例ルールに従って運用されている。下級審ではこのルールに基づいて証拠排除を肯定する事案も見られたが、最高裁では、当の昭和53年判決が具体的結論として証拠排除を否定して以来、後掲の平成15年決定に至るまで、長らく実際に証拠排除を認める事案が出なかった。学理においても、昭和53年判決の判例ルールについて、その解釈・適用に向けた検討が行われてきた。

この点について、まずは、判例ルールにおける①違法の重大性と、②排除相当性の２つの基準の関係をどのように理解するかが問題である。昭和53年判決はこの関係について明示していないことから、証拠排除には双方が重畳的に満たされなければならないとする見解（重畳説）と、いずれか一方が満たされることで足りるとする見解（競合説）のいずれもが成り立ち得る。昭和53年判決の判文からは、「又は」よりも「かつ」の方がなじみやすく、文理的には重畳説の理解がスムーズである[48]。しかし、これまでに①違法の重大性を肯定しつつ、②排除相当性を否定して証拠能力を認めたという事案はなく、ほとんどの事案で違法の重大性を検討する段階で決着されてきた。また、違法の重大性が認められると、自ずと排除相当性も肯定されるといえよ

[48] 昭和53年判決も、違法の重大性を否定した上で、更に排除相当性も否定している。最判昭61・４・25刑集40巻３号215頁「奈良生駒覚醒剤使用事件」も同旨。

う。それゆえ、学理においても、この違法の重大性をどのように理解すべきかに、検討の焦点が当てられてきた[49]。

違法の重大性がどの程度のものを求めるかについて、昭和53年判決が「令状主義の精神を没却するような」と表現していることから、この解釈が問題とされてきた。単純に違法であるとか、憲法上の令状主義に違反するといった表現ではないことから、これが純粋に客観的な違法性のみを表すわけではない[50]。また、違法の重大性が排除相当性とも関連付けられるべきと前提するならば、捜査機関における具体的な行為態様や、その際の主観的状態も考慮に入れられるべきことにもなる。その回答を示したのが、最高裁平成15年判決[51]である。

本件は、被告人が窃盗罪の被疑事実で逮捕され、その当日に任意の尿検査を実施したところ覚醒剤成分が検出されたという事案である。警察官らは逮捕時に令状を携行せず、緊急執行の手続も採っていなかった点に違法が認められたことから、右尿検査に係る鑑定書の証拠能力が問題となった。公判における証拠調べにおいて、警察官らはこの違法行為を糊塗すべく逮捕状に令状を提示したとの虚偽の事実を記載し、それに基づく虚偽の報告書を作成したこと、及び証人尋問に際してもこの手続部分に関して虚偽の供述をしていることが判明した。第一審及び控訴審が証拠排除を認めたことから検察官が上告していた。最高裁は、「本件の経緯全体を通して表れたこのような警察官の態度を総合的に考慮すれば、本件逮捕手続の違法の程度は、令状主義の精神を潜脱し、没却するような重大なものであると評価されてもやむを得ないものといわざるを得ない」とした上で、「このような違法な逮捕に密接に関連する証拠を許容することは、将来における違法捜査抑制の見地からも相当でないと認められる」と述べて、最高裁として初めて、違法収集証拠排除

49　学理では、端的に手続の違法の有無により判断すべきとする見解（絶対的排除説）も見られるが、違法性の程度に応じて相対的に検討すべきとする見解（相対的排除説）の考え方が強く影響しているように思われる（井上正仁『刑事訴訟における証拠排除』（弘文堂、1985年）403頁）。近時の研究として、特集「証拠排除法則の総合的再検討」法時1196号。

50　最決平21・9・28刑集63巻7号868頁「大阪宅配便エックス線検査事件」。

51　最判平15・2・14刑集57巻2号121頁「大津覚醒剤事件」。

法則を適用して鑑定書の証拠能力を否定した。

平成15年判決を見ると、違法の重大性は排除相当性と密接に関連する要素であり、換言すると排除が相当といえるような質的、量的な違法性が求められている。昭和53年判決が示した「令状主義の精神を没却するような」との例示部分も、この限りで、捜査機関の違法捜査に向けた主観面も考慮した違法性判断を求める趣旨であると理解すべきである[52]。

なお、違法の重大性及び排除相当性は、違法収集証拠排除法則が問題となる場合の証拠能力の判断基準であるため、該当証拠の証拠能力を判断するためには、問題となる捜査に係る事実の存否を確定し、これを前提に証拠の収集手続に重大な違法があるかどうかを判断する必要がある。近時の判例[53]は、原判決において、令状請求の疎明資料として覚醒剤使用の嫌疑を根拠付ける物品の存否に関わる疑いを認めつつ、「その疑いがそれほど濃厚ではないなどと判示するのみであって、本件事実の存否を確定し、これを前提に本件各証拠の収集手続に重大な違法があるかどうかを判断したものと解することはできない」として、その判断を不適法であるとした。

第3節　派生的な問題

1　派生証拠の証拠能力

違法収集証拠排除法則は、捜査において違法な手続で収集された証拠の証拠能力を否定する理論である。刑事手続は、個々の手続の総体であり、捜査

---

52 松山地判平22・7・23判タ1388号375頁は、①任意同行後に被告人が退去意思を強く示したにも関わらず、事実上退去を不可能にするなど長時間にわたり違法に留め置いていること、②逮捕後に身体捜検に名を借りて、被告人が拒否しているにも関わらず、無令状の身体検査を行っていること、③同身体検査により注射痕が存在しないことが確認されたにも関わらず、それが捜査側に有利な事情でなかったことから強制採尿令状請求の際にこれを殊更に隠し、その発付を得たことを挙げて、違法の重大性及び排除相当性を認めて証拠排除とした。東京高判平28・8・23高刑集69巻1号16頁は、警察官らが、身柄を拘束されておらず相手が警察官であることを認識していない被告人に対し、そのDNA型検査の試料を得るために紙コップを手渡してお茶を飲むように勧め、そのまま廃棄されるものと考えた被告人から同コップを回収して唾液を採取した行為について、やはり違法の重大性と排除相当性を認めて証拠排除とした。

53 最判令3・7・30刑集75巻7号930頁「足立区覚醒剤使用事件」。

段階の各行為も同様である。それゆえ、各処分の適法性は、それぞれの要件に従って別個独立に判断されることになる。しかし、このような個別判断による限り、違法収集証拠排除法則は違法な処分から直接に収集された証拠に限定されることとなり、その射程は極めて狭いものとなる。実質的にも、先行手続の違法性がその限りでとどまり、後行手続に何ら影響しないとすると、適正手続の要請、司法の廉潔性、将来の違法捜査抑止といった趣旨が損なわれてしまう。

ここで派生証拠という場合、2つの場面を想定しなければならない。第1に、捜査段階で先行の手続に違法があり、それに基づいて実施された後行の手続において収集された証拠の証拠能力が問題となる場面である。この場合、後行行為を単独で見ると、その要件及び手続規定を満たしていることから適法であるとして証拠能力が肯定されてよいか。この点について、判例[54]は、**違法の承継**という考え方を示している。例えば、覚醒剤の使用が疑われる被疑者を任意同行した際に違法な手続があり、同行後に警察署で行われた任意の尿検査で得られた鑑定結果を記した書面の証拠能力が問題となった事例で、先後の捜査行為が同一目的に向けられ、後行手続が違法な先行手続によりもたらされた状態を直接利用して行われた場合においては、先行手続からの一連の手続における違法性の有無及び程度を考慮して判断すべきとした。このようにして先後の捜査行為について同一目的・直接利用の関係が認められるときには、手続を一連のものとして、その全体を考慮して違法の重大性、排除相当性が判断されることになる。

第2に、先行する捜査行為によって得られた証拠が違法収集証拠排除法則の適用によって証拠能力を否定されたが、当該証拠を根拠として実施された後行行為によって更に証拠が得られたという場合、その証拠の証拠能力をどのように評価すべきか。アメリカ法では**毒樹の果実の理論**[55]と呼ばれる問題である。先行の処分で得られた証拠が排除されても、後行の処分で得られた証拠の証拠能力が認められるならば、違法収集証拠排除法則の趣旨は半減さ

[54] 最判昭61・4・25刑集40巻3号215頁「奈良生駒覚醒剤使用事件」。
[55] 小早川義則『毒樹の果実論』（成文堂、2010年）。

れることにもなりかねない。この問題は、自白が強制された場合に、その供述を基にして令状の発付を受けて捜索・差押えが行われたような事例を典型にして、自白法則（319条1項、憲38条2項）の理解とも密接に関連する。日本では、判例実務においてそもそも違法収集証拠排除法則の適用が極めて限定的であったことから、実例に乏しい状況が続いていた。この点で示唆を与えたのが、前掲平成15年判決[56]である。この事案は、先行手続において得られた証拠（尿鑑定の鑑定書）の証拠能力を否定した上で、この鑑定書も疎明資料の一つとして発付された令状に基づいて捜索し、差し押さえられた覚醒剤及びその鑑定書の証拠能力も問題となった。判例は、覚醒剤の差押えは、適法に発付された令状に基づいて行われたものであり、かつ、既に被告人が逮捕される前に適法に発付されていた別事件（逮捕の被疑事実）の令状の執行と併せて実施されたものであったという事情を挙げて、証拠排除された先行の鑑定書との関連性は密接なものではないとして、その証拠能力を肯定した。この判断は、根底において、**希釈化の法理**や、**不可避的発見の法理**といった考え方に基づいたものと評価できる。

2　被告人の処分権

捜査手続に違法な行為があったとされ、それによって得られた証拠の証拠能力が問題となり得る場合において、被告人及びその弁護人は、違法収集証拠排除法則の主張をせず、当該証拠を証拠として採用することに同意した場合、裁判所はどのように対応すべきか。検察官が証拠の取調べを請求すると、裁判所は、相手方である被告人及び弁護人にその意見を求めて（規190条2項）、これを参考にして証拠の採否を決定する（規190条1項）。特に伝聞書面に関しては、相手方の同意がその証拠能力を与える効果を持つことが法定されている（326条1項）。ただし、証拠能力の判断は裁判所が職権で行うべき事項であり、基本的には、裁判所はその判断に当たり各当事者の意見に拘束を受けるものではない。そこで、違法収集証拠排除法則の適否に当たっても、本法則が保護しようとしている利益を如何に解するかが問われることに

56 最判平15・2・14刑集57巻2号121頁「大津覚醒剤事件」。

なる。

この問題について、最高裁で正面から検討された事例はない。ただ、逮捕に伴う無令状捜索の適法性が問題となった事案において、判例[57]は、捜索行為の適法性を肯定した上で、なおも、「被告人及び弁護人がこれを証拠とすることに同意し、異議なく適法な証拠調を経たものであること」を挙げて、このような場合においては捜査手続の適法性に関わらず証拠能力が認められるとしている。この点を見ると、違法収集証拠排除法則の適否が問題となる場面であっても、被告人側に一定の処分権を認めるとの理解になじみやすい。

この問題は、違法収集証拠排除法則が保護しようとする利益の理解に関わるが、第一次的には、刑事裁判の当事者である被告人において、適正手続を受ける権利を保護しようとするものである。それゆえ、その適否についても、基本的に被告人側に処分権を認めることでよい。ただし、司法の廉潔性や、特に将来の違法捜査抑止といった公的利益を考慮すると、捜査機関や検察官が証拠を偽造するなどといった極限的な事例においては、裁判所は、被告人の意思に関わらず違法収集証拠排除法則の適否を検討すべきである。

3　量刑への影響

違法収集証拠排除法則は、違法に収集された証拠の証拠能力を一定の基準に基づいて否定するものであり、それによって、罪状認定にも重要な影響を与え得る。これに対して、一旦証拠能力が肯定され、当該証拠が事実認定に使用されると、有罪方向に進みやすい。このようにして、違法収集証拠排除法則は罪状認定を左右させる効果を持つが、これにとどまらず、証拠能力が肯定され、有罪認定の結論となる場合でも、なお違法手続を考慮して量刑に影響を与える可能性があるか。

この問題は、量刑の理論的な考察において議論されるところであるが、裁判実務では一定程度において、量刑上の考慮を行っている[58]。

57　最大判昭36・6・7刑集15巻6号915頁「大阪西成ヘロイン所持事件」。

58　大阪地判平23・7・20（LEX/DB 文献番号25471944）。ドイツの裁判実務では、量刑での考慮が広く認められている（量刑的解決）。

第4章　供述証拠の証拠能力

第1節　供述証拠総説

1　供述証拠の性質

例えば、犯行を目撃した証人の証言や、被疑者・被告人による自己の犯行を認める自白などは、いずれも、人が過去に自ら体験した事実について、時間的に後の時点でその内容を報告する性質を持つ。人がこのような報告を行うためには、まず当該事実を経験する時点で①認識し（知覚）、②これを記憶した上で、後日、捜査機関の事情聴取や公判での尋問等に際して③真摯に思い出し（表現＝虚偽性）、④その情報を的確な言葉や文書で報告する（叙述＝用語の正確性）という過程をたどる。人のこのような心理状態（供述過程）を経て公判に顕出される証拠を**供述証拠**という。

人は機械とは異なり、供述過程の各段階において能力的な限界を持つ。犯行を目撃し又はその被害を受けた証人の犯罪事実を再現する供述や、被疑者・被告人自身による自白は、確かに、裁判にとって重要であり、自然的・論理的関連性は認められるが、しかし、人の供述過程における限界や証拠としての不確かさゆえに、その証拠能力には、憲法上及び刑事訴訟法上、一定の制限が課されている。法律的関連性は、このような供述証拠の性質に着目し、刑事裁判における真実解明の利益と、これに加えて、供述証拠の採否に関連する諸利益の保護とを目的とする、証拠能力上の観点である。憲法及び刑事訴訟法は、供述証拠の証拠能力を認めるための条件として、公判廷での供述を原則とし（伝聞法則）、かつ、自白については更に加重的な条件を付している（自白法則）。

2　供述証拠の該当性

供述証拠は、その証拠能力の条件として伝聞法則及び自白法則の適用を受ける。供述証拠は、基本的に人の言葉や言動によって表出される性質を持つが、人の言葉や言動が全て供述証拠となるわけではない[59]。すなわち、供述証拠は前述①～④の供述過程をたどって顕出されるものであり、その実質は、言葉や言動が表す情報内容の真実性が問題とされるべき証拠である。供述の真実性といった場合、言葉や言動の成立又は存在もそこに含まれるが、その確認は③及び④の確認で足りるので、供述証拠として取り扱う必要はない[60]。

具体的には、人の言葉や言動において、その人が過去に経験した事実を報告する性質のものが供述証拠であり、これに対して、その表現行為の時点における観念や意見を述べるものは非供述証拠である。例えば、暑い・寒いといった観念[61]、好き・嫌いといった感情[62]などは、非供述証拠である。犯行計画を記載したメモも、これと同様に考えることができる。例えば、共犯者と打合せした犯行計画を記載したメモは、そのような内容を打ち合わせたという事実を報告するものであるならば、供述証拠としての性質を持つが、被告人がそのような内容を理解していたとして用いるならば、非供述証拠であ

---

59 従来、伝聞法則の適否に際して、伝聞か非伝聞かという問題として検討されてきた問題である。伝聞法則は供述証拠に適用される証拠法則であることから、端的に供述証拠か否かという視点で検討することが適当である。

60 形式的・客観的に見れば、④の外部的表出行為が存在するかどうかだけで足りるが、③の点を含めた真摯性は人の行動の存在・不存在にも影響し得る。

61 最判昭38・10・17刑集17巻10号1795頁「白鳥事件」によると、殺人共謀共同正犯の成否に関して、被告人が会合の場で発した「Sはもう殺してもいいやつだな」とする発言は、被告人のそのような観念をもって共謀の成立を認めることができるものであり、それ自体は非供述証拠である。それゆえ、これを聞いた証人の証言は、証人自身の経験（被告人がそのような発言をしたこと）を報告するものとして、伝聞法則の適用を受けない。

62 最判昭30・12・9刑集9巻13号2699頁「米子強姦致死事件」によると、事件の被害者による「被告人は好かん。いやらしいことばかりするからだ。」という言葉は、被害者が犯行時に被告人との性行為を同意していなかったということを立証する趣旨であれば、被害者本人の観念や感情を述べたものとして非供述証拠であるが、被告人がかねてから被害者と情を通じたいとの野心を持っていたことを立証する趣旨であれば、被害者が被告人より生前に受けた嫌がらせ行為の報告として供述証拠となる。同様に、例えば、「Xが万引きしているのを見た」とするAの言葉は、Xの窃盗行為を立証するために使用される場合は供述証拠となるが、AのXに対する名誉毀損を立証するために使用される場合は、Aのそのような発言自体が問題となるため、非供述証拠である。ただし、Aが名誉毀損罪の訴追を受けたことに対して真実性の立証（刑230条の2）を行う際は、再びその言葉がもたらす情報の真実性が問題となるため、供述証拠となる。

る[63]。また、原発言者と二次発言者との関係から、証拠としての性質が決定付けられるものもある。例えば、幼児が性被害を受けた直後に混乱状態で母親に発した言動は、両者の関係において、母親が被害直後の我が子の言動を体験したものとしてこそ意味があるとすると、原発言者である幼児の言葉は非供述証拠として扱われる[64]。

写真や録音・録画記録も、その内容に人の言葉や言動が含まれているときは、供述証拠の該当性が問題となる。写真や録音・録画は、それ自体は機械的な動作として行われ、その再現情報において人の供述過程が混在するものではない。例えば、犯行状況を撮影した写真や映像情報（**現場写真**、**現場映像**）は、非供述証拠である[65]。機械の性能やこれを取り扱う人の作為又は無作為による失策などの可能性はあるが、これは自然的・論理的関連性（証拠の同一性、真正性）の問題である[66]。他方、捜査段階で実況見分等を行う際に、事件当事者に立ち会わせて位置関係等の現場・犯行状況の指示を行わせ、その様子を写真・映像撮影することがある。そのような指示は、現場の位置情報の確認という意味にとどまる限りで、その時点での指示者の観念を示すものであるから、非供述証拠である。他方、その指示が、観念を超えて、犯行状況の再現、つまり過去に経験した事実の報告という性質を持つ場合は、そのような言動をもって行う供述証拠（**供述写真**、**供述映像**）としての性質を持つことになる[67]。取調べ状況が録音・録画される場合も、取調べ状況及び供述

63　東京高判昭58・1・27判時1097号146頁「東京飯場経営者恐喝事件」。この問題は、共犯の成立に必要な「共謀」をどのように理解すべきかという実体法の要件事実と関係する。共謀を、そのような相談や打合せをした事実と理解すると、メモは過去に経験した報告という性質を持たされることになるが、犯行時の意思連絡と理解するならば（判例・通説）、被告人の観念を立証するための非供述証拠として使用される。

64　山口地萩支判昭41・10・19下刑集8巻10号1368頁。これは、従来「行為の言語的部分」として説明されてきたものである。このような状況において、幼児の言葉はその言動全体としての情報であり、公判で証拠とされるのは、原発言者の言葉を含めた言動全体を体験した二次発言者の供述である。

65　テレビで報道された内容をビデオ録画したものは、最良証拠（東京高判昭58・7・13高刑集36巻2号86頁参照）や報道の自由（和歌山地決平14・3・22判タ1122号131頁「和歌山カレー毒物混入事件（証拠決定）」）の問題をもたらせるが、供述証拠該当性に関しては特別の問題をもたらせるものではない。

66　最決昭59・12・21刑集38巻12号3071頁「新宿騒乱事件」。

67　最決平17・9・27刑集59巻7号753頁「大阪堺筋線痴漢事件」によると、被害者や被疑

の任意性が要証事実となる場合は非供述証拠であるが、被疑者・被告人の供述内容を実質証拠として使用する場合[68]は、供述証拠となる。

以上をまとめると、供述証拠であるか否かは、当該証拠によってどのような事実を立証しようとするのか（要証事実）によって決定される。人の言動が表す内容を要証事実とする場合は供述証拠であり、その言動の存在を要証事実とする場合は非供述証拠となる。要証事実は、基本的に証拠の請求者が示す立証趣旨（規189条1項）によって決定される。

第2節　伝聞法則

1　伝聞法則の意義

伝聞法則は[69]、供述証拠が公判において書面の朗読や、又聞きした第二供述者が供述するという形で顕出され、取り調べられることを原則として禁止する証拠法則である（320条1項）。換言すると、供述証拠は、要証事実について原体験した者が公判に出頭し、口頭弁論の場で直接的に供述することを要求する原則である。伝聞法則は、被告人自身を含む全ての供述証拠に適用される証拠法則であり、供述証拠に関する一般原則を定めたものである。

刑事裁判では、自然的・論理的関連性が認められる限り、供述証拠も事実認定の基礎となり得るのであるが、供述証拠は人の供述過程を経て顕出されることから、その性質上、証拠としての価値には一定の限界もある。これを証拠として採用するためには、供述過程において誤謬が混入している可能性

者による犯行状況の再現は、そのようにして再現されたとおりの犯罪事実が存在したことを要証事実として用いられる場合は、供述証拠として扱われる。なお、伝聞例外規定の適用をめぐり、録音・録画媒体には原供述者の署名・押印がなされないとする指摘がある。署名・押印は書面に記載された内容の肯定確認としての機能を持ち、録取過程の伝聞性を払拭させる目的であるから、機械的に録取する録音・録画の場合は不要である。

68　東京高判平30・4・25高刑速（平30）号158頁。

69　堀江慎司「証人審問権の本質について―アメリカにおける議論を中心に（1）～（6・完）」論叢141巻1号以下、山田道郎『証拠の森―刑事証拠法研究―』（成文堂、2004年）、松田岳士『刑事手続の基本問題』（成文堂、2010年）、大谷祐毅『公判外供述の証拠使用と証人審問権の役割』（有斐閣、2022年）。

を点検し、是正される機会が必要となる。供述証拠が人証の形で提出される場合、尋問の方式でこれを取り調べることになるが、その際、主尋問に続いて反対尋問を行うことで、この点検の機会を確保するわけである。主尋問によって引き出された供述について、基本的にそれによって不利を受ける相手側が、供述の矛盾点や不合理さを追及し、誤謬が混在する可能性を点検することで、当該供述の証拠価値を担保することができるのである。しかし、書面であれ、又聞き供述であれ、伝聞証拠を採用することは、公判における反対尋問の機会を失わせるものであることから、伝聞法則はそのような伝聞証拠の使用を原則として禁止するというのである。

伝聞証拠は、確かに、理論的には検察官側だけでなく、被告人側からも提出される可能性があり、真実性の担保という利益の限りでは双方の側に反対尋問の機会を保障すべきものとなる。しかし、これに加えて、被告人側には憲法上、反対審問権（憲37条 2 項前段）が保障されており、伝聞法則はこの利益にも配慮した証拠法則として理解されなければならない。刑事訴訟の場で罪責の追及を受ける者は、自己に有利な証拠を提出できるというだけでなく、自己に不利となる証拠についてその点検の機会を与えられ、その結果に納得できるだけの手続的権利が保障されなければならない。伝聞証拠が公判で証拠として許容されるときは、被告人の側において反対尋問の機会を失わされ、このような手続的権利が保障されないものとなる。

伝聞法則は、このようにして、供述証拠が自然的・論理的関連性が認められるものであったとしても、なお、真実性の担保と、被告人の反対審問権の保障という利益を保護すべく、法律的関連性の観点から証拠能力に制限を課す証拠法則である[70]。

---

[70] 公判における証人尋問は判断者である裁判所の面前で行われるべきものであり、真実性の判定はこの裁判所が行うことから、真実性の担保はいわば直接主義に基づく要請である。これに対して、被告人の証人審問権保護は、被告人を訴訟当事者として手続に関与すべき十分な権利保障を行うべきという、実質的な当事者主義に基づく要請である。

2 伝聞証拠の例外的許容

(1) 総　論

伝聞法則は、供述証拠について、その自然的・論理的関連性があることを前提に、なおも真実性の担保と被告人の反対審問権の保障という利益に配慮した証拠法則である。そのため、場合によっては、裁判における真実の解明を妨げることにもなり得る[71]。伝聞法則が保護しようとする諸利益のうち、真実性の担保は、反対尋問に代わる方法によっても達成できる。被告人の反対審問権も、憲法上の権利の常として、事案の性質や証拠の重要性の観点から一定の制約を受け得るものでもある。

以上の考慮から、伝聞法則は、具体的状況との関係で相対化され、法定された条件の下で種々の例外を認める証拠法則である。

(2) 当事者相互の同意、合意がある場合

(a) 反対当事者側の同意

当事者の一方が証拠請求した場合、裁判所は、相手方の意見を聴取してその採否を決定する（規190条2項）。このときに、伝聞書面又は供述が含まれている場合、相手方は、その採否について同意又は不同意の意見を述べることになる。例えば、検察官が目撃者の供述を録取した書面（供述調書＝資料④）を証拠請求し、これに被告人（又は弁護人[72]）が同意の意見を述べたときは、この供述調書は、伝聞証拠であるにも関わらず、証拠能力を付与されることになる（**同意書面**＝326条1項）。この場合、当該伝聞証拠についてその例外的許容規定（321条～323条）が適用されるかどうかは、もはや検討する必要はない。裁判所は、原供述がなされたときの情況を考慮してこれを取り調べることが相当であると判断する限りで、これを証拠として採用することができる。

この規定は、証拠調べにおいて当事者追行主義を具体化したものである。伝聞証拠は自然的・論理的関連性が存在することを前提に、法律的関連性のレベルにおいて一定の利益に配慮してその証拠能力を制限しようとするものであるが、反対当事者の側がその証拠の採用に同意する限りで、その制限を

---

[71] もとより、訴訟における真実をどのように理解するかによって、真実解明の利益との関係も相対化する（豊崎七絵『刑事訴訟における事実観』（成文堂、2006年））。

[72] 弁護人は、包括的代理権に基づいて、被告人に代理して同意する権限を持つ。

解除し、証拠能力を付与するというわけである。

もっとも、反対当事者側の同意が、このような証拠能力付与という効果を超えて、更に当該証拠の信用性を争うための反対尋問の機会を放棄することにまで及ぶかは、見解の対立がある。例えば、検察官が請求した目撃者の供述調書について弁護人が証拠として採用することに同意した場合、当該調書は朗読の方式で取り調べられることになるが（305条）、弁護人がその内容に疑問を抱いた場合、原供述者の証人尋問を要求してその信用性を弾劾することは許されるか。この点について、否定説（反対尋問権放棄説）は、伝聞証拠の採用に同意するということは、伝聞法則によって保障されるべき反対尋問の機会を放棄するものであり、もはや調書等の伝聞証拠の信用性を争うために原供述者の証人尋問を要求することはできないとする[73]。これに対して、肯定説（証拠能力付与説）は、反対当事者の同意は当該証拠に証拠能力を付与するというにとどまり、その信用性は、他の証拠と同様に、証拠調べの場面で争う機会が与えられるとする[74]。理論的には、証拠能力と証明力とは次元が異なる問題であり、証拠能力の付与が直ちに信用性を争う機会（308条）を奪うものではない。実際上も、例えば、鑑定書面の取調べに際しては、書面自体を証拠として採用した上で、鑑定者を尋問してその内容の説明を受けることが行われており（321条4項参照）、目撃者等の証人についても同様に扱えばよい。ただし、従来と異なり[75]、公判前整理手続（316条の2以下）では争点と証拠の整理が行われ、証拠開示も適切になされる限りで、相手方は、伝聞証拠の信用性を争うことを事前に述べた上で、その問題点も明確にしておく必要がある。

被告人が公判に出頭する必要がない場合（284条、285条、390条、451条3項）において、伝聞証拠の取調べが請求された場合は、その採用について同意があったものとみなされる（326条2項本文）。ただし、弁護人等が出頭している

---

73 平野219頁。
74 田口445頁。
75 従来、特に弁護実務の立場から、証拠開示が不十分な中では、不同意にして伝聞例外規定で証拠採用されてしまうよりも、同意した上で書面の取調べを先行させ、これを弾劾する必要があるとも主張されていた。

ときは、擬制は働かず、弁護人等の意見を求めなければならない（326条2項但書）。この規定は、被告人が出頭する必要がない場合に限らず、被告人が不規則行動などにより訴訟の進行を妨げるなどして退廷を命じられた場合（341条）にも適用される[76]。

(b) 双方当事者の合意

目撃者等による供述について、その内容が事前に予想されるときは、検察側と被告人側の双方が協議してその内容を書面に記載し、その書面（**合意書面**）を証拠として提出することができる。この場合、合意書面は伝聞証拠であるにも関わらず、裁判所はこれを証拠として採用することができる（327条1文）。これは、原供述が行われること自体については双方が合意していることにより、その限りで当事者の意向を尊重すべきことによる。証人尋問等の手間を節約するとともに、供述内容を確定させることで、争点の明確化にもつながる[77]。

ただし、合意書面に証拠能力を付与することは、その内容の信用性まで確定させるわけではない。当事者双方は、合意書面に記載された供述内容を前提にして、その証明力を争うことができる（327条2文）。

(3) 被告人以外の者の供述

被告人以外の者を原供述者とする書面又は伝聞供述は、相手方当事者の同意が得られない場合、原則としてその証拠能力が否定される。もっとも、このような伝聞法則は、自然的・論理的関連性が認められる限り、刑事裁判における真実解明の利益において、その制限が相対的に緩和されることになっている。刑事訴訟法は、書面を類型化し、それぞれに詳細な要件を定めた上

---

[76] 最決昭53・6・28刑集32巻4号724頁「東大事件」は、本条は「必ずしも被告人の同条1項の同意の意思が推定されることを根拠にこれを擬制しようというのではなく、被告人が出頭しないでも証拠調を行うことができる場合において被告人及び弁護人又は代理人も出頭しないときは、裁判所は、その同意の有無を確かめるに由なく、訴訟の進行が著しく阻害されるので、これを防止するため、被告人の真意の如何に関わらず、特にその同意があったものとみなす趣旨」であると説明している。

[77] 合意書面は、従前は使用されることが少なかったが、公判前整理手続の導入により争点整理の意図から活用されるようになった。特に裁判員裁判では、弁護側の戦略として、同意書面（326条1項）よりも積極的な印象を与えるものであるとの評価も見られる。

で（321条以下）、伝聞供述についてこれを準用する方式を採っている（324条2項）。

(a) 供述書、供述録取書

犯行を目撃した者やその被害を受けた者などは、既に捜査段階において取調べを受け（223条1項）、そこで重要な証言等を行うことが通例である。捜査機関は、取調べの結果について調書に録取し、これに署名・押印を求めて証拠とすることができる（223条2項、198条3～5項）。取調べの代わりに又はその過程で、原供述者自身にその供述内容について書面の作成を求めることも可能である。このようにして作成された供述録取書又は供述書は、そこに記載された原供述の情報の真実性が問題とされる場合、供述証拠であり、その書面自体は原則としてその証拠能力を否定される。それゆえ、当該証人を公判で尋問することによって、初めてその供述を証拠として使用することができるのが原則である。しかし、証人が死亡等の理由で公判に出頭できなかったり、公判の時点では犯行から相当程度の期間が経過していることでその記憶があいまいになるなどして、真実の解明がなし得ないことも想定される。そこで、刑事訴訟法は、このような事態に備えて、伝聞証拠を使用することの必要性と、反対尋問に代替し得るだけの信用性が保障されることを条件に、供述書面も例外的に証拠として取り調べることを許容している。

このような条件として、第1に、供述者本人が作成した供述書と、供述者の供述を録取した供述録取書とで、後者についてのみ原供述者の署名又は押印を要求するという形で区別がある。すなわち、供述書は原供述者本人が自己の供述過程に基づいて書面を作成したものであり、供述内容と書面に記載された内容との間に齟齬はない。その内容が真実であるかどうかは、供述過程一般の問題である。これに対して、供述録取書は、原供述者の供述を取調官等が録取して記述するということから、原供述者の供述内容と書面に記載された内容とが常に一致するとは限らない。この差異に着目して、取調べに際しては、その調書を原供述者に読み聞かせて間違いないことを確認することになっている。原供述者の署名・押印は、この確認において自身が供述した内容に齟齬がないことを確認する意味（肯定確認機能）を持たせているのである。それゆえ、供述録取書に原供述者の署名・押印がない場合、原供述と書面記載内容との齟齬の可能性を否定できないことから、証拠能力は否定される[78]。

第２に、供述書は原供述者本人が作成する書面であるが、供述録取書は原供述者とは別の者がこれを聴取し、録取する形で作成する書面である。刑事訴訟法は、供述録取書のこの性質に鑑みて、書面を作成した録取者が誰であるかによって許容要件を異にしている。例えば、目撃者を取り調べてその供述を録取するという場合、司法警察職員、検察官、又は裁判官が行うことが考えられる。それぞれ公務員として、その聴取と録取に当たっては公正中立に職務を行わなければならないが、その法的専門性や刑事手続における中立性の違い（少なくとも被告人や一般市民の感じ方において）から、伝聞証拠の例外的許容性を考慮する上で違いが設けられているのである。321条１項は、録取者ごとに裁判官（１号）、検察官（２号）、これ以外の者（３号）に分けている。規定文言上、３号が原則形式であり、逆順に２号、１号とその要件が緩和されている。

原則形式（３号）　３号は、裁判官と検察官を除く全ての者が録取者となる場合を規定しており、これが供述録取書の伝聞例外を認める規定の原則形式となる。そこには、弁護人（弁護士）等の私人や外国の司法機関も含まれる。中でも、実務上よく用いられるのが、司法警察職員が聴取して作成する供述録取書である（**員面調書**）。

３号によると、供述録取書が伝聞例外として許容される要件は、①原供述者が死亡する等の理由で公判に出頭することができないこと（供述不能）、②当該供述が犯罪事実の存否を証明するために不可欠であること（供述の重要性・不可欠性）、③供述が特に信用すべき情況の下で行われたものであること（特信性）、の３つである。伝聞法則は真実性の確保と被告人の反対審問権保障とを目的とした法律的関連性に基づく証拠法則であるが、この制限も、右３つの要件が具備される場合には相対化され、伝聞書面の証拠能力を認める

78　最判平18・11・７刑集60巻９号561頁「東住吉事件」。ただし、原供述者が瀕死の重傷を負っている場合など、署名・押印することができないことに正当な理由があり、具体的状況において書面記載内容の正確性が担保できる場合には、署名・押印を欠く場合も証拠能力が肯定され得る（福岡高判昭29・５・７高刑集７巻５号680頁）。

ことにつながるのである。

第1に、供述不能の要件は、供述者の死亡、精神・身体の故障、所在不明・国外所在の事情が法定されているが、この場合に限定されず、例示列挙であるとされている[79]。例えば、証人が記憶喪失[80]や精神的動揺[81]を理由に証言を拒否するような場合は、これも供述不能の要件を満たす[82]。逆に、法定された事情に該当するとしても、直ちに供述不能の要件が肯定されるわけではない。例えば、供述者が外国に所在しているときであっても、その者が直近に来日する予定があったり、任意に来日して公判で証言する意思を示している場合[83]や、捜査段階で事情聴取を行い供述録取書が作成された後に、国外に強制退去となることが容易に想定されたにも関わらず、検察官においてその状況をことさら利用する意思で漫然と放置していたような場合[84]には、公判時に供述者が国外に所在していたとしても、証拠として許容されることにはならない。このような場合には、手続的正義の観点から、伝聞法則の制限を解除すべき理由がないからである[85]。

第2に、特信性の要件は、供述された情況が特に信用すべきものであることを要求する要件である。後述の検面調書は相対的な信用性保障であるが、本号はそのような比較の対象がなく、それ自体として絶対的に判断されるべき要素である。この要件について、国外に所在する証人を当該国の司法手続を通じて聴取し、それを記録した書面が証拠として許容されるかが問題と

---

79 最大判昭27・4・9刑集6巻4号584頁。

80 最決昭29・7・29刑集8巻7号1217頁。

81 札幌高函館支判昭26・7・30高刑集4巻7号936頁。

82 東京高判平22・5・27高刑集63巻1号8頁は、共犯者である証人が自身の刑事裁判の継続中であることを理由に証言を拒否した事例で、供述不能の要件を満たすとした原審の判断を、重大事案でかつ証言の重要性を考慮して誤りであるとした。

83 東京高判昭62・7・29高刑集40巻2号77頁。

84 最判平7・6・20刑集49巻6号741頁「タイ人女性管理売春事件」。この理由で証拠能力を認めなかった事例として、東京地判平26・3・18判タ1401号373頁。

85 令和4年6月に法務大臣から「情報通信技術の進展等に対応するための刑事法の整備に関する諮問」（諮問122号）が発せられ、同年7月から法制審議会「刑事法（情報通信技術関係）部会」が開かれている。そこでは、令状等書類の電子化と併せて、捜査・公判手続を「映像・音声の送受信により行うこと」が審議されている。具体的には、外国所在証人をビデオ会議方式によって尋問することも検討されている。

なっている。例えば、アメリカ所在の証人について、日本からの捜査共助の要請に基づいてアメリカ側で作成された同人の宣誓供述書を、当該証言は黙秘権を告知して任意に行われたものであり、公証人の面前で偽証罪を告知した上で真実であることを言明して作成されたものであるとして、特信性が認められている[86]。ただし、判例[87]は、アメリカ所在の証人について、当時日本には法定されていなかった刑事免責を付与して得られた証言について、これを記載した嘱託証人尋問調書は、「刑訴法全体の精神に照らして、事実認定の証拠とすることが許容」されないとしている。

検察官面前調書（2号）　2号は、検察官が原供述者の取調べを行い、その内容を録取した書面（検察官面前調書＝**検面調書**）について、3号より緩和された要件を定めている。検察官は、公益の代表者であり、法曹として憲法及び刑事訴訟法にも精通した専門家としての地位に鑑みて、より緩やかな要件で証拠能力を認めようとする趣旨である。伝聞例外を許容する規定は、全体的に被告人の証人審問権を制限するものであるが、検面調書の許容規定は実務でも活用され、3号よりも緩和された要件であることから、特にその合憲性が問われている[88]。

---

[86] 最決平12・10・31刑集54巻8号735頁「角川コカイン密輸入事件」。最決平15・11・26刑集57巻10号1057頁は、韓国の司法手続において、供述は公開法廷で供述拒否権を告知して任意になされたものであるとして、証拠能力を認めている。最判平23・10・20刑集65巻7号999頁「福岡東区一家殺害事件」は、中国での警察取調べに日本の捜査官が同席し、黙秘権の規定は法定されていないが、当該取調べにおいて告知され、暴行等の身体的苦痛が加えられた痕跡もないとして、供述の証拠能力を認めている。

[87] 最大判平7・2・22刑集49巻2号1頁「ロッキード事件丸紅ルート」。本判決は、刑事免責制度は、「合目的的な制度として機能する反面、犯罪に関係のある者の利害に直接関係し、刑事手続上重要な事項に影響を及ぼす制度であるところからすれば、これを採用するかどうかは、これを必要とする事情の有無、公正な刑事手続の観点からの当否、国民の法感情からみて公正感に合致するかどうかなどの事情を慎重に考慮して決定されるべきものであり、これを採用するのであれば、その対象範囲、手続要件、効果等を明文をもって規定すべきものと解される。しかし、日本の刑訴法は、この制度に関する規定を置いていないのであるから、結局、この制度を採用していないものというべきであ」るとして、証拠としての許容性を否定した。現在は、刑事免責及び司法取引の精度が導入されており、少なくとも法定要件に該当する限りで、外国での手続を利用した証言も許容されることになる。

[88] 最大判昭27・4・9刑集6巻4号584頁は、2号前段の供述不能類型について、尋問不能の場合に例外を認めることは憲法の趣旨に反しないとしている。他方、後段の自己

検面調書は、第1に、原供述者が供述不能の場合に証拠能力が認められる（321条1項2号前段）。これは3号の場合と同様である。なお、検面調書には、3号と異なり、証拠としての不可欠性は要件とされていないが、伝聞法則の保護法益を制限するためには、証拠の重要性（証拠を採用すべき必要性）も考慮されなければならない。また、特信性要件は、やはり法文上は検面調書に適用されないが（2号但書は前後の供述を比較した相対的特信性を求めるものであるが、供述不能類型には該当しない）、証拠の重要性の観点からはその前提として、信用性の担保が求められる。

検面調書は、第2に、供述者が公判準備又は公判期日に供述したが、その供述が前の供述と相反するか又は実質的に異なったものであったときも、証拠能力を付与される（自己矛盾性）。ただし、この場合は、双方の供述を比較して、前の供述を信用すべき特別の情況の存在が求められる（相対的特信性）。例えば、目撃証人が公判では被告人と犯人は別人であると証言したが、捜査段階では被告人が犯人であると供述していたときは、供述の相反性により、捜査段階の供述が特に信用すべき情況の下でなされたと認められる限りで、検面調書の証拠能力が肯定される。なお、自己矛盾性は、このような明白な相反性がある場合だけでなく、実質的に異なったと認め得るものでもよい。例えば、双方の供述は大綱において一致しているが、捜査段階の供述を録取した検面調書の記載がより詳細なものであった場合も、実質的に異なったものとして要件を満たす[89]。

他方、相対的特信性の要件は、自己矛盾供述について公判外供述の証拠能力を肯定するためには重要な要素となる。例えば、証人が捜査段階で検察官の取調べに応じて被告人を犯人とする供述をしていたが、起訴後に被告人がこの証人と接触して買収や威迫により証言を枉げることを求めていたような

矛盾供述類型については、最判昭30・11・29刑集9巻12号2524頁が、当該書面で行われた供述に関しても証人に対する反対尋問の機会が与えられているとして、合憲であると判断している。書面への反対尋問が十分なされることが合憲性の条件であり、そのためには、主尋問に先立ち検面調書が証拠開示され、主尋問において検面調書の内容が再現されること（誘導尋問や記憶喚起のための措置により可能である）が必要である。

[89] 最決昭32・9・30刑集11巻9号2403頁。

場合に、この要件の該当性が肯定される。このような供述内容を離れた外部的事情が典型であるが、この特信性を判断するために供述内容に立ち入って判断してよいかどうかは、見解の対立がある。判例[90]は、供述内容自体から信用できる情況であったことを推知して判断できるものとしている。

後段の自己矛盾性は、公判準備又は公判期日の証言よりも「前の供述」を対象とする要件である。典型的には、捜査段階の供述であるが、それ以外に、例えば、公判供述が検察官の意図しない結果に終わり、その後で当該証人を事情聴取して調書を作成した上で、再度の尋問を申請するということが考えられる。この再度の尋問も奏功しなかったとき、検察官は、その事前に作成した調書を前の供述として証拠請求することができるか。この問題について、判例[91]は、公判段階では公判廷で証言させることが原則であり、任意で事情聴取するとしても、この公判中心主義の考え方に反しないような配慮が必要であるとした上で、前の供述として証拠請求できるとしている。この場合も特信性が要求されることから、公判で二度も同様の供述をしているにも関わらず、調書の信用性が肯定されるのはかなり限定された場合に限られるであろう[92]。

裁判官面前調書（1号）　裁判官の面前で行った供述を録取した書面（裁判官面前調書＝**裁面調書**）は、供述不能の場合と、自己矛盾供述の場合に、証拠として許容される。例えば、捜査段階で検察官又は被疑者側の証拠保全請求（179条）に応じて裁判官が証人尋問を行った場合（226条）、その内容を調書に録取し、これを証拠として申請することができる。裁判官は、特にその中立性が担保されていることから、検察官よりも更に要件が緩和されているのである。

供述不能性は3号、2号と同様であるが、自己矛盾性は2号よりも緩和さ

---

90 最判昭30・1・11刑集9巻1号14頁。学理では、証拠能力の問題は証言の信用性を離れて判断すべきとする批判も強い。

91 最決昭58・6・30刑集37巻5号592頁。

92 東京高判平5・10・21高刑集46巻3号271頁は、公判で証言した後に検察官の取調べを受けて、その調書が作成されていた証人が、改めて証人として喚問されていたところその証言の前に死亡したという場合に、この調書を前段の供述不能要件に該当するとした。

れ、端的に「前の供述と異なった供述をしたとき」で足りる。

(b) 公判供述の録取書、裁判官の検証調書

目撃証人等が公判準備期日において証言した場合や、既に公判期日で証言したが裁判官の交代などで弁論を更新する場合は、その供述を録取した書面はほぼ無条件で証拠とすることができる（321条2項）。このような尋問には、各当事者において立会い、反対尋問の機会が保障されていることによる（157条1項、3項）。それゆえ、この規定は被告事件の手続として行われた尋問に限られ、別事件の公判でなされた証言を録取した書面は、1項1号の要件による。

裁判官が捜査段階又は公判期日外に検証（128条以下）を行った結果を記載した書面（検証調書）は、裁判官自身の検証によって得た経験を記載した書面であり、やはり伝聞証拠である。しかし、この裁判官検証調書も、裁判官の中立性・客観性に鑑みて、無条件で証拠として許容される。

(c) 検証調書、鑑定書面

検察官・司法警察職員等の捜査機関が捜査段階で行った検証の結果を記載した書面（**検証調書**＝321条3項）、及び嘱託を受けた鑑定人がその経過及び結果を記載した書面（**鑑定書面**＝321条4項）は、いずれも、各処分を実施した者がその過程で経た経験を記載したものであり、伝聞証拠である。これらの書面は、処分を実施した原供述者が、公判期日に証人として尋問を受け、その書面が真正に作成されたものであることを供述したときに、証拠能力が認められる。検証及び鑑定は、いずれも強制処分として（原則的に）令状に基づいて実施されるものであり、客観的なものとしてその信用性が担保されていることによる。

この規定は、証人尋問を実施し、原供述者が書面作成の真正さを供述することを要件とする。相手方（基本的に被告人側）は、この場合、原供述者である証人に反対尋問をすることができるが、その範囲は、作成名義の真正だけでなく、内容の正確性についても及ぶ（通説）。ただし、理論的には、証拠能力の問題と証明力の問題を、区別しておかなければならない。すなわち、検証及び鑑定は、その報告内容が複雑かつ専門的なものであることが多く、その実施者を尋問して逐一口頭で説明させるよりも、書面を活用して（例えば、写真や図表などを駆使して）報告させることが適当である。それゆえ、文書成立の真正さが確認されるのであれば、書面を証拠として採用することが合理的である[93]。もっとも、この場合にも相手方には証拠の証明力を争う機会が与えられなければならない（308条）。したがって、原供述者である作成者への尋問は、証拠能力の次元では、文書成立の点について行われれば足りるが、その内容が裁判の重要な争点となる場合には、内容の真実性についても尋問を行うことが必要である。

本規定は、検証又は鑑定が強制処分として行われる点に着目した伝聞例外を許容する規定であるが、これに限られず、同様の態様で行われる処分にも準用される。具体的には、捜査機関が任意処分として行う検証の結果を記載した実況見分調書[94]や、税関職員が犯則事件の調査において作成した書面[95]も、検証と同質のものとして本条によって許容されている。また、鑑定書は、裁判所の嘱託による場合に限らず、捜査機関の嘱託に基づく鑑定の結果を記載した鑑定書にも準用される[96]。加えて、弁護人等の私人が嘱託した場合も、同様に、本条の準用が認められている[97]。裁判所の嘱託による場合は鑑定前に鑑定人に宣誓させることになっているが（166条）、捜査機関や私人の嘱託による場合はこの規定の適用がない点に、準用の基礎を欠くとの批判もある。

(d) 特信書面

戸籍謄本、公正証書謄本、その他の公務員が職務上証明することができる事実についてその公務員が作成した書面（323条１号）、商業帳簿、航海日誌、その他の業務上通常の過程で作成された書面[98]（同条２号）、その他の特

93　文書偽造罪（刑155条、159条）の偽造概念に関して、日本では形式主義が採用され、作戦名義を偽ることが偽造とされていることとパラレルに考えることができる。

94　最判昭35・９・８刑集14巻11号1437頁。

95　東京高判平26・３・13高刑集67巻１号１頁。

96　最判昭28・10・15刑集７巻10号1934頁。その他、判例上ポリグラフ検査回答書、声紋鑑定書、臭気選別検査結果書なども含まれる。

97　最判昭32・７・25刑集11巻７号2025頁。

98　最決昭61・３・３刑集40巻２号175頁によると、漁船団に所属する各漁船が事前の取り決めに従い無線通信の内容を所定の用紙に機械的に記入していた受信記録は、業務の通常過程で作成された書面に当たる。

に信用すべき情況下で作成された書面（同条3号）は、自然的関連性が認められる限り、無条件に証拠として許容される。

例えば、戸籍謄本は、戸籍原本を謄写した書面であり、謄本作成者が原本を確認して謄写したものであるから、これ自体が伝聞証拠であることに変わりはない。しかし、現在の行政実務において、このような謄本は原本を忠実に再現するものとして特別の信用を付与されるべきものであり、原供述者である謄本作成者を証人尋問してその謄写内容の真実性を供述させる必要性に乏しい。また、商業帳簿や航海日誌などの業務記録も、法令によってその作成を義務付けられ、内容の真正さも相当程度において担保されている。これらの書面は、業務内容を機械的に記録すべきものであり、通常の過程で作成されている限り、虚偽の内容が混入する虞はないといえる。

このような特信書面は、1号、2号の列挙に限られず、3号で包括的に証拠能力が付与されることとなっている。もっとも、特信性は、1号及び2号に準じるべく、事実関係が機械的に記述されたと評価できるものに限られる[99]。

(4) 被告人の供述

被告人が捜査段階の取調べで作成した供述書、又はその供述を録取した書面で被告人の署名又は押印がなされたものは、その内容が被告人自身に不利益な事実を承認するもの（又は特に信用すべき情況下でなされたもの）である場合に限り証拠として許容される（322条1項）。例えば、自白は自己の犯罪事実の全部又は重要部分を承認する供述であり、その内容を録取した調書や自ら作成する上申書などは伝聞証拠であるが、本規定によってその証拠能力が認められる。

---

99 例えば、銀行の支店次長が自身の業務資料として毎日終業後に当日の業務の要点を、本人の主観を抜いて箇条書き形式で記載していた日誌は特信性が認められるが、同人が自己の私生活上の事項も含めて、翌日又は2～3日後に銀行業務に関する事項も記載していた日誌は特信性が認められない（東京地決昭53・6・29判時893号3頁。評釈として、辻本典央・百選9版184頁）。金銭領収証は特信性が認められないが、業務上保管する特別資金の収支を日時を追って機械的に記載した書面は、本号の特信文書に当たる（東京地決昭56・1・22判時992号3頁「ロッキード事件児玉・小佐野ルート（証拠決定）」）。

本規定は、被告人自身が作成し、又はその供述を録取した書面で自ら署名・押印した書面は、被告人自身の供述を対象とするものであり、被告人が自身に対して反対尋問を行うことは自己矛盾であることから、証拠として許容するものである。また、自白を含めて被告人自身が不利益な供述をすることは、一般に信頼性が高いとの経験則にも基づいている、

ただし、被告人は、自身が作成し、又はその供述を録取した書面で自身が署名・押印したものであるとしても、捜査段階でその作成又は供述を強要されることがあり得る。それゆえ、自白に限らず、不利益な事実の承認を内容とする書面については、その作成又は供述の任意性が証拠として許容される条件となる（322条1項但書）。

被告人が公判準備又は公判期日において行った供述を録取した書面は、任意性のみを要件として、証拠能力が認められる（322条2項）。

(5) 伝聞供述

伝聞法則は、伝聞書面及び伝聞供述を対象とする証拠法則である。刑事訴訟法は、上述した伝聞書面に関する規定を詳細に定め、これを伝聞供述に準用する方式を採っている（324条）。例えば、証人が公判期日又は公判準備期日に出廷して尋問が行われる際に、被告人の供述を内容とする供述を行った場合は、被告人供述の書面に関する規定が（324条1項、322条）、被告人以外の供述を内容とする供述を行った場合は、供述録取書の原則形式に関する規定が（324条2項、321条1項3号）、それぞれ準用される。

例えば、捜査段階で被告人を取り調べた捜査官が、公判で証人尋問を受け、取調べで行われた被告人の供述を内容とする供述をした場合、本規定によって証拠能力が認められることになる。この点で、被告人の供述を録取した書面については、それが自白を含む不利益な事実を承認するものである場合に被告人の署名・押印が求められていることとの関係で、不均衡が生じ得る。すなわち、供述録取書の場合は署名・押印による肯定確認がなされているのに対して、伝聞供述の場合はこれが欠けるため、単純に規定を準用することに対する疑問が残る。この点は、伝聞書面の場合と異なり、伝聞供述を行う証人が公判に出廷して反対尋問の機会が付与されることから、肯定確認に代わる信用性調査が行われるものと理解すべきである[100]。

(6) 再伝聞の問題

以上の伝聞証拠の例外的許容規定は、基本的に伝聞過程が1回の場合を想定したものである。供述録取書は、厳密にいえば伝聞過程が2回であるが、署名・押印の肯定確認をもって実質的に録取部分の伝聞性に対処したものである。

これに対して、伝聞過程が2回以上含まれる再伝聞証拠については、その証拠能力について問題が生ずる。学理上、再伝聞を許容する明文規定がないことから、その証拠能力は否定されるべきとする見解が通説である。これに対して、判例[101]は、共同被告人に対する取調べで被告人の供述を含む供述を録取した検面調書（再伝聞証拠）の証拠能力を肯定している。

確かに、再伝聞を許容する規定がなく、これを一旦許容するとなると際限がなくなるため、実質的に伝聞法則の意義が損なわれてしまうことになる。しかし、伝聞証拠の例外的許容の趣旨に鑑みて、証拠の必要性と信用性の担保がなされる限りで、再伝聞証拠も許容され得る。

(7) 任意性の調査

伝聞証拠の例外的許容規定によって証拠能力が付与される場合でも、なお、裁判所は、原供述者の供述が任意になされたものであることを調査しなければならない（325条）。本規定は、自白の任意性の問題（319条1項、憲38条2項）とは異なり、証拠の証明力（証拠価値）の関係で求められるものである[102]。それゆえ、調査が「あらかじめ」行われるべきとの要件も、必ずしも証拠調べに先駆けてという意味ではなく、証拠を取り調べた後に、その証明力の評価の過程で調査されることでも足りる[103]。

---

100 ただし、取調べ時における署名・押印の機能として、肯定確認に加えて、被告人自身が当該調書に証拠能力を付与すべき行為として積極的に捉えた場合、これに代わって捜査官が伝聞証人として被告人の捜査段階の供述を証拠として提供できるとする点に、疑問が残される。

101 最判昭32・1・22刑集11巻1号103頁「福原村放火未遂事件」。

102 大コンメ（2版）7巻〔大野市太郎〕717頁。

103 最決昭54・10・16刑集33巻6号633頁。

3　弾劾供述

伝聞証拠は、反対当事者の同意を得るか、又は例外許容規定に該当する場合に限りその証拠能力が認められる。この場合、当該証拠は、実質証拠として主要事実を認定するための基礎資料とすることができる。これに加えて、このような実質証拠としての要件を満たさない場合でも、更に公判又は公判準備期日における被告人や証人等の供述の証明力を争うための補助証拠として用いることができる（328条）。例えば、証人Aが公判期日に証人尋問を受け、「被告人が犯人である」と供述したが、捜査段階の取調べで「被告人は犯人ではない」と供述し、これを録取した調書は、Aの公判供述の信用性を貶めるための証拠として取り調べることができる。この場合、Aの公判供述は、A自身がこれと矛盾する供述を先に行っていたという事実をもって、少なくともいずれか一方で虚偽の供述をしているということから信用性が低いものとして弾劾されることになる。この弾劾供述は、あくまで公判期日等での供述の信用性を争うための証拠であり、それを超えて実質証拠として評価することは許されない[104]。

弾劾供述は、このようにして、同一人物の自己矛盾供述が対象とされるものである。では、これを超えて、公判供述とは別の人物がそれと矛盾する供述を行ったということをもって、公判供述を弾劾するものとして許容され得るか。この問題について、学理では、自己矛盾供述に限定されないとする見解（非限定説）もある。特に、検察側証人の公判供述に対して、被告人側が別人のこれと相反する供述をもってその信用性を争うという方向性に限って許容されるとする見解（片面的限定説）が有力である[105]。検察側の立証は合理的疑いを超える程度に及ばなければならず、公判証人とは別人の相反供述であっても公判供述の信用性を動揺させ得るものであれば足りるのであり、本条をそのような趣旨として理解することにも合理性がある[106]。しかし、判例[107]は、自己矛盾供述に限定されるとしている（限定説）。すなわち、本条の

---

104 最決昭28・2・17刑集7巻2号237頁。

105 田宮395頁。

106 辻本典央「刑訴法328条により許容される証拠」近法55巻4号197頁。

107 最判平18・11・7刑集60巻9号561頁「東住吉事件」。

趣旨は、「同一人が同一事項に関し前後矛盾の供述をしているということを明らかにすることによって、公判準備又は公判期日におけるその者の供述が真実であるとの心証形成を一応妨げ得れば足るもの」と理解すべきであり、そのためには、自己矛盾供述に限定されるというわけである。限定説は、自己矛盾供述の存在自体をもって公判供述の信用性を弾劾するものという意味で、いずれの供述が真実であるかを問うものではない。理論的には、非伝聞として使用するものである[108]。別人供述をもって公判供述を弾劾する場面では、別人供述の信用性が前提となるが、それは許容されない伝聞証拠の実質証拠としての許容につながるとの危惧が根底にある。

本条は、限定説によると、自己矛盾供述の存在自体によって公判供述の証明力を減殺するものであるが、減殺に限らず、一旦減殺された証明力を回復し、更には増強するという場合にも許容されるか。裁判例[109]には、減殺にとどまらず回復の機能まで認めたものもある。しかし、弾劾証拠にこのような機能を認めることは、自己矛盾供述の存在自体をもって非伝聞的な取扱いをするという限定説の趣旨には適合しない。同一人物が異なる時点、異なる状況で一致した供述をしていたということは、それぞれ自体で相互の供述の信用性を高め合うものではなく、各供述の証明力はそれぞれの状況をもって判定されるべきものである。

第3節　自白法則

1　総　説

(1) 自白の証拠能力

自白は、被疑者・被告人が自身に追及される犯罪事実の全部又は重要部分を認める供述である[110]。過去の体験事実を事後的に報告するものであるか

---

108 したがって、自己矛盾供述が書面として提供される場合には、供述者本人が作成した書面であるか、又はこれを録取した書面の場合はその内容を肯定する意味での署名・押印が要求される（最判平18・11・7刑集60巻9号561頁「東住吉事件」）。

109 東京高判昭54・2・7判時940号138頁「スナック経営者強姦致傷事件」。

110 **不利益な事実の承認**（322条）や、**有罪であることの自認・陳述**（319条3項、291条の2）という概念もある。例えば、殺人罪で起訴された場合、起訴事実は認めるが正当

ら、供述証拠に位置付けられる。自白が公訴事実を対象とする限りで、自然的関連性があり、公判供述に限らず捜査段階の自白が調書で提出される場合も、伝聞法則の規定を満たせば供述証拠として許容され得る（322条）。もっとも、憲法及び刑事訴訟法は、自白に対して、他の供述証拠に加重する形で証拠能力を限定している。すなわち、自白が拷問・脅迫等によって強要された不任意のものであると認められるときは、その証拠能力が否定されることになる（319条1項、憲38条2項）。自白に関するこの証拠法則を、**自白法則**という[111]。歴史的に、自白の証明力に偏重して拷問等の人権侵害が行われ、かつ、結果として誤判の温床にもなってきたことから、憲法上及び刑事訴訟法上、その証拠能力に対して加重的な要件が定められているのである。

自白法則は、公判廷での供述にも適用される証拠法則であるが、現在の刑事裁判の場で拷問等の暴行や脅迫によって自白が強要されることは考え難い。日本の刑事手続は、捜査段階における取調べで自白がなされると、それが調書に記載され、そこに署名・押印が得られることで、供述・伝聞過程に関してはほぼ無条件に証拠として許容されるという構造になっている（322条1項）。それゆえ、捜査段階の取調べが自白追及に傾きがちであり、そこで違法・不当な状況から被疑者の自白が強要される具体的危険性が認められる（第5講第1章第1節）。自白法則は、証拠法則であるとともに、捜査段階の取調べを規制する機能も有しているのである。

(2) 自白法則の趣旨

自白の証拠能力を制限する自白法則は、その適用に当たり、被疑者・被告人の主観面を重視すべきか（主観説）、又は違法な取調べ状況に重点を置いて

防衛であるとの主張は、自白であるが、有罪であることの自認ではない。また、起訴事実は否認するが、犯行時刻に犯行現場の近くに居たことは認めるという供述は、自白ではないが、不利益な事実の承認には当たる。

111 自白法則の研究として、稲田隆司『イギリスの自白排除法則』（成文堂、2011年）、関口和徳『自白排除法則の研究』（日本評論社、2021年）、川島享祐『自白法則の理論的構造』（有斐閣、2022年）、村瀬健太「現行刑事訴訟法における被疑者・被告人の公判外供述に関する規定の制定過程―刑事訴訟法319条1項、322条1項、325条について―」明治大学法学研究論集56号61頁。堀田周吾『被疑者取調べと自白』（弘文堂、2020年）110頁は、新虚偽排除説として、虚偽自白を誘発する危険を伴う手段が用いられたことを、自白排除の根拠とする。

考察すべきか（客観説）で、議論がなされてきた。具体的には、被疑者供述の任意性は定かではないが、取調べ手続に重大な違法性が認められるという場合、前者の見解からは証拠能力が肯定され得るが、後者の見解からは否定され得るというように、実際の帰結にも影響を与える。

主観説は、被疑者・被告人の供述に向けた任意性を判断基準とすることから、一般に**任意性説**と呼ばれる。拷問・脅迫や、不当に長期の身体拘束下での取調べは、被疑者の供述の任意性を害する要素であり、これを受けて、刑事訴訟法は包括的に不任意の疑いがある自白の証拠能力を否定しているというのである。任意性説は、不任意自白は類型的に虚偽が述べられる虞がある点（虚偽排除説）、及び拷問・脅迫や不当長期の身体拘束が黙秘権を侵害するという点（人権擁護説）に着目するものであり、取調べ状況が被疑者の供述意思にどの程度影響を与えるものかが判断基準となる。

客観説は、これに対して、被疑者の主観的要素を捨象し、端的に取調べ状況の違法性に着目することから、一般に**違法排除説**と呼ばれる。拷問・脅迫や、不当長期の身体拘束下での取調べは、違法取調べの例示列挙であり、これに限られず、違法な捜査活動によって得られた証拠の証拠能力を否定しようとする見解である[112]。判例上、非供述証拠については、違法収集証拠排除法則が確立しているが、これの自白版ともいえよう。違法排除説からは、被疑者の供述の任意性は証拠能力の判断において捨象され、捜査機関の取調べ手続における行為態様という客観的な要素から判定することになる。

両説の比較において、客観説は、立証困難な被疑者・被告人の主観的要素に触れることなく、捜査機関の行為態様という客観的要素によって判定されることから、弁護実務において支持が根強い。他方、法文上は、不任意自白の証拠排除であることが明示されているため、法解釈としては、主観説の方が無理がない。

この問題について、正面から検討した最高裁判例はないが、東京高裁の裁判例[113]が現在の実務の考え方を明らかにしたものと理解されている（第5講

112 例えば、別件逮捕・勾留として身体拘束が違法とされる場合や、接見交通権が違法に侵害された状況などが想定される。また、毒樹の果実論の適用も、理論的に考えられる。

第1章第3節）。この事件は、殺人罪の被疑者である女性を警察署に任意同行して取調べを行ったが、その間、警察の関係施設を含む9泊の宿泊を伴って継続されたという事情について、これが任意捜査の限界を超える違法なものとされたものである。この取調べの過程で被疑者が自白したことから、その証拠能力が問題となった。東京高裁は、自白の証拠能力の判断に際して、自白法則を任意性判断の問題であるとしつつ、「供述証拠についても、証拠物の場合と同様、違法収集証拠排除法則を採用できない理由はない」とした。この見解は、自白法則自体を主観説として理解した上で、これに重畳して客観説の考え方を適用したものである。このような二元的な理解からは、裁判においても、被疑者の主観面と捜査態様の客観面のいずれの判断を先行させることも可能であり、判断基準も具体的事案に応じて明確に設定できるものと理解される[114]。

(3) 取調べ状況の可視化

自白法則の適否は、個別の取調べ状況によって判断される。従来、取調べが密室で行われてきたことが、自白法則の議論にも影響を与えてきた。

2016年法改正（平28法54）により、身体拘束下において、一定の犯罪については取調べ状況の録音・録画が義務付けられることになった（301条の2＝第5講第1章第4節）。これによって、自白の任意性が公判で争点となった場合には、この客観的な資料に基づいて相応に判断されることになる。

2　自白の証拠能力が問題となる具体例

自白は、①強制・拷問・脅迫による場合、②不当に長く抑留・拘禁（身体拘束）された場合、③その他の方法で強制された疑いがある場合に、その証拠能力が否定される。例えば、警察の取調べにおいて被疑者に対して暴行による肉体的苦痛を与えた場合（①類型[115]）や、旧法下で犯行を否認する被疑

113 東京高判平14・9・4判時1808号144頁「松戸市殺人事件（ロザール事件）」。

114 福岡高判平19・3・19高刑速（平19）号448頁「佐賀女性連続殺人事件（北方事件）控訴審判決」は、違法収集証拠排除法則の枠組みに従って、違法の重大性と証拠排除の相当性を理由に自白の証拠能力を否定している。

115 最判昭32・7・19刑集11巻7号1882頁「八丈島事件」。

者を109日間勾留した場合（②類型[116]）で、自白の証拠能力が否定されている。③類型は不任意自白を包括的に対象とするが、自白法則の趣旨とも関連して、多様な類型で検討されてきた。

(1) 手錠を施したままの取調べによる自白

取調べに際して、黙秘権の告知がなされなければならないが（198条2項）、これは権利の存在を告知するとともに、供述の任意性を確保するための手続である。例えば、勾留中の被疑者を取り調べる際に、留置場から移送するために手錠等の戒具が使用されるが（刑事収容施設78条1項前段）、取調室内でも手錠が施されたまま取調べが行われた場合には、被疑者の心身に圧迫が加えられることから、供述の任意性が否定されるものと推定される[117]。

ただし、この推定は、具体的事案において、取調べが終始穏やかな雰囲気のうちに行われていたなどの事情をもって覆され得る。そのような反証に際しては、手錠が施されていたのが両手であるか又は片手だけであったかは、心理的圧迫の程度に照らして重要な要素であるとされている[118]。

(2) 約束による自白

取調べに際して、被疑者に一定の利益供与を約して自白を提供させた場合、その任意性に疑いが生ずる。例えば、検察官が被疑者に対して、自白をすれば起訴猶予にするとの条件を示し、被疑者がこれを信じて自白した場合は、任意性に疑いがあるものとして、証拠能力が否定される[119]。

客観説からは、この類型において、捜査機関の利益供与の約束が適法であるかどうかが問題となる。例えば、自白すれば覚醒剤等の違法薬物を供与するといった場合は違法であるが、たばこや飲食物の供与、家族との面会などは、個別の状況による。他方、主観説からは、供与を約束された利益が供述の任意性にどれほどの影響を与えるかが問題となる。権限ある検察官が起訴猶予を約束することは、それによって事実上不処罰が確定することから、任

---

116 最大判昭23・7・19刑集2巻8号944頁。
117 最判昭38・9・13刑集17巻8号1703頁「山梨衆議院議員選挙事件」。
118 最決昭52・8・9刑集31巻5号821頁「狭山事件」、大阪高判昭50・9・11判時803号24頁。
119 最判昭41・7・1刑集20巻6号537頁「児島税務署収賄事件」。

意性への影響は大きい。

(3) 偽計による自白

取調べに際して、捜査機関が被疑者に対して虚偽の事実を述べて、自白に誘引する類型である。例えば、共犯事件で共犯者が黙秘しているにも関わらず全て自供したと告げたり（切り違え尋問）[120]、物的証拠が発見されたとする虚偽の事実[121]を述べて被疑者に自白させた場合、被疑者に対する心理的強制から自白が誘発されたものとして、証拠能力が否定されている。

この類型においても、客観説からは、虚偽の内容等に照らした違法の重大性が、主観説からは、当該事実が被疑者をして自白を誘発させる程度が、それぞれ問題となる。

(4) 諸権利の不告知

被疑者は、弁護人選任権及び黙秘権を保障されるが、これらの諸権利は逮捕及び取調べに際して告知されなければならない（198条2項、203条1項等）。この告知が懈怠された場合、当該手続に違法性がある。

もっとも、黙秘権及び弁護人選任権の告知がなされなかったことで、直ちに、その間に得られた自白の証拠能力が否定されるわけではない[122]。黙秘権の告知が取調べ期間中一度もなされなかった場合[123]や、弁護人選任の申出に対して弁護士等への連絡が懈怠された場合[124]には、取調べ過程において被疑者に対する不当な心理的圧迫が存在したものとし、任意性が否定されている。

(5) 違法取調べ

身体拘束が45日間継続され、その間に連日夜間に及ぶ相当長時間の取調べが行われた場合[125]や、現行犯逮捕の要件を満たさず身体拘束が違法と評価される場合[126]に、当該取調べが虚偽自白を誘発し、又は憲法及び刑事訴訟法の

120 最大判昭45・11・25刑集24巻12号1670頁「旧軍用拳銃不法所持事件」。
121 東京地判昭62・12・16判時1275号35頁「お茶の水女子大寮侵入事件」。
122 最判昭25・11・21刑集4巻11号2359頁（黙秘権不告知の事案）、最判昭28・7・10刑集7巻7号1474頁（弁護人選任権不告知の事案）では、手続違反とは関係なく、取調べ状況における自白の任意性が判断されるべきとされている。
123 浦和地判平3・3・25判タ760号261頁。
124 大阪高判昭35・5・26下刑集2巻5＝6号676頁「大阪西成盗品有償処分あっせん事件」。
125 東京高判昭60・12・13刑月17巻12号1208頁「日石・土田邸事件」。

精神を没却する重大な違法があるとして、自白の証拠能力が否定されている。

被疑者が勾留中に接見禁止処分が付された場合、家族等との面会は禁止され得るが、糧食の授受を禁止することはできない（207条1項・81条）。これに違反した状況で取調べが行われた場合、その間になされた自白の証拠能力は不任意のものとして推定される[127]。

3　不任意自白の波及効果

(1) 反復自白

自白は、物的証拠と異なり、別々の取調べ状況において複数回にわたり行われる性質を持つ。例えば、警察の取調べでなされた自白の証拠能力が否定される場合、その後に検察官又は裁判官の面前で同内容の自白がなされたとき（反復自白）、その証拠能力を如何に解するべきか。

学理では、第一自白が警察官の面前で行われ、これが証拠排除されるべき場合、第二自白が警察官の場合はなおのこと、検察官の面前でなされた場合も、特段の事情がない限り、第二自白の証拠能力も否定されるべきとの見解が通説である。警察官と検察官は、捜査段階では同様に捜査機関であり、その内部での反復にすぎない場合は、第一自白の第二自白に対する影響力が払しょくされないというわけである。これに対して、第二自白が、勾留質問の場面等で裁判官の面前でなされた場合は、議論がある。この問題について、判例[128]は、勾留中の被疑者について、これが違法な別件逮捕・勾留でありその取調べ中に行われた自白の証拠能力が否定され得る場合であっても、勾留質問は捜査官とは別個独立の裁判官の面前で行われる手続であり、そこで行われた供述の証拠能力は否定されないとしている。勾留質問は、弁護人の立会いが保障されておらず、時間的にも捜査機関の取調べと近接した手続であるため、取調べとの遮断性が如何に確保されるかが問題とされるべきである。

---

126 福岡高那覇支判昭49・5・13刑月6巻5号533頁「コザ市ヘロイン所持事件」。

127 最判昭32・5・31刑集11巻5号1579頁。

128 最判昭58・7・12刑集37巻6号791頁「神戸ホステス宅放火事件」。同様に、捜査とは異なる目的で行われた消防官による質問調査でなされた自白も、証拠能力は否定されない。

(2) 不任意自白に基づいて発見された証拠物

自白が不任意のものとして証拠排除される場合、その供述を基にして発付された令状に基づいて証拠物が発見されたとき（派生証拠）、その証拠能力は如何に評価されるべきか。毒樹の果実理論の典型例の一つである。

裁判例では、派生証拠の証拠能力は、公共の利益と被告人の人権との比較衡量によって決せられるべき問題であり、当該証拠が重大犯罪の解明に必要であり違法性の程度も弱い場合には、自白が証拠排除されることの波及的効果は及ばないとされている[129]。ここでは、物的証拠について、違法捜査との関連性の程度が問われた事案[130]が参考になる（第12講第3章第3節）。

第5章　事実認定

第1節　総　説

裁判は、原告である検察官が事実を主張し、それが真実であることの証明を行い、他方、被告人側がこれに応じて適宜反証を行った上で、裁判所（裁判官）がその当否を判断して事実を確定させる。この作業を**事実認定**という。刑事裁判では、様々な事実が主張・立証されるが、主として訴因に明示された罪となるべき事実をめぐって攻防が行われ、裁判所によるその判断は判決によって示される。

本章では、判決で示されるべき裁判所の事実認定に関して、心証形成の内在的な規制を明らかにしつつ、外在的な規制にも目を向ける。事実認定のこのような規制も、広義では証拠法則に含まれるものである。

---

129 大阪高判昭52・6・28判時881号157頁「杉本町派出所爆破事件」。
130 最判平15・2・14刑集57巻2号121頁「大津覚醒剤事件」。

第2節　心証形成の内在的規制

1　自由心証主義

刑事裁判における主要事実の認定は厳格な証明の方式によらなければならないが、証拠能力がある証拠を取り調べた結果として、当該「証拠の証明力は、裁判官の自由な判断に委ねる」ものとされている（318条）。現行刑事訴訟法のこの証明法則を、**自由心証主義**[131]という。自由心証主義は、歴史的には、かつての法定証拠主義が拷問と結び付いて運用されてきたこと[132]への反省に立ち、近代刑事裁判の原則として採用され、今に継承されているものである。

もっとも、拷問の否定という歴史的使命を終えた今日において、自由心証主義は、裁判官の恣意的判断を阻止し、被告人を始めとする訴訟当事者に納得を得させるという意味で、合理的な判断を求める証明法則としての運用が求められている。

2　証明の意義

刑事裁判は、過去の事実の存否をめぐって主張・立証の攻防が行われ、裁判所が当該事実の存否を判断する。原告である検察官が「犯罪の証明」に成功したときに有罪となり（333条1項）、これが成功しなかったときは無罪となる（336条）[133]。そこでの証明とは、数学のような論理的証明を行い得るものではなく、証拠に基づく高度な蓋然性という意味での**歴史的証明**として理解される[134]。このようにして、真実であることの高度の蓋然性は、確かに、

---

131 長島敦『刑事司法をめぐる学理と実務―日本とアメリカ―』（成文堂、1990年）。

132 法定証拠主義は、例えば、有罪認定のためには被告人の自白が必要であるとする証明法則の下では、自白がなければ有罪にできないことから、そのためには拷問を必須のものとして運用されてきた。

133 豊崎七絵『刑事訴訟における事実観』（日本評論社、2006年）は、絶対的真実を前提とする二項対立的事実観を否定し、規範的・構成的事実観を主張する。

134 最判昭23・8・5刑集2巻9号1123頁。刑事裁判では、証明のほかに、**疎明**（一応確からしいとの心証を与えること）という概念もある。これは、例えば、捜査段階で逮捕状を請求する場合に、嫌疑の相当性の存在を諸資料をもって示す場面で要求される概念である。

反対事実が存在することの可能性を否定するものではないが、しかし、刑事裁判の事実認定には「疑わしきは被告人の利益に」という原則（鉄則）が妥当するのであり[135]、そのような反対事実の可能性が合理的に推定されるものであれば、証明は不成功とされなければならない[136]。したがって、有罪認定がなされるためには、検察官が主張した公訴事実が真実であることについて、合理的な疑いが残らない程度の証明が果たされなければならないのである[137]。

合理的疑いを超える程度の証明のルールは、直接証拠による場合だけでなく、状況証拠による間接事実の組合せによって立証される場合にも適用される[138]。この場合、事実認定は状況証拠によって証明される複数の間接事実が相互に連関して合理的疑いを超える程度にまでその証明が及ぶ必要があるが、そのためには、「情況証拠によって認められる間接事実中に、被告人が犯人でないとしたならば合理的に説明することができない（あるいは、少なくとも説明が極めて困難である）事実関係が含まれていることを要する」[139]。

3　合理的な事実認定が行われるための諸制度

刑事裁判は、このような形で主要事実が真実であることの高度の蓋然性を

---

135 **疑わしきは被告人の利益に**（in dubio pro reo）という証明法則は、かつて、仮放免や嫌疑刑といった形で犯罪の嫌疑が残る以上は徹底して処罰を追求するという方法が採られてきたことに対する反省に立った、歴史的なルールである。

136 最判昭48・12・13裁判集刑190号781頁「長坂町放火事件」。

137 **合理的疑いを超える証明**（proof beyond a reasonable doubt）は英米法の概念であり、ドイツ法には類似のものとして**確実性に境を接する蓋然性**（an Sicherheit grenzender Wahrscheinlichkeit）という概念がある。民事訴訟では「証拠の優越」で足りるとされるが、実際は「高度の蓋然性」が要求されているようである。K. ペータース［能勢弘之、吉田敏雄編訳］『誤判の研究―西ドイツ再審事例の分析』（北海道大学図書刊行会、1981年）、中川孝博『合理的疑いを超えた証明―刑事裁判における証明基準の機能』（現代人文社、2003年）、同『刑事裁判・少年審判における事実認定―証拠評価をめぐるコミュニケーションの適正化』（現代人文社、2008年）、村井敏邦編『刑事司法と心理学―法と心理学の新たな地平線を求めて』（日本評論社、2005年）。小早川義則『裁判員裁判と死刑判決』（成文堂、2011年）は、死刑の該当性の判断についても、合理的疑いを超える証明の観点から検討すべきと主張する。

138 最決平19・10・16刑集61巻7号677頁「TATP殺人未遂事件」。

139 最判平22・4・27刑集64巻3号233頁「大阪平野区母子殺害放火事件」。

求めるものであるが、自由心証主義の下では、そのような程度に至ったかどうかは、裁判官の自由な判断に委ねられる。もとより、この判断は恣意的なものとなってはならないのは当然であり、事柄に即した経験則・論理則に適ったものでなければならない[140]。刑事訴訟法は、そのための諸制度をおいて、合理的な事実認定が行われることを担保している。

第1に、裁判官が恣意的に判断し又はその虞があるときは、裁判官の除斥、忌避、回避によって当該裁判官を裁判から除外することになっている（20条、21条、規13条）。また、裁判は公開法廷で行われ（憲82条）、重大犯罪に関しては合議制及び裁判員制を採用し、独善的なものとならないよう配慮されている。三審制による上訴制度は、当事者からの不服とそれに基づく事後的是正を可能にさせる。判決への理由記載（44条1項、335条）は、このような不服と事後的是正の機会を確保させ、ひいては、裁判所の判断自体が恣意的に行われないよう抑制する機能を持つ。

第2に、心証形成の過程では、科学的な証拠を活用し、合理的かつ客観的なエビデンスに基づいた判断が下されなければならない。鑑定制度は、裁判所の知識を補足し、非科学的、非合理的な判断を是正する機能を持つ[141]。その際には、検察官及び被告人側との共同により、適宜再鑑定や対質の方法を用いて真実の追求に努められるべきである[142]。

4　罪となるべき事実の記載

裁判所による事実認定は、外部的には、判決文の理由中において示される。刑事裁判では、特に有罪判決を下す場合に、「罪となるべき事実」と「証拠の標目」を摘示しなければならない（335条1項）。これによって、罪となるべき事実が、如何なる証拠をどのように評価した結果であるかが客観化されることになっている。罪となるべき事実は、検察官が訴因において示す

140 最判平24・2・13刑集66巻4号482頁「チョコレート缶事件」、最決平26・3・10刑集68巻3号87頁、最判平29・3・10裁判集刑321号1頁、木谷明『事実認定の適正化―続刑事裁判の心』（法律文化社、2005年）、同『刑事事実認定の理想と現実』（法律文化社、2009年）。

141 最決平20・4・25刑集62巻5号1559頁「塗装店経営者殺害事件」。

142 白取祐司編著『刑事裁判における心理学・心理鑑定の可能性』（日本評論社、2013年）。

段階では、審判対象の摘示という機能を持つが、判決文の理由中の記載においては、審判対象内での判断であるとともに、合理的疑いを超える証明が果たされたことの回答という意味も持つ。

罪となるべき事実は、特定の犯罪構成要件に該当する具体的事実であり[143]、基本的に訴因で示されるものと同じ概念である。それゆえ、訴因と同様に、その明示性、特定性が求められる[144]。ただし、証拠調べの結果として、全ての事案で必ずしも厳密に事実が特定して証明されるわけではないことから、事実を概括的に又は択一的に認定することの可否が問題となる。

(1) 概括的認定

犯罪の日時・場所・方法等は、それ自体が罪となるべき事実ではなく、その特定のために記載が求められる事項である。それゆえ、訴因の場面と同様に、「犯行の同一性を特定するに足る程度を以て足り、必ずしも数学的の正確を要するものではな」い[145]。例えば、犯行の日時として「3月1日12時頃」、場所として「大阪市内」といった記載も、審判対象とされた事件として特定され、これと同一性が認められる限りで、概括的な認定で足りる。窃盗の被害金額としても、「約10万円」といった記載でよい。しかし、被害金額不詳でただ「現金相当額」などとする記載は、合理的疑いを超える証明が果たされたかどうかという点で疑わしい。同様に、殺害方法の記載として、「絞殺等の方法」は許されるとしても、「何らかの方法」という記載では、被告人の犯行として証明が果たされたかどうかに疑いが残る。

共謀共同正犯における「共謀」の記載は、概括的認定の問題として議論がある。実務上、共同正犯の罪となるべき事実は、ただ「共謀の上」とのみ記載されるのが通例である。共同正犯における共謀は、事前共謀と現場共謀の類型があるが、特に前者においては、共犯者間で謀議が行われた日時・場所・会議の参加者等の事項は、それ自体が罪となるべき事実ではなく、これらの事実が詳らかにできないときは、訴因及び判決文に必ずしも具体的に記載する必要はないとされている[146]。これに対して、学理では、特に共謀共同

143 最大判昭24・2・9刑集3巻2号141頁。
144 最判昭24・2・10刑集3巻2号155頁。
145 最判昭23・12・16刑集2巻13号1816頁。

正犯に際しては、実行行為に関与しない者の罪責は謀議に参加したことそれ自体であるとの理解から、判例実務に対する批判も強い[147]。この問題は、実体刑法の解釈に影響を受けている。すなわち、判例によると、共同正犯者間の共謀とは実行行為時の意思連絡であり、これは共謀共同正犯の場合も同様である[148]。謀議はこのような意思連絡を推測させる事実であるとするならば、事前謀議の詳細は罪となるべき事実ではない。それゆえ、謀議の日時・場所等を罪となるべき事実として記載する必要はないのである。ただし、共謀共同正犯に際して、共謀にのみ関与した者の罪責は、単に謀議の上と記載するのみでは、具体的事案においてその犯行関与について合理的疑いが残ることが多い。

(2) 択一的認定

択一的認定（選択的認定ともいう）とは、罪となるべき事実として2個又は複数の事実を選択的に認定する方法である[149]。例えば、殺人の実行方法につき「素手又は棒状のもので殴打した」、覚醒剤自己使用の方法につき「覚醒剤を注射し又は吸引する方法で使用した」といった方法で事実認定するわけである。概括的認定は、事実を概略的に又は抽象化して認定するものであるのに対して、択一的認定は、ある程度まで特定した上で、なおいずれかを確定できないという認定手法であり、後者の方がより特定したものといえる。この場合も、概括的認定の場合と同様に、そのような事実認定によっても被告人の罪であることについて合理的疑いを残さない程度に証明されたといえるのであれば、有罪判決を下すことができる。

択一的認定は、認定されるべき事実がいずれによっても同一の構成要件内にとどまる限りで、特別の問題を生じさせるものではない。例えば、殺人共同正犯の実行行為者について「共犯者又は被告人あるいはその両名」とする認定[150]は、そのいずれにしても被告人の罪責に対する構成要件の適用が変わ

---

146 最大判昭33・5・28刑集12巻8号1718頁「練馬事件」。
147 三井（2）164頁。
148 最決平19・11・14刑集61巻8号757頁。
149 大澤裕「刑事訴訟における「択一的認定」（1）～（4・完)」法協109巻6号以下。
150 最決平13・4・11刑集55巻3号127頁「青森保険金目的放火・口封じ殺人事件」。

るわけではないので、被告人と記載された共犯者との犯行であることが合理的疑いを残さない程度に証明されたといえる限りで許される[151]。

これに対して、択一的に認定されるべき事実が、そのいずれかによって適用される法令が異なる場合、つまり別個の構成要件にまたがって複数の事実が択一的関係にある場合（**狭義の択一的認定**）は、その適否をめぐって議論がある。例えば、窃盗罪（刑235条）と盗品関与罪（刑256条）のように、被告人が盗品を所持していたが、それを自身が窃取したのか又は窃盗犯人から譲り受けたのかが判明しない場合を考えると、盗品を譲り受けた可能性があるということは窃取の事実について合理的疑いが残されているのであり、他方で、窃取の可能性があるということは盗品を譲り受けた事実についてやはり合理的疑いが残されていることになり、両罪のいずれについても有罪認定できないことになる[152]。また、端的に被告人が窃取し又は譲り受けたという事実を択一的に認定することは、「窃盗罪又は盗品譲受け罪」という法定されていない犯罪類型を認めることになり、罪刑法定主義に違反することになる。

最高裁でこの問題が取り上げられた例はないが、下級審裁判例では対応が分かれている。例えば、大阪地裁[153]は、父親が実子を遺棄したが犯行当時の被害者の生死が判明しなかったという事案で、本位的訴因の死体遺棄罪と予備的訴因の保護責任者遺棄罪のいずれについても「現行刑事訴訟法上の挙証責任の法則に忠実である限り」無罪とせざるを得ないとした。これに対して、札幌高裁[154]は、夫が一緒に除雪作業していて雪に埋もれてしまった妻を遺棄したとして死体遺棄罪で起訴された事案で、第一審が死体遺棄罪の故意

---

151 これに対して、**予備的認定**は、法的意味で包摂関係にある事実について予備的に認定する手法である。例えば、既遂か未遂か不明の場合に未遂を認定することは、事実自体が大小の関係にあるわけではないので縮小認定ではなく、予備的認定である。殺人被告事件で殺意が認定できない場合に傷害致死罪を認定し、又は被害者の同意承諾の可能性が残る場合に同意殺人罪を認定する場合も同様である。

152 **近接所持の法理**は、窃盗事件が発生したとき、犯行時刻から間もない時点で犯行場所の付近で盗品を所持している者が発見されたとき、その者が窃取した結果であることが経験則的に推定可能であるとするものである。これは、推定を覆す反証がなされない限り、窃取の事実が合理的疑いを残さない程度に証明されたといえる場合である。

153 大阪地判昭46・9・9判タ272号309頁「大阪幼児置き去り事件」。

154 札幌高判昭61・3・24高刑39巻1号8頁。

の下に保護責任者遺棄罪を犯した（つまり、被害者は生きていた）ものとして有罪とした事実認定を破棄し、被害者が犯行時に既に死亡していた可能性が極めて高いとした上で、被害者の生死は択一的な関係にあるとの前提から、重い罪に当たる事実（被害者は生きていた）を認定することができない以上、軽い罪に当たる事実（被害者は死亡していた）と見ることは合理的な事実認定として許されるとして、死体遺棄罪の成立を認めて有罪とした。確かに、被告人が被害者を遺棄したことは確かであり、その生死は択一的な関係にあることから、「行為時における具体的諸状況を総合し、社会通念と、被告人に対し死体遺棄罪という刑事責任を問い得るかどうかという法的観点をふまえて」考察する必要がある[155]。もっとも、両罪の法定刑の違いは事実認定の優劣を決するものではなく、結果として、死体遺棄罪に該当する事実（被害者は死亡していた）を認定することの問題は、依然として残されている[156]。

第3節　心証形成の外在的規制

本節では、自由心証主義を前提に、これを外在的に規制するための諸制度について概説する。

---

155 札幌高判昭61・3・24高刑39巻1号8頁。この点について、中野次男・百選4版194頁は、人の生死の認定は論理的に択一関係であり、より重い罪に当たる「生きていた」という認定は許されないが、軽い罪に当たる「死んでいた」という認定に際しては先の「生きていた」という認定が否定された判断に拘束される結果、「死んでいた」という認定が許されるという。

156 実体法解釈において、被害者の生死が客観的、科学的に確定されなければならないかどうかは、検討の余地がある。例えば、死亡直後の死体に対して殺意をもって攻撃した行為について殺人未遂罪の成立を認めた事案（広島高判昭36・7・10高刑集14巻5号310頁）は、当該行為の未遂罪としての危険性を判断するに当たり、一般人の認識可能性及び行為者の特別認識を判断資料とするものであるが、本事例でも、遺棄罪が危険犯類型（＋挙動犯）であることを考えると、その応用が可能である。具体的には、遺棄事例においても、公訴事実に応じて被害者が生存していた（又は死体遺棄罪の場合は死亡していた）という事実について、行為者が特にそれを認識していたか、又は一般人の視点からそう思われることに合理性が認められる場合には、当該遺棄行為の危険性が認められるのであり、遺棄罪の成立を認めてよい。ただし、生死の判別ができない以上、構成要件的結果を認定することができず、同致死罪で有罪とすることはできない。

1　自由心証主義の例外

(1)　補強法則

(a)　補強法則の意義

被告人にとって不利となる証拠が自白しかない場合、裁判所は、被告人を有罪とすることができない（319条2項、3項、憲38条3項）。自白は自己の犯罪事実の全部又は重要部分を認める供述であり、それ自体で高度の証明力を持つ証拠であるが[157]、これのみで有罪認定をすることが禁止されるため、自由心証主義を法的に規制していることになる。このような証明法則を**補強法則**という[158]。

補強法則は、「一般に自白が往々にして、強制、拷問、脅迫その他不当な干渉による恐怖と不安の下に、本人の真意と自由意思に反してなされる場合のあることを考慮した」証明法則であり、自白偏重を防止すべく「他に適当なこれを裏書する補強証拠を必要とするもの」である[159]。この点に関して、自白の証明力との関係で、これを割り引いてその不足分について補強証拠を求めるものであるのか、又は自白自体で有罪心証に十分であるときでもなお自白とは独立した証拠を求めるものであるのかについて議論がある。この点は、自白と補強証拠との関係について影響する問題である。

(b)　補強法則の要件論

補強法則の要件として、第1に、対象となる自白は捜査段階の取調べなど公判外でなされたものに限られるのか、又は公判でなされた自白も対象となるのかが問題となる[160]。この問題について、判例[161]は、公判廷での自白には

---

157 自白自体の証明力、信用性をどのように理解すべきかも問題である。この点は、①自白自体の信憑性に関わる要素（秘密の暴露の存在（最判昭57・1・28刑集36巻1号135頁）、自白の臨場感・写実性、具体性・一貫性など）、②自白と客観的事実の合致に関わる要素（自白と客観的証拠の符合など）、③自白と自白採取過程との関係に関わる要素（自白の時期、取調べ態様、取調べと自白の変遷との関係など）等の諸要素から総合的に判断されるべきものとされている（最判平12・2・7民集54巻2号255頁「草加事件民事賠償事件」）。この問題の研究として、守屋克彦『自白の分析と評価－自白調書の信用性の研究』（勁草書房、1988年）。

158 現在の刑事裁判実務において、自白のみで起訴されることはまず考えられないが、補強のため使用されるはずの証拠が証拠能力を否定されるなどの場合に、補強法則の適用が問題となってくる。

159 最大判昭23・7・29刑集2巻9号1012頁。

(憲法上は) 補強法則が適用されないとしている。すなわち、公判廷自白は弁護人立会いの公開法廷で行われるものであり、捜査段階の取調べによる自白がそれ自体完結したものであるのに対して、公判廷自白は裁判官の面前で行われ、自由心証によって真実に合致すると認められる場合に限り証拠として意味を持つものというわけである。

第2に、自白に対して補強証拠が要求される範囲について、①自白と関連して、補強証拠は自白の真実性を担保するものであれば足りるとする見解 (実質説) と、②自白とは独立して、補強証拠それ自体で犯罪事実の客観的側面について立証し得るものでなければならないとする見解 (形式説＝罪体説) とが対立している。学理上、罪体説が通説とされるが、その際には、客観的法益侵害 (例えば、死体であること) 及びそれが何人かの犯罪行為に起因する法益侵害に該当すること (例えば、他殺死体であること) までは補強証拠が必要であるが、そのような法益侵害が被告人の犯罪行為に起因すること (被告人の犯人性) までは不要とされている[162]。この点について、判例[163]は、「自白にかかる事実の真実性を保障し得るものであれば足りる」として、実質説に立つものと理解されている。ただし、無免許運転の罪について、被告人が自動車を運転していた事実に加えて、運転免許を受けていなかった (無免許であった) という事実についても補強証拠を必要とした判例[164]もあり、その評価も

160 刑訴法上はいずれの自白も対象となるため、補強証拠のない有罪認定は違法であるが、憲法上は特別の規定がないため、上告理由とし得るかどうかの限りでの問題である。

161 最大判昭23・7・29刑集2巻9号1012頁は、応急措置法時代の事案であるが、同法でも補強法則が定められていたことから、本大法廷判決は、今なお先例としての意味を持つ。

162 これに対して、罪体説からは、被告人の犯人性まで補強証拠が必要であるとする見解も有力である。平野234頁 (更に平野龍一『刑事訴訟法概説』(東京大学出版会、1968年) 178頁) は、通説が罪体説といいつつ被告人の犯人性までは補強証拠を不要としている点を批判した上で、結論として判例の立場を支持している。判例 (最判昭24・7・19刑集3巻8号1348頁、最大判昭30・6・22刑集9巻8号1189頁「三鷹事件」) も当初は、①②まで補強証拠があれば足り、③については不要とするものとして、これが実質説であると理解されていた。

163 最判昭24・4・30刑集3巻5号691頁。主観面の補強を不要とするものとして、最判昭24・4・7刑集3巻4号489頁。

164 最判昭42・12・21刑集21巻10号1476頁「鳥栖無免許運転事件」。これに対して、東京高

分かれている。

(c)　補強の程度

補強証拠は、それ自体にどの程度の証明力が必要か。この問題について、学理上、補強証拠自体の証明力の程度を問題とする見解（絶対説）と、自白の証明力との相関関係で証明力の程度を問題とする見解（相対説）とが対立している[165]。この問題は、補強証拠を要する範囲の問題と関連して、実質説は相対説と、形式説＝罪体説は絶対説と結びつきやすい（必然的な関連性まではない）。いずれにせよ、自白の信用性と相関して、個別具体的な証拠状況において合理的疑いを残さない程度の証明が果たされなければならない。

(d)　補強証拠としての適格性

補強証拠は、それが実質証拠として使用されるためには、証拠能力が必要である。ただし、補強の範囲に関して実質説を前提にすると、補強証拠は自白の証明力を担保するための補助証拠としての扱いとなるため、必ずしも証拠能力が必要ではないと解することもできる。

これに加えて、補強証拠としての適格性が問題となる。補強証拠は、いずれにしても自白証拠を補強すべき証拠であるから、自白をいわば上塗りするようなものでは補強法則の意味がないからである。例えば、被告人の捜査段階での自白を録取した調書を証拠とし、その取調べを行った捜査官の「被告人がこのような自白をしたことは間違いありません」といった供述を補強証拠とすることはできない。ただし、判例[166]は、被告人の公判外での自白を公判廷における供述（自白）によって補強することを認めている。その理由として、判例は前述のとおり公判廷での自白は憲法38条3項にいう本人の自白には該当しないとしており、その結果「完全な証拠能力を有する」というの

判昭56・6・29判時1020号136頁は、覚醒剤所持等の罪について被告人において「法定の除外事由」が存在しなかったことは、補強証拠を要しないとした。実体的には、無免許運転と同様に無許可所持と理解するならば、双方の判断が矛盾する可能性もある。しかし、構成要件上、無免許運転の罪は無免許で運転することであるのに対して、覚醒剤所持等罪はこれを所持していることであり、法定の除外事由はいわば正当行為に該当する要件であると理解すれば、双方を統一的に理解することが可能である。

165　大コンメ（2版）7巻〔中山善房〕565頁。

166　最大判昭25・10・11刑集4巻10号2000頁。

である。被告人が作成した日記帳や備忘録の類は、それが捜査機関等による取調べとは独立に作成されたものである限りで、補強証拠としての適格性が認められてよい。判例[167]も、例えば、被告人自身が作成した未収金控帳について補強証拠としての適格性を認めている。また、被告人が被疑事実に関する捜査の過程で逃走や証拠隠滅を行ったという事実に関する証拠も、取調べによる自白とは独立した関係にあるものとして、補強証拠としての適格性が認められてよい。

(e) 共犯者の自白

共犯事件が起訴される場合、通常は弁論が併合され、複数の被告人が同一の法廷に登場することが多い。一人の被告人にとって、他の被告人を**相被告人**（共同被告人）という。相被告人も当該手続では「被告人」であることから、補強法則との関連でこの相被告人の自白（供述）を如何に取り扱うべきかが問題となる[168]。

ここでは、この共犯者供述の取扱いについて、証拠能力の問題と、証明力の問題とに分けて概説する。

証拠能力　被告人同様、相被告人も当該法廷では被告人の地位にあることから、その供述は被告人としてのものになる。公判廷ではそれぞれ黙秘権が保障されており（311条1項）、これを前提に行われた質問に対してなされた供述は、被告人の供述として証拠能力が認められる（311条3項）。この点について、被告人は証人に対しては反対尋問の機会が与えられるが、相被告人に対してその機会がないことから、証拠能力を否定する見解もある。しかし、相被告人に対しても反対質問の機会は与えられるのであり、その機会が与えられる限りで証拠能力を肯定すべきである[169]。相被告人がこの反対質問に対して黙秘権を行使するなどして被告人が十分な防御ができなかったような場合は、そのような相被告人の供述態度をもって、その供述の信用性の評

---

167 最決昭32・11・2刑集11巻12号3047頁。

168 小早川義則『共犯者の自白』（成文堂、1990年）、下村幸雄『共犯者の自白―誤判防止のための準則』（日本評論社、1996年）、司法研修所編『共犯者の供述の信用性』（法曹会、1996年）。

169 最判昭28・10・27刑集7巻10号1971頁。

価で考慮されればよい。

他方、共犯者が捜査段階で取調べに応じて供述（例えば、被告人と共謀して犯行に及んだという趣旨のもの）をなし、これが調書に録取された場合、この供述録取書は、被告人ではなく第三者の供述として取り扱われるべきである。なぜなら、公判廷で被告人として登場する場面とは異なり、捜査段階での取調べの場では、共犯者相互に連関する法的地位にはなく、各々が個別の手続の対象として取り扱われるものだからである。したがって、例えば、検察官の面前で行った供述に関しては、321条1項2号の要件を満たす限りで証拠能力が肯定される[170]。実際には、共犯者が相被告人として公判廷に出頭している場合、供述不能は考えられず、自己矛盾・相反供述の場合に限られる。

なお、共同被告人全員が罪状を認めている事件では基本的に問題は生じないが、例えば、被告人が否認、相被告人が自白しているような場合には、双方の防御利益が相反することになる。かかる事態においては、弁論を分離し、被告人との関係で共犯者は第三者証人として取り扱うことになる（313条、規210条）。この場合、共犯者は証人としての地位にあることから、相被告人の場合と異なり、包括的な形での黙秘権は保障されず、ただ自己負罪拒否特権に基づく証言拒絶権（146条）が与えられるにとどまる。また、証人であることから、宣誓の義務を負い（154条）、虚偽の供述をしたときは偽証罪（刑169条）による処罰を受けることになる。それゆえ、当該供述は被告人だけでなく、共犯者自身にとっての証拠にもなり得るとしても[171]、証言拒絶権を行使するなどした供述態度を当人の不利益に評価することは避けるべきである。他方で、被告人にとっては、相被告人の場合と異なり、共犯者に対して反対尋問を行うことができることから、一見して有利にも見える。しかし、反対質問しかなし得ない場合と異なり、共犯者が証人として偽証罪による制裁を前提に反対尋問まで受けた場合には、その証言の信用性が高まることも否定できない。

証明力　共犯事件で弁論が併合されたままの状況において、共犯者であ

---

170 最決昭27・12・11刑集6巻11号1297頁。
171 最判昭35・9・9刑集14巻11号1477頁「東洋興業たばこ専売法違反事件」。

る相被告人が「自白」した場合、補強法則との関係でその取扱いが問題となる。具体的には、①被告人が自白した場合、相被告人の自白をもって補強証拠とできるか、②被告人が否認又は黙秘しているが、相被告人が自白している場合、相被告人の自白だけで被告人を有罪とできるか、③被告人が否認又は黙秘しているが、複数の相被告人がいずれも自白している場合、相互の自白をもって補強し合うものとして被告人も有罪とできるか、という類型が考えられる。なお、共犯者の弁論を分離して、第三者証人として供述する場合は、共犯者は被告人ではなく、それゆえ「自白」にも該当しないため、通常の証人供述と同様に取り扱えばよい。

①類型は、補強法則が自白偏重を防止しようとする点を徹底するならば、この場合も自白だけで有罪認定することになるとの危惧がある。しかし、ここでは、被告人が自白しており、その補強証拠として共犯者の自白を用いるのであり、補強証拠から供述証拠が除外される理由はないことから、有罪認定してもよい。

②類型は、①の場合と異なり、相被告人の自白が主たる証拠となり、これを補強する証拠が他にない点が問題である。自白偏重の防止は前提として、この場合は共犯者である相被告人が自身の罪責を被告人に転嫁する虞が高いこと、また、相被告人が自白だけでは有罪とされないのに対して、黙秘又は否認している被告人が有罪とされるのは不均衡とも見られることから、学理では、相被告人の自白に補強証拠を要求する見解が有力である[172]。しかし、判例[173]は、憲法及び刑事訴訟法が規定する補強法則は自由心証主義に対する例外である以上厳格に解するべきであるとの前提から、相被告人の供述は被告人「本人の自白」には該当せず、他の第三者の供述と「本質を異にするものではない」として、補強証拠を不要としている。確かに、形式的に見れば、判例の見解のとおり、共犯者は被告人本人ではなく、その自白は被告人にとって第三者の供述である。しかし、共犯者の供述は第三者供述と異なり、責任転嫁等の利害が大きい。それゆえ、一律に補強法則が適用され、補

[172] 団藤285頁、鈴木226頁。

[173] 最大判昭33・5・28刑集12巻8号1718頁「練馬事件」は、昭和24年の大法廷判決を変更して、補強証拠不要説に転換した。

強証拠が必要であるとはいえないが、個々の供述内容や供述状況を慎重に吟味してその証明力の判断を的確に行う必要がある。

③類型は、相被告人一人の供述でも被告人を有罪とすることを認める判例の立場からは、当然に、相互に補強し合うことを認めることになる[174]。他方、学理において、②類型で補強証拠を必要とする見解は、同様に、ここでも必要説を主張する見解が多い。これに対して、②類型で必要説に立ちつつ、ここでは不要説に立つ見解も見られる[175]。

(2) 調書の絶対的証明力

公判期日に行われた訴訟手続は、公判調書を作成し、そこに記載されなければならない（規44条）。例えば、証人には宣誓させなければならないが（154条）、宣誓無能力者に対しては宣誓させないで尋問しなければならず（155条1項）、公判でこのような措置が採られたことは、公判調書に記載する必要がある（規44条1項21号）。刑事訴訟法は、このような訴訟手続に関する事項については、公判調書の記載によってのみ証明できるとしている（52条）。

公判調書にこのような絶対的な証明力を付与することは、自由心証主義の例外であり、法定証拠主義に基づくものである。このような規定が設けられたのは、上訴審において、第一審の訴訟手続に関する紛争がいたずらに生じないことを目的とする。例えば、第一審の訴訟手続に法令違反がありこれが判決に影響を及ぼす場合には、これを理由として控訴することができ（379条）、その事実が認められると原審を破棄することになる（397条1項）。そのような事実の証明を公判調書の記載に限定することで、不当・不要な控訴の申立て及び審理を制限することができるのである。ただし、重大な違反をあえて糊塗するために調書の記載を改ざんしたような場合は、例外的に、公判調書の記載を無効とする反証も許すべきである。

174　最判昭51・10・28刑集30巻9号1859頁。

175　最判昭51・10・28刑集30巻9号1859頁の団藤補足意見では、共犯者一人の供述による場合に比べて、二人以上の自白が一致するときは「誤判の危険はうすらぐことになる」としている。しかし、共犯者相互の関係から、複数の者が口裏を合わせて被告人一人に重責を押し付けることもあることから、個別の判断によるべきだと思われる。

2 訴因制度による拘束

刑事裁判における審判対象は、検察官が主張する訴因であり、裁判所はこの限りでその審判権限を拘束される（第10講第1章、第2章第1節）。したがって、裁判所の心証形成は、訴因制度によって外在的な制約を受ける。

具体的には、窃盗罪の公訴事実について証拠調べしたところ、詐欺の事実が判明した場合、裁判所は、欺罔及び錯誤に基づく交付行為の事実は審判対象から除外されている以上、訴因変更（312条1項）がなされない限り、詐欺の事実について心証形成することはできない。この場合、裁判所は、窃盗罪の事実（被害者の意思に反する占有侵害）は存在しなかった、という形で心証形成しなければならないのである。

3 挙証責任と推定

(1) 挙証責任

(a) 挙証責任の意義

裁判所の心証形成は、基本的に（特に当事者追行主義の下では）双方当事者の立証活動に基づくため、検察官及び被告人側の証明に向けた責任が重要となる。これは、刑事訴訟では**挙証責任**といわれる問題である。挙証責任は、主観的な意味においては、審理の具体的場面における各当事者の立証の負担をいい、民事訴訟でいわれる立証責任、証明責任と同義である。これに対して、客観的な意味においては、証明すべき事実が真偽不明の状態となったとき、双方いずれの当事者に不利益な判断が下されるべきかという、訴訟法上の地位のことをいう。刑事訴訟では、少なくとも実体法的事実については、「疑わしきは被告人の利益に」という鉄則が適用されるため、検察官が挙証責任を負う。

具体的には、実体法上、構成要件に該当する事実は、そもそも検察官において「罪となるべき事実」として公訴事実に明示し、その立証を果たさなければならない。客観的処罰条件も同様である。これに対して、正当防衛（刑36条1項）等の違法性阻却事由や心神喪失（刑39条1項）等の有責性阻却事由については、議論がある。これらの規定は、その成立が肯定されると被告人に有利な判断が下されることになるため、訴訟の一般原則にしたがい被告人側に挙証責任があるとする見解[176]もある。しかし、実体法上の要件としては、違法性及び有責性が存在することであり、刑罰権の存在を主張する検察官においてこれを立証すべき責務があり、挙証責任も検察官にあると解すべきである。ただし、検察官が構成要件該当性を含む罪となるべき事実の立証に成功した場合、当該行為の違法性及び行為者の有責性は推定されることから、被告人側にはこの推定を覆す程度の合理的根拠に基づく主張をなすべき責務がある。これは、主観的意味での立証責任に準じた、争点を形成すべき責任と理解することができる。刑事訴訟法は、それゆえ、有罪認定に際して罪となるべき事実と証拠の標目の摘示を求め（335条１項)、犯罪成立を妨げる理由等が主張されたときに初めて、これに対する判断を示すべきことを定めている（335条２項)。

これに対して、訴訟法的事実については、取扱いが分かれる。まず、訴訟条件の存在（例えば、公訴時効の未完成、親告罪における告訴の存在など）については、検察官に挙証責任がある。訴訟条件は、検察官の公訴権行使が適法であることの条件だからである。証拠能力を根拠付ける要素や、証拠の証明力に関する事実は、それによって利益を受ける側が挙証責任を負う。例えば、検察官が被告人の自白調書を証拠として請求する場合、当該自白が任意になされたものであることが証拠能力の条件であることから（319条１項、憲38条２項)、検察官が任意性について挙証責任を負う。ただし、この場合も、被告人側が任意性に疑いがあることを合理的根拠をもって主張した場合に限り、検察官において主観的な立証責任が生じ、これが果たされない場合に証拠能力が否定されるということになる。公判前整理手続が開かれる場合には、このような問題も含めて事前に解決されるべきことになる。

(b) 挙証責任の転換

刑事訴訟では、実体法的事実については検察官に挙証責任があるが、一部の規定において、例外的に挙証責任が被告人側に転換されたと理解されているものがある。刑法典では、同時傷害の特例（刑207条）及び名誉毀損罪に関する真実性の証明（刑230条の２）がこれに当たる[177]。

---

[176] 小野清一郎『犯罪構成要件の理論』（有斐閣、1969年）171頁。

具体的には、二人以上で共謀して被害者を傷害した場合（刑204条）は、共同正犯（刑60条）として、そのいずれの暴行から傷害結果が発生したかが判明しなくとも、全ての行為者が全ての責任を負うが、共同正犯が成立しない場合には、個別の行為者のいずれの暴行から傷害結果が発生したのかが判明しないときは、疑わしきは被告人の利益にのルールにより、いずれの行為者にも傷害結果の罪責を問うことはできないはずである。しかし、同時傷害の特例は、この原則を覆し、傷害結果がいずれの行為者によるものか判明しないときは、共犯が成立したのと同じく全ての行為者に結果を帰責するということで、被告人に暴行と結果の因果関係について挙証責任を負わせていることになる。

同じく、名誉毀損罪に関する真実性の証明も、名誉毀損罪（刑230条１項）が成立することまで証明されれば、今度は、被告人側が公共利害性、公益目的性と併せて、名誉毀損に当たるとされた摘示事実が真実であることを証明しなければならない。この限りで、摘示事実の真実性を違法性阻却事由と解するか又は客観的処罰事由と解するかという実体法上の議論に関わらず、やはり挙証責任を転換する効果を持つ。

学理上、このような挙証責任を転換させる規定について、十分な合理的理由（①被告人の証明事項が他の部分からも合理的に推認でき、②被告人にとって挙証の便宜があるなど）がある限りで合憲とする見解が通説である。これらの規定が、被告人側に挙証責任を転換する効果を持つことは否定できないが、その際に求められる証明の程度は、検察官の立証の場合と区別しておかなければならない。実体法的には、同時傷害においていずれの行為者の暴行から傷害結果が発生したのかが判明しないこと、名誉毀損罪において摘示された事実が真実ではないことが処罰の条件であり、挙証責任が被告人側に転換されるとしても、その立証に際しては、これらの実体的要件が満たされないことについて合理的疑いを生じさせる程度の証明、又はせいぜい「証拠の優越」程度[178]

---

[177] 特別刑法には、児童を雇用する者の児童の年齢の不知に関する無過失の証明（児童福祉60条３項）、犯罪使用目的での製造、輸入、所持、注文罪における目的不存在の証明（爆発物取締罰則６条）、各種両罰規定の法人・事業主処罰における違反防止に必要な注意をしたことの証明（労基121条１項など）などの規定がある。

の証明が果たされれば足りると考えるべきである[179]。

(2) 推　定

推定とは、前提事実Aから、推定事実Bを推認することをいう。例えば、B事実の立証が困難な場合、B事実の前提となる立証の容易なA事実を立証することで、B事実の存在を推認する場合に用いられる。刑事訴訟では、例えば、公訴事実に訴因として明示された罪となるべき事実が証明された場合、その行為の違法性及び行為者の有責性が経験則的に肯定されてよい。犯罪構成要件に該当する行為は、一般に違法であり、また、我々の社会において一定の年齢（刑41条参照）に達すれば責任能力が備わっていることが通常だから、このような推定が合理的である。

刑事訴訟上、推定は、このような**事実上の推定**に加えて、法律上の規定による場合がある。これを**法律上の推定**という。法律上の推定規定は、一定の事実（前提事実）の存在が証明されたとき、反証がなされない限り、他の一定の事実（推定事実）を推認すべきことが法定されている。具体例として、「人の健康に係る公害犯罪の処罰に関する法律」5条は、①工場等がその事業活動に伴って人の生命等に危険がある物質を排出したことと、②その排出により危険が生じ得る地域内で同種物質による生命・身体への危険が発生していることが証明された場合には、③当該排出行為とその危険との因果性を推定することを定めている[180]。また、抽象的危険犯は、当該行為類型を一般的・抽象的に危険な行為として法定したものであり、これも法律上の推定規定と位置付けられる[181]。

---

178 平野187頁、鈴木200頁。

179 例えば、名誉毀損罪の真実性証明に関して、最判昭44・6・25刑集23巻7号975頁「夕刊和歌山時事事件」は、真実であることの証明が果たされないときでも、行為者が真実であると誤信したことについて確実な資料等に照らして相当な根拠があるときは犯罪の故意がないとしているが、事実の真実性は行為時を基準に判断すべきものと理解するならば、誤信を相当と評価させるべき確実な資料の存在により「真実でないこと」が合理的に疑われる場合には、真実性の証明が果たされたと考えるべきである。

180 そのほかに、麻薬特例法14条の薬物犯罪収益の推定や、各種両罰規定における事業主の責任に関する規定がある。

181 例えば、現住建造物等放火罪（刑108条）は、抽象的危険犯として公衆に対する危険性を処罰根拠としており、危険性がない場合にはその成立が否定される。そのため、被告人側に反証の余地がある（もっとも、抽象的危険犯は法益侵害の危険を常に肯定さ

法律上の推定規定は、大抵「推定する」と断言した表現が用いられており、その効果を如何に解すべきかで議論がある。これをもって必ず推定する（義務的推定）という意味で解するならば、事実上、その推定事実に関して被告人側に挙証責任を転換することになる。それゆえ、学理上、あくまで推定できる（任意的推定）という意味で理解すべきとの見解が通説である[182]。ただし、いずれにせよ、被告人側において推定を覆すべき反証活動が必要となり、裁判所において、そのような反証活動の事情を含めて心証形成すべきである。

せる立法上の判断だと理解すれば、反証の余地はない。この場合にも、客体要件の該当性を争う余地は残されている）。他方、非建造物放火罪（刑110条1項）は、具体的危険犯として、「公共の危険」の発生が客観的処罰条件となっている。この類型は、危険の存在が推定されず、検察官においてこれを主張、立証しなければならない。

182 ここでも、挙証責任の転換に準じて、①前提事実と推定事実との間に合理的関連性が認められること、②被告人側に推定事実の不存在を立証する便宜が存在すること、が必要であるとされている。

第13講　裁　判

第1章　裁判総説

第1節　裁判の意義

公判手続は、通常、判決（333条、336条）によって終了する。判決は、裁判の一つである。刑事訴訟法において、**裁判**とは、裁判機関が意思表示をもって行う訴訟行為である。例えば、公判における証拠調べの結果、被告人が有罪であるとの心証を形成したとき、裁判所は、有罪判決を下す。この判決は、訴訟上の問題について判断した結果であり、裁判機関がその判断した内容を外部に表示するものであることから、裁判なのである。

つまり、裁判は、裁判所又は裁判官という裁判機関が行う訴訟行為という意味で、その他の訴訟関係人や捜査機関が行う行為とは区別される。また、裁判機関が行う行為のうち、意思表示としての実体を備えた行為という意味で、証拠調べ等を実施する事実行為とは区別される。

第2節　裁判の種類

刑事訴訟法上、裁判は以下の区分によって区別される。

1　判決・決定・命令

裁判の形式として、刑事訴訟法上、判決・決定・命令の3種類がある（43条）。裁判形式の区別は、特に上訴の方式と関連する。すなわち、判決に対しては控訴（372条以下）及び上告（405条）が、決定に対しては抗告（419条、433条）が、命令に対しては準抗告（429条）が、それぞれ上訴の方式として対応する。

裁判機関は裁判所と裁判官とに分けられるが、判決と決定は裁判所が主体となるのに対して、命令は裁判官が主体となる裁判である。この区分によると、略式命令（461条）は決定ということになる。命令の主なものとして、捜査段階での令状発付が挙げられる。判事補は、判決以外の裁判については単独で行うことができる（45条）。

裁判手続としては、判決は特別の規定（例えば、上告棄却に関する408条など）がない限り口頭弁論を開かなければならないが（43条１項）、決定及び命令は必要的ではない（43条２項）。また、決定及び命令をするについて必要があるときは、口頭弁論に代わって「事実の取調」をすることができる（43条３項）。

裁判は、意思表示をもって行う訴訟行為であるから、いずれもその内容として主文が必要であるが、加えて理由を付さなければならない（44条１項）。ただし、決定又は命令について上訴が許されない場合（抗告に代わる異議申立ができる場合を除く＝428条２項）は、必ずしも理由を付する必要はない（44条２項）。

2　終局裁判と非終局裁判

例えば、有罪又は無罪の判決（333条、336条）は、それによって第一審の手続を終了させるものである。このようにして、裁判所に係属した事件について当該審級から離脱させる効果を持つ裁判を、**終局裁判**という。他には、管轄違いの判決（329条）、公訴棄却の判決・決定（338条、339条）、免訴判決（337条）などが終局裁判に当たる。

これに対して、その裁判が事件の当該審級の離脱につながるものではなく、本質的に訴訟の更なる継続・進行を目的として行う裁判を、**非終局裁判**という。例えば、証拠調べ手続に際して、検察官から請求された証拠の証拠能力を判断し、その採否について下す証拠決定などがこれに当たる。他には、訴訟指揮の裁判、各種強制処分に関する裁判などがある。また、事件の終局後に下される裁判として、訴訟費用負担の決定（187条）、上告裁判所の訂正判決（415条）なども、区別としては非終局裁判に当たる。非終局裁判は、終局裁判と異なり、合目的性の観点から、広くその変更が認められる性質を持つ。

3 実体裁判と形式裁判

有罪又は無罪の判決（333条、336条）は、検察官が起訴状の公訴事実に示した罪となるべき事実（訴因）について、公判の証拠調べの結果を踏まえて判断を下した結果である。このように、訴訟当事者が申し立てた審判対象について、その事実の存否を根拠付ける理由があるかどうかを判断する裁判を、**実体裁判**という。

これに対して、訴訟条件の存否を判断し、その欠如をもって訴訟を打ち切ることを宣言する裁判を、**形式裁判**という。例えば、公訴時効が完成している場合の免訴判決（337条4号）や、親告罪について告訴が欠如している場合の公訴棄却判決（338条4号）は、検察官の公訴提起（申立て）が有効であるかどうかを判断し、これを無効として手続を打ち切るものであるから、形式裁判である。

この区別は、事件の実体に踏み込んで下される実体裁判には一事不再理効（憲39条2文）が生ずるが、形式裁判はその前提を欠くため生じないとする点に違いがある。ただし、免訴判決は形式裁判であるが、これに一事不再理効が生ずるかどうかは、議論がある（第14講第2章第3節）。

第3節　裁判の成立

裁判は、裁判機関が意思表示をもって行う訴訟行為であることから、それが成立するためには、①内部的に意思決定が行われること（内部的成立）、②意思決定された内容が外部に告知されること（外部的成立）が必要である。

内部的成立は、裁判の意思内容が裁判機関内で決定された時点に認められる。例えば、公判手続において証拠調べから弁論手続まで終了し、裁判機関内で意思決定がなされた場合には、その後に異動等によって構成裁判官が交代した場合であっても、公判手続をやり直す（更新する）必要はない（315条但書）[1]。この内部的成立の時期としては、一人制裁判官の場合は判決書が作成

---

[1] 実務では、年度末の異動によって裁判官が交代したとき、従前の裁判官の署名押印が省略されることがある。

された時点である（通説）。意思決定は主観的な作用であるが、その存否は多分に属人的なものであるため、ある程度外形化されている必要がある。これに対して合議制裁判体の場合には、裁判体において評議・評決[2]が行われた時点である。

外部的成立は、裁判が外部的に告知された時点に認められる。裁判の告知は、公判廷内では宣告によって行う（342条、規34条前段）。ただし、判決期日において裁判所が判決を宣告した後に誤りに気付き、当該期日の終了を宣告する前に主文を言い直すなどして訂正することは許される[3]。公判廷外での告知は、原則として裁判書の謄本を送達する方法によって行う（規34条後段）。裁判所は、いずれの裁判においても**裁判書**（判決書・決定書・命令書）を作成しなければならない（規53条本文）。ただし、決定又は命令を宣告する場合（規53条但書）や、上訴の申立てがなく、また判決宣告から14日以内に判決書謄本の請求がない場合には（規219条＝調書判決）、裁判書を作成する必要はない。これと関連して、刑事訴訟では、判決を告知する前に裁判書を作成しておく必要がない[4]。

---

[2] 評決は過半数をもって行うが、刑事裁判では、過半数になるまで被告人にとって最も不利な意見の数を順次利益な意見の数に加えて、過半数に達した時点で決する（裁77条2項2号。ただし、裁判員裁判の場合の特例として裁判員67条）。評決は、理由ではなく結論について行う。例えば、3人の合議制の場合において、裁判官Aが有罪、Bが正当防衛で無罪、Cが心神喪失で無罪とした場合、有罪1対無罪2として評決する。これに対して、Aが主位的訴因の窃盗罪で有罪、Bが予備的訴因の盗品関与罪で有罪、Cが無罪とした場合は、刑事裁判の本質において各訴因ごとに被告人は有罪かどうかを評決するものとして無罪とすべきとする見解もある（鈴木232頁）。この場合、主位的訴因について無罪とした場合、Aが予備的訴因である盗品関与罪で有罪とするのであれば、有罪と判断すべきである。

[3] 最判昭47・6・15刑集26巻5号341頁、最判昭51・11・4刑集30巻10号1887頁「判決宣告し直し事件」。

[4] 布川事件は再審で無罪判決（水戸地土浦支判平23・5・24（LEX/DB 文献番号25471410））が下された事件であるが、無罪判決当日に、裁判所が判決書の草稿を検察官にのみ交付していたことが判明し、問題となった。

第2章　裁判の内容

第1節　総　説

裁判は、裁判機関による意思表示をもって行う訴訟行為である。そのため、裁判は、必ずその判断した結果である内容が示されなければならない。この部分を**主文**という。例えば、実体判決としては、有罪又は無罪の判断内容が示されなければならない。ただし、刑事訴訟では、有罪判決の宣告は「刑の言渡」をすることで行う（333条1項。なお、刑の免除の言渡しも有罪判決である＝334条）。これ以外に、未決勾留日数の本刑通算（刑21条）、執行猶予・保護観察（333条2項）、仮納付命令（348条2項）、没収・追徴の付加刑（刑19条等）、訴訟費用の負担（185条）なども、主文に含まれる。

裁判は、主文を示すことに加えて、**理由**も付さなければならない（44条1項、規35条2項）。裁判に理由を付すべき趣旨は、主文で示された判断内容が合理的な判断であることを担保するために、①裁判機関が恣意的な判断に陥らないことを保障する機能、②裁判の当事者、特に被告人にとってその内容を納得させる機能、③裁判に対する不服申立ての機会を踏まえて、上訴審において原裁判の当否を審査することを確保させる機能、にある。それゆえ、特に有罪判決の理由記載については、厳格な規定が定められている（335条）。他方、上訴を許さない決定又は命令（抗告に代わる異議申立てができる場合を除く）には、必ずしも理由を付する必要がない（44条2項本文）。

第2節　形式裁判の内容

裁判の区別において、原告である検察官の公訴提起の適法性・有効性を審査し、これを無効として手続を打ち切る裁判を、形式裁判という。これには、免訴判決（337条）、公訴棄却判決（338条）、公訴棄却決定（339条）等がある。これらにも、主文と理由が付されなければならない。例えば、公訴時効が完成していたとき（337条4号）は、主文で「被告人を免訴とする。」とし、その理由として、公訴事実に対して時効が完成していることを説明する。

形式裁判は、訴訟条件存否の判断であることから、詳細は訴訟条件の箇所（第9講第3章）を参照。

第3節　実体裁判の内容

1　有罪判決

(1) 有罪判決の内容

(a) 事実認定

有罪判決は、「犯罪の証明があった」ことが条件である（333条1項）。犯罪の証明は、厳格な証明（317条）の下で、裁判所の合理的な心証形成（318条）の結果として判断される。そのためには、①公訴事実に示された訴因について合理的な疑いを残さない程度の証明がなされ、②これに刑罰法令を適用して犯罪の成立が認められることが必要である。

有罪判決に際して、この事実認定は裁判の理由中で明示することが定められている（335条1項）。

(b) 刑の量定

有罪判決の主文は、刑の言渡しをもって行われる（333条1項）。そのためには、罪となるべき事実の認定を前提として、被告人に科するべき具体的な刑の種類と量を定めなければならない。この刑の量定を、**量刑**という[5]。刑事裁判では、量刑は裁判所の判断事項であり、裁判員裁判では裁判員もこの判断に加わるが（裁判員67条）、その具体的資料は、証拠調べの段階で検察官及び被告人側の双方から提出される。

量刑手続は、基本的に処断刑の範囲内で宣告刑を決定する作業であるが、これに加えて執行猶予や保護観察の許否も判定される。量刑の基準は法定さ

---

[5] 松岡正章『量刑手続法序説』（成文堂、1975年）、同『量刑法の生成と展開』（成文堂、2000年）、城下裕二『量刑基準の研究』（成文堂、1995年）、同『量刑理論の現代的課題』（成文堂、2007年）、原田國男『量刑判断の実際』（立花書房、第3版、2008年）、ヴォルフガング・フリッシュ＝浅田和茂＝岡上雅美編著『量刑法の基本問題—量刑理論と量刑実務との対話：日独シンポジウム』（成文堂、2011年）、十河隼人『量刑の基礎理論』（成文堂、2022年）。

れておらず、実体法規定の解釈・適用の場面として、刑罰の目的にも遡って検討されるべき問題である。一般的には、犯情に基づく責任の総体と、一般情状に基づく改善更生の可能性及びその程度を基軸とされるが（248条参照）、手続上は、検察官の求刑と被告人側の弁論を踏まえて、他の同種事件との均衡なども考慮して判断される。具体的には、裁判例の集積による犯罪類型ごとの「量刑傾向」を一つの目安として、公平性が保持された適正な量刑が行われることが求められる[6]。

(2) 有罪判決の理由

裁判には理由を付さなければならない（44条1項）。刑事訴訟法は、特に有罪判決に際して、この理由記載について詳細に規定している（335条）。

有罪判決に際して、①罪となるべき事実、②証拠の標目、③法令の適用は、必ず示さなければならない（335条1項）。罪となるべき事実は、実体法上、構成要件（加えて、客観的処罰条件）に該当する要素を示す具体的事実であり、刑事訴訟では検察官が起訴状中の公訴事実欄に訴因として明示した審判対象という機能が与えられている。有罪判決は、この検察官の主張に対する応答であり、これを公判で取り調べられた証拠との関係で認定すべきことが合理的であるとの判断に基づいて下されるものである。それゆえ、法令上は証拠の標目を掲記するだけで足りるが、認定事実と証拠との関係について特に裁判でも争点として問題となった場合には、訴訟当事者双方を納得させるという裁判理由の趣旨に鑑みて、できるだけ具体的かつ詳細な説明がなされることが必要である。また、認定された罪となるべき事実に対する宣告刑は、該当の法令に基づいて量刑された結果であることから、適用法令も掲記しなければならない。これによって、裁判結果が適法であることを示し、事後的な検証も可能とさせる。

被告人が正当防衛（刑36条1項）や心神喪失（刑39条1項）等を主張して無罪又は減刑等を求めた場合には、裁判所は、その問題を検討し、これに対する判断を理由中で示さなければならない（335条2項）。刑法上、構成要件該当性に加えて違法性・有責性も犯罪の構成要素であり、本来的には、有罪によ

[6] 最判平26・7・24刑集68巻6号925頁「大阪三女虐待傷害致死事件」。

る刑罰権の存在を主張する検察官が裁判の場で主張・立証しなければならない。しかし、構成要件該当性が立証されると、違法性・有責性は一般的に推定されるのであり、全ての事件で逐一これらの要素を立証する必要はない[7]。それゆえ、被告人の側からこれらの不存在（推定阻却）の効果をもたらせる法定要件に該当する事実が合理的根拠をもって主張された場合に限り、裁判所においてこれに応答すべきことが法定されているのである。もとより、裁判所が職権で、これらの要素について検討して、その結果を理由中に記載することを妨げるものではない。なお、公訴時効の完成など、訴訟条件の存否に関する事項は職権探知事項であり、被告人側の主張に限らず、これらが問題となる場合には、その判断も示されなければならない[8]。

2　無罪判決

被告事件が罪とならないとき、又は被告事件について犯罪の証明がないときは、無罪判決が下される（336条）。被告事件が罪とならないときとは、公訴事実に記載されたとおりの事実が証明されたが法令解釈においてその事実が犯罪構成要件に該当しないときを指すが、適用されるべき刑罰規定が憲法違反によって無効とされる場合もこれに該当する[9]。実務上は、被告事件について犯罪の証明がないことを理由とする無罪判決が大半である。刑事訴訟では、実体法的事実については検察官が挙証責任を負い、厳格な証明の方式において証拠能力がある証拠によって証明が果たされなければならない。その意味で、後者の類型も前者の類型と同様に、「完全な無罪」であることに違いはない。

無罪判決については、有罪判決と異なり、理由記載の方式について法定されてはいない。もとより、判決には理由記載が必要的であり、上訴審における審査のためにも、合理的な判断であることが説明されなければならない[10]。

---

7 鈴木茂嗣『刑法総論』（成文堂、第2版、2011年）261頁。

8 最決昭28・8・18刑集7巻8号1737頁によると、自首があったとの主張は本条の対象外であることから、被告人側がこれを主張したとしても、裁判所は理由中に示すべき必要がない。

9 最判昭26・7・20裁判集刑50号543頁。

10 実務上は、上訴審での破棄可能性を見越して、有罪判決と異ならない程度に詳細に理

無罪判決が下されると、勾留状の失効などの効果が発生し（345条）、またその確定により、費用補償（188条の2以下）や刑事補償等（刑補1条1項、25条1項、4条1項）の請求権が発生する。

第4節　訴訟費用

1　訴訟費用

刑事訴訟には様々な費用が発生する。例えば、証人等に支給すべき旅費・日当・宿泊費、鑑定人等に支給すべき鑑定料等及びこれに支払い・償還すべき費用、弁護人に支給すべき旅費・日当・宿泊料・報酬などが、訴訟費用に当たる。

(1)　費用負担者

訴訟費用の負担は、被告人が有罪判決として刑の言渡しを受けたときは、被告人が全部又は一部を負担する（181条1項本文）。また、被告人の責任によって生じた費用は、刑の言渡しをしない場合でも被告人に負担させることができる（181条2項）。共犯事件では、共犯者に連帯して訴訟費用を負担させることができる（182条）[11]。ただし、被告人が貧困のため納付できないことが明らかな場合は、訴訟費用の負担を免除される（181条1項但書）。例えば、国選弁護の費用[12]や証人尋問に必要な費用[13]を有罪とされた被告人に負担させることは、これらの諸制度が憲法上の手続的権利として保障されていることに矛盾するものではなく、憲法違反ではない[14]。

由が記載されるのが通例である。もとより、有罪認定を行うことの合理的疑いが残れば無罪判決が下されるべきであるが、上訴審での破棄差戻しによる往復を避けるべく、第一審裁判所は、可能かつ必要な限りで自らの心証形成を客観化しておくべきである。

11 ただし、共犯者と弁論が併合して審理をしたが、相被告人に対する公訴事実にのみ関係する証人尋問について発生した費用は、被告人に負担させることはできない（最判昭46・4・27刑集25巻3号534頁）。

12 最大判昭25・6・7刑集4巻6号966頁。

13 最大判昭23・12・27刑集2巻14号1934頁。

14 学理上、貧困のため国選弁護人を付したにも関わらず、これを被告人に負担させることについて憲法の趣旨に反するとの批判がある（平野354頁、鈴木340頁）。

他方、無罪判決の場合は、訴訟費用は国庫の負担となる。また、告訴・告発・請求に基づく事件で被告人が無罪又は免訴とされた場合は、告訴等を行った者において故意又は重過失が認められるときは、その者に訴訟費用を負担させることができる（183条1項）。

(2) 訴訟費用負担の手続

訴訟費用を被告人に負担させるときは、裁判所は職権でこれを判断し、判決において言い渡さなければならない（185条1文）。被告人は、訴訟費用の負担を命じる裁判に対しては、独立して不服を申し立てることはできず、本案裁判について適法に上訴すること[15]が不服申立ての条件となる（185条2文）[16]。

被告人以外の者に訴訟費用を負担させるときは、職権で判断して、別途の決定をもって言い渡さなければならない（186条1文）。この決定に対しては、即時抗告を申し立てることができる（186条2文）。

---

[15] 最判昭31・12・13刑集10巻12号1633頁。

[16] 田口465頁は、訴訟費用の裁判について独立した不服申立てを整備する必要があるとする。

第 4 編

第一審判決以降

第14講　救済手続と裁判の効力

第1章　上　訴

第1節　上訴通則

1　上訴の意義

上訴とは、未確定の裁判につき、上級裁判所の審判による救済を求める不服申立ての制度である。裁判の方式に応じて、判決に対しては控訴及び上告が、決定に対しては抗告が用意されている[1]。

また、高等裁判所の決定に対する抗告に代わる異議申立て（428条）及び準抗告（429条）は、上級裁判所での審理を求めるものではないので、形式的には上訴ではないが、司法機関による裁判に対する不服申立てであることから、上訴に準じるものである。

2　上訴の要件と手続

(1)　上訴の利益

上訴は、上級裁判所による審判を通じた救済を求める制度であるから、原裁判において上訴請求者に不利益（不服）又は不当な裁判がなされたことが必要である。これを**上訴の利益**という。例えば、被告人は、第一審で有罪判決として拘禁刑を言い渡された場合、これに対して無罪又は刑の減軽を求めて控訴することができる。しかし、第一審が被告人を無罪としたが、それが心神喪失（刑39条1項）を理由とするものであったとき、そもそも自分が真犯人ではないことの認定を求めて控訴することはできない。なぜなら、上訴の

1　上訴の研究として、平野龍一『裁判と上訴』（有斐閣、1982年）、後藤昭『刑事控訴立法史の研究』（成文堂、1987年）。

利益は、原裁判の主文をもって判定されるべきものであり、理由如何に関わらず第一審が無罪とした以上、そこに被告人の不服は認められないからである[2]。また、第一審が免訴又は公訴棄却の形式裁判によって手続を打ち切るものであったときも、被告人は、無罪判決を求めて控訴することはできない[3]。

検察官は、刑事訴訟の原告として、第一審の無罪判決が誤りである、量刑が不十分であるなどの理由で控訴することができる。また、検察官は、公益の代表者としての地位において（検4条）、有罪判決に対して無罪を求めて控訴することもできる。例えば、第一審判決後に身代わり犯人であることが判明したような場合が想定される。

(2)　上訴権者

検察官及び被告人は、刑事訴訟の当事者として上訴権を持つ（351条1項）。弁護人は、被告人の包括的代理人としての地位に基づいて、被告人の利益のために上訴することができる。これに加えて、原審弁護人又は代理人も、被告人のため上訴することができる（355条）。これは、第一審判決により審級離脱の効力が発生するため、その時点で原審弁護人等はその地位を喪失するが、上訴に関してはなおも権限を与えるものである。また、被告人の法定代理人や保佐人は、やはり被告人の利益のため上訴することができる（353条）。

被告人等以外の者で、決定の対象となった者は、抗告する権限を持つ（352条）[4]。例えば、証人として召喚（143条の2）されたにも関わらず正当な理由なく出頭しなかったため過料の制裁を受けた者（150条1項）は、その処分を不服として抗告（即時抗告）することができる（150条2項）。また、被告人の配偶者等が勾留理由開示請求をした場合（82条2項）、その請求者も被告人の利益のために上訴することができる（354条）。

2　最決平25・12・18刑集67巻9号873頁によると、心神喪失等医療観察法上の医療行為について対象者への医療行為を必要としないとした決定に対して、対象行為の不存在の認定を求めて抗告することもできない。

3　最判平20・3・14刑集62巻3号185頁「横浜事件再審事件」。

4　辻本典央「刑事手続における抗告適格」近法54巻1号43頁。

(3) 一部上訴

上訴は、裁判の主文で示された法律効果について不服がある場合に、上級審での審判を通じて是正を求める制度であるが、その全体に対するだけでなく、法律効果が可分のものである限りで裁判の一部に対して上訴することもできる（357条）。例えば、併合罪として複数の事件が起訴されたが、その全部について無罪とされた場合、又は一部のみ無罪とされた場合は、各犯罪ごとに法律効果が可分であるため、それぞれの一部分についてのみ上訴することができる。

これに対して、併合罪の全部を有罪とし、併合して1個の刑が言い渡されたときは、法律効果として不可分であるため、一部に対してのみ上訴することはできない。検察官若しくは被告人側のいずれか、又は双方が上訴したときは、全ての事件が上級審に移る（移審）。また、包括一罪や科刑上一罪の場合も同様に、第一審で一部の犯罪についてのみ有罪とされ、被告人のみがこれを不服として控訴した場合、一罪の一部分に対する裁判の法律効果は他の部分と不可分であるため、その全体が控訴審に係属する。ただし、このような場合には、検察官が控訴しなかったことにより、無罪部分についてはもはやその訴追意思が客観的に放棄されたものとして、控訴審の審判対象から除外されるべきとされている（攻防対象＝第14講第1章第2節）。

(4) 上訴期間

実体判決に対する上訴（控訴・抗告）は、14日以内に申し立てなければならない（373条、414条）[5]。有罪又は無罪を決する実体判決は、これが確定すると刑の執行などの法律効果が生ずることから、刑事訴訟法は所定の期間を定めて不安定な状態が長期化しないことを求めているのである。上訴は、管轄の裁判所に申立書を提出して行う。勾留中の被告人は、刑事施設（拘置所等）の長又はその代理者を通じて提出することができ、これらの者に差し出した時点で上訴が提起されたものとみなされる（366条、367条）。

これに対して、本案訴訟の継続を前提とした決定は、その過程で是正され

---

[5] 上訴の理由である趣意書の提出期間は、上訴審裁判所から指定される（規236条、252条）。

ることが期待でき、また、本案の審理が継続している限りは不安定の状態を危惧する必要がない。それゆえ、決定に対する上訴には期間の制限がない（421条本文）。ただし、早期の確定が求められる決定は、即時抗告によることとし、３日以内という制限が定められている（422条）。

なお、上訴権者は、自己又は代理人の責任に帰することができない事由によって制限期間内に上訴を提起できなかったときは、原裁判所に対してその**上訴権回復の請求**をすることができる（362条）。裁判所は、この請求を受けたときは、一旦確定していた原裁判の執行を停止することができる（365条１文）。

(5)　上訴の放棄・取下げ

上訴権者は、自身の上訴権を放棄し、又は一旦提起した上訴を取り下げることができる（359条）[6]。例えば、被告人は、第一審の有罪判決に対して控訴することができるが、この権限を放棄し、又は自ら若しくは弁護人等が自らのために提起した控訴を取り下げることができる。上訴は権利であって義務ではないため、早期の裁判確定を望むのであれば、その意思が尊重されることによる。

ただし、原判決が死刑又は無期刑に処するものであった場合は、上訴を放棄することができない（360条の２）。これは、特に重大事件において死刑等の重い判決が下されたことによる衝撃から、被告人等が不用意に上訴の機会を放棄することを阻止することを目的とする。それゆえ、一旦上訴が提起された後はこのような状況に該当しないことから、死刑等の判決であっても、控訴を取り下げることはできる。

上訴の放棄又は取下げをした上訴権者は、当該事件について改めて上訴することができない（361条）。被告人が上訴の放棄又は取下げに同意した場合も同様である。

(6)　上訴の効果

上訴が提起されると、上級裁判所に事件が係属する。これを**移審の効力**という。ただし、本案裁判は、訴訟記録が原裁判所から上級裁判所に送付され

---

[6] 辻本典央「上訴放棄及び取下の諸問題」近法55巻１号47頁。

た時点で、移審の効力が生ずるとされている[7]。

また、上訴は、原裁判の確定を阻止するものであるため、原裁判の内容についてその執行を停止する効力を持つ。例えば、第一審で拘禁刑（実刑）が言い渡されたが、被告人側が控訴した場合、まだ宣告された刑を執行することはできない。ただし、抗告（即時抗告を除く）は、原裁判の執行を停止する効力を持たない（424条1項本文、425条）。

3　不利益変更禁止の原則

被告人が上訴し又は被告人のために上訴された事件は、原判決より重い刑を言い渡すことができない（402条、414条）。これを**不利益変更禁止の原則**という[8]。例えば、第一審で3年の拘禁刑に処せられ、被告人だけがこれに控訴した場合、控訴審裁判所は、有罪を維持し、加えて被告人の刑を重くすべき事情を認めたとしても、原判決より重い刑に変更することはできない。本原則は、被告人の権利として上訴権が付与されたにも関わらず、原裁判より重い刑に処せられる虞があるとすると、その権利行使が委縮させられてしまうことを防止するものである。加えて、検察官が上訴していない以上、重い処罰を求める利益が放棄されていることも挙げられる。

本原則は、原裁判と上訴審裁判との比較によるが、同種の刑罰同士においてはその量を単純に比較すればよい。また、刑の種類が異なるときは、刑法の規定に従う（刑10条、9条）。これによると、例えば、第一審が罰金刑に処し、被告人のみが控訴したときは、これを拘禁刑に変更することはできない。ただし、両判決の軽重は実質的に判定されるべきである。例えば、第一審が拘禁刑1年の実刑としたところ、控訴審が拘禁刑1年6月と変更しつつこれに3年間の執行猶予（保護観察付）を付した場合は、不利益変更に当たらない[9]。

本原則は、原裁判と上訴審裁判との比較による不利益変更を禁止するものであるが、原裁判に対して被告人のみが上訴し、上級審でその主張が容れら

7　田宮466頁。
8　高田昭正『刑事訴訟の構造と救済』（成文堂、1994年）。
9　最決昭55・12・4刑集34巻7号499頁。

れて破棄差し戻された場合においても、差戻審は、破棄される前の判決より重く変更することはできない[10]。この場合も、上訴権の行使が委縮されないことという本原則の趣旨が妥当するため、準用（類推適用）されるのである。

4　破棄判決の拘束力

上訴された事件で、上級審が下した判断は当該事件について下級審裁判所を拘束する（裁４条）。この規定は、上級審で原裁判が破棄され、差し戻された場合を対象とする。このルールを、**破棄判決の拘束力**という。例えば、第一審の有罪判決に対して被告人が控訴したところ、控訴審では心神耗弱（刑39条２項）が認められた上で量刑について第一審に差し戻された場合、差戻審では、心神耗弱を前提にして審判されなければならない（もちろん、控訴審の判断に対して、被告人が心神喪失を主張して上告することは可能である）。本ルールは、同一事件において上下級審で判断が異なる場合、審級の往復が続くことになるため、これを防止する目的で上級審の判断を優先させるものである。それゆえ、他事件に対する「判例」の拘束性とは次元を異にするものである。

破棄判決の拘束力は、原裁判を破棄することの直接の理由、つまり原判決に対する消極的・否定的判断についてのみ生ずるものであり、この判断を裏付ける積極的・肯定的判断については及ばない[11]。例えば、上級審が原判決の基礎となった被告人の自白の信用性を否定して破棄した場合、拘束力はその限りに及ぶのであり、自白の信用性の否定が一定の事実を肯定することによるものであったときに、当該事実の肯定という部分にまで及ぶものではない。

上級審で破棄された後、差戻審では破棄判決の拘束力が働くことから、裁判所は上級審の事実的又は法律的判断が誤りであると判断するときも、上級審の判断に従って裁判しなければならない。それゆえ、差戻審の裁判について、拘束力が及ぶ限りで事実誤認又は法令違反として違法なものと評価する

10　最大判昭27・12・24刑集６巻11号1363頁。

11　最判昭43・10・25刑集22巻11号961頁「八海事件」。ただし、直接の破棄理由と不可分又は論理必然の関係にある事項については、否定的・消極的判断とあいまって拘束力を持つことになる。

ことはできない[12]。また、差戻後の判決に対して更に上訴された場合は、上級裁判所も破棄判決の拘束力に従って裁判しなければならない[13]。ここで変更が許されるとすると、上下級審間での往復を防止しようとする本ルールの趣旨が損なわれてしまうからである。ただし、破棄判決の拘束力は、あくまで下級裁判所のみを対象とし、上級裁判所まで拘束するものではない。それゆえ、第一次控訴審で第一審判決を破棄し、差し戻された場合で、控訴及び上告された場合、最高裁は、第一次控訴審の判断に拘束されない[14]。

第2節　控　訴

1　控訴審の意義と構造

(1) 控訴審の意義

控訴[15]は、第一審判決に対して不服を申し立てる上訴である（372条以下）。ただし、高等裁判所が第一審を担当した場合（裁16条4号）、その不服申立ては最高裁への上告となる。

控訴審裁判所は、検察官又は被告人側の控訴について審理し、控訴に理由があると判断したときは原判決を破棄する（397条）。この場合、原審に差し戻すか、又は同等の他の裁判所に移送するのが原則である（400条本文）が、訴訟記録や控訴審で取り調べられた証拠によって直ちに判決することが可能な場合は、自判することもできる（400条但書）[16]。これに対して、控訴が不適

---

12 最大判昭24・10・25刑集4巻10号214頁。

13 最判昭39・11・24刑集18巻9号639頁「関西配電熊野配電局事件」。

14 最判昭32・10・9刑集11巻10号2520頁。

15 後藤昭『刑事控訴立法史の研究』（成文堂、1987年）、岩瀬徹『刑事訴訟法の基本問題』（成文堂、2021年）。

16 第一審の無罪判決を破棄し、有罪の自判をする場合には、控訴審は、必ず自らが事実の取調べを行わなければならない（最大判昭31・7・18刑集10巻7号1147頁、最判令2・1・23刑集74巻1号1頁「浦安クレジットカード詐欺事件」）。これに対して、量刑のみ変更する場合（最大判昭30・6・22刑集9巻8号1189頁「三鷹事件」）や、事実点に変更なくただ法律点の変更により有罪認定する場合（最大判昭32・3・13刑集11巻3号997頁「チャタレー事件」、最大判昭44・10・15刑集23巻10号1239頁「悪徳の栄え事件」）には、第一審で取り調べられた証拠及び訴訟記録のみで自判することができる。

法又は理由がないと判断したときは控訴棄却の決定（385条1項、386条1項）又は判決（395条、396条）を下す。また、原裁判所が不法に公訴棄却の決定をしなかったときは、決定で公訴棄却する（403条1項）。

(2) 控訴審の構造

例えば、第一審の有罪判決に対して被告人が無実であることを主張して控訴した場合、控訴審裁判所は、原審判決の当否について審判し、控訴に理由があると認めるときは原判決を破棄し、また理由がないと判断したときは控訴棄却の判決を下す。控訴審裁判所のこのような審判は、どのような構造をもって行われるべきか。

この問題について、①覆審、②続審、③事後審の3つの考え方が示されてきた。**覆審構造性**は、原判決を全くないものと前提して、控訴審裁判所も第一審裁判所と同様に事件の審理を全て新たにやり直す形態である。**続審構造性**は、原審が判決に至るまでの審理を控訴審がそのまま継承し、そこに控訴審で取り調べた新たな証拠資料を補充して審判する形態である。**事後審構造性**は、控訴審の責務は第一審とは異なり事件そのものを審理し直すものではなく、ただ原判決の当否を事後的な観点で審査する形態である。学理では、事後審構造性を原則としつつ、控訴審裁判所が原判決を破棄し、自判する場合に限り続審構造性を採るものとする見解が通説である。現行法では、控訴を申し立てるに当たり、控訴の理由を識別して明示することが求められており、控訴審裁判所はひとまずその主張の当否について審理すべきものであり、その限りで事後審構造を採るのであるが、原判決を破棄して更に自判するに至る場合には、第一審の裁判記録に加えて控訴審で取り調べた新たな証拠を加味して判断するのであるから、この段階では続審構造となるわけである。

(3) 控訴審の審判対象

控訴審の構造に関するこの問題は、控訴審が特に事実認定について審理すべき場合に影響を与える。例えば、第一審の無罪判決に対して検察官が事実誤認を理由に控訴した場合、控訴審では検察官が主張する点について審理することになるが、その際に、控訴審裁判所は、如何なる思考構造を採るべきか[17]。

この控訴審の審判対象という問題について、控訴審裁判所は第一審とは独立して自らの心証を形成し、これと原判決の事実認定とを単純に比較すべきであるとする見解（心証比較説）と、控訴審裁判所はあくまで原判決の当否を判断すべき立場にあり、事実誤認の審査も原判決の判断が論理則・経験則に従った合理的なものであるか否かによるべきであるとする見解（論理則・経験則説）とが対立している。判例[18]は、論理則・経験則説に立っている。

控訴審の構造に関係して、心証比較説は覆審構造性と、論理則・経験則説は事後審構造性と結び付きやすい。すなわち、覆審構造性は、正に事件の全体を自らが審判すべきであると理解し、自らが全体にわたって心証形成すべきことになるのに対して、事後審構造性は、原判決の当否を審判対象と理解するものであるため、その審判の範囲も原判決の時点に立って判断の合理性を審査するにとどまるわけである。控訴審裁判所は、控訴理由に限定されず、職権で調査する権限もある（392条２項）。それゆえ、破棄自判する場合には、自ずと続審構造性に至らざるを得ない。確かに、心証比較説と論理則・経験則説の対立は原判決を破棄するまでの問題であるが、しかし、実務では、原判決を破棄する場合には更に自判まですることが通例となっており、その場合には自ずと既に原判決破棄の時点で心証比較がなされている可能性も否定できない。

(4) 攻防対象論

第一審で包括一罪や科刑上一罪の事件が審理されたが、そのうち一部の犯罪事実について有罪とされ、残りの事実について無罪とされたが、検察官は控訴せず、被告人側のみ控訴したとき、控訴審裁判所は、被告人側が不服を主張した有罪部分だけでなく、無罪部分も審判することができるか。包括一罪や科刑上一罪の法律効果は単一であり、これを構成する犯罪事実は不可分の関係にあることから、被告人側のみが有罪部分について控訴したにも関わらず、無罪部分についても控訴審に移審・係属する。もっとも、検察官が無罪部分について控訴していない以上、この点は双方当事者の攻防から除外さ

17　特集「裁判員裁判と控訴審」刑ジャ65号。

18　最判平24・２・13刑集66巻４号482頁「チョコレート缶事件」、最決平26・３・10刑集68巻３号87頁、最判平29・３・10裁判集刑321号１頁。

れたとみなすべきではないか、それゆえ、控訴審裁判所の職権調査権限が制限を受けるのではないか。このような問題を**攻防対象論**という[19]。

判例[20]は、控訴審も第一審と同様に当事者主義を前提とし、事後審構造性を原則として審判すべきものであり、その事後審査も当事者が主張した控訴理由（控訴趣意）に基づいて行うべきものであるとの理解から、検察官が控訴しなかった無罪部分については当事者間の攻防から外されたものとして、攻防対象論の適用を認めた。控訴審裁判所は、この結果として、攻防対象から除外された無罪部分に対して職権調査を行い、これを加えて有罪方向での自判をすることはできないという。他方、業務上過失致傷事件において、態様の異なる過失がそれぞれ本位的訴因と予備的訴因として示され、第一審が予備的訴因を認定して有罪としたが、被告人のみが控訴した場合、控訴審裁判所は、本位的訴因について認定し有罪としても違法ではないとされている[21]。この事例では、同一の交通事故に係る事件について、検察官の訴追意思は予備的訴因の有罪認定によっても達成されたにすぎず、これが否定されるときにはなおも本位的訴因での有罪を求める趣旨であり、第一審のそのような認定に対して検察官として控訴すべき不服も存在しないことが挙げられる。それゆえ、攻防対象論の適否については、複数の事実相互の間に択一性など不可分の関係にあるかどうか、控訴をしなかった検察官の訴追意思が双方の事実に及んでいるといえるかどうか、という点が考慮されなければならない[22]。

19　辻本典央「『攻防対象論』について」近法55巻3号33頁。

20　最大決昭46・3・24刑集25巻2号293頁「新島ミサイル事件」、最判昭47・3・9刑集26巻2号102頁「大信実業事件」。

21　最決平元・5・1刑集43巻5号323頁。

22　最決平25・3・5刑集67巻3号267頁「新潟賭博開張図利事件」は、第一審が賭博開張図利罪の共同正犯の本位的訴因を否定し、同罪の幇助犯の予備的訴因を認定したが、被告人のみ控訴したという事案で、控訴審裁判所は本位的訴因について職権調査の上で有罪認定することはできないとした。この事例では、幇助犯の認定に対して検察官としてなおも共同正犯の成立を求めて控訴すべき不服（上訴の利益）があるため、控訴しないことでこれを放棄したと見ることができる。

2 控訴審の手続

(1) 控訴の申立手続

控訴の申立ては、控訴権者（351条〜355条）が控訴申立書を作成し、これを第一審裁判所に差し出して行う（374条）。例えば、第一審有罪判決に対して、判決の即日に第一審弁護人が申立書を作成し、これを第一審裁判所に提出する。控訴を申し立てた者（控訴申立人）は、刑事訴訟規則（規236条、238条）に基づき裁判所から指定された期間内に、控訴理由を示した控訴趣意書を控訴審裁判所に提出しなければならない（376条1項）。

第一審裁判所は、控訴の申立てを受けたときは、裁判所書記官において速やかにこれを相手方に通知しなければならない（規230条）。また、申立てが控訴期間内に行われたものであるかどうかを確認し、期間経過後になされたものである場合は、この段階で控訴棄却の決定をする（375条）。その上で、第一審裁判所は、公判調書の正確性に関する異議申立期間が経過した後に、訴訟記録及び証拠物を控訴審裁判所に送付しなければならない（規235条）。控訴審裁判所は、控訴趣意書が提出されると、その謄本を速やかに相手方に送達しなければならない（規242条）。

(2) 控訴の理由

控訴の理由は、①訴訟手続の法令違反（377条〜379条）、②法令適用の誤り（380条）、③量刑不当（381条）、④事実誤認（382条）、⑤判決後の事情変更（382条の2）、⑥再審事由等の存在（383条）である。控訴申立人は、これらを控訴趣意書に記載し、控訴審裁判所はその主張に基づいて審理を行う。その結果、理由があると認めるときは、原判決を破棄する（397条1項）。

訴訟手続の法令違反は、その事由が認められると直ちに控訴理由として認められる絶対的控訴理由（377条、378条）と、当該法令違反が判決に影響を及ぼすことが明らかである場合に控訴理由となる相対的控訴理由（379条）とに分けられる。前者は、除斥されるべき裁判官が関与していた（377条2号）、公開原則に違反していた（377条3号）などの場合であり、後者は、必要的弁護事件で弁護人が選任されていなかった[23]、証拠能力のない証拠を事実認定

[23] 最判昭27・3・28刑集6巻3号217頁。

の基礎とした[24]などの場合である。**審理不尽**も、一般的には、訴訟手続の法令違反とされている[25]。

法令適用の誤りは、適用すべき法令を適用しなかった、又は逆に適用すべきでない法令を適用した場合である。ここでいう法令は、実体法規定をさし、訴訟法規定は訴訟手続の法令違反として扱われる。

量刑不当及び事実誤認は、前者が量刑に関する判断及びその前提となる事実の誤認を含み、後者は主に罪状に関する事実認定の誤りを主張するものである。また、第一審判決後に被害者との示談が成立したような場合は、判決後の事情変更として控訴理由になり得る[26]。

(3) 控訴審の手続

控訴審の手続は、原則として第一審公判に関する規定が準用される（404条、規250条）。被告人には出廷の権利があるが、義務ではない（390条本文）。

検察官及び弁護人は、控訴審の公判期日において、控訴趣意書に基づいて弁論しなければならない（389条）。控訴審では、第一審と異なり、特別弁護人（31条２項）を選任することができず（387条）、被告人のためにする弁論は弁護人に限定される（388条）。これらの調査は、控訴審での証拠調べを通じて行われるが、これに限られず、必要とあれば事実の取調べによることもできる（393条１項）。

24　最判昭23・２・９刑集２巻２号56頁。

25　最決令２・12・22裁判集刑328号67頁、最判令４・２・18裁判集刑330号11頁。これに対して、控訴審が原判決を事実誤認として破棄する場合に、その論理則・経験則違反を十分審理しなかった場合は、控訴審に事実誤認があるとされる（最決令４・４・21刑集76巻４号268頁）。

26　東京高判平22・５・26判タ1345号249頁は、量刑不当を控訴理由とした事案で、第一審判決後に被害者と示談が成立したとしても、裁判員裁判においては従来よりも第一審中心主義が要請されることから、直ちにこれを被告人に有利な事情と見ることはできないとした上で、当該示談が原判決の時点で既に成立していたとすれば原判決の量刑が重すぎるかどうかという観点から審理し、これを認めた事案である。

第3節　上　告

1　上告審の意義

上告は、高裁の控訴審及び第一審判決に対する上級審への不服申立てである（405条）。刑事訴訟では、民事訴訟と異なり（民訴311条）、上告審は必ず最高裁が担当する。刑事訴訟の上告は、上訴の一つであり、具体的事件における法的救済を目的とするが、これに加えて、最高裁を常に上告審裁判所とすることで、刑事訴訟における各種法令・処分の合憲性を維持し（憲81条）、かつ、判例の統一性を図ること（405条2号、3号）も意図されている。

上告審も、控訴審と同様に、基本的には事後審構造性を採るものであり、その手続に関する規定も控訴審のものを準用している（414条、規266条）。

2　上告審の手続

(1)　上告の申立て

上告の申立ては、上告理由が必要である。上告理由は、原判決に憲法違反（405条1号）又は判例違反（405条2号、3号[27]）が認められることである。控訴の場合と異なり、上告理由が厳格に限定されているのは、最高裁判所に事件が過度に集中することをあらかじめ防止し、憲法判断及び判例の統一性の観点からの審理に重点を置かせることを意図したものである。

これに加えて、上訴権者は、上告理由に該当しない場合でも、法令解釈に関する重要事項を含むと認められる事件については、原裁判所に対して（規258条）、最高裁が上告審として当該事件を受理するよう申し立てることができる（規257条本文）。最高裁は、この**上告受理の申立て**を相当と認めるときは、事件を受理する旨の決定をする（規261条1項、法406条）。この規定は、上告理由を限定しつつ、最高裁の裁量によって法令解釈の統一性を図ろうとするものである。アメリカの裁量上告制度にならったものといわれる[28]。

27　控訴審判決の後、従来の高裁判例が最高裁によって変更された場合には、高裁判例違反を主張することができない（最決平22・3・16裁判集刑300号95頁「児童ポルノ製造罪等事件」）。

28　宮城啓子『裁量上告と最高裁判所の役割―サーシオレイライとヘビアス・コーパス』

(2) 上告審の手続

上告審の手続は、基本的に控訴審の規定を準用する（414条）。ただし、上告審では、公判期日に被告人を召喚することを要せず、被告人が出頭しないことが通例である。また、上告裁判所は、上告趣意書及びその他の書類から、上告申立ての理由がないことが明らかと認めるときは、口頭弁論を開かないで[29]、判決で上告棄却とすることができる（408条、43条1項）[30]。

(3) 上告審の裁判

上告裁判所は、事件を審理し、上告の申立てに理由がないと判断するときは、上告棄却の判決を下す（408条）。同様の状況では、判決ではなく決定によって上告を棄却することもできる（414条、386条1項3号）[31]。

これに対して、上告裁判所は、上告の申立てに理由があると認めるときは、判決をもって原裁判を破棄する（410条1項本文）。ただし、判例違反等が認められたとしても、その違反が判決に影響を及ぼさないことが明らかな場合は、上告棄却とされる（410条1項但書）[32]。原判決が判例に違反していると認める場合において、上告裁判所がその判例を変更（裁10条3号）して原判決を維持することを相当と認めるときは、上告棄却とされる（410条2項）。

また、上告の申立てには理由がないと認めるときでも、上告裁判所は、原判決において①判決に影響を及ぼすべき法令違反があること、②刑の量定が甚だしく不当であること、③判決に影響を及ぼすべき重大な事実誤認があること、④再審請求できる事由があること、⑤判決後に刑の廃止、変更、大赦があったことが認められ、かつ、原判決を破棄しなければ著しく正義に反す

（千倉書房、1998年）。

29 例えば、訴訟条件の存否に関しては、証拠調べ手続によることなく適宜の方法で認定することができる（最決平23・10・26刑集65巻7号1107頁）。

30 最高裁は3つの部に分かれるが、そこに配置される最高裁調査官が事件記録や関連法令等を精査し、これを各裁判官に報告する。必要があれば、調査官が弁護人等らと面接し、その意見等を聴取することもある。

31 実務上、判決と決定の区別は必ずしも明確ではない（大コンメ（第3版）9巻〔原田國男〕621頁）。

32 例えば、原判決が罪数判断について判例に違反していたが、他の罪についての罪数処理を行った結果、処断刑の結論に違いが生じなかった場合である（最判昭26・12・25刑集5巻13号2613頁）。

る（**著反正義**）と認めるときは、判決をもって原裁判を破棄することができる（411条）。これは、上告裁判所の審理は、上告受理の場合を除いて、上告申立人が主張した上告理由に限定されるのであるが、所定の事由が認められ、著反正義の条件を満たすときは、職権で原判決を破棄できるとするものである。実務上は、上告趣意書に記載された事由が適法な上告理由に当たらないとした上で、「なお」と断ってこの職権判断を示すことが通例である。

上告審は終審（憲81条）であるから、その裁判が下されると事件は確定する。ただし、原判決が破棄され、原審に差し戻される場合等には（413条、412条）、更に下級審で審理が続行される。また、上告棄却の判決が下された場合や、破棄自判された場合は、その判断が最終的のものとなるが、なおも、上告裁判所は、その判決内容の誤りを発見したときは、検察官又は被告人側の申立てに基づいて、判決をもって訂正することができる（415条1項）。**判決訂正の申立て**がなされたときは、裁判の確定は、訂正するかどうかの判断を待つことになる（418条）。

第4節　抗　告

1　抗告の意義

抗告は、裁判所の決定に対する不服申立てとして行う上訴である（419条）。広義では、裁判官の命令や検察官等の処分に対する不服申立てとしての準抗告（429条、430条）や、高裁決定に対する抗告に代わる異議申立て（428条）も含む概念である。

決定及び命令は、通常、本案裁判の途中で行われる裁判であることから、控訴及び上告とは異なる制度として定められている。

2　一般抗告

一般抗告は、裁判所の決定に対する不服申立てとして行う上訴である。これには、①通常抗告、②即時抗告の2種類がある。

通常抗告は、裁判所の決定に対する基本的な上訴である（419条本文）。ただし、即時抗告ができる場合と、法律上特に上訴を制限している場合とを除く。通常抗告は、申立期間の制限はなく、何時でも行うことができる（421条本文）。決定は本案裁判の途中で下されることが通常であるため、それが係属中は特に申立期間等の制限を設ける必要はないことによる。通常抗告には、裁判の執行を停止させる効力はなく、その申立てがあっても、裁判内容を執行することができる（424条１項本文）。ただし、原裁判所は、抗告の裁判があるまでその裁判内容の執行を停止することができる（424条１項但書）。例えば、検察側請求証拠を採用する決定（規190条）に対して被告人側が抗告した場合、原裁判所は抗告に関わらず当該証拠の取調べを行うことができるが、これに代えて、抗告審での判断が出るまでそれを留保することを決定することもできる。なお、抗告審の判断（決定）に対しては更に抗告（再抗告）することができない（427条）。また、高等裁判所の決定に対して抗告することができないが（428条１項）、これに代えて、高等裁判所に異議の申立てをすることができる（428条２項）[33]。

即時抗告は、通常抗告と異なり、その申立期間に定めがあるものである。即時抗告ができる場合は、手続の各所において定められている。例えば、召喚を受けた証人が正当な理由なく出頭しないときは、過料等の制裁を受けるが（150条２項）、これに対しては、即時抗告ができる（150条２項）。即時抗告は、原裁判が下された日から起算して３日以内に提起しなければならない（422条）。通常抗告とは異なり、即時抗告は当該法律問題について迅速な確定が要請される場合を対象としている。そこから、即時抗告が提起されると、原裁判の執行は停止され、抗告審での判断を待たなければならない（425条）。

いずれの抗告についても、申立てに理由がない又は申立てが不適法であるときは抗告を棄却し（426条１項）、理由があると認めるときは、原決定を取り消して、必要がある場合は抗告審が自ら裁判しなければならない（426条２項）。抗告に代わる異議申立ての場合も同様である（428条３項）。

---

[33] 例えば、被告人が控訴を取り下げたが、この訴訟行為は被告人の訴訟無能力等により無効であるとの申立てについて控訴審担当の高等裁判所がその当否を決定した場合、その決定に不服がある者は、異議申立てできる（最決昭61・６・27刑集40巻４号398頁、最決令２・２・25刑集74巻２号277頁）。

3　準抗告

裁判官の命令及び捜査機関の処分に対する不服申立ては、**準抗告**の方法による（429条、430条）。例えば、捜査段階で裁判官が勾留を命じた場合（207条1項・60条1項）、被疑者がこの裁判を不服とするならば、当該裁判官が所属する裁判所等にその裁判の取消し又は変更を求めることができる（429条1項2号）。また、例えば、検察官が接見指定の処分をしたが、これを不服とする場合、被疑者又は弁護人は対応する裁判所に対して、検察官による処分の取消し又は変更を請求することができる（430条1項）。

準抗告は、厳密には上訴ではないが、抗告に準じて取り扱われる（432条）。

4　特別抗告

特別抗告は、法律上不服申立てができない決定又は命令に対して、最高裁判所にその救済を求めて行う上訴である（433条1項）。特別抗告の申立ては、上告に準じた理由に基づかなければならない。例えば、地裁の決定に対して高裁に抗告したところ、その抗告が理由なしとして棄却されたが、その判断において憲法違反又は判例違反がある場合に、これを放置しておくことは妥当ではない。そのような場合に、終審たる最高裁（憲81条）に、裁判又は処分の合憲性を判断させ、かつ、判例の統一を図らせることを目的として、いわば最終手段としての上訴が用意されている。

特別抗告は、原裁判が下された日から起算して5日以内に提起されなければならない（433条2項）。手続の詳細は、抗告に関する規定が準用される（434条）。

第2章　裁判の効力

第1節　総　説

1　裁判の効力

裁判は、司法機関による意思表示をもって行われる訴訟行為である。それゆえ、裁判が下されると、これに伴って様々な法的効果が生ずる。

裁判の効力は、これが確定する前にも発生するものがある。例えば、裁判所の決定は、これに対する抗告が提起されてもその執行力が妨げられるものではなく、直ちにその執行が可能である。また、実体裁判による本案判決も、例えば、無罪、免訴、刑の免除等の言渡しにより、勾留状の効力を直ちに失わせる効力を持つ（345条）[34]。

もっとも、裁判の効力は、本来的には、裁判の確定をもって発生する。裁判が確定したことによる効力としては、①当該事件について通常の手続では不服申立てができなくなる、②裁判によって意思表示された内容が確定する、③刑を言い渡す判決についてその執行力が発生する、④裁判で示された判断内容が後の訴訟の判断を拘束する（既判力）、⑤同一の事件について改めて起訴することができなくなる（一事不再理効）、といったものが挙げられる。

2　裁判の確定

裁判は、上訴による通常の不服申立ての手段が尽きるか、又は当事者が上訴を放棄又は取り下げることによって確定する。このようにして、裁判が通常の手続ではもはや争えなくなる効力のことを、**形式的確定力**という。ただし、形式的確定力の概念は、裁判の確定の状態を言い換えたにすぎない。

これに対して、形式的確定に伴って、当該裁判により表示された内容が確定される。この効力を、**実質的（内容的）確定力**という。例えば、被告人をAに対する殺人罪で15年の拘禁刑に処するという判決は、以後の法律効果においてこの判断内容に拘束を受ける。国家は被告人に対して宣告された刑の内容を執行することができ、また、後の裁判手続等に際してもこの判断が一定の範囲で拘束力を持つ。

---

[34] ただし、第一審での無罪判決は、公訴事実に対して犯罪の証明がないことを根拠とするが、これに対して検察官が控訴した後に、控訴審裁判所が改めて勾留理由（嫌疑の相当性）を認めるときは、勾留の裁判を行うことができる（最決平12・6・27刑集54巻5号461頁「東電OL殺人事件」、最決平19・12・13刑集61巻9号843頁）。

第2節　確定力の理論

1　確定力の本質

裁判で下された判断内容が、裁判の確定により一定の法律効果を持つことについて、従来議論がある[35]。実体法説は、判決が確定されたことにより、新たな実体法規範が創設されたものと理解する。しかし、実定法と並んで裁判による同等の法規範が創設されたと見ることは、立法と司法の区別を無視するものである。具体的規範説は、裁判の確定により、一般的・抽象的法規範（法律）が当該事件に対して具体的規範を創設したものと理解する。古くは、日本の刑事訴訟法学理の通説とされてきた。しかし、具体的法律関係は既に訴訟の以前に法律によって決定されているはずであり、訴訟がその創設をするものと見ることはできない。現在の通説とされる訴訟法説は、確定判決は実体的法律関係に影響を与えるものではなく、その確認的な作用を通じて訴訟法上の様々な法律効果を生じさせるにすぎないと理解する。すなわち、確定判決が内容的な拘束力を持つことは、判決自体が規範となるのではなく、その判決に既判力という訴訟法上の効力が付与されていることにより、その判決内容に一定の拘束力が与えられるものというわけである[36]。

2　確定力の効果

(1)　形式裁判の拘束力

形式裁判には一事不再理効は発生しないと理解されているため（通説）、形式裁判においては特に実質的確定力が重要となる。例えば、親告罪について告訴が無効であるとして公訴棄却判決が下された場合、その判決が確定した後に当該告訴が有効であることが判明しても、確定判決による「告訴が無効である」という判断内容が拘束力を持つ。それゆえ、先の告訴が有効であるとして改めて公訴提起しても、裁判所は先の確定判決の判断内容と矛盾する判断をすることができないため、再び公訴棄却の判決を下さなければならな

35　元々は民事訴訟とも共通した、訴訟法一般に通底する問題として議論されてきた。

36　田口469頁は、このような効力を、検察官（国家）の禁反言という観点から導かれる後の訴訟への拘束力として再構成する。

い。ただし、改めて被害者が告訴すれば、確定判決が判断の基礎とした事実関係に変更（事情変更）が生じたため、新たな告訴を有効として公訴提起し、裁判所はこれを有効として審判することが可能である。

審判対象である訴因について審判を行う実体裁判と異なり、形式裁判は公訴提起の有効性、訴訟条件の存否について判断を下すものである。それゆえ、形式裁判が確定した場合、そこで示された主文に加えて、それを基礎付ける理由中で示された判断事項のどの範囲までに、後訴に対する内容的な拘束力が及ぶかが問題となる[37]。判例[38]は、訴因不特定として公訴棄却された事案において、内容的な拘束力は訴因不特定の判断に限られ、その理由で示されたＡ事件とＢ事件のいずれが起訴されたものかどうか定かではないという公訴事実不特定の判断については、拘束力は生じないとしている。また、裁判例[39]では、被告人が虚偽の死亡診断書を提出して公訴棄却決定が下

37　形式裁判の理由中に実体的判断も含まれている場合、この実体的判断も後訴に対する拘束力を持つか。例えば、窃盗罪で起訴したところ、不法領得の意思が欠けるため器物損壊罪にとどまると判断されたが、被害者の告訴が欠けているため公訴棄却とした後に、新証拠を得て改めて窃盗罪で起訴した場合、先の不法領得の意思が欠けているという判断はあくまで形式裁判を行う前提という限りでのものであり、実体審判としての判断ではないため、拘束力は及ばないと解するべきである。

38　最決昭56・７・14刑集35巻５号497頁「大阪登記簿不実記載事件」。本件は、前訴では、Ａ事件について公訴提起されたところ、起訴状の記載ではＡ事件と併合罪関係にあるＢ事件のいずれが起訴されたものか特定されていないとして公訴棄却され、この判決が確定した後、改めて訴因を特定し直してＡ事件について公訴提起したが、２度目の公訴提起の段階では公訴時効が完成していることになるため、先の公訴提起によりＡ事件についての時効が停止していたかどうかが問題となった。多数意見は本文記載のとおりであるが、伊藤裁判官の反対意見は、「確定判決の理由中の判断に内容的確定力を認めるという考え方の根本には、一定の事項について示された裁判所の判断が形式的に確定した以上、その後の同一当事者間の訴訟においては、右と異〔な〕る主張・判断をすることを許さないこととして、被告人の地位の安定を図るという配慮があるものと考えられるのであって、そうであるとすれば、右内容的確定力の生ずる範囲を、主文を導くための直接の理由となる判断だけに限定すべき合理的な根拠はなく、少なくとも、確定判決の主文を導く上で必要不可欠な理由となる重要な判断については、右確定力が生ずると考えるべきである」としている。

39　大阪地判昭49・５・２刑月６巻５号583頁「大阪偽装死亡事件」。本件に対して、田宮443頁は、この場合も内容的拘束力が及ぶとするが、田口472頁は、本件のような事例においては、被告人自身が重大な偽装工作をしたことにより、内容的拘束力を主張する適格性を喪失したものと理解する。

されたが、事後にその偽装工作が新証拠によって発見されたため、改めて公訴提起されたという事案において、新証拠によって前の判断内容が明らかに誤りであったことが判明した場合にまで、先の公訴棄却決定の判断内容が拘束力を持つものではないとして、後の公訴提起を有効とされている。

(2)　実体裁判の拘束力

実体裁判は、同一事件においてはその判断内容に拘束力が及ぶことに問題はない。ただし、いずれにせよ一事不再理効により再訴が禁止されることから（憲39条2文）、刑事訴訟では、内容的拘束力は、別事件に対する拘束力という限りで問題となり得る。この問題について、通説は、内容的拘束力は同一事件に限られ、他事件には及ばないとする。民事訴訟と同様に、既判力は相対的な効力しか持たないというわけである。例えば、わいせつ文書頒布罪で起訴されたが当該文書についてわいせつ性が否定されたため無罪となった後に、別の機会に同じ内容の文書を頒布したとして改めて起訴された場合、後訴では前訴のわいせつ性否定という判断に拘束されず、新たにこれを判断し、わいせつ性を肯定することもできる。これに対して、学理では、被告人の法的安定という観点から拘束力が及ぶとする見解もある[40]。

学理では、一事不再理効の法的位置付けに関して、実質的（内容的）確定力との関係が議論されてきた[41]。かつては、一事不再理効は実体裁判の外部的効力であり、裁判において判断された内容による拘束力（既判力）として理解されていた[42]。この見解は、旧刑事訴訟法においては訴因制度がなく、裁判所の審判権限は起訴状記載の事実に拘束されないとする理解（いわば、公訴事実対象説）を基礎にして、例えば、窃盗罪で起訴された場合、これと公訴事実の同一性が認められる全ての範囲にわたって審判された結果として、

---

40 田口472頁。しかし、この見解によると、裁判実務内部での是正機会が失われることになり、妥当ではない。被告人の法的安定は、判例（裁判例）に対する信頼の保護という意味で、実体法上の解釈問題に解消されるべきである（最判平8・11・18刑集50巻11号745頁「岩手教組事件」河合裁判官の補足意見）。

41 田宮裕『一事不再理の原則』（有斐閣、1978年）、田口守一『刑事裁判の拘束力』（成文堂、1980年）、白取祐司『一事不再理の研究』（日本評論社、1986年）、高田昭正『刑事訴訟の構造と救済』（成文堂、1994年）。

42 団藤312頁。

その内容的拘束力が一事不再理効という形で表れるというわけである。しかし、現行刑事訴訟法では訴因制度が採用され、裁判所の審判権限がこれに限定されることとなり、従来の帰結を維持するためには既判力と一事不再理効の切断が求められることになった。そこで、憲法上の一事不再理効はアメリカ法における**二重の危険**（double jeopardy）禁止原則に基づいたものと理解し、一種の政策的なものであるとの理解が広まった[43]。

第3節　一事不再理効

1　一事不再理効の発生

憲法上、一度刑事責任の追及を受けた者は、改めて「同一の犯罪」についてその責任を問われることはない（憲39条2文）。これを**一事不再理原則**（ne bis in idem）という。本原則は、歴史的には、ヨーロッパ大陸法においてかつての嫌疑刑や仮放免といった運用に対する反省から、同一事件について何度も追及を受けることは人間の尊厳に反するとの理解に基づいて発生した刑事手続上のルールである。現在、日本の学理では、アメリカ法に範を得た二重の危険の考え方[44]に基づいて、その解釈・運用がなされている。一つの事件について裁判が確定したにも関わらず、再度の公訴提起がなされた場合は、これを違法・無効として、免訴判決によって手続が打ち切られる（337条1号）。

ここでいう二重の危険は、裁判の確定によって区切られるのであり、上訴による通常の救済手続が残されている間はまだ危険が継続している。例えば、第一審で無罪判決が下された場合に、検察官が事実誤認を主張して上訴することは、一事不再理原則に反しない[45]。他方、裁判が一旦確定した後は、重大な新証拠が発見された場合でも、これを再審（不利益再審）によって

43 平野282頁。ただし、平野説は「既判力」の用語を一事不再理効に当てていた。これを明確に区別したのが、田宮445頁であった。

44 中野目義則『二重危険の法理』（中央大学出版部、2015年）。

45 最大判昭25・9・27刑集4巻9号1805頁。田宮裕『刑事訴訟とデュー・プロセス』（有斐閣、1972年）は、検察官上告は二重の危険に反するとする。

覆すことはできない。ただし、現行の再審制度（435条以下）は、事実誤認による冤罪からの救済制度であり、刑事上の責任を再度追及するものではないから、一事不再理原則には反しない。

一事不再理効は、実体裁判が確定した場合に生ずる。略式命令も、確定判決と同一の効力を持つ（470条）。他方、形式裁判には一事不再理効が発生しない。形式裁判は、公訴提起の有効性を判断するにとどまり、実体審理には立ち入らないことから、刑事責任を追及される危険が生じていないからである。ただし、形式裁判のうち、免訴判決については議論がある。否定説[46]も有力であるが、一事不再理効を肯定する見解が通説である。免訴は形式裁判であるが、公訴棄却と異なり、当該訴因について訴訟追行の利益がないときに言い渡されるものであり、一度このような事由が発生した以上、当該訴因についておよそ訴訟追行を許さない制度だというのである[47]。

検察官の不起訴処分にも、一事不再理効は発生しない。ただし、協議・合意手続（350条の２以下）が採られ、検察官が不起訴を約束したにも関わらず公訴提起したときは、公訴棄却とされる（350条の13第１項）。また、少年審判において犯罪事実を理由に保護処分が付されたときは、当該事件について改めて刑事訴追をすることが禁止されている（少年46条１項）[48]。

2　一事不再理効の範囲

(1)　客観的範囲

一事不再理効は、確定判決で審判された事件と「同一の犯罪」の範囲で生ずる（憲39条２文）。例えば、被告人が被害者Ａから現金を窃取したという事実で審判されたが、無罪判決が確定したときは、後に新証拠により有罪とすべき事実が判明したときも、この窃盗の事実で公訴提起することはできない。

この帰結は、実質的・内容的確定力からも導かれるが、二重の危険の観点

---

46 田宮448頁。ただし、被告人の手続負担という観点から二重危険を肯定できる場合、一事不再理効が生じるという。

47 鈴木243頁、田口476頁。

48 最大判昭40・４・28刑集19巻３号240頁によると、審判不開始決定（少年19条）には一事不再理効が生じない。

からは、審判された訴因との関係において「公訴事実の同一性」（312条１項）の範囲内にある全ての事実について一事不再理効が生ずる[49]。この範囲内においては、検察官は訴因変更によって審判を求めることが可能であり、被告人はこの限りで危険にさらされていたといえるからである。国家の刑罰権は、この限りで費消されたのである。

公訴事実の同一性は、単一性と狭義の同一性の異なる次元で考察されるべき問題である（第10講第３章第２節）。単一性は、通説によると、実体法上の罪数論に従属することから、実務上も、罪数論との関係で一事不再理効の成否がしばしば問題となる[50]。なお、判例[51]によると、前訴と後訴とで実体法上は常習一罪を構成する可能性がある複数の犯罪について、双方の公訴提起に際して検察官がいずれも単純一罪で訴因を構成したときは、いずれの裁判所においても全ての犯罪を包括する常習性を考慮することができず、その結果、公訴事実の同一性（単一性）が否定されるため、後訴が一事不再理原則に反することはない[52]。

(2)　時間的範囲・人的範囲

一事不再理効は、公訴事実の同一性の範囲によって画される。それゆえ、複数の犯罪が常習一罪を構成するときは、その全体が単一のものとして扱われる。ただし、その途中に確定判決が下されたときは、その時点をもって前後のユニットが分断される。例えば、Ａ・Ｂ・Ｃの三つの窃盗罪が全体として常習累犯窃盗罪を構成するとして、Ａ・Ｂ事件について確定判決が下され、その後にＣ事件が行われたという場合、先の確定判決による一事不再理効はＣ事件には及ばない[53]。先の確定判決の時点でＣ事件はまだ発生して

49　青柳文雄『犯罪と証明』（有斐閣、1972年）374頁は、公訴事実の単一性・同一性の範囲と一致しないとする。

50　最判昭43・３・29刑集22巻３号153頁、最決平22・２・17裁判集刑300号71頁。これに反対する見解として、只木誠『罪数論の研究』（成文堂、補正版、2009年）221頁、辻本・審判対象123頁。

51　最判平15・10・７刑集57巻９号1002頁「八王子常習特殊窃盗事件」。本判決は、一事不再理効の客観的範囲に関する従来の議論を踏襲しつつ、検察官の訴因設定権限のレベルで解決を図ろうとした。

52　批判的見解として、辻本・審判対象181頁。

53　最決令３・６・28刑集75巻７号909頁。

おらず、その限りでＣ事件についての刑罰権が行使（放棄）されてはいないからである。

一事不再理効は、人的範囲において、確定判決を受けた被告人のみに及ぶ。それゆえ、共犯事件で先にその１名に対する確定判決が下されたとしても、その余の共犯者に対する公訴提起は妨げられない。確定判決が無罪の場合でも同様である（これは実体判決による内容的拘束力の問題である）。

第４節　裁判の執行

1　総　説

裁判が確定すると、その判断内容について執行することが可能となる。民事訴訟では、支払い命令が確定するとこれを債務名義として強制執行に移ることができるが（民執22条１号）、刑事訴訟でもこれと同様の効力（執行力）が生ずるのである。刑事訴訟では、有罪判決の場合に刑罰が言い渡されることから（333条１項）、この判決が確定すると、国家権力による刑罰の執行に移ることになる。刑罰以外にも、訴訟費用等の付随的処分や、捜査段階での強制処分における令状の執行なども、裁判の執行の一類型である。

2　刑の執行

(1)　総　説

刑の執行は、確定裁判を言い渡した裁判所に対応する検察庁に属する検察官がこれを指揮する（472条１項本文）。例えば、第一審で無罪とされたが、控訴審で有罪とされ、上告審で被告人側の上告が棄却された場合、控訴審を担当した高等裁判所に対応する検察庁（管轄の高等検察庁）に所属する検察官が指揮する。

刑の執行は、裁判の確定により執行力が生じた後に行われる（471条）。ただし、罰金刑などの言渡しに際して、判決確定まで待ってはその執行が困難になるなどの事情により仮納付が命じられることがある（348条１項）。

複数の事件について複数の裁判所に分かれて審判が行われたなどの事情から、一人の被告人に対して２つ以上の主刑を執行すべき場合が生じ得る。この場合は、罰金及び科料を除いて、重い方の刑を先に執行する（474条本文）。例えば、被告人に対して10年と5年の2つの拘禁刑が言い渡された場合、先に10年の拘禁刑を執行し、それが終了した後に5年の拘禁刑を執行する。ただし、検察官は、重い方の刑の執行を停止し、他の刑の執行を先に行うこともできる（474条但書）。

(2) 死刑の執行

死刑の執行は、これを言い渡す確定判決に加えて、法務大臣の命令が必要とされている（475条1項）。死刑の重大さに鑑みて、他の刑罰に比べて要件を加重するとともに、その執行に当たっては政治的な判断も行わせることにしているのである。法務大臣の命令は、判決確定の日から6カ月以内に行われなければならないが（475条2項本文）、これには再審請求などが行われている期間を算入しない（475条2項但書）[54]。また、この期間制限は法的効果を伴うものではなく、これを超えて命令を発することも違法ではない（実際にも、6カ月を超えることが通例である）。法務大臣の執行命令が発せられると、5日以内に刑が執行されなければならない（476条）。

死刑の執行は、刑事施設たる拘置所で絞首の方法によって行われる（刑11条1項）。死刑を言い渡された者は、執行までの間は拘置所に拘置される（刑11条2項）。死刑の執行には、検察官、検察事務官、刑事施設の長又はその代理者が立ち会う（477条1項）。

死刑を言い渡された者が心神喪失の状態にあるときは、法務大臣の命令によって刑の執行が停止される（479条1項）。また、死刑を言い渡された女子が懐胎しているときも同様である（479条2項）。これらの場合、心神喪失の状態が回復し又は女子が出産した後に、法務大臣の命令によって執行することができる（479条3項）。

(3) 自由刑の執行

拘禁刑及び拘留の自由刑は、刑事施設たる刑務所に拘置して執行する。

自由刑の執行も、刑の言渡しを受けた者が心神喪失の状態にあるときは、

---

54 実務上、再審請求されている間は法務大臣の執行命令が控えられるのが慣例となっているが、法的義務はなく、その間に執行命令を発することも可能である。

その状態が回復するまでの間は執行が停止される（480条）。

自由刑の執行は、確定裁判で宣告された期間をもって行われるが、未決勾留が行われた事件では、その一定期間について刑期に算入（未決算入）される。この差し引かれた刑期を**執行刑**という。未決勾留日数の刑期への算入は、裁判所の裁量によって決定されるが（刑21条）、上訴された事件では一定期間を必要的に算入することになっている（495条）。

(4) 財産刑等の執行

罰金、科料、没収等の財産刑や訴訟費用等の裁判に関する執行は、検察官の命令によって行われる（490条1項1文）。この命令は民事訴訟の債務名義と同一の効力を持ち、民事執行法等による強制執行の規定に従って行われる（490条1項2文、2項）。

特に罰金は多額に及び得ることから、**延納**又は**分納**の制度も用意されている（法務省訓令「徴収事務規程」16条、17条）。

仮納付命令により罰金が支払われた後に、上訴審でその額が変更されたときは、還付等による調整が行われる（494条）。

(5) その他

没収物の処分（496条、497条）、偽造・変造物の処分（498条）、電磁的記録の消去等の処分（498条の2）、還付不能の押収物の処置（499条）などの規定がある。

3　裁判の執行に対する各種の申立て

訴訟費用免除の申立て（500条）、裁判の解釈を求める申立て（501条）、執行についての異議申立て（502条）などについて規定がある。

第3章　非常救済手続

裁判が確定すると、一事不再理効が発生し、またその内容について執行手続に移る。しかし、この確定判決について、事後に重大な誤りが存在することが判明した場合に、なおもこれを放置しておくことは正義に反する。そこで、このような場合に備えて、刑事訴訟法は通常の救済手続である上訴とは別に、非常救済手続として再審と非常上告の2つの制度を置いている。

再審は事実認定の誤りを、非常上告は法令解釈・適用の誤りを、それぞれ是正すべき制度である。

第1節　再　審

(1) 再審の意義

再審[55]は、確定判決に事実認定が誤りがあると認められるときに、その結論の是正を求めて行う非常救済手続である。

日本では、憲法に一事不再理原則が明定されているため、被告人に不利益な方向での再審は禁止される[56]。再審は、端的には、確定判決により有罪の言渡しを受けた者の利益のためにのみ設けられた、冤罪からの救済を図ることを目的とした制度である。裁判は真実の発見と、それに基づく正しい判決が下されなければならないが（1条）、再審制度が刑事訴訟法に定められていることは、裁判には常に誤判の可能性が内在していることを示す意味もある。この点で、検察官にも旧被告人の利益のために再審を請求する権限が与えられていること（439条1項1号）は、再審制度が公益にもかなうものであることに基づいている。

(2) 再審事由

再審請求は、法定された事由がある場合に限られる（435条、436条）。法定

---

55 鴨良弼編『刑事再審の研究』（成文堂、1980年）、田中輝和『刑事再審理由の判断方法』（信山社、1996年）川﨑英明『刑事再審と証拠構造論の展開』（日本評論社、2003年）、小田中聰樹『誤判救済の課題と再審の理論』（日本評論社、2008年）、松宮孝明『刑事再審制度の意味とその改革』（成文堂、2022年）、安部祥太＝鴨志田祐美＝李怡修編著『見直そう！再審のルール』（現代人文社、2023年）。近時の研究として、特集「再審の新動向」犯刑25号、特集「再審理論の新展開」刑弁91号、特集「再審理論の検討」刑雑57巻1号、特集「再審の理論と実務」刑ジャ66号。

56 ドイツ刑訴法362条は、被告人に不利益な再審を認めている。従来の再審事由は、ファルサ型のものと、無罪判決確定後に被告人が自白した場合に限られていたが、2021年に、ノヴァ型の再審事由も追加された。しかし、この新規定は、2023年10月に、連邦憲法裁判所により違憲であると判断された。

の再審事由は、偽証拠（ファルサ）型と新証拠（ノヴァ）型に大別される。偽証拠型の再審事由は、原判決の基礎となった証拠に偽造等の瑕疵が認められる場合（435条1号～5号）と関与した裁判官に職務犯罪があった場合（435条7号）である。他方、新証拠型は、確定判決が誤りであり無罪等が言い渡されるべきことが明白な新規の証拠が発見された場合である（435条6号）。再審実務では、特に新証拠型の再審事由が重要であり、多くの事例もここでの要件である新規性、明白性について問題を提起してきた。

(a) 証拠の新規性

再審請求に際して提出される証拠は、確定判決の時点では存在しなかった新規の証拠でなければならない。確定判決の当時に存在し、証拠として取り調べられた証拠は、その評価に基づいて判決が下されているのであり、その評価を覆すことは裁判の内容的拘束性に反する。それゆえ、確定判決の基礎となった事情を変更させるためには、新証拠であることが求められる。

証拠の新規性要件は、例えば、DNA型鑑定によって犯人と被告人とが別人物であることが判明したような場合に認められる。原判決当時の鑑定技術では識別できなかった情報が新たに加わることで、判断の基礎が変更されるからである。もっとも、例えば、確定判決の当時に身代わりで出頭して有罪判決を受けた者が、自身が身代わりであったことを証明する証拠を提出して再審を請求する場合など、裁判所には新規の証拠であっても、被告人側にはそうではないことがあり得る。それゆえ、証拠の新規性は誰を基準にすべきかが問題となる。判例は、身代わり犯人の事例において、当初は新規性を否定していたが[57]、後にはこれを肯定している[58]。証拠の評価は裁判所の責務であり、被告人だけでなく他の第三者の下に証拠が存在していた場合なども併せ考えると、裁判所にとって新規の証拠であれば足りると解するべきである。

(b) 証拠の明白性

明白性の程度　再審請求は、確定した有罪判決に誤りがあることを証明

---

57 最決昭29・10・19刑集8巻10号1610頁。
58 最判昭45・6・19刑集24巻6号299頁。

し、無罪等を言い渡すべきことが明らかであることを示す証拠に基づかなければならない。この明白性要件は、再審実務において最も重要な問題とされてきた。例えば、身代わり犯人であることや、DNA 型鑑定により被告人と犯人が別人であることなどを示す証拠は、この明白性要件を満たす。これに対して、新証拠によると、確かに確定判決の判断の正確性に動揺を生じさせるが、なおも有罪の可能性も残されるという場合に、明白性要件が満たされたといえるか。通常の公判手続では、被告人を有罪とする認定を行うためには、検察官による証明により裁判所の心証形成において、合理的疑いを残さない程度に至ることが要求される。これは、疑わしきは被告人の利益にという原則から導かれる証明法則であるが、再審請求の場面でも同様に、原確定判決の有罪認定に合理的疑がいが生じることで足りるのか、又は一旦確定した以上、確定判決の誤りを明らかに示す程度の証拠が必要であるのかが問題となるのである。

この問題について、かつては、裁判確定後の再審請求の場面には、疑わしきは被告人の利益にの原則は適用されないとの理解が、裁判実務を支配していた。これによると、再審は身代わり犯人の事例のような場合に限定され、いわば「開かずの門」となってしまうと批判されてきた。このような状況において、最高裁[59]は、「白鳥事件」において、従来の裁判実務を転換させ、再審請求における新証拠の明白性判断に当たっても「「疑わしいときは被告人の利益に」という刑事裁判における鉄則が適用されるものと解すべきである」とした。これにより、従来開かずの門と比喩されてきた再審実務が大きく転換し、象徴的に、死刑４事件[60]の再審無罪判決等につながることとなった[61]。

明白性の判断方法　新証拠の明白性についても疑わしきは被告人の利益にの原則が適用されるとして、その判断はどのようになすべきか。例えば、

---

59 最決昭50・５・20刑集29巻５号177頁「白鳥事件」。

60 財田川事件（最決昭51・10・12刑集30巻９号1673頁）、免田事件（最決昭55・12・11刑集34巻７号562頁）、松山事件（仙台高決昭58・１・31判時1067号３頁）、島田事件（東京高決昭62・３・25判時1227号３頁）。

61 死刑判決が確定していた袴田事件について、その再審決定が確定したため（東京高決令５・３・13判時2566号239頁）、2023年10月から再審公判が開かれている。

DNA型鑑定などは、それ単独で確定判決における事実認定の誤りを是正させる明白な証拠といい得るが、それ以外の証拠については、必ずしもそれほどの証明力を持つものではない。確定判決が自白や目撃証言ではなく、間接証拠の積み重ねによって有罪認定に至ったような場合には、数多くの証拠が複雑に構成されている。このような場合に、新証拠のみをもって確定判決の認定を覆すことは、至難の業である。

かつては、明白性の判断において、新証拠のみをもって確定判決の認定を覆すだけの証明力を要求する個別評価説が、裁判実務を支配していた。しかし、判例は、前掲白鳥事件[62]においてこの点にも言及し、新証拠と確定判決時に存在していた旧証拠とを総合的に評価して明白性の判断をすべきとした。このような総合評価説は、やはり再審の門を開くことにつながったことは確かであり、現在の通説となっている。

もっとも、この見解に従い、新旧証拠の総合評価によるとしても、確定判決の証拠構造を組み替えて評価のやり直しを認めるときは、やはり明白性の要件がかなり厳しいものとなってしまう。案の定、最高裁は、白鳥事件においてこのような再構成による評価のやり直しを通じて、事案の結論としては証拠の明白性を否定している[63]。

(3) 再審手続

再審は、再審請求審と再審公判の二段階構造になっている。

(a) 再審請求審

再審は、検察官、有罪の言渡しを受けた旧被告人及びその法定代理人等がその請求を行うことができる（439条）。旧被告人が死亡等の場合には、親族等が請求することもできる。旧被告人等は弁護人を選任し、弁護人がこれらの者を代理して請求することもできる（440条）[64]。

---

62 最決昭50・5・20刑集29巻5号177頁「白鳥事件」。

63 最決平9・1・28刑集51巻1号1頁「名張毒ぶどう酒事件」も、同様の思考により明白性を否定している。加藤克佳「刑事再審請求手続における審判の対象」『日高義博先生古稀祝賀論文集・下巻』（成文堂、2018年）427頁、辻本典央「証拠の明白性の判断方法」犯刑25号29頁。

64 再審請求のため受刑者と弁護人とが面会する場合、確定前の弁護人依頼権及びそれに基づく接見交通権と同等の保障が及ぶ（最判平25・12・10民集67巻9号1761頁）。

再審請求は、請求趣意書を作成し、そこに再審事由を示した上で、これに証拠書類及び証拠物を添えて管轄裁判所に提出して行う（規283条）。再審請求の管轄は、原確定判決を下した裁判所である（438条）。再審請求は、判決が確定した後は時間制限がなく、刑の執行が終了した後でも可能である（441条）。再審請求には刑の執行を停止する効力はない（442条本文）。

再審請求を受けた裁判所は、請求趣意書と添付の証拠類を審査し、再審請求を認めるかどうかを審判する（446条以下）。裁判所は、再審請求の理由を審査する上で必要があるときは、事実の取調べを行うことができる（445条）。通常、この過程で、裁判所は検察官及び弁護人を交えた三者で協議を開き、そこで検察官の意見も聴取しつつ審査を進める。その際、弁護人の申出に基づき、裁判所から検察官に対して更なる証拠の提出を求めることができる。再審請求審には証拠開示の制度が法定されていないが、この証拠提出命令が証拠開示の機能を果たすこともある[65]。ただし、事実取調べは裁判官の職権で行われるため、いわゆる**再審格差**といった状態が生じているとの指摘もある[66]。

裁判所は、以上の手続を経て、再審請求が違法又は理由がないと認めるときは請求を棄却し（446条、447条）、請求に理由があると認めるときは再審を開始する決定を行う（448条１項）。再審開始決定には刑の執行を停止する効力はないが、裁判所は、再審開始決定をしたときは、刑の執行を停止することもできる（448条２項）[67]。

(b) 再審公判

再審が開始されると、原確定判決の審級に戻され、その審級に従って公判手続が開かれる（451条）。

---

65 例えば、日野町事件では、捜査機関が現場検証に際して撮影した写真のネガフィルムが提出されたところ、確定裁判で提出された写真が撮影された順序が逆であることが判明し、被告人が自ら現場に案内したという事実が虚偽であることが明らかとなった（大津地決平30・７・11判時2389号38頁）。

66 日本弁護士連合会「再審における証拠開示の法制化を求める意見書」（2019年５月10日）。

67 袴田事件では、再審開始決定と同時に、拘置所からの釈放を命じる決定が下された（静岡地決平26・３・27判時2235号113頁）。

日本の再審は、請求審で新規明白証拠の要件を定めており、実質的にはそこで再審公判の決着もつけられる。もっとも、理論的には、再審公判で改めて有罪判決が下される場合もある。その際は、上訴審の場合と同様に、不利益変更禁止の原則が適用される（452条）。

再審公判で無罪が言い渡されたときは、官報及び新聞紙面で公示される（453条）。これによって名誉回復が図られることになる。

第2節　非常上告

1　非常上告の意義

非常上告は、原確定判決に法令違反があったと認められるときに、この確定判決又はその訴訟手続の破棄を請求し、瑕疵を是正する制度である。

非常上告は、単純な瑕疵を是正するだけでなく、判例による法令解釈の統一をも目的とする[68]。それゆえ、旧被告人に不利な方向での申立ても認められる。ただし、その効果は旧被告人に不利な方向では及ばないとされており（459条）、具体的事案によっては、被告人救済の機能も併せ持つ[69]。

2　非常上告の手続

非常上告の申立ては、検事総長のみが行うことができる（454条）。検事総長は、判決確定後にその事件の審判が法令に違反していることを発見したとき、その理由を示した申立書を作成し、最高裁にこれを提出する（454条、455条）。

非常上告が受理されると、公判が開かれ、検察官が非常上告申立書に基づいて陳述を行う（456条）。裁判所は、申立書に包含された事項に限り調査を

---

68 被告人に対する略式命令が確定した後に、共犯者に対する上告審で当該行為が構成要件に該当しないと判断された場合、法適用に関して共犯者の行為と別個に評価され得るような事情がない限り、非常上告の対象となる（最判平23・12・9刑集65巻9号1371頁）。

69 被告人が外国籍者で既に本邦を出国し本邦に再入国する可能性がない場合（最判平22・7・22刑集64巻5号819頁）や、既に死亡している場合（最判平22・7・22刑集64巻5号824頁）であっても、非常上告の申立てが認められる。

行う（460条1項）。ただし、裁判所の管轄、公訴受理、訴訟手続に関しては事実の取調べを行うことができる（460条2項）。

裁判所は、審理の結果、非常上告に理由がないと判断するときは、上告棄却の判決を下す（457条）。これに対して、非常上告に理由があると判断するときは、①原判決が法令に違反したときは当該部分を破棄し、更に原判決が被告人に不利益なものであるときは原判決全体を破棄し、この被告人に対して改めて判決を下す（458条1号）、②原判決の訴訟手続が法令に違反したときは、その違反した手続を破棄する（458条2号）。非常上告により原判決を破棄する場合、その効力は、新たな判決が下される場合を除いて、被告人には及ばない（459条）。

資　料

資料①　逮捕状

<table>
<tr><td colspan="3">逮　捕　状（通常逮捕）</td></tr>
<tr><td rowspan="4">被疑者</td><td>氏　名</td><td>X</td></tr>
<tr><td>年　齢</td><td>平成８年３月１日生（28歳）</td></tr>
<tr><td>住　居</td><td>大阪府東大阪市小若江３丁目４番１号</td></tr>
<tr><td>職　業</td><td>会社員</td></tr>
<tr><td colspan="2">罪　名</td><td>覚醒剤取締法違反</td></tr>
<tr><td colspan="2">被疑事実の要旨</td><td>Xは、令和６年１月15日頃、大阪府東大阪市小若江３丁目４番１号所在の居宅内又はその周辺付近において、覚醒剤約0.02グラムを注射又はその他の方法により使用したものである。</td></tr>
<tr><td colspan="2">引致すべき場所</td><td>大阪府布施警察署又は逮捕地を管轄する警察署</td></tr>
<tr><td colspan="2">有効期間</td><td>令和６年３月７日まで</td></tr>
<tr><td colspan="3">有効期間経過後は、この令状により逮捕に着手することができない。この場合には、これを当裁判所に返還しなければならない。
有効期間内であっても、逮捕の必要がなくなったときは、直ちにこれを当裁判所に返還しなければならない。</td></tr>
<tr><td colspan="3">上記の被疑事実により、被疑者を逮捕することを許可する。

令和６年３月１日
東大阪簡易裁判所　（印）
裁判官　R　㊞</td></tr>
<tr><td colspan="2">請求者の官公職氏名</td><td>司法警察員　警部　P</td></tr>
<tr><td colspan="2">逮捕者の官公職氏名</td><td>大阪府布施警察署　司法警察職員　巡査長　Q　㊞</td></tr>
<tr><td colspan="2">逮捕の年月日時及び場所</td><td>令和６年３月３日　午後３時10分
大阪府東大阪市小若江３丁目４番１号
被疑者X方　で逮捕</td></tr>
<tr><td colspan="2">記名押印</td><td>大阪府布施警察署　司法警察職員　巡査長　Q　㊞</td></tr>
<tr><td colspan="2">引致の年月日時</td><td>令和６年３月３日　午後３時50分</td></tr>
<tr><td colspan="2">記名押印</td><td>大阪府布施警察署　司法警察員　警部　P　㊞</td></tr>
<tr><td colspan="2">送致する手続きをした年月日時</td><td>令和６年３月４日　午前８時15分</td></tr>
<tr><td colspan="2">記名押印</td><td>大阪府布施警察署　司法警察員　警部　P　㊞</td></tr>
<tr><td colspan="2">送致を受けた年月日時</td><td>令和６年３月４日　午前９時30分</td></tr>
<tr><td colspan="2">記名押印</td><td>大阪地方検察庁　検察事務官　J　㊞</td></tr>
</table>

注意
　本逮捕の際、同時に現場において捜索、差押え又は検証することができるが、被疑者の名誉を尊重し、かつ、なるべく他人に迷惑を及ぼさないように注意を要する。
　なお、この令状によって逮捕された被疑者は、弁護人を選任することができる。

資料②　捜索差押許可状

捜索差押許可状	
被疑者の氏名 及び年齢	X 平成8年3月1日生
罪名	覚醒剤取締法違反
捜索すべき場所、 身体又は物	大阪府東大阪市小若江3丁目4番1号 　被疑者X方居宅
差し押さえるべき物	覚醒剤、注射器、吸煙器、その他本件に関係ありとされる一切の文書・物件
請求者の官公職氏名	大阪府布施警察署　司法警察員　警部　P
有効期間	令和6年1月27日まで
有効期間経過後は、この令状により捜索又は差押えに着手することができない。この場合には、これを当裁判所に返還しなければならない。 有効期間内であっても、捜索又は差押えの必要がなくなったときは、直ちにこれを当裁判所に返還しなければならない。	
被疑者に対する上記被疑事件について、上記のとおり捜索及び差押をすることを許可する。 令和6年1月21日 東大阪簡易裁判所（印） 裁判官　R　㊞	

資料③　起訴状

令和６年検第149号

起　訴　状

令和６年３月11日

大阪地方裁判所　殿

大阪地方検察庁
　　　　検察官　検事　　S　㊞

下記被告事件につき公訴を提起する。

記

本籍　　奈良県奈良市二条大路南１丁目１－１
住居　　大阪府東大阪市小若江３丁目４番１号
職業　　会社員
　　　　勾留中

X
平成８年３月１日生

公訴事実

被告人は、法定の除外事由がないのに、令和６年１月15日頃、大阪府東大阪市小若江３丁目４番１号所在の居宅内又はその周辺付近において、覚醒剤であるフェニルメチルアミノプロパン又はその塩類約0.02グラムを、注射又はその他の方法により自己の身体に摂取し、もって使用したものである。

罪名及び罰条

覚醒剤取締法違反　　　　同法41条の３第１項１号、19条

資料④　供述調書

供　述　調　書

住　　居　大阪府大阪狭山市大野東377番の 2
職　　業　パート従業員
生年月日　平成13年 9 月15日
氏　　名　W

上記の者は、令和 6 年 3 月10日、大阪地方検察庁において、本職に対し、任意次のとおり供述した。

私は、令和 4 年12月頃から X と交際し、翌令和 5 年 2 月中旬頃から X の住居において X と同棲を始めました。

X は、交際を始めた当初のうちは、私にとても優しく接してくれたのですが、同棲を始めたころから、次第に怒鳴ったり、暴力を振るうようになりました。令和 5 年の秋頃からは、X が暴れる頻度も増してきたのですが、何かのきっかけがあるわけでもなく急に怒り出すため、私はとても不安に感じていました。

X は、スマートフォンを所持しているのですが、時々、公衆電話から着信があり、その時には慌てて電話に出ていました。私が電話の相手を尋ねても、X は、教えてくれませんでした。また、そのような電話があった時は、X は、急いで外出することが通常でした。

令和 5 年12月初め頃、私が自宅を掃除していた時、X の部屋のごみ箱に小さなビニル状の包みを見つけました。包みは開封され、中身は空だったのですが、白い粉がついていました。私は、これを見て、X が覚醒剤等の薬物を使用しているのではないかと、疑うようになりました。しかし、私は、X に尋ねると、また暴力を振るわれるのではないかと思い、その包みをタンスの奥に保管したまま、しばらくは黙っていることにしました。

その年の正月に実家に帰省したとき、私は、姉から X との生活を聞かれました。姉は、X の日頃の言動から不審に思い、心配してくれていたようでした。私は、姉に、自宅で粉状のものがついたビニルの包みを発見したことや、それまでの X の状況について話すことにしました。姉は、それを聞いてすぐに、X が覚醒剤を使用していると思うと言い、私に、警察に相談するよう強く勧めました。

私は、正月休みも明けたため、自宅に戻り、しばらく X の様子を見ていたのですが、X はずっとイライラした様子で、私に怒鳴ることもありました。そこで、私は、姉に電話をしてその様子を伝えたところ、姉は、私に、一緒についていってあげるから、警察に行こうと行ってくれました。私は、その言葉に勇気づけられて、翌日、姉と待ち合わせて布施警察署に相談に行きました。

布施警察署では、生活安全課の刑事さんが話しを聞いてくれたのですが、その刑事さんから、X が過去にも覚醒剤を使用したことの前科があることや、暴力団関係者と付き合いがあることなどを聞かされました。私は、X がそのような人物であることを全く知らされていなかったので、驚くとともに、これ以上の同棲生活を続けることはできないと思い、刑事さんに、保管していたビニルの包みを渡して、そのまま姉と一緒に実家に戻りました。

それ以後は、X と会うこともなく、X がどのように暮らしているのかも存じません。

W ㊞

以上のとおり録取して読み聞かせたところ、誤りのないことを申し立て署名押印した。

前　同　日

大阪地方検察庁　　検察官検事　S ㊞
検察事務官　J ㊞

事項索引

あ

悪意の起訴……164
悪性格の立証……267
新しい強制処分……43
あっさり起訴……162

い

移監……68
移審……345
　——の効力……346
一事不再理原則
　……183, 212, 364
一事不再理効
　……24, 332, 360, 363
　——の範囲……365
一罪の一部起訴……161, 195
一部上訴……345
一体説……189
一般公開主義……229
一般抗告……357
一般司法警察職員……23, 38
一般市民……33
一般的指揮……38
一般的指示……38
　——権……59
一般的指定……150, 151
一般的承認ルール……269
一般令状……96
違法収集証拠排除法則
　……266, 272, 273
　——の実質的根拠……274
違法の重大性……277
違法の承継……280
違法排除説……305
インカメラ手続……229
引致……64
員面調書……292

う

うそ発見器（ライ・ディクティター）……271
疑わしきは被告人の利益に
　……312, 325, 372

え

STR 型検査法……137
越境捜査……108
エックス線検査……134

お

押収……95
　——拒絶権……109, 147
応訴権……161
おとり捜査……48

か

概括的認定……314
回避……29, 226, 313
外部的成立……332
会話の盗聴……130
科学警察研究所……126
科学捜査研究所……126
科学的証拠……269
科学的捜査……126
下級裁判所……25, 26
確実性に境を接する蓋然性
　……312
確定力の理論……361
科刑上一罪……189
家裁送致……24
過失犯と訴因……209
家庭裁判所……26
簡易却下……29
簡易公判手続……248, 252
簡易裁判所……26
管轄……26
　——違い……27, 184
間接国税通告手続……182
間接事実……255, 312
間接証拠……255
監置……247
鑑定……93, 95, 118
　——処分許可状……119
　——嘱託書……118
　——書面……297
　——留置……120
　——留置状……120
還付請求……109
管理権の同一性……103, 114

き

期間……178
機関説……18
期日……178
期日間整理手続……231
期日外尋問……28, 263
希釈化の法理……281
偽証罪……262
起訴議決……167
帰属のアプローチ……217
起訴後の捜査……59
起訴状……169, 381
　——の補正……15
起訴状一本主義……171
起訴状朗読……247
起訴独占主義……158
起訴便宜主義……158
起訴変更主義……159
起訴法定主義……159
起訴猶予……159, 160
既判力……360, 363
忌避……29, 226, 313
基本的事実の同一性……215
義務的推定……329
義務的保釈……237

求釈明……………………201, 210
糾問主義…………………………9
糾問的捜査モデル………39, 61
協議・合意手続………………90
狭義の同一性…………213, 215
供述映像………………………285
供述写真………………………285
供述書…………………………291
供述証拠…………76, 255, 283
　——の該当性………………283
供述調書…………78, 288, 382
供述不能の要件……………293
供述録取書……………………291
行政警察活動……………22, 50
強制採血………………………121
強制採尿………………………122
　——のための連行………124
強制処分法定主義………42, 96
共犯者の自白…………………321
共謀……………………………314
虚偽排除説……………………305
挙証責任………………………325
　——の転換…………………326
記録命令付き差押え………107
緊急処分説……………………111
緊急逮捕…………………62, 66
緊急配備…………………………55
近接所持の法理……………316

く

具体的指揮………………………38
具体的防御説…………………205

け

警戒検問…………………………55
経験則・論理則……………313
警察………………………………22
形式裁判…………180, 332, 335
形式的確定力…………………360
形式的弁護………………………17
刑事共助条約……………………49
刑事裁判内での民事損害賠
　償請求の制度………………33
刑事施設…………………………63
刑事訴訟規則……………………10
刑事訴訟の構造…………………8
刑事訴訟の審判対象………193
刑事訴訟法
　——典…………………………7
　——の適用範囲……………10
　——の法源……………………10
　——の目的……………………7
刑事弁護…………………………16
刑事補償………………………338
刑事免責…………………90, 92
　——制度……………………294
継続＝集中審理主義………231
刑の免除………………………334
刑の量定………………………335
決定……………………………330
厳格な証明……………257, 265
現行犯逮捕……………62, 65
検察官…………23, 38, 226, 245
　——の客観義務……………25
検察官一体の原則……23, 160
検察官公判専従論……………38
検察事務官………………25, 38
検察審査会……………………167
検視………………………………56
検事総長…………………………23
検証……………………95, 115
　——許可状…………………116
　——調書……………………297
現代型捜査……………………125
限定的機関説……………………19
現場映像………………………285
現場写真………………………285
検面調書………………………294
権利告知………………………248
権利保釈………………………237

こ

行為期間………………………178
合意書面………………………290
勾引……………………15, 236
抗告……………………330, 357
交互尋問……………250, 263
　——方式……………………232
高裁決定に対する異議申立
　て……………………………358
控訴……………………330, 349
　——趣意書…………………353
　——申立書…………………353
　——理由……………………353
公訴棄却…………15, 332, 334
公訴権…………………………161
　——濫用論…………163, 183
公訴時効………………………185
　——の起算点………………187
　——の停止…………………190
　——の法的性質……………186
公訴事実対象説………………194
公訴事実の単一性……………213
公訴事実の同一性……192, 203,
　213, 366
控訴審の構造…………………350
控訴審の審判対象……………350
控訴審の手続…………353, 354
公訴提起………………………157
公訴取消し……………………159
公訴犯罪事実…………………234
公訴不可分の原則……………213
公知の事実……………………260
交通検問…………………………55
交通反則処理…………………182
肯定確認………………………286
　——機能……………………291
高等裁判所………………………26
口頭弁論主義…………………230
公判……………………………225
　——の更新…………………251
　——の構造…………………233
　——の主体…………………225
　——の諸原則………………228
　——の停止…………………251
公判供述の録取書……………297
公判記録の閲覧・謄写権
　……………………………………33
公判準備手続…………………235
公判前整理手続………231, 240
公判中心主義……………………59
公判調書………………………252

——の絶対的(な)証明力
……………………………252, 324
公判廷……………………………245
——の構成……………………245
攻防対象(論)……………345, 351
合理性説…………………………111
合理的疑いを超える証明
……………………………………312
勾留………………15, 61, 67, 236
——質問………………69, 236
勾留状……………………………70
勾留請求…………………………64
勾留取消請求…………………139
勾留理由開示請求権…………21
勾留理由の開示………………70
国際捜査共助等に関する法
律…………………………………49
国際捜査協力……………………48
国選弁護…………17, 18, 20, 145
告訴………………………………57
——期間………………………32
告訴不可分の原則……………57
告知機能………………………197
告発………………………………57
国法上の意義における裁判
所…………………………………25
国家刑罰権…………………………8
国家訴追主義……………32, 158
個別評価説……………………373
コントロールド･デリバリー
……………………………………48

さ

罪刑法定主義…………………316
最高裁調査官…………………356
最高裁判所…………25, 26, 359
最高裁判所裁判官の国民審
査制度……………………………33
最終陳述権……………………251
最終弁論………………………250
罪状認否………………………248
再審………………15, 364, 370
——格差………………………374
——公判………………………374
——事由………………………370
——請求審……………………373
——手続………………………373
罪数の変化と訴因の関係
……………………………………211
再逮捕・勾留禁止原則………72
裁定管轄…………………………27
再伝聞……………………………301
サイバー犯罪条約……………108
裁判………………………………330
——の効力……………………359
——の執行……………………367
——の種類……………………330
——の成立……………………332
——の内容……………………334
裁判員………………………………4
——裁判……26, 29, 226, 333
——の選任………………………30
裁判官………28, 225, 245, 331
裁判権……………………………161
裁判公開原則…………………228
裁判所……………25, 225, 331
裁判書……………………………333
裁判上顕著な事実……………260
裁判所書記官…………226, 245
裁判長……………………………28
裁判例……………………………10
裁面調書…………………………296
裁量保釈…………………………237
差押え…………………………95, 97
——の客体………………………97
三者即日処理方式……………14
三審制……………………………313

し

識別機能…………………………197
識別説……………………………199
死刑の執行……………………368
事件単位原則……………70, 237
時効連鎖説……………………189
事後審構造性…………350, 355
自己負罪拒否特権
……………………8, 78, 140, 262
自己矛盾性……………………295
事実記載説……………………196
事実誤認…………………………353
事実上の推定…………………328
事実認定………7, 254, 310, 335
事実の取調(べ)
……………………331, 354, 374
自首………………………………58
私人訴追主義…………………158
私人逮捕…………………………66
自然的・論理的関連性………265
私選弁護…………………18, 19
実況見分…………………………116
執行刑……………………………369
執行力……………………………360
実質証拠………………256, 302
実質的(内容的)確定力
……………………………………360
実質的弁護………………………17
実体裁判…………180, 332, 335
——の拘束力…………………363
実体審判請求権説……………162
実体的真実主義…………………7
実体法的事実…………258, 325
室内会話盗聴…………………133
自動車検問………………………54
自動速度監視装置……………128
自白………………………………303
——の証明力…………………318
自白調書…………………………79
自白法則
………………266, 281, 283, 303
——の趣旨……………………304
GPS 捜査………………………135
GPS 端末により保釈中の被
告人の位置情報を取得･把
握する制度……………………239
事物管轄…………………………27
司法警察員………………22, 38
司法警察活動……………………22
司法警察職員……………22, 38
司法巡査…………………22, 38
司法取引…………………90, 175
司法面接…………………………89

市民的及び政治的権利に関する国際規約（人権B規約）……10
写真・ビデオ撮影……127
写真撮影……43
遮へい措置……264
遮蔽措置……33
臭気選別検査……271
終局裁判……331
終局処分……24
自由心証主義……252, 311
修正実体審判請求権説……162
自由な証明……258
重要権利利益制約説……44
縮小認定の理論……204
受託裁判官……28
主張……169
主張関連証拠開示……244
出頭・在廷命令……231
主文……334
受命裁判官……28
主要事実……255
準現行犯逮捕……65
準抗告……13, 109, 139, 330, 359
召喚……15, 235, 262
状況証拠……312
消極的実体的真実主義……7
証言拒絶権……262
証拠……254
——の関連性……266
——の種類……254
——の新規性……371
——の必要性……249
——の標目……313, 336
——の明白性……371
——の優越……312, 327
証拠開示……232, 241
証拠禁止該当性……266
証拠禁止論……273
上告……330, 355
——の申立て……355
上告受理の申立て……355
上告審の裁判……356
上告審の手続……356
証拠構造……248
証拠裁判主義……256, 260
証拠調べ請求……249
証拠調べ手続……248
証拠資料……254
証拠調請求権……21
証拠能力……257, 265
——付与説……289
証拠物……265
——たる書面……265
証拠方法……249, 254
証拠保全請求権……13, 21, 139
上訴……343
——の放棄・取下げ……346
——の利益……343, 352
上訴期間……345
上訴権回復の請求……346
上訴権者……344
承諾家宅捜索……47
承諾留置……47
証人……261
証人尋問……90
——権……21
証人審問権……232, 287
証人付添人……264
証人適格……261
証人特定事項の秘匿……230
証明の意義……311
証明の必要性……259
職務質問……51
所持品検査……53
書証……254, 264
除斥……28, 226, 313
職権主義……9, 232
処分通知書……165
署名・押印……79
白鳥事件……372
審級管轄……27
審級代理原則……20
審級離脱の効力……344
人権擁護説……305
親告罪……32, 57, 183
真実義務……19
人証……254, 261
迅速裁判の要請……231
迅速(な)裁判……8, 183
身体検査……117
人定質問……247, 262
審判対象……325
審判の併合・分離……27
神明裁判……257
信頼性基準……269
審理不尽……354

す

推定……328
スポット・モニタリング……133

せ

請求……58
——を受けた裁判官……28
請求証拠開示……243
誠実義務……19
精密司法……158
声紋鑑定……270
責問権の放棄……181
接見交通権……78, 140, 148
接見指定……149
絶対的控訴理由……353
絶対的要変更事項……207
全件送致主義……58
宣誓……262
専門家への嘱託……93

そ

訴因……325
——の拘束性……203
——の特定性……198
——の本質……196
——の明示性……197
——の予備的・択一的記載……201
訴因対象説……194
訴因変更……201
——の可能性……212
——の許否……217

――の手続……202
――の必要性……203
訴因変更命令……219
――の義務性……219
――の形成力……220
総合評価説……373
捜査……37
――の構造……39
――の主体……38
――の端緒……50
――の必要性……98
――の目的……37
捜索……95, 97
捜索現場の写真撮影……106
捜索差押許可状……98, 380
捜査比例原則……40
相対的控訴理由……353
相対的特信性……295
相対的要変更事項……207
争点の変更……210
即時抗告……357, 358
続審構造性……350
訴訟行為……175, 330
――意思……177
――適格……176
――能力……177
――の評価……179
訴訟指揮権……28, 225, 246
訴訟障害……182
訴訟条件……181
訴訟書類……178
訴訟当事者……226
訴訟能力……177
訴訟費用……334, 338
訴訟法上の意義における裁判所……25
訴訟法的事実……259, 326
即決裁判手続……174, 252
疎明……311
――資料……63, 64

た

第三者法理……135
対質権……264
大赦……183
大正刑事訴訟法……16
逮捕……62
――の必要性……63
――の理由……62
逮捕・勾留一回原則……72
逮捕状……39, 63, 379
逮捕状請求書……64
逮捕状の緊急執行……64
逮捕前置主義……67, 69
逮捕に伴う無令状の捜索・差押え……110
代用監獄……63, 76
代用刑事施設……63
代理人説……18
抱き合わせ勾留……71
択一的認定……315
立会権……21, 108
弾劾供述……302
弾劾主義……9, 157
弾劾的捜査モデル……39, 61

ち

治外法権……11
治罪法……16
地方裁判所……26
中間処分……24
抽象的防御説……206
調書判決……333
直接主義……287
直接証拠……255
著反正義……357

つ

追完……180
通常抗告……357
通常逮捕……62
通信傍受……130
通知書方式……152
通訳……93, 245
罪となるべき事実……313, 336

て

提出命令……95
ディバージョン……59, 160
DNA 型鑑定……137, 266, 271
DNA 型記録取扱規則……138
適正な証明……258
電気通信回線で接続している記録媒体からの複写……108
電磁的記録情報の収集・保全……107
伝聞供述……300
伝聞証拠の例外的許容……288
伝聞法則……266, 283, 286

と

同意書面……288
当事者公開……229
当事者主義……9, 232
当事者追行主義……232
当事者能力……177
逃亡犯罪人引渡条約……49
毒樹の果実(の)理論……280, 310
特信書面……298
特信性の要件……293
特定装置……132
独任制の官庁……23, 160
特別抗告……359
特別司法警察職員……23, 38
土地管轄……26, 184
取調監督官……86
取調べ……13, 39, 76, 82
――コミュニケーション論……85
――受忍義務……13, 82, 143
――状況の録音・録画……306
――の可視化……77, 85
――の適正化……85
――の弁護人立会い……77
――の録音・録画……77

な

内部的成立……332
内容的拘束力……363

に

二重起訴(の)禁止……159, 183, 212
二重の危険……364
日本国憲法……10
任意出頭・同行……80
任意性説……305
任意性の調査……301
任意捜査優先の原則……42
任意的推定……329
任意的弁護……17
任意同行……46
任意取調べ……46, 81

ね

ネモ・テネテュール……140

は

排除相当性……277
陪審制……30
陪席裁判官……28
破棄判決の拘束力……348
派生証拠……279, 310
バッギング……130
罰金の延納・分納……369
原訴因の拘束力……216
判決……251, 330
判決訂正の申立て……357
犯罪被害者……227
犯罪被害者等基本法……31
犯罪被害者等保護法……33
犯罪被害者保護二法……33
犯罪被害の届出……57
反対尋問……287
反対審問権……287
反対尋問権……264
——放棄説……289
反復自白……309
判例……10

ひ

被害事件に対する心情等の意見陳述権……33
被害者……31
——としての意見陳述……228
——の意見陳述……250
被害者参加制度……33, 228
被害者等通知制度……165
被害者特定事項の秘匿……230
被害者連絡制度……32
比較のアプローチ……217
被疑事実との関連性……104, 114
被疑者……12
——の意義……12
——の防御……139
——の法的地位……12
被疑者以外の者の取調べ……89
被疑者国選弁護……17
被疑者取調べ……79
非供述証拠……76, 94, 255
被告人……14, 227
——の意義……14
——の供述……299
——の特定……14
——の法的地位……15
被告人質問……15
微罪処分……59, 160
非終局裁判……331
非常救済手続……369
非常上告……375
筆跡鑑定……270
必要的弁護……17, 227, 231, 240
必要な処分……107
ビデオリンク方式……33, 264
秘匿……230
一件記録……242
人質司法……77
非法定訴訟条件……183
秘密接見……148
秘密の暴露……318
評議……333
評決……333
費用補償……338
比例性原則……40

ふ

不可避的発見の法理……281
不起訴処分……24, 158
——告知書……165
副検事……25
覆審構造性……350
不行為期間……178
付審判請求手続……166
物的証拠(物証)……94, 254, 273
不服……352
——申立て……109
不利益再審……364
不利益推認……144
不利益な事実の承認……303
不利益変更禁止の原則……347
プレイン・ビューの理論……106
分割逮捕・勾留禁止原則……72

へ

別件基準説……73
別件逮捕・勾留……73
弁護制度の意義と歴史……16
弁護制度の種類……17
弁護人……16, 227
——の援助を受ける権利……8, 13
——の数……20
——の権限……21
——の法的地位……18
弁護人依頼権……140, 145
弁護人選任手続……19
弁護人選任届……142
弁護人立会い……77
弁論権……21
弁論手続……250
弁論の分離……252
弁論の併合……27, 252
弁論の分離……27

ほ

防御権……13
防御説……199
法定管轄……26
法廷警察権……225, 246
法定証拠主義……311
法定訴訟条件……182
報道機関に対する捜索・差押え……109
冒頭陳述……248
冒頭手続……247
法務大臣の指揮監督権……24
法律構成説……196
法律上の推定……328
法律的関連性……266
法律の留保原則……51, 56
法令適用の誤り……353
法令の適用……336
補強証拠適格……320
補強法則……318
補佐人……21
保釈……236
——の除外事由……237
——の手続……237
保釈請求権……21
保釈中の被告人に対する報告命令制度……238
保釈中の被告人の監督者制度……238
保釈保証金……238
補助証拠……256, 302
補正……180
没取……239
ポリグラフ検査……142, 271
本件基準説……74
翻訳……93

み

未決勾留日数の本刑通算……334
ミランダ法則……143

む

無罪判決……337

め

命令……330
メモを録る権利……230
面会接見……148
免訴……332, 334

も

黙秘権……6, 13, 78, 140
——告知……78

ゆ

有罪であることの自認・陳述……303
有罪判決の理由……336
誘導尋問……263

よ

要求法理……184
要証事実……286
余罪の取調べ……87
予断排除原則……170
予備的認定……204, 316

り

立証……169
——趣旨……249, 286
略式手続……172
略式命令……331
——請求書……173
理由……334
量刑……335
——傾向……336
——不当……353
領置……95, 114
臨床尋問……263

る

類型証拠開示……244

れ

令状
——の効力……102
——の特定性……100
——の要式性……100
令状主義……42, 96
令状審査……64
令状提示……101
令状発付……331
歴史的証明……311

ろ

録音・録画……77
論告・求刑……250
論理則・経験則……351

わ

ワーク・プロダクト法理……242
ワイヤータッピング……130

判例索引

大判明44・5・2刑録17輯745頁……………………217

＊　＊　＊

大判大12・12・5大刑集2巻922頁………………189

＊　＊　＊

大判昭5・2・7大刑集9巻51頁……………………19
大判昭10・3・28刑集14巻343頁…………………260
最判昭23・2・9刑集2巻2号56頁…………………354
最大判昭23・7・19刑集2巻8号944頁…………307
最大判昭23・7・29刑集2巻9号1012頁…318, 319
最大決昭23・7・29刑集2巻9号1115頁…………173
最判昭23・8・5刑集2巻9号1123頁……………311
最判昭23・12・16刑集2巻13号1816頁…………314
最大判昭23・12・27刑集2巻14号1934頁………338
最大判昭24・2・9刑集3巻2号141頁……………314
最判昭24・2・10刑集3巻2号155頁……………314
最判昭24・2・22刑集3巻2号221頁……………258
最判昭24・4・7刑集3巻4号489頁………………319
最判昭24・4・30刑集3巻5号691頁……………319
最判昭24・7・19刑集3巻8号1348頁……………319
最判昭24・7・23刑集3巻8号1377頁……………260
最判昭24・7・30刑集3巻8号1418頁……………217
最決昭24・9・7刑集3巻10号1563頁……………78
最大判昭24・10・25刑集4巻10号214頁………349
最判昭24・12・13裁判集刑15号349頁…………275
最大判昭25・6・7刑集4巻6号966頁……………338
最大判昭25・9・27刑集4巻9号1805頁…………364
最大判昭25・10・11刑集4巻10号2000頁………320
最判昭25・11・21刑集4巻11号2359頁…141, 308
最判昭26・6・15刑集5巻7号1277頁……………204
名古屋高判昭26・6・15高刑集4巻7号745頁
……………………………………………………260
最判昭26・7・20裁判集刑50号543頁…………337
札幌高函館支判昭26・7・30高刑集4巻7号936
頁…………………………………………………293
最判昭26・12・25刑集5巻13号2613頁…………356
最大判昭27・3・5刑集6巻3号351頁……………171
最判昭27・3・28刑集6巻3号217頁……………353
最大判昭27・4・9刑集6巻4号584頁……293, 294
東京高判昭27・11・15高刑集5巻12号2201頁
……………………………………………………249
最決昭27・12・11刑集6巻11号1297頁…………322
最大判昭27・12・24刑集6巻11号1363頁………348
最決昭28・2・17刑集7巻2号237頁……………302
最判昭28・4・14刑集7巻4号841頁……………78
最判昭28・7・10刑集7巻7号1474頁……………308
最決昭28・8・18刑集7巻8号1737頁……………337
最判昭28・10・9刑集7巻10号1904頁…………259
最判昭28・10・15刑集7巻10号1934頁…………298
最判昭28・10・27刑集7巻10号1971頁…………321
最判昭29・1・21刑集8巻1号71頁………………205
最判昭29・3・2刑集8巻3号217頁………………211
福岡高判昭29・5・7高刑集7巻5号680頁………292
最判昭29・5・14刑集8巻5号676頁……………215
最決昭29・7・15刑集8巻7号1137頁……………52
最決昭29・7・29刑集8巻7号1217頁……………293
最判昭29・8・20刑集8巻8号1249頁……………194
最判昭29・9・24刑集8巻9号1534頁……………181
最決昭29・9・30刑集8巻9号1565頁……………219
最決昭29・10・19刑集8巻10号1610頁…………371
最判昭30・1・11刑集9巻1号14頁………………296
最大判昭30・6・22刑集9巻8号1189頁…319, 349
最判昭30・9・13刑集9巻10号2059頁…………260
最判昭30・11・29刑集9巻12号2524頁…………295
最判昭30・12・9刑集9巻13号2699頁…………284
最大判昭30・12・14刑集9巻13号2760頁………67
最判昭31・5・17刑集10巻5号685頁……………260
最大判昭31・7・18刑集10巻7号1147頁………349
最判昭31・12・13刑集10巻12号1633頁………339
最判昭32・1・22刑集11巻1号103頁……………301
最大判昭32・2・20刑集11巻2号802頁…………142
最大判昭32・3・13刑集11巻3号997頁…………349
最判昭32・5・24刑集11巻5号1540頁……………24
最判昭32・5・31刑集11巻5号1579頁……………309
最判昭32・7・19刑集11巻7号1882頁……………306
最判昭32・7・25刑集11巻7号2025頁……………298
最決昭32・9・30刑集11巻9号2403頁……………295
最判昭32・10・9刑集11巻10号2520頁…………349
最決昭32・11・2刑集11巻12号3047頁…………321

最判昭33・2・13刑集12巻2号218頁……………249
最大決昭33・2・26刑集12巻2号316頁…………259
最判昭33・5・20刑集12巻7号1398頁…………172
最判昭33・5・24刑集12巻8号1535頁……………26
最大判昭33・5・28刑集12巻8号1718頁
……………………………………………199, 315, 323
最大決昭33・7・29刑集12巻12号2776頁………101
最決昭33・10・15刑集12巻14号3291頁………247
最決昭34・12・26刑集13巻13号3372頁………243
大阪高判昭35・5・26下刑集2巻5＝6号676頁
……………………………………………………308
最判昭35・9・8刑集14巻11号1437頁…………298
最判昭35・9・9刑集14巻11号1477頁…………322
最大判昭36・6・7刑集15巻6号915頁……112, 282
最判昭36・6・13刑集15巻6号961頁……………206
広島高判昭36・7・10高刑集14巻5号310頁…317
最決昭36・11・21刑集15巻10号1764頁…………60
最大判昭37・11・28刑集16巻11号1633頁……198
最判昭38・9・13刑集17巻8号1703頁…………307
最判昭38・10・17刑集17巻10号1795頁………284
最判昭39・11・24刑集18巻9号639頁…………349
大森簡判昭40・4・5下刑集7巻4号595頁……164
最大判昭40・4・28刑集19巻3号240頁…183, 365
最大判昭40・4・28刑集19巻3号270頁…………221
大阪地決昭40・8・14下刑集7巻8号1760頁……68
最決昭40・12・24刑集19巻9号827頁…………196
最決昭41・2・21判時450号60頁………………271
最判昭41・6・10刑集20巻5号365頁……………260
最判昭41・7・1刑集20巻6号537頁……………307
最大判昭41・7・13刑集20巻6号609頁…………268
最判昭41・7・21刑集20巻6号696頁……163, 164
山口地萩支判昭41・10・19下刑集8巻10号1368
頁……………………………………………………285
最決昭41・11・22刑集20巻9号1035頁…………268
鳥取地決昭42・3・7下刑集9巻3号375頁……152
最判昭42・5・25刑集21巻4号705頁……………219
最判昭42・12・21刑集21巻10号1476頁………319
最決昭43・2・8刑集22巻2号55頁………………271
最判昭43・3・29刑集22巻3号153頁……………366
最判昭43・10・25刑集22巻11号961頁…………348
最判昭43・11・26刑集22巻12号1352頁………220
最決昭44・3・18刑集23巻3号153頁………………99
最決昭44・4・25刑集23巻4号248頁……243, 246
最決昭44・5・31刑集23巻6号931頁……………178
最判昭44・6・25刑集23巻7号975頁……………328
最決昭44・7・14刑集23巻8号1057頁…………237
最決昭44・10・2刑集23巻10号1199頁…………172
最大判昭44・10・15刑集23巻10号1239頁……349
最大決昭44・11・26刑集23巻11号1490頁……110
最判昭44・12・5刑集23巻12号1583頁…………163
最大判昭44・12・24刑集23巻12号1625頁
…………………………………………………43, 127
最判昭45・6・19刑集24巻6号299頁……………371
最大判昭45・11・25刑集24巻12号1670頁……308
最大決昭46・3・24刑集25巻2号293頁…………352
最判昭46・4・27刑集25巻3号534頁……………338
最判昭46・6・25民集25巻4号640頁……………178
大阪地判昭46・9・9判タ272号309頁…………316
仙台高判昭47・1・25刑月4巻1号14頁…………121
最判昭47・3・9刑集26巻2号102頁……………352
最判昭47・6・15刑集26巻5号341頁……………333
最大判昭47・12・20刑集26巻10号631頁
………………………………………………8, 183
最判昭48・7・20刑集27巻7号1322頁…………184
最決昭48・10・8刑集27巻9号1415頁……………29
最判昭48・12・13判時725号104頁……………312
最決昭49・3・13刑集28巻2号1頁………………166
最決昭49・4・1刑集28巻3号17頁………………166
大阪地判昭49・5・2刑月6巻5号583頁…………362
福岡高那覇支判昭49・5・13刑月6巻5号533頁
……………………………………………………309
札幌地判昭50・2・24判時786号110頁…………121
最判昭50・4・3刑集29巻4号132頁………………65
最決昭50・5・20刑集29巻5号177頁……372, 373
最決昭50・5・30刑集29巻5号360頁………………14
最判昭50・8・6刑集29巻7号393頁……………184
大阪高判昭50・9・11判時803号24頁…………307
最決昭51・3・16刑集30巻2号187頁…44, 80, 129
福岡高那覇支判昭51・4・5判タ345号321頁
……………………………………………………218
最決昭51・10・12刑集30巻9号1673頁…………372
最判昭51・10・28刑集30巻9号1859頁…………324
最判昭51・11・4刑集30巻10号1887頁…………333
最判昭51・11・18判時837号104頁……………105
東京高判昭52・6・14高刑集30巻3号341頁…164
大阪高判昭52・6・28判時881号157頁…………310
最決昭52・8・9刑集31巻5号821頁……………307
最判昭53・2・28刑集32巻1号83頁……………177

最決昭53・3・6刑集32巻2号218頁……………215
最判昭53・6・20刑集32巻4号670頁…………53, 55
最決昭53・6・28刑集32巻4号724頁……………290
東京地決昭53・6・29判時893号3頁……………299
最判昭53・7・10民集32巻5号820頁……148, 150
最判昭53・9・7刑集32巻6号1672頁
……………………………………54, 274, 276
最決昭53・9・22刑集32巻6号1774頁……………52
最判昭53・10・20民集32巻7号1367頁…………162
東京高判昭54・2・7判時940号138頁…………303
最判昭54・7・24刑集33巻5号416頁………………20
富山地決昭54・7・26判時946号137頁
……………………………………47, 80, 81
最決昭54・10・16刑集33巻6号633頁…………301
東京高判昭55・2・1判時960号8頁……………270
広島高松江支判昭55・2・4判時963号3頁……163
最決昭55・3・4刑集34巻3号89頁………………206
最決昭55・5・12刑集34巻3号185頁……………191
最決昭55・9・22刑集34巻5号272頁………………55
最決昭55・10・23刑集34巻5号300頁…………122
最決昭55・12・4刑集34巻7号499頁……………347
最決昭55・12・11刑集34巻7号562頁…………372
最決昭55・12・17刑集34巻7号672頁…………164
東京地決昭56・1・22判時992号3頁……………299
最決昭56・4・25刑集35巻3号116頁……………199
最判昭56・6・26刑集35巻4号426頁……………163
東京高判昭56・6・29判時1020号136頁………320
最決昭56・7・14刑集35巻5号497頁……192, 362
仙台高秋田支判決昭56・11・17判時1027号135
頁……………………………………………200
最決昭56・11・20刑集35巻8号797頁…………134
最判昭57・1・28刑集36巻1号135頁……………318
大阪高判昭57・9・27判タ481号146頁…………172
東京高判昭58・1・27判時1097号146頁………285
仙台高決昭58・1・31判時1067号3頁…………372
最判昭58・5・27刑集37巻4号474頁……………184
最決昭58・6・30刑集37巻5号592頁……………296
最判昭58・7・12刑集37巻6号791頁……………309
東京高判昭58・7・13高刑集36巻2号86頁……285
最決昭58・9・6刑集37巻7号930頁………………220
最決昭58・9・13裁判集刑232号95頁…………119
最判昭58・12・13刑集37巻10号1581頁
……………………………………………206, 210
最決昭58・12・19刑集37巻10号1753頁………259
最決昭59・1・27刑集38巻1号136頁……161, 195
最決昭59・2・29刑集38巻3号479頁…………47, 81
最決昭59・12・21刑集38巻12号3071頁………285
最決昭60・2・8刑集39巻1号1頁……………………58
東京高判昭60・12・13刑月17巻12号1208頁
……………………………………………………308
最判昭61・2・14刑集40巻1号48頁……………128
最決昭61・3・3刑集40巻2号175頁………………298
札幌高判昭61・3・24高刑39巻1号8頁…316, 317
最判昭61・4・25刑集40巻3号215頁……277, 280
福岡高判昭61・4・28判時1201号3頁……………88
東京高判昭61・6・25刑月18巻5＝6号721頁
……………………………………………………200
最決昭61・6・27刑集40巻4号398頁……………358
東京高判昭62・1・28判時1228号136頁………260
最決昭62・3・3刑集41巻2号60頁………………271
東京高決昭62・3・25判時1227号3頁…………372
東京高判昭62・7・29高刑集40巻2号77頁……293
東京高判昭62・12・16判タ667号269頁…………48
東京地判昭62・12・16判時1275号35頁………308
最決昭63・2・29刑集42巻2号314頁……188, 189
東京高判昭63・4・1判時1278号152頁…………129
最決昭63・10・24刑集42巻8号1079頁…206, 210
＊　＊　＊
最決平元・1・30刑集43巻1号19頁………………110
最大判平元・3・8民集43巻2号89頁……………230
最決平元・5・1刑集43巻5号323頁………………352
最決平元・7・4刑集43巻7号581頁…………47, 81
最判平2・2・20裁判集民159号161頁………31, 49
最決平2・6・27刑集44巻4号385頁………………106
最決平2・7・9刑集44巻5号421頁…………………110
東京高判平2・8・29判時1374号136頁…………124
浦和地判平2・10・12判時1376号24頁……………88
東京高判平2・11・29高刑集43巻3号202頁…239
浦和地判平3・3・25判タ760号261頁……………308
千葉地判平3・3・29判時1384号141頁…………134
最判平3・5・10民集45巻5号919頁………150, 151
大阪高判平3・11・6判タ796号264頁……………105
最決平5・5・31刑集47巻6号1頁……………………177
東京高判平5・10・21高刑集46巻3号271頁…296
福岡高判平5・11・16判時1480号82頁…………147
最決平6・9・8刑集48巻6号263頁…………………104
最決平6・9・16刑集48巻6号420頁…………52, 124
最大判平7・2・22刑集49巻2号1頁…………92, 294

最決平7・2・28刑集49巻2号481頁……………177
最決平7・4・12刑集49巻4号609頁……………68
最判平7・6・20刑集49巻6号741頁……………293
大阪高判平7・12・7高刑集48巻3号199頁……179
最判平8・1・29刑集50巻1号1頁…………66, 113
最判平8・11・18刑集50巻11号745頁…………363
最決平9・1・28刑集51巻1号1頁………………373
名古屋高判平10・1・28高刑集51巻1号70頁
……………………………………………………268
最決平10・5・1刑集52巻4号275頁……………105
最大判平11・3・24民集53巻3号514頁
……………………………16, 84, 145, 148, 149, 150
最決平11・12・16刑集53巻9号1327頁……45, 131
最判平12・2・7民集54巻2号255頁……………318
最判平12・2・22判時1721号70頁…………151, 152
最判平12・2・24裁判集民196号841頁…………153
最判平12・6・13民集54巻5号1635頁37…………152
最決平12・6・27刑集54巻5号461頁……………360
最決平12・7・12刑集54巻6号513頁……………133
最決平12・7・17刑集54巻6号550頁
……………………………………115, 138, 270, 272
最決平12・10・31刑集54巻8号735頁…………294
最決平13・4・11刑集55巻3号127頁……206, 315
札幌高判平14・3・19判時1803号147頁………144
和歌山地決平14・3・22判タ1122号131頁……285
最決平14・7・18刑集56巻6号307頁……………199
東京高判平14・9・4判時1808号144頁
……………………………………………47, 82, 306
最決平14・10・4刑集56巻8号507頁……………102
最決平14・12・17裁判集刑282号1041頁………60
最判平15・2・14刑集57巻2号121頁
…………………………………………278, 281, 310
最決平15・2・20裁判集刑283号335頁…………210
最大判平15・4・23刑集57巻4号467頁…195, 212
最決平15・5・26刑集57巻5号620頁……………52
最判平15・10・7刑集57巻9号1002頁
…………………………………………212, 214, 366
最決平15・11・26刑集57巻10号1057頁………294
大阪高判平16・4・22高刑集57巻2号1頁……189
最決平16・7・12刑集58巻5号333頁……………48
最判平16・9・7裁判集民215号91頁……………152
京都地判平17・3・8 LEX/DB 文献番号
28105138…………………………………………19
最判平17・4・19民集59巻3号563頁……147, 148
最判平17・4・21裁判集民216号579頁……31, 49
最決平17・7・19刑集59巻6号600頁……………122
最決平17・8・30刑集59巻6号726頁……………28
最決平17・9・27刑集59巻7号753頁……………285
最決平17・11・25刑集59巻9号1831頁…………140
最決平17・11・29刑集59巻9号1847頁…………19
最判平18・11・7刑集60巻9号561頁
…………………………………………292, 302, 303
最決平19・2・8刑集61巻1号1頁………………103
福岡高判平19・3・19高刑速（平19）号448頁
……………………………………………………306
最決平19・10・16刑集61巻7号677頁…………312
最決平19・11・14刑集61巻8号757頁…………315
最決平19・12・13刑集61巻9号843頁…………360
最決平19・12・25刑集61巻9号895頁…………244
最判平20・3・14刑集62巻3号185頁……………344
鹿児島地判平20・3・24判時2008号3頁………148
最決平20・4・15刑集62巻5号1398頁…………129
最決平20・4・25刑集62巻5号1559頁……119, 313
最決平20・6・24刑集62巻6号1842頁…………229
最決平20・6・25刑集62巻6号1886号…………244
最決平20・9・30刑集62巻8号2753頁…………244
東京高判平20・11・18高刑集61巻4号6頁
…………………………………………………218, 219
最判平21・7・14刑集63巻6号623頁……………174
東京高判平21・8・6高刑速（平21）号125頁
……………………………………………………183
最決平21・9・28刑集63巻7号868頁……134, 278
最決平21・10・20刑集63巻8号1052頁…………190
最決平21・12・9刑集63巻11号2907頁…………238
最決平22・2・17裁判集刑300号71頁…………366
最決平22・3・16裁判集刑300号95頁…………355
最決平22・3・17刑集64巻2号111頁……………200
宇都宮地判平22・3・26判時2084号157頁……272
最判平22・4・27刑集64巻3号233頁……………312
東京高判平22・5・26判タ1345号249頁………354
東京高判平22・5・27高刑集63巻1号8頁……293
最判平22・7・22刑集64巻5号819頁……………375
最判平22・7・22刑集64巻5号824頁……………375
松山地判平22・7・23判タ1388号375頁………279
東京高判平22・11・1判タ1367号251頁…………90
最決平22・12・20刑集64巻8号1356頁…………238
東京高判平23・4・12判タ1399号375頁…………19
水戸地土浦支判平23・5・24 LEX/DB 文献番

号25471410……………………………………………333
大阪地判平23・7・20 LEX/DB 文献番号
25471944……………………………………………282
最判平23・10・20刑集65巻7号999頁…………294
最決平23・10・26刑集65巻7号1107頁…………356
最大決平23・11・16刑集65巻8号1285頁……226
最判平23・12・9刑集65巻9号1371頁…………375
最判平24・2・13刑集66巻4号482頁……313, 351
最決平24・2・29刑集66巻4号589頁……………208
最決平24・5・10刑集66巻7号663頁……………20
最決平24・6・28刑集66巻7号686頁……………229
横浜地判平24・7・20判タ1386号379頁………272
最判平24・9・7刑集66巻9号907頁……………267
最決平25・3・5刑集67巻3号267頁……………352
最決平25・3・18刑集67巻3号325頁……………244
最判平25・12・10民集67巻9号1761頁…………373
最決平25・12・18刑集67巻9号873頁…………344
最決平26・3・10刑集68巻3号87頁………313, 351
東京高判平26・3・13高刑集67巻1号1頁……298
最決平26・3・17刑集68巻3号368頁……………200
東京地判平26・3・18判タ1401号373頁………293
最決平26・3・25裁判集刑313号319頁…………238
静岡地決平26・3・27判時2235号113頁………374
最判平26・4・22刑集68巻4号730頁……………241
最判平26・7・24刑集68巻6号925頁……250, 336
最決平26・11・17裁判集刑315号183頁………144
東京高判平26・12・12高刑集67巻2号1頁……245
大阪地決平27・1・27判時2288号134頁………136
東京高判平27・2・6東高刑時報66巻4頁……268
最決平27・5・18刑集69巻4号573頁……………231
最決平27・5・25刑集69巻4号636頁……………241
大阪地決平27・6・5判時2288号138頁…………136
最決平27・8・25刑集69巻5号667頁……………253
最判平27・12・3刑集69巻8号815頁……………187
佐賀地判平28・5・13訟月64巻7号1054頁……153
東京高判平28・8・10高刑集69巻1号4頁………79
東京高判平28・8・23高刑集69巻1号16頁
……………………………………………45, 115, 279
最判平28・12・19刑集70巻8号865頁
……………………157, 177, 183, 217, 225, 239, 251
最判平29・3・10裁判集刑321号1頁……313, 351
最大判平29・3・15刑集71巻3号13頁……45, 136
最判平30・3・19刑集72巻1号1頁………………219
東京高判平30・4・25高刑速（平30）号158頁
………………………………………………………286
最決平30・7・3刑集72巻3号299頁……………264
大津地決平30・7・11判時2389号38頁…………374
東京高判平30・8・3判時2389号3頁……………79
東京高判平30・9・5高刑集71巻2号1頁………115
最決平30・10・31裁判集刑324号1頁……………73
東京地判平31・3・13判タ1481号145頁…………51
＊　　＊　　＊
最判令2・1・23刑集74巻1号1頁………………349
最決令2・2・25刑集74巻2号277頁……………358
最判令2・3・10刑集74巻3号303頁……………187
東京高判令2・4・22判タ1479号66頁……………31
富山地決令2・5・30判時2523号131頁…………82
最決令2・12・7刑集74巻9号757頁……………58
最決令2・12・22裁判集刑328号67頁…………354
最決令3・2・1刑集75巻2号123頁………………108
東京高判令3・3・23判タ1499号103頁…………115
東京高判令3・3・24判タ1492号131頁…………219
東京高判令3・6・16判時2501号104頁…………147
最決令3・6・28刑集75巻7号909頁……………366
最判令3・7・30刑集75巻7号930頁……………279
福岡高判令3・10・29判時2520号100頁…………89
東京高判令3・10・29判タ1505号85頁…………125
最判令4・2・18裁判集刑330号11頁……………354
最決令4・4・21刑集76巻4号268頁……………354
東京地判令4・4・21判タ1506号197頁…………153
最判令4・4・28刑集76巻4号380頁……………123
最判令4・5・20刑集76巻4号452頁………………90
最判令4・6・9刑集76巻5号613頁………………191
最決令4・7・27刑集76巻5号685頁……………109
大阪地判令4・12・23判タ1507号116頁………147
東京高決令5・3・13判時2566号239頁…………372

著者略歴

辻 本 典 央（つじもと のりお）
1998年　司法試験合格
2000年　立命館大学法学部卒業
2004年　京都大学大学院法学研究科博士後期課程中退
現　在　近畿大学法学部教授
　　　　博士（法学）

主要著書
『刑事手続における審判対象』（成文堂、2015年）
『刑事弁護の理論』（成文堂、2017年）

刑事訴訟法［第2版］

2021年9月1日　初　版第1刷発行
2024年3月1日　第2版第1刷発行

著　者　辻　本　典　央
発行者　阿　部　成　一

〒162-0041　東京都新宿区早稲田鶴巻町514番地
発行所　株式会社　成　文　堂
電話 03(3203)9201　Fax 03(3203)9206
http://www.seibundoh.co.jp

製版・印刷　藤原印刷　　製本　弘伸製本

ISBN978-4-7923-5417-6　C3032

定価（本体3200円＋税）